港城遗韵

徐洪绕 著

中国言实出版社

图书在版编目(CIP)数据

港城遗韵 / 徐洪绕著. --北京：中国言实出版社，2018.7

ISBN 978-7-5171-2771-0

Ⅰ.①港… Ⅱ.①徐… Ⅲ.①非物质文化遗产—保护—研究—连云港 Ⅳ.①G127.533

中国版本图书馆 CIP 数据核字（2018）第 126724 号

责任编辑： 张　强
封面设计： 周一云
出版策划： 力扬文化

出版发行　　中国言实出版社
　　　　　　地　　址：北京市朝阳区北苑路 180 号加利大厦 5 号楼 105 室
　　　　　　邮　　编：100101
　　　　　　编辑部：北京市海淀区北太平庄路甲 1 号
　　　　　　邮　　编：100088
　　　　　　电　　话：64924853（总编室）　64924716（发行部）
　　　　　　网　　址：www.zgyscbs.cn
　　　　　　E-mail：zgyscbs@263.net
经　　销　　新华书店
设计制作　　成都力扬文化传播有限公司　028-86965202
印　　刷　　成都勤德印务有限公司
版　　次　　2018 年 7 月第 1 版　　2021 年 3 月第 2 次印刷
规　　格　　787 毫米×1092 毫米　1/16　　24 印张
字　　数　　480 千字
定　　价　　58.00 元　　ISBN 978-7-5171-2771-0

前 言

　　港城大地，学士如丛，经史子集，著作如林，文人相亲，文风炽盛，《嘉庆海州直隶州志》《隆庆海州志》《海州文献录》《古朐考略》《义贞记》《赣榆县志》《淮北票盐志》《海邦文献拾遗》《朐乘》《彤史阐幽录》《啸月山房文集》《筠斋诗录》与《云台山志》等史志，旗帜鲜明，影响深远，鉴古知今。

　　"家家许郑、人人贾马"时代一去不返，阅读、生活中的耳濡目染、耳提面命，深受传统文化的"隆恩殊宠"，为让港城热土上的遗韵"灿然如日中天"，我秉承"书以经世，非以博物"的著述宗旨，广征博采，实心任事，通经致用，对典籍文献的训诂、辨伪、校勘、辑佚等抢救与整理孜孜不倦，在相对静止中悟急流动荡，依考据稽案寻求经世之学。

　　拙作分六个章节，涉及建置沿革、陵谷变迁、人事改观、风俗并异等方面，辎重港城自然与社会的古今沧桑，畅述在环境、资源和文化上的特点和优势，颂扬先民的光辉历史、人文胜事，不求鉴前世之兴衰，但愿考当今之得失。

　　本书对前有所稽、耳熟能详的史料网罗散逸、"拾遗补阙"，部分内容体善事核、详而不冗。在此，谨对支持著述和出版的集体和个人深表谢意，敬请读者批评指正。

2018年9月2日

目录

CONTENTS

港城遗闻

龙潭的传说

有山必有水，有水必有潭，有仙气的叫作龙潭。连云港市开发区中云的大青涧有两个龙潭，一个叫真龙潭，一个叫假龙潭。假龙潭在涧的下游，潭不大，水也不深，旱季可以望到底，人们可以在潭边洗菜洗衣，夏天孩子们在潭里面洗澡。虽说它给人们恩泽不少，但涧两岸的村民们都说它没有仙气。原因之一是夏天孩子们洗澡曾多次发生过被鳗鱼咬伤之事，惹恼了村民。

真龙潭在涧的上游，是山洪从一块巨石顶上倾泻而下淘出的一方直径约15米大小的水潭。说它真，一是此潭在大山里面，两岸是刀削般的万丈崖，一般人无法到潭边，有神秘感。二是此潭水深不见底，无论旱涝，水位基本没有变化。传说直通东海龙宫。三是经常有忽浓忽薄的雾气笼罩在潭的上方，村民们早晚可根据潭中冒出雾气的多少和形状预测天气的变化。真龙潭在当地村民中传说很多，一说是曾有一山民在万丈崖顶砍柴时，不小心失手把镰刀掉入崖下龙潭中。第二天他路过万丈崖时，一黑衣老者送还镰刀，山民感谢施礼，待抬头时，老者已无踪影。二是传说有一年的八月中秋，有两个在山上放牛的孩子在万丈崖顶嬉闹玩耍，玩累了就在崖上睡觉，醒来时见山下已是万家灯火，一轮明月冉冉升起，皎洁的月光洒在山林中，一片清明。两人连忙起身准备下山回家，忽听崖下涧内似有动静，伸头朝下一看，只见涧内冒了一阵水波，从水中走出两个看似夜叉模样的在潭四周打探一番后遁入水中。不一会，又有一个似当官的青衣汉子出现在水面上，左右巡视一会也下去了。大约过了一袋烟工夫，忽见潭中水花四溅，接着慢慢浮起一张八仙桌，桌上一香炉内香烟袅袅，各种仙桃仙果和各式月饼点心摆满了整个八仙桌。两个牧童看得眼花心跳，口水直流，但苦于吃不到，干着急。于是其中一牧童拾起一块拳头大的石头向潭中扔去，不偏不歪正中供桌上，只听得"轰"的一声，八仙桌一下子就沉入了水中，潭面顿时又恢复了平静……第二天，大雨倾盆而下，响雷一声紧似一声，只见一道道闪电直打龙潭，震得大地颤动、房屋摇晃，似有什么灾难降临。村民们心里惶惶不安，纷纷躲进家里。到了中午，有胆大的村民伸头朝外望去，只见奔腾而下的山洪呈现一片血红色。大雨一直下了两天两夜，第三天，雨停了，涧水又像往常一样变得清澈无痕。村民们这才敢走出家门，互相打听发生了什么事，直到两牧童说出中秋冲撞了龙王拜月，怒斩巡视失察的鳗鱼精。听说后来在入海处有人还曾看到被斩杀的鳗鱼精身体的一段，足足有小笆斗粗细。据说，东海龙王上奏玉帝，斥责牧童无知无礼，扰乱仙事，山民家教不力。故此地大旱三年。

"牛王庙"的传说

连云港市胜利村，从古至今一直称之为"牛王庙"村。因宋代在该村建一座纪念花果山牛魔王的"牛王庙"，以庙名为村名，至今已有八百年。

"牛王庙"在史书上有多次记载。乾隆三十七年崔应阶、吴恒宣编辑的《云台山志》说，"在诸韩村西龙山下"。清道光十一年谢元淮、许乔林编辑的《云台新志》记载，在西龙山下有座"牛王庙"。可见，"牛王庙"之存应在明代前。明代顾乾写的《海州志》记载，牛王庙"去诸季村五里"，诸季村即诸韩村。《云台新志》记载"去诸曹（诸朝）五里，在牛王庙东"，也就是说你要去诸曹村，位置在"牛王庙"东五里。

民间有这样的传说，唐僧取经路遇火焰山，孙悟空向牛魔王的夫人铁扇公主借扇灭火，三次遭到牛魔王的阻拦，最后被孙悟空、猪八戒、沙僧制服，变成一头体魄健壮的水牛，放回花果山白鸽岭下的"水牛村"，从此为农民耕田种粮、打场收谷。铁扇公主被赶回老家渔湾"风门口"。当时"水牛村"住着九户人家，每家都养着一头耕牛，因此得名"水牛"村。有一年盛夏，久旱无雨，河流干涸，天气异常闷热，惟有村西有一个大汪塘，常年不枯，村里人就把牛集中在汪水塘洗澡。可是，时隔不久，人们惊奇地发现，一到晚上牛群里总是多出一头牛。一连多少天，天天如此。早上下汪九头，晚上上岸十头，大家都感到奇怪。村里的老人们出了一个主意，吩咐家家牛头上套上一根红布条，再把牛赶下汪，看看究竟是怎么回事。当九头牛在水中翻浪时，突然水花一旋，咕咚一声，从水里又冒出一头水牛，和其他的牛一模一样，就是头上没有红布条，人们连忙把牛赶上岸，那头牛也跟着上岸。当人们捉它时，立即四蹄蹬开，直奔西南花果山东山弯，后来人们就把这个弯叫"牛旯旮山"。大家都说，这头神牛是牛魔王。第二年，云台山下村村闹牛瘟，远近二三百里的牛都死了，惟有"水牛村"的牛一直很好，其原因就是牛魔王洗澡的汪水塘留下了一汪好水，只要下汪洗洗澡，条条水牛膘肥体壮。乡亲们都非常感谢牛魔王的恩德，使水牛村的牛才免得遭一灾。为了使耕牛从此不再瘟疫，为了纪念神牛相助之恩，就在牛汪塘北面建了一座庙，名曰"牛王庙"。把汪水塘也改叫"神牛汪"。每年夏至，人们都要到"牛王庙"供香火，祈求花果山牛魔王每年夏至时节常来洗澡，保护耕牛年年平安。

神秘的捻工

赣榆县石羊河畔的柘汪镇吴公村是一个普通的村庄，村里的居民相传为徐福制造楼船的"圬工"后裔，他们如今依然靠这种捻船安身立命。说捻工神秘，因为他们器具只有一把斧头和一把平口凿子，村里千百年来铁定的规矩，传男不传女，更不外传，一般来说没有三年是学不出来的，有的人三年也不一定学成。用的材料很独特，主要是用浸有桐油的麻絮和以桐油与石灰和成的油腻子。如果捻得不好就要危及船家的生命和财产，船到海里，水就会从没有捻好的地方"咻咻"地冒出来。

这项手艺历史悠久，在柘汪镇大小王坊村通往荻水口的古河道里发现两处已碳化的木头，规整地排列在古河道地下两米深的海沙之中，多为柞木和桑木，有少量檀木，遗存堆积成三层、四层或八层，数量很多，其中有些可看出用锯、斧或锛加工的痕迹。在吴公村流传着徐福造船出海的故事，相传为秦时为了替徐福渡海求仙造船而召集来的各地"圬工"（捻船工）之住地，后同音演变为"吴公村"。吴公村西头路边河畔，立着写有"秦代造船圬工村遗址"字样的石碑。

"捻船"是造船中十分重要的一项工序，是个很神秘的技术活，终身干活的人就叫"捻工"。每艘新船在整个船体结构完成后，要把船体上的每一条木缝，每一个钉眼，塞上浸有桐油的麻絮，再以桐油与石灰和成的油腻子封牢，使其绝对不透水，这叫捻船。吴公村捻工做的就是这项绝活。

不管是新"钉"的船还是整修的老船，都离不开捻工。将钉好的新船，立着垫高方便操作，俗规一定要立着垫高，绝对不允许翻着垫高，捻工们用斧头敲打平头凿子，将麻絮塞紧在每条木缝里。一二十个捻工，同在一条木缝上操作，一条缝捻完后再捻另一条缝。捻船工作量不小。为鼓舞士气，捻船人员统一行动敲打成一种音乐—打排爷，操作时由一个人领唱，众人相和捻船号子，很有节奏地统一动作，使全船的每一条缝受力均衡。"乒乒乒、乓乓乓、乒乓乒乓、乒乒乓乓……"由慢到快，由快到慢，这种统一动作的捻船声如同唱戏打鼓一般，爷凿的铿锵声、船体的共鸣声自然构成节奏鲜明、清脆动听的乐曲，干活者提神，旁听者悦耳。一个船厂若有一户捻新船，周围数百米都可以听到打排爷的曲调声。

捻一条新船需一两个月，一天只能捻 3 至 10 条船缝。工作进度根据船主要求而定，如果船主想早点下海捕鱼，就让一天捻 10 条，这样的船一般能跑 3 年；而资金雄厚的船主，则要求一天捻 3 到 5 条，可跑 10 至 5 年。除捻工还要忙着为大大小小的老船整修，把出现缝隙的地方重新捻好。船只经常整修、保养，可以用 30 至 40 年。

伊芦山下的狐仙

古时候，伊芦山脚下有一个小村庄，庄子里住着一户殷实人家，姓周，他家有一位公子，读书十分用功，除了上厕所的时间外，整日在书房读书，闭门不出，连一日三餐都由下人送至书房。

忽一日，公子叮嘱下人，近日饭量有增，每次多上点饭菜来，下人照办，从此一日三餐，顿顿如此。日子久了，下人不免生疑，公子饭量为何陡增这么多？一日，来到老太太房间，把这件事告诉了她，老太太听后，也觉蹊跷，便与下人如此这般商议一番，下人点头而去。

次日，下人照例将饭菜送进书房，退出时将门虚掩，故意放重脚步离开后，又悄悄回来，由门缝向里张望，只见公子向帐后拱手道："饭菜已好，请娘子出来用餐"。话毕，一位貌若天仙的姑娘款款走出，与公子对坐用餐。餐毕，只见姑娘面露愁容道："公子，如今我只好将实情告诉你了。我本非人类，乃一狐仙，奉祖父之命，与你续这段前生姻缘。而今，我们的事已被你家人察觉，我们缘分已尽，祖父叫我即刻回去。"公子惊道："谁说缘分已尽，你即便是狐仙，我也要与你厮守一辈子。""万万不可，自古人妖不能成婚，我知道公子对我情深义重，但我不能连累公子……"姑娘说罢，泪如雨下，一会，她又说："我如今已身怀有孕，明年四月初八娃娃节时，你到伊芦山南脚，可见一块背风向阳的迎头石，石头下有一孩子，你可将其抱回，若是女孩，随你怎样安置，若是男孩，教他读书认字，长大后，能学医则学医，不能学医就教书。"说罢，与公子挥泪而别。

次年四月初八，公子来到伊芦山南脚，果见一背风向阳迎头石，石缝中传出婴儿啼哭声，公子抱起一看，是一男孩，于是便抱回抚养。公子回家后，开了一家私塾，教周围孩子读书认字，等他自己孩子七八岁时，也将他带进私塾，教其读书。谁知孩子天生聪慧，又十分用功，凡读过之书，过目成诵，一手毛笔字写得极好，只赛颜柳。到他十几岁时，父亲便送他拜师学医，后来成为一方名医，人称周先生。周先生医术高明，品德高尚，为远近百姓医病疗伤，造福乡里，一时传为佳话。

伊山的神话传说

在很久很久以前，一位辛勤的农夫，整天起早贪黑地劳作着，为的是养活一家老小。除了干农活外，还兼做点小本生意，这小本生意就是做豆腐卖。此人心地善良，从不多收人家钱，也不对人家短斤少两，豆腐也是实打实，一点也不掺假。博得乡里乡外，方圆几十里百姓的赞誉。

原来，他每天早晨都是将做好的冒着热气的两桌豆腐，放在两柳编筐中，挑着担子走乡串村叫卖。在卖时，两筐均匀轮留卖，以便好挑。可是有一天，他只做好了一桌豆腐，另一桌豆腐被做坏了。他就决定：今早只卖一桌吧，坏了的豆腐留着自家吃或喂牲畜，不能坑害人。于是他就照样挑着两个柳扁筐，一筐放豆腐，另一筐放块石头（随便从家前屋后找一块重量与一筐豆腐相当的石块），以达到平衡，依旧走出家门叫卖豆腐。

那农夫卖着卖着，豆腐筐那头越来越轻了，两边的重量达不到平衡，因为那头的石头重量是不变的，又不能扔掉。除非当卖完豆腐才能弃之。就在那农夫走到无人的地方并且十分发愁的时候，他耳边仿佛听见有人在说话："你不能再找一块小石块压在豆腐筐盖上吗？"这话提醒了农夫，觉得此话有道理。农夫两眼仔细观察四周都不见人影。随即，农夫就放下担了，在路边附近，想找块小石块。忽然在不远处，他发现了一块极不普通的小石块，四四方方，不偏不斜，光滑洁净。农夫顺手拾起，压在有豆腐的筐盖上。挑着担子继续卖剩下的豆腐。这时，他感到两边的重量更加平均，也不觉得费劲，挑起来也觉得更轻松些。特别令他奇怪的是，不管豆腐卖了多少，两边的重量始终还是一样。就在豆腐快卖完时，两边的重量还是相当。农夫还感到惊奇的是：那头大石头，这头才一小块石头，同样石头，怎么大小没有区别呢？

当他把最后一点豆腐卖完时，有人建议他：豆腐卖完了，石块还留干什么？他一想，也是的。他就下意识地将那块大石头扔掉了。但他还是不想扔掉那块小石块，于是就留着，仍然压在那原先盛豆腐的筐盖上，挑起担子回家了。两边的重量还是相当，他一点也不觉得累。当走到快要到家的地方，即今灌云大伊山附近时，遇见妻子扛着锄头也准备下地干活了。妻子说，豆腐卖完了，还留那东西（指那块小石块）干什么，于是她顺手把那块小石块拿起扔在地上。陡然不见了，农夫夫妇感到很奇怪。第二天，农夫家门前就出现了一座大山，也就是现在的大伊山。原来，农夫心地善良感动了天神，在他遇困难时，天神有意变成一块"小石块"帮他。不料被不识"宝"的农夫妻子扔掉，变成了一座大伊山。

龙女石的传说

传说很久以前，现在的赣榆海州湾度假区里有一个洞，洞内住着海龙王的小女儿，她心地善良，经常变成仙女，为人们做好事。

一天，一个穷人家的孩子病得很厉害，便到洞口烧香求告，时不大，那海龙王的女儿就从洞中出来，飘向小孩的家，她给孩子留下四粒仙药，然后就飘然而去。病孩的爸刚给孩子服了仙药，一个白胡子恶魔闯进病孩的家，说："你家刚才来妖怪了。"

恶魔到处说妖怪害人。人们谁也不信，有事还是去求告仙女。一天，又有一家老人病重，老人的儿子来到洞前烧香求药，他起身走出不远，随后海龙王的女儿就飘出洞来。她刚离开洞口，藏在石后的恶魔跳了出来，喊道："听着，我乃云台山的智海法师，今天特意来收伏你。"没待他说完，龙女便抽出宝剑和恶魔打了起来。恶魔和龙女打了几个回合，恶魔呼唤很多的魔怪参战，海龙王女儿因寡不敌众，筋疲力尽，含泪说："我命休矣……"她拔出金簪插在地上，好叫龙王给他报仇。只见恶魔从怀中拿出魔镜朝海龙王女儿照去，并口念咒语，把她收进法器。

人们知道海龙王女儿被恶魔收走了，仍然到洞口烧香磕头。不知什么时候，洞口插金簪的地方长出一块石头，大家都说这是海龙王女儿的化身。一个老人有了病，在此石前烧香磕头，没过三天病竟然好了，人们都说这是海龙王女儿还在为穷人造福。人们为了纪念她，在此雕刻出海龙王女儿的模样，起名叫"龙女石"。从此，"龙女石"的故事就在海州湾一带流传开了。

往来如梭的朱堵桥

朱堵桥，在赣榆县朱堵乡政府正南的朱稽河上，据说这是董永拦堵七仙女的地方。

相传，勤劳诚恳、朴实忠厚的董永，因无钱葬父，便卖身为奴……在去做工顶债的路上，被深深同情并爱慕他的七仙女拦住，恳求结为夫妻……在这朱堵桥东二里的仙邱铺，传说那就是当初七仙女求婚的地方。

董永因自己已卖身为奴，不愿连累别人受苦，便不答应，并慌忙躲开跑走了。可七仙女却紧追不舍，两人拉拉扯扯，一跑一追，到了一座小桥前……董永抢先上桥，住步桥头，拦堵着七仙女的去路，真诚地央求她收回成命，切不可自找罪受……

董永在这桥上住步堵仙，便是这"朱堵桥"名的来由。古人在传述这段逸闻时，将"住步堵仙桥"缩称为"住堵桥"，又因地方口音差误，住朱不辨，以致以讹传讹，这朱稽河上的住步堵仙桥便成了"朱堵桥"。

在这桥北，因当时董永在路上已先后两次住步堵仙，所以。留下了前后两处朱堵：在这两处，七仙女为夺路又左闪右躲，于是前后朱堵又各分东西。四个朱堵，田字形摆开。传说因当初七仙女与董永是在农历的四月十一这天到这桥上的，所以每年农历的四月十一，都要在这村前的寺庙旁，连办三天庙会以作祭祀。对于那些刚过门的新媳妇和已定亲的姑娘们来说，除了庙会上的热闹以外，还有一项乐趣就是"走桥"。

在这朱堵桥附近的小河里，曾有一种奇美水鸟，成双成对在这碧水芦丛间嬉戏，传说为七仙女董永所化鸳鸯鸟。小桥因此更增添了许多神秘与灵气。每到逢会，那些新媳妇和姑娘们，总在赶会的同时，高高兴兴地伴着各自的心上人，一起到这桥上走一走，以祈求天上的七仙女保佑他们恩爱一生、白头偕老。

赶朱堵会，走朱堵桥，这古韵醇浓的遗风已不知流传了多少年，如今这里的古桥已变成一座大桥，但赶会走桥的遗风尚存，每到朱堵会，这桥上仍是红男绿女，往来如梭。

载满传说的花果山

花果山上的一草一木都有传说，如猴王出世的娲遗石，猴王招兵的水帘洞，还有猴石、南天门、老君堂遗址，以及唐僧家世碑，西山有沙僧石及山下的沙河口，东山有观音崖（石观音）、黄岩洞、鬼牙（白骨精）、鬼窝（长涧），南山有与玉女峰紧密相连的金牛顶、北海观音寺、弥勒佛岭、大笁崖、小笁崖、飞边、乌龙潭、白龙潭、鬼关门、返阳洞以及猪头石、古银杏、何首乌、冬青桃、拐杖柏、美人松、云雾茶等与生俱来的漫山遍野的传说，像水帘洞一样持续不断在时空中穿梭。

所以，来了外地的亲朋好友，要到花果山去游览以表热情；来了远处的笔友同僚，必去玉女峰上合影以表尊重。

三千年前上古文献《禹贡》的相关载述在"海岱及淮惟徐州"一节中说："淮沂其乂，蒙羽其艺"、"羽畎夏翟"孕育、产生了花果山原始传说。《山海经》称花果山为郁山，喻示出山上苍郁的林木。《水经注》的作者看到郁山上有应该生长在南方的草木，使他在文章中再次重申：郁山一定是南方的苍梧山迁徙至此。从此，苍梧山的名字及传说走进了唐诗宋词，载入了元曲、明史……

云台山地区道、佛并播的事象很多，花果山中的康居僧人墓，昭示出西域僧人在这里的宗教活动；"鹫峰石塔"更宣表出早期佛教建筑在花果山一带的遗留。云台山上始建于唐代的三元宫，是苏北、鲁南地区重要的道教和佛教中心。这种道、儒、佛三教事象的时空叠合，对花果山传说创演者有了更多的启迪和激发。我们翻检涉及花果山传说的各种本子，无论是《大唐三藏取经诗话》《西游记杂剧》，还是杨致和本的《西游记传》，都能看到花果山传说的精彩之处，加上吴承恩，把盛开了两千多年的花果山传说披戴着艺术光环走进文学的永恒。

早在唐代"石猴出世"的传说就在民间广泛流传。在南云台山的"七十二洞"处，有一悬崖峭壁酷似"石卵"，下方石缝中夹着一块椭圆形的巨石，上有题刻"娲遗石"。当地民间传说认为这是女娲补天时遗存下来的"石卵"，有一天"石卵"突然崩裂，从中跳出一个石猴。在南云台山玉女峰之西约4公里处，即南云台山的西北端，北崖山嘴海拔80米处有一悬石，与山体裂一垂直裂隙，活灵活现一石猴坐于石端，面向西北，此山便被称为猴石山，山下的市镇也被称为猴嘴镇。传说石猴跳入瀑布泉中，仔细一看，原来是座铁板桥，桥边有花有树，是一座石房。为此他当上猴王。水帘洞"灵泉"常年有水，大旱不涸，传说它是通往东海龙宫的海眼，是石猴到东海的通道。现在水帘洞上仍保留明代海州知州王冈的题刻"高山流水"四字，流水长年不断。传说南天门是玉皇大帝灵霄宝殿的外大门，过来这个大门，便到了仙界。

传说中的石猴具备了猴、人、神的三种属性，也就是生物性、社会性和传奇性的互相融合和渗透的产物，这一特性是群众创作民间文学时赋予的，但它却曲折地表达了群众对石猴这一形象的喜怒哀乐，对社会的不平发出的呼喊，表达了广大群众改造社会的要求和情感。石猴神通广大，机智诙谐，性格散漫，无拘无束，没有等级观念，疾恶如仇，好打抱不平、爱憎分明、滑稽可笑、活泼可爱，形象鲜明。

随着时间的推移，花果山传说日渐丰富，经过当地百姓和墨客骚人一代代的完善和传承，形成了现在广为流传的花果山系列传说。

使花果山传说中的人物和故事传播全国乃至国外，更得力于明代小说家吴承恩依据这些民间传说而创作的神话小说《西游记》。小说中那位天不怕、地不怕，机智、勇敢的艺术形象，来源于"石猴出世"等传说，是根据云台山地区众多民间传说积累演化而来，也显示了一部世代累积型的猴王形象由口头文学到文学作品的孕育和发展的全过程。孙悟空的形象已成为家喻户晓的神猴的鲜活形象。

在云台山上"小蓬莱"景区的悬崖峭壁的缝中，有一酷似半边的"石卵"的岩石。在"石卵"的下方石缝间夹着一块椭圆形的巨石，上有题刻人称"娲遗石"。据传是当年女娲补天遗存下来的"石卵"，由于受天真地秀、日精月华，在"石卵"中孕育了一个石猴。有一天石卵突然崩裂，从中跳出一个石猴，以后就成为花果山群猴的首领。石卵只剩下半边，那一半在崩裂时不知落于何方。

三元传说源远流长，早在1600多年前东晋时代，东海人陈光蕊生了三个儿子，得道升仙（《三元真经》："三元神圣，驾五色祥云，乘九气清风，云台山上，放大豪光。"），被天宫封为三元大帝，分管天、地、水三界。因为他们所管都关系到庶民安康，所以祭拜百般红火。传说唐僧就是东海陈光蕊的儿子，三元是唐僧的骨肉兄弟。

七十二洞中较为有名的洞有无底洞、狐妖洞、马猴元帅洞、海天洞、二仙洞、法龙洞、万佛洞、朝阳洞等，都是依民间传说命名的。如狐妖洞传说，讲花果山狐妖洞里的狐狸精，助纣为虐，为非作歹，残害生灵，作威作福，为所欲为。狐妖妄图用一千一百一十一个小儿心肝做长寿药以延年益寿，被石猴识破。石猴略施小计，除妖降怪，救了孩子，而狐狸精却被石猴棒打死，不再作祟。万佛洞前有块平面石头，是为西王母照妖镜，下有梳妆台石，王母娘娘对石梳妆，容光焕发。万佛洞下有"云天深处"石鼓，敲而有声，传说是孙悟空召集众猴狲用的器具。

传说猴嘴山下本有一个叫石花县城的地方，因为地主作恶多端，神仙指示受害者敲这块石头能使地主受到报应，结果因为受害者敲击过猛，石花县城沉入了大海，幸亏花果山的石猴将石花县从海里拉出来，后来它变成了端坐朝北的半身猴石像。人们为了纪念这只神猴，将这块石头称为猴嘴石，石花县改为猴嘴镇。三元宫山门右侧有一棵宋代古柏，名为拐杖柏。传说太白金星手中的拐杖丢在此处，化为这棵柏树。

花果山传说用奇丽的幻想来组织的故事，富有浪漫主义色彩，是古代花果山人对所观察或经历的自然界或社会现象的解释和说明，只是它经过了"幻想"的加工，成为了想象中的"神化"了现实生活，反映着他们解释自然（或社会）并征服自然（或社会）的愿望。具有传奇的特色，故事情节既与人间现实有直接的联系，其发展又合乎生活的内在逻辑，同时，通过偶然、巧合、夸张、超人间的情节来引起故事的发展，从而使真实情景和奇情异事达到了有机的统一，既富于生活气息，又离奇动人。

满山的民间传说，在大力发展旅游事业的今天发挥着重要作用，叙述人物、刻画景物、解释风俗，传说质朴纯真、体现了民风民俗，充满着乡土气息，将沉寂的山水描绘得灵光四射，使民众在传说的字里行间自然升腾出热爱故园的乡土情结。

"神桥"的由来

从赣榆县城西行 30 里，有一村名叫柳沟村。村中竹林连片，林中沟潭纵横，其中最有名的一潭位于东南角，名叫老龙潭。潭边有座用 25 块大青石板垒砌的老石桥，被村民们称作"神桥"、"宝桥"。提起"神桥"、"宝桥"，村中上年岁的老人会情不自禁地向你讲述一个个动人的故事。

1941 年，12 岁徐永叶的他在老石桥上玩耍，不慎掉到桥下，滑入桥边深达数丈的老龙潭里，一直沉到潭底。待几个时辰过去，自己被村内懂水性的人从潭底摸出后，自己却一口水也没有呛入体内。据他自己回忆，当时掉入桥下沉到老龙潭底好像如在岸上感觉一样。事后，家中的老人买了鞭炮香烛、猪头三牲到桥边好好祭拜了一番。

现年近 80 岁的张大妈说：60 多年前的一天中午，她在桥上洗衣淘菜，年仅 4 岁的儿子从家中跟来玩耍，不慎跌入桥下。当时，水深几丈，自己又不识水性，并且身边又无其他人在场。她急忙跑到村中喊人来搭救。哪想她和前来相救的人刚到桥边，她的孩子竟从水下猛的冒了出来，没费吹灰之力就把孩子救了上来。自她嫁到柳沟村 60 多年来，自己亲眼所见和听说的从老石桥掉入桥下老龙潭的男孩女孩不下 20 人，无一人被淹死或被大水冲走，真是"神桥"。就这样，一传十，十传百，柳沟村的老石桥逐渐在人们的心目中变成了"神桥"、"宝桥"。

光阴似箭，日月如梭，如今，各种桥梁早已取代了过去的老石板桥，桥边的老龙潭也逐年被淤积冲刷成了一条只有几尺深的小小溪，但老石桥还在，美丽动人的传说还在，逢年过节村民们到石桥边焚纸烧香、燃放鞭炮的习俗还在……

老龙潭的传说

从赣榆县城青口沿临青公路往西走十五公里，便来到一个美丽而富饶的小门河镇柳沟村。

200 多年前，这个镇传说中的"老龙潭"，就处在庄南翠竹林下河流北面，龙潭方圆 600 米左右，水面如镜，清澈见底。由于年长日久，水冲浪袭，竹林底下约有七八十米宽的悬崖，因上有竹根错杂盘结，致使地空而不塌，形成了鱼鳖蛇蟹最佳住处，大有东海海底龙宫的式样。

据说几百年前，每年夏日雨发季节，由西北方向的夹山、徐山、马陵山等山洪经班庄、门河向东蜿蜒流去，村庄的小河呈"几"形流向，水势由西北方向直通村头竹林。由于水头的折线旋转就形成了河流中的深潭。遇到大旱年头河水断流，只有这潭水不干，周围村庄的老百姓都到这里取水吃用，有挑的，有用小车推的，有用大车拉的，但不管多少人来用水，潭水从未干过。在200年前一个春天的早晨，当时一位姓徐的老爷爷到潭里挑水做饭，在潭西见到一只铜板大小的鳖在水中游动，他就用水瓢捉住放到桶里，挑到家中，把水和小鳖一起放在水缸里，一不小心水桶碰坏了水缸沿，有一块巴掌大的缺口，当时只有半缸水。到第二天，家人发现仍然是满满的一缸水。特别值得惊奇的是：缸水与缸面一样平，连碰缸的部分都不跑水，一连七天都是这样。老爷爷传奇似地告诉了村民们。这样一传十、十传百，大家闻讯赶来观看，有的说这是精灵啊，有的说这是鳖精，留不得，有的说这是福分啊，还有的说看大家有没有命担了……最后徐爷爷决定把它送回老龙潭，他还细心地用水瓢把鳖端到潭水边，小心地放到了潭水中。他口中说道："你愿在这里安家，你就住在这里吧。"如若不愿在这里安家，你就走吧，小鳖点点头，围水转了一圈钻入水底。据说，小鳖是北方龙河里鳖精的孙女儿，小鳖因出走游玩时，看柳沟的龙潭地势优美，风情诱人，舍不得这块风水宝地，因此就留在了潭中。这次它露出了水面，贪看着柳沟诱人景色，才被徐大爷捉住，所以显灵以便保身。北方龙河里那边老龙潭里小鳖的祖父母老鳖精，趁夏天的雨季便来到了柳沟潭，帮孙女修造了一个方圆600米的深龙潭，以备孙女小鳖居住，也感谢柳沟村民不杀之恩，便派了些虾兵蟹将看好大门，保护它小孙女。这样潭面由小变大，由浅变深，潭面似游乐场，竹林底下似水晶宫，小鳖精和鱼鳖蛇蟹在这里玩乐，繁衍后代。

二龙抢珠

从柳沟村的西北和西南方向穿庄而过的两条河流，于村东头交汇，恰在两河交汇处有一座周围约半亩地的圆形土墩，庄上人把两条河流看作两条游龙，而把圆形土墩看作宝珠，故称之为"二龙抢珠"。

由于土墩的泥土质地细腻，村里人常到墩上取土使用，每当墩上泥土被用去一半或大半，一场大雨后，土墩便复旧如前，且比以前更圆更大。墩的南、北两侧陡峭如削，水冲不塌，全村老幼皆以为奇。后来，由于自西北而来的水源被新挖的朱稽河道切断，而自西南而来的水源又被河流改道而切断，所以两河水势锐减。人们还在继续取走墩上泥土使用，然而，直到将墩上泥土铲平，土墩也不再复原。一天傍晚，一场大雨过后，天空出现两条巨龙，而蛰伏在原墩两边貌似"猪"的五头水兽（即现在的河马）在两条巨龙的驱赶下，顺水直往大海方向逃窜。当时村民目睹此景，无不称奇。该村下游方向的大望河村民只见河面上一片灯光，犹如现在的电灯般明亮。

三官顶传说

在宿城船山阁王壁瀑布的正北，一字儿排开三座小山头，叫作三官顶。为什么叫三官顶呢？这里有一个古老而又有趣的传说。

三官是天地水三官，又称三元。中间的山头叫天官顶，最高，海拔 340 米；西边的山头叫地官顶，海拔 327 米；东边的山头叫水官顶，海拔 327 米。三座山头相距不到一公里。三官顶山下有一个村庄叫作陶庵，因陶渊明曾住在这里而得名。古时候，陶庵有三大姓：陶、陈、卢。传说陈老大家这年生个儿子，一落地便能发出红光来，如同花一样美丽，家人给孩子起了个漂亮的名字，叫陈萼，字光蕊。

陶庵下边有一个岩洞，直通东海龙宫。后来，陈光蕊就从这里去了东海龙宫，娶了龙王的三个女儿为妻，生了三个儿子，陈光蕊的三个儿子就是后来的三元大帝。早在1600年前的东晋时代，干宝的《搜神记》里就记载着东海人陈光蕊，生了三个儿子，得道升天，分管天地水三界。明朝出版的《三教搜神大全》更详细地记述了这个故事。说陈光蕊的三个儿子个个神通广大，法力无边，后来被上天封为三元大帝。哪里遇有大灾大难，三元就会来搭救。遇有大的饥荒，三元就变成善人到处放赈。被封为三元大帝后，三兄弟各司其职，天官赐福，地官赦罪，水官解厄。传说谁能爬上天官顶有福，爬上地官顶消灾免难，爬上水官顶不遭是非。说来也怪，水官顶上有一个天池汪，汪呈圆形，像一口大锅似的，锅的直径约 2 米，深约 1 米。锅内有水，常年不干。旧时天旱无雨，人们常到这里来求雨，据说往往灵验。

《西游记》的作者吴承恩把陈光蕊说成是唐僧的父亲，把陈光蕊的妻子说成是花果山下大村的宰相殷开山的女儿。这么说来，宿城人和大村人都是表亲了。

三官顶是三元传说的发源地，也是苏北、鲁南一带三元信仰的发源地。直到现在，船山飞瀑的第二道瀑布——岩洞中，还有一顶石香炉，上面刻有"三元大帝"四个字及众香客的名字。香炉里积满了香灰，四时八节还有不少人去焚香拜神呢。

海清寺阿育王塔传说

矗立在花果山脚下的海清寺阿育王塔，历经了近千年的风雨，同时也留下了许多美好的传说。

铁拐李锔塔

有一天，村里来了个瘸腿的手工匠，边走边吆喝："锔——大家伙来。"村民拿来锅，他不干，说太小；又有人拿来缸，他仍嫌小。有人生气地刺了他一句："山脚下的宝塔裂了，那家伙大，你去修吧！"手工匠听了，一句话没说，挑着担子一瘸一拐走了。

第二天，人们发现塔缝被两个锅盖大的铁巴子锔了起来，大伙看了都愣了。有人说："除非是神仙才能把塔锔起来，而神仙中只有铁拐李是瘸子，那个工匠肯定是铁拐李变的。"

1975 年，宝塔大修后，那两个铁巴子被市博物院收藏了。

姑嫂造塔

相传，在花果山大村乡有姑嫂两人都很能干。一天，小姑子跟大嫂说要比一比，看谁的本领大，大嫂点头同意了。一夜之间大嫂造起过海桥，小姑搭起通天塔。半夜时分，小姑见大嫂的过海桥就要造好了，而自己的通天塔才修到第九层，她惟恐输给大嫂，便匆忙弄了一筐碎砖头，往塔顶一倒算完工。然后跑到塔西北的小团山（今叫鸡鸣山、基鸣山）上学鸡叫，引得四周群鸡乱啼，大嫂以为天亮了，灰了心，走了神，过海桥一下子全塌了。小姑见此景象，顿时觉得羞愧难当，脸臊得通红，变成了一只大公鸡，每天黎明在小团山上为村民报晓，以此来赎自己的罪过，求得大嫂的原谅。如今，神话变成了现实，我们现在看到连接墟沟与东西连岛的拦海大堤，据说就是以前大嫂造过海桥的地方。

魏征造塔镇龙穴

相传，唐王李世民带领丞相魏征率领大军，东征平定十八家反王之乱来到此地。因天下大雨，三军人马就在此休休整。雨停之后，魏征见此处隐隐有紫气冲天，就四处探访打听情况。过了半晌，来到李世民寝帐中，对李世民说："此久有龙穴，如不加以破坏，恐大唐江山不保。只要在龙穴上盖宝塔镇之，并请佛主真身舍利一枚在此，必可得佛主之阴福，保大唐江山万代。"

李世民听罢连连点头，即命魏征在此修塔造庙，见此处山清水秀，又在海边，就把寺名命作"海清寺"。

海清寺阿育王塔在唐朝末年倒掉了，北宋天圣元年（1023）海清寺阿育王塔又在原址上重新修造了起来，并一直屹立到今天。

东海有勇妇诗

《嘉庆海州直隶州志》拾遗录载，"东海有勇妇诗"，编者虽"考唐书烈女传无其人"，但是，"谨著於此以传之"，以便后人考之，其意深远。

查《中国历史地名辞典》一书中有"东海"二字的地名有四处，其中"东海"条目下曰："先秦古籍中的东海相当今之黄海……秦汉以后以今黄海、东海同为东海"，此系海域称谓的变化。而"东海城"、"东海县"、"东海郡"三条目下，都指为"今江苏省灌云县北南城镇"，"南朝齐置，治所即江苏省灌云县北南城镇，隋开皇初废入广饶县，仁寿元年 (601) 又改广饶县为东海县", "东海郡……隋大业初以海州改名，治所在朐山县 (今江苏省连云港市西南海州镇)，唐武德四年 (621) 复名海州，天宝元年 (742) 又改为东海郡……"因此，李白诗中所述的东海勇妇，确是海州东海之人。《李白集校注》 (上海古籍出版社出版) 对"东海有勇妇"诗其评笺曰："东海有勇妇为夫报仇必实有其事……似目击其事而赋之者……奇人奇事淹而弗传者多矣。"因此"考唐书烈女传无其人"也属正常。笔者在"李白苍梧行初考"一文中，所以认为是李白于唐开元 25 年 (737) 畅游苍梧时"闻其事而后之作"，是因为诗中明指"北海李使君"而非海州李使君，"北海"乃地名之称，至于以"北海"称李邕，其原因之一确是指为北海郡太守的代称，其二则是李邕于天宝六年元月被"就郡杀之"之后，世人为避畏朝廷之爱称，因为李邕其名和字号均非"北海"也，因而无论何种解读，此诗决非是在海州东海之作。那么该诗是在何时、何地、在什么情况下而作的呢？

据人民文学出版社出版的《杜甫诗选注》中，"赠李白"诗注中知，天宝四年 (745) 夏，杜甫与前往济南紫极宫从道士高如贵受"道录"的李白相会。再据《杜甫诗选注》中"陪李北海宴历下亭"诗题注："这是天宝四载 (745) 夏，在济南历下亭即时所赋。李北海即李邕，时为北海太守，是当时文豪兼书家，李林甫素忌邕。天宝六载正月就郡杖杀之，时年 70 余。"和《旧唐书·李邕传》，"李邕……五载奸赃事发"确足证李邕此宴是在"奸赃事发"之前夕。当时李邕已知或预感到将祸从天降，就前往济南与各方名士相见而求对策。李邕之宴有济南"蹇处士等在坐"，杜甫、李白相陪。从杜甫的诗中，我们看不到好友相逢欢愉之述，却只有"云山已兴发，玉佩仍当歌"之无奈心情的流露和一语双关的感叹："蕴真惬所欲，落日将如何？贵贱俱物役，从公难重过。"李邕其政治生涯已至维艰之时。笔者认为：就是在这次沉闷的宴席上，李白对朝廷李林甫加罪李邕愤愤不平，即席而作"东海有勇妇"诗表勇妇之侠肝义胆，赞州守使君李邕"舍罪警风俗"之胆略，以史典而寓扬李邕之贤明，颂李邕及女英"事立独扬名"，以"闻於朝舍其罪也" (嘉庆海州直隶州志语)。近阅齐鲁出版社出版的《李白年谱》，也认定此诗为天宝四年所作。

"东海有勇妇"诗爱憎分明，气壮山河，乃惊天地泣鬼神之作。今朝阳镇有孝妇墓，若能在"太白涧"处择址立一"勇妇碑"，镌刻上李白之"东海有勇妇"诗，既增加一处人文景观又扬我海州东海女妇不畏强暴之美德。

南城虽小城隍大

南城人对城隍相当崇拜，传说城隍是苏州城隍春申君黄歇，为一品"威灵佑公爵"，比海州城隍"威灵佑伯爵"爵高两级。

清初，南城有苏纪两家打官司。从海州、淮安直打到设在苏州的省按察使司衙门。当时有"苏家的腿纪家的嘴"之说，纪家纪二先生有钱又是黑墨嘴子，下苏州坐的是船，住的是馆，吃的是席。苏家苏大农是挑八根系子的穷人，走凭两条腿，啃的是干饼，很晚到苏州城隍庙投宿。住了十多天也没希望。这晚，苏大龙睡梦中似听城隍老爷说："钱能通官，看来你的官司输的多!"苏大农惊醒吓出一身冷汗，忙磕头祷告："城隍老爷呀! 不是说钱也能通神吗? 我虽没钱可有良心，你不知道我冤屈了吗? 你若保佑我这官司不输，我背你下海上山到玉皇宫，再建新庙，重塑金身。小民祖先本是阊门人，我也是你的子民，请多保佑!"第二天，官司打和了。苏大农回来磕头，说："感谢城隍老爷相帮，若不嫌我，就跟我走吧!"他把藤条做的城隍神像捆在背上，在呼呼风声里一夜间奔到南城东大街。本想歇会再背上玉皇宫，可一放倒连推也推不动了。

苏大农在这里盖了三间茅屋让他暂住。康熙年间百姓集资建起一座雄伟的城隍庙。众人商量又找来周二爹给城隍老爷当差。周二爹本是中正卖蟹子的，为保护同伙百姓与盐警搏斗牺牲了，中正人曾为他建小庙祭祀，这回请他站在城隍身边。这矮小老头子，头戴斗篷，身背青布长衫，勒腰上斜插个旱烟袋。满脸风霜，吹胡子瞪眼，咬牙切齿模样。手执木牌上写着：正在拿你，却没想你来了。令贪官污吏、欺良负心之人害怕。每适城隍老爷出巡，定要周二爹护驾前行。至今民间还有"城隍好见，周二爹难依"之说。

过去三月三城隍庙会，香火极盛。据传江南到江北各州县城隍都要到南城来朝见，老百姓来烧香的也特别多。那些地方哪家"老"人了，还要特地烧双草鞋，让死者灵魂穿着到路远迢迢的南城"朝省"城隍大老爷！

摇糖球与糖球歌

说到糖球众所周知，北方地区称之为糖葫芦、糖墩儿，是中国一种传统美食，它是将山楂用竹签串成串后蘸上麦芽糖稀（现改用白砂糖熬制），糖稀遇风迅速变硬，吃起来又酸又甜，还很冰。在老海州有一种卖糖球的方法叫"摇糖球"。己丑年正月初三的下午，笔者路过海州鼓楼前，发现有一大堆男女老少围在一起。一位老者，手持五块一尺来长的竹板，每块上面分别用红色圆点标出一至五，台面上还摆着五块小竹板，上面同样分别有一到五个红色圆点。除了这些竹板外，还有一个圆形的铝盒，里面放了三个骰子。老者将五块长竹板分给五个人，一支糖球一块五毛钱，每个人交三毛钱。紧接着老者又将台面上的小竹板卡过来，让这五个人抽，谁抽到一号签，谁就先摇骰子。看谁摇的点数大，谁就吃这支糖球，如果第一个人摇出了15点，下面四个人其中也有一人摇出15点，抽到一号签的吃这支糖球；如果五个人都摇到同样的点，被称为"满堂红"，每人得一支糖球。老者一边做着裁判，监督着游戏的过程，一边唱着"糖球歌"。这糖球歌里边涵盖了节气、历史人物故事，甚至还有与连云港有关的地名和地方曲艺。一边摇一边唱，用地道的海州方言演唱合辙押韵，朗朗上口。

海州裁海

明清两代，统治者在北起河北、山东、南至福建、广东的漫长海岸线上实施了严厉的限制政策，禁止渔民出海打鱼、商人外销货物，限制与海外一切往来。这就是史乘所称的禁海（有的称为裁海、迁海和分海）。而海州因地处黄海之滨，自然在被禁之列。

明朝的禁海措施，大致可归结为两类：一是责令沿海边民迁入内地，规定"片帆不许入海。"二是广建卫所、营寨，强化戍卫力量。一直到明末，禁海都被作为"皇祖遗训"，在沿海地区严格执行。到了清初，倭寇的问题解决了，但因郑成功驱逐荷夷，收复台湾，并举起反清大旗，清政府不得不再次拾起了裁海的大棒，"朝议将闽广江浙山东沿海一带悉令迁入内地"，以断绝郑成功的物资供应，将郑氏集团扼杀在台岛。关于海州的裁海，《嘉庆海州直隶州志》和《云台新志》都有记述。"顺治十八年（1661），兵部尚书苏纳海，会阅江南各省沿海地方，将各岛附近村庄，俱令迁移内境。云台山向在海中，一并禁为界外。"同年十二月，清廷再次发布《严禁通海敕谕》，奉诏迁海的范围涉及河北、山东、江苏、浙江、福建、广东六省的沿海广大地区。云台山又一次在劫难逃。

清朝的迁海，就是将海边居民迁数十里，在地势较高处设置炮台和烟墩，在海边开界沟，筑界墙，立界碑，用巨大排桩钉塞海口，并设置营地派兵驻守，责令商民不得越界活动。若有越界者，则发烟示警，予以剿杀。这样就在内陆与沿海之间形成一道屏障。

迁海令一下，云台山十八村的居民被迫外迁（清中叶以前，云台山四面环水，与其说是山，不如说是岛更为确切）。迁住的地点主要集中在周边的临沂、沂州、莒州等州县，祖祖辈辈以海为生的渔民们，顷刻间丢失了家园，不得不流落他乡，遭受了无尽的痛苦与辛酸。

裁海政策是不得人心的，因此，从实施之日起，就遭到来自民间和乡绅仕宦的不同程度的抵制，一些乡绅多次上书乞请复海。康熙十六年（1677），漕运总督帅颜保，奏请复云台山为内地，允许有条件地撤海禁，准渔樵，迁民复业。康熙十八年，海州的裁海政策宣告寿终正寝。

海州智慧人物传说

海州智慧人物传说是指常年流传在古海州（今连云港市地区）以卫哲治、苗坦之、吉杲三人为代表的民间智慧人物的系列传说。这些传说流传在连云港市东海县、海州区、新浦区、赣榆县、灌云县、灌南县以及淮安市、盐城市的部分县区，自清代乾隆以来一直在民间盛传不衰。

这三位传奇人物历史上真有其人，只是把他们的故事加以夸张虚拟。如卫哲治，清代乾隆初任海州知州，关于他为官廉政、智斗豪强的传说有26篇。苗坦之是海州西乡一位穷秀才，关于他帮助穷人、智斗豪门的传说有55篇。吉杲诙谐幽默，正义感强，是海州地区有口皆碑的一位东方朔式的传奇人物，他的传说有75篇。上世纪这些传说许多被收录在《民间文学》和《中国民间文学集成·江苏卷》，不少传说被改编为戏曲、电视、曲艺作品演播，所有传说已有连云港市民间文艺家协会结集出版。

海州智慧人物传说有着鲜明的人民性、地方性和传奇性，所述故事无不反映人民群众的喜怒哀乐、追求愿景。语言通俗化，人物平民化，反映了人民大众的心声。海州智慧人物传说自清代起一直以口头方言代代群体相传，连云港一带几乎家喻户晓，现仍为群众在社区文化及街头纳凉中的一项重要内容。

刘二姐赶会

《刘二姐赶会》是流传于连云港市东海县西部马陵山区的"拉魂腔"千行长歌。这首长篇叙事诗共一千一百四十行。它叙述了农家女刘二姐赶会所看到的各种景物和人物的描写，包括园中的青菜、田间的庄稼、河塘鱼虾、动物果树、各式各类人物、农贸市场里的各类物品等，表现了旧时地方社会的日常生活，特别是当时当地的风俗民情和各种社会现象，真实而细腻。

该诗是清末东海县西部一位老秀才创作的，一九八七年搜集整理。它是一份综合性的知识教材，全诗情节引人入胜，哦咏咁畅，语言质朴，散发着浓厚的乡土气息，俗话"刘二姐赶会——走着瞧"。对保存历史文化遗产和健康的民风民俗，传播民俗文化，构建和谐社会有促进作用。现在《刘二姐赶会》在东海县地区百人会演唱此长歌。

苏文顶的传说

苏文顶传说是连云港地区流布很广的古老历史民间故事之一，演绎了中国唐代与当时高丽国之间的一段传奇。苏文顶位于连云港市连云区后云台山一隅，因为高丽大将盖苏文曾据守此地而得名。

传说唐代，高丽头领盖苏文盘踞在这一带，占山为寇，给唐王朝构成了巨大威胁。唐王李世民亲率大军东征，两军对阵，李世民马陷淤泥河，唐王军营白袍小将罗成在五羊湖（今云山街道）中救起了陷入淤泥的李世民。救驾时，小将手持红缨枪，一枪挑起两条龙，救主打败了盖苏文队伍。盖苏文被打败后，人们便把他占据的这个山岭叫做苏文顶。

传说在明代地方志书、《云台导游诗钞》中有记载。至今，马道，喂马槽、拴马石等遗迹尚存。

夹谷山传说

夹谷山，位于古属齐鲁边界的赣榆县西北班庄镇境内，是唐宋以来被许多诗人吟咏并被史志列为赣榆八景之一的"夹谷莺啼"。这里有 2500 年前孔子相鲁会齐侯处的遗址及其众多的名胜古迹，《春秋》载："定公十年夏，公会齐侯于夹谷。"由此，也使夹谷山名闻遐迩，历千百年而不绝。

夹谷会盟，除了《春秋》《史记》里有记载和地方志记载历代文人墨客吟咏诗赋及现存碑刻、遗迹之外，还有许多富有古老的文化魅力的传说故事。诸如"圣人泉"、"夹谷书院"、"魁星阁"等名胜古迹皆为民间流传。传说流传于赣榆县和相邻的山东省临沭县境内。

东海水晶仙子传说

东海县内有三座神山，呈三角之势。东面的叫牛山，北面的叫白玉山，西边稍远的叫马陵山。这三座山的中间夹着一湾碧水，名叫晶湖。这三山一水，自古以来就生长在这里，有各自的镇守之神。牛山山神，矮小粗壮，忠厚老诚，岁数稍大。白玉山和马陵山这两位山神，还是青年小伙子，气血正旺，都到了寻亲觅偶的时候。晶湖，恰是一位亭亭玉立的女神，是东海龙王的九女儿。三位山神与晶湖长期厮守，朝夕相见，往来频繁。每到汛期，都给晶湖女神殷勤地送去自己的山泉水。晶湖碧波荡漾，更加婀娜多姿。牛山山神虽有爱慕之心，但想到其他两位年轻的山神与晶湖女神更加般配，便泯灭了爱慕之心。白玉山神终日辛勤帮助农民在晶湖边种植水稻；马陵山神常年劳作，帮助农民在山坡上种植果木，各司其职，各施其受，都受到了民众的爱戴。这两位山神朝朝暮暮都思念着晶湖女神，都想娶她为妻。

温泉古镇传说

东海温泉古镇传说属祖辈口头相传，历史悠久，最早可以追溯到三皇五帝时期。主要内容有大禹殛鲧、羽山来历、试剑石、汤姑与温泉水等系列传说。

汤姑是天宫九仙女中的小仙女。她从小生长在天宫，勤奋好学，心地善良，深受王母娘娘的宠爱。传说天宫九仙女看到了地上温泉蒸气腾腾，碧波荡漾，动了凡心，偷着飘到温泉汤头来洗澡。不料此情景被东海龙王第九个儿子小黑龙窥视了，便起歹心邪念，将小九仙女的衣服偷藏进了芦苇里，羞的小仙女伤心落泪。此事惊动了王母娘娘，便使法术轰跑了小黑龙，救回了小仙女。

小黑龙为此恼羞成怒，一日酒醉后胡乱喷吐，污酒变成了恶雨，满天飘落。人染上污水，浑身便生疮长疖，流脓淌血。人们遍体疮疖，痛苦不绝。小九仙女得知后，心里非常难过，心想此事因她而起，为解救黎民百姓，便请求王母娘娘带上万年老灵芝，熬成汤药，背上宝葫芦，化名"汤姑"下凡，将汤药投放到温泉汤沟里。当地百姓在温泉汤头洗浴，不几天疮疖疾病就都痊愈了。

大伊山传说

大伊山位于灌云南部，在 6500 年前这里就有人类居住，大伊山新石器时代石棺墓遗址是国家级重点文物保护单位。山上遍布不同时期的石刻、岩画，如女娲石、星相石、海船石、梅花鹿岩画等，有许多历代口碑传讲轶闻传说。

大伊山的由来就有多种说法。其一，这里本没有山，属浅海沼泽，人烟稀少；有一家姓戴的做豆腐卖，每天把豆腐挑到西边南岗岭上卖，南岗岭上的人家大多会用豆子换豆腐。这个姓戴的人卖完豆腐回家，在路边拾了一块石头与豆子配重挑回家，就把那块石头丢在巷口，后来不知不觉长成了一座山，周围的大地也跟着长，把海水向东挤退十多里。据说这是一块神石，是姓戴的将它移到这里的，人们就把这山称做"戴移山"。因"戴"、"大"同音，后来就演变成"大伊山"，或叫"大山"。

其二，传说商代贤相伊尹曾在伊芦山隐居，伊芦山就叫"伊来山"，后来演变成"伊芦山"。伊芦山西南方向一座比伊芦山大一点的山，西北边有座小一点的山。伊尹先后到过这两座山采药，人们便把这大点的称作"大伊山"，小的叫"小伊山"。

大伊山有从上古时代女娲到汉代的刘备、唐代的罗成，到宋、明、清时代人物各种传说。还有伏苓泉、神仙洞、奶奶顶、披墩、石盘棋、卧龙岗等各种传说。

田横岗传说

连云港市云台山北麓有一个田横岗，是因为黄河改道由"田横岛"、"田横崮"演变而来的，现在已成为云台山群峰耸立的山岗之一。田横岗的传说，以口授方式在这儿代代传颂。

田横是历史人物，《史记·田丹列传》中记载，公元前 200，田横在刘邦称帝后，到洛阳招安，他手下忠心的 500 名战士为他送行，最终追随田横杀身成仁。

至今中云台留有田横墓、田横城、500 壮士的兵营等遗址，尽皆盛赞田横的大仁大义和至上忠德。田横岗传说具有迷离神奇色彩，与涧中的小白龙探母、姜子牙张果老点化等种种神话和民间传说相辅相成。田横从一位义士，逐渐成为正义忠义双全的化身。徐悲鸿创作《史记》田横故事的大幅油画《田横五百士》，意在通过田横故事，歌颂"富贵不能淫，威武不能屈"的品质，宁死不屈的精神。

羽山传说

羽山位于江苏东海县和山东临沭县交界，是东海县的最高峰。羽山背倚齐鲁、襟怀吴楚，是一座名垂青史的千古名山。

大约在 4500 年前左右，洪水成灾。帝尧经"四岳"推荐让大禹父亲鲧担当治水重任，鲧治水九年在一次特大大雨时造成特大灾难，鲧被问责，殛于羽山，其后禹继承父志，治水 13 年，"三过家门而不入"吸取其父教训，"疏""堵"结合，治水成功，千古颂扬。

《尚书》《史记》《左传》《东周列国志》《水经注》等多部古典名著中都有"殛鲧于羽山""鲧腹生禹"的记载，羽山周边地区老百姓一代一代口耳相传着鲧禹父子以及有关羽山的故事，保持不吃鳖的习俗。我国著名历史地理学家谭其骧先生主编的《中国历史地图集·夏时期全图》标出我国东部沿海地区夏代唯一的山——羽山，至今巍巍屹立，山上的殛鲧泉，三缝石、禹渊，饱含着许多动人的故事。

五柳河传说

历史上连云港市连云区高公岛乡原名五柳河乡，1948 年 11 月，连云港获得解放，成立连云市，辖 4 个区，5 个镇，8 个乡，8 个乡中就包括柳河乡。山东省临沂档案馆档案中有不少份柳河乡写的报告、总结等文件，后面的具名为"五柳河乡"，清楚地标示了该地方与陶渊明的历史渊源，留下了不少关于陶渊明的遗迹和传说。五柳河传说历经 1600 年，具有广泛的群众性和民间传承性。

五柳河传说讲述当年柳河乡百姓受海潮侵害，望着眼前就要成熟收割的庄稼被海水淹没，将颗粒无收，老百姓哭天抢地，哭号不止，陶渊明亲眼目睹深感痛心，后亲率大军两千人，在柳河近海的平地上挖了一条长约1里半，宽约1丈5尺，高2丈的大堤，大堤既可以挡潮又可以灌溉农田。从此，当地百姓安居乐业，再未受到海潮影响，也是从那以后，高公岛乡柳河村的老百姓为纪念五柳先生陶渊明，每年春天都会在河堤上种植柳树，该乡故取名五柳河乡。

姐儿溜

《姐儿溜》是流传于东海县马陵山区的一种民间小曲，近二百首。这些小曲的歌词读起来押韵整齐、朗朗上口；唱起来婉转动听，情真意切。受南吴北鲁两种古文化的影响，东海县流传的《姐儿溜》兼具南北刚柔并济的风格。如《绣花灯》《卖水饺》等曲牌具有北方粗犷、刚烈、爽直的特点；《姐儿南园扣花针》《姐儿南园去踏青》等曲牌具有南方细腻、柔和、圆润的风格。千行长歌《房四姐》是最为代表的一曲，它兼顾两种风格，既委婉细腻，又爽朗泼辣。

长歌《房四姐》，共1008行，252节，分16章。《房四姐》主要演唱的曲牌为《姐儿溜》，唱述聪慧能干的村姑房四姐被父母贪爱财礼嫁给于家，为此遭到婆家忌恨泄愤虐待迫害自尽。长诗所塑造的人物形象性格鲜活，憎爱分明，它表明人类对追求人性解放的渴望，对妇女翻身自由的希望。这部来自民间的古老千行长歌的发现，打破苏北无长歌的历史。如今在东海县李埝乡有万人传唱《姐儿溜》，对保存历史文化遗产和健康的民风民俗，传播先进文化起到了积极的推动和促进作用。

日寇炸海州

日本帝国主义自 1937 年 "七·七" 事变发动了全面的侵华战争。虽然这场侵略战争以日本帝国主义的可耻失败而告终，但日本军国主义的阴魂一直不散。1982 年 8 月，正当日本军国主义分子美化侵略战争甚为嚣张之时，笔者满怀义愤，专门调查了 1938 年日寇对海州古城进行狂轰滥炸，炸死 106人、炸伤 300 多人的滔天罪行。

据当年许多老居民回忆，1938 年农历 4 月 21 日上午 10 点多钟，六七架日寇飞机在海州上空轮番向城里扔炸弹和俯冲扫射，顿时，城中血肉横飞，墙倒屋塌，上百间民房和 "天成" 药店等老商号化为灰烬。据目睹惨状的老住户林启秀、张庆珍、王祥英、陈兆林等老人回忆说，当时在马路口做买卖的有 30 多人被炸得血肉横飞，儒学（文庙）门旁的墙上沾满了斑斑血迹。炸油条的吴二一家三口人都被炸死。二营巷头韩某的双腿被炸飞到窗户上，上半身血流如注，惨不忍睹。海州工艺制品厂职工刘士奎指着残废的右腿说："我家屋后落下一棵炸弹，屋被炸了一个洞，弹片飞到屋里把我的右膝盖骨削伤，至今不能伸直。

91 岁的陈兆林控诉说："当时我在马路口开一家干货店。我家的住房被飞机炸塌，老父亲被炸弹声震死，一块弹片飞进我妻子的后背，抱在她怀里的 10 个月大的小女儿被炸弹声吓得了惊风病，不几天就死了。我家堂兄弟陈兆祥的肚肠子被炸了出来，当场死了。堂弟陈兆贵被炸伤。我因躲在柜台底的棉胎下才幸免一死。这个仇恨一辈子忘不了！" 陈兆林的老伴田家荣掀起褂子，摸着背上的伤疤说："一到阴天下雨这块伤疤就疼，一疼我就要骂丧尽天良的日本鬼子。"

老人们还回忆说，这次轰炸之前，日寇曾于 1937 年 10 月轰炸海州，炸毁刘阁相照相馆，炸死 6 人。这次轰炸之后，日寇又多次轰炸海州，炸毁东海师范和考棚、关庙巷一带许多房屋，死伤很多人。

60 多年过去了，时至今日，日本军国主义分子仍在明目张胆地篡改历史教科书，参拜靖国神社，这一倒行逆施行为已引起世人的密切关注。海州人民将永远不会忘记这段历史。

一字之祸

乾隆四十三年六月十四日，赣榆县一读书人叫韦玉振，他父亲韦锡病故，因韦锡在世时曾经营过粮食生意，管理过属于朝廷的粮食仓库，在位期间减免过贫苦佃户的利息米，所以韦玉振在撰文表述其父韦锡功绩时，写有"于佃户之贫者赦不加息，并赦屡年税欠"等语，韦玉振将此文刊印多份分发给亲友，作为对其父的祭奠。此事本属正常的民间丧事活动，谁知韦玉振的堂叔韦昭看过祭文后，大为恐慌，认为其中"赦"字不妥，"赦"为朝廷刑律所用，老百姓岂能乱用。韦玉振不以为然，认为《四书》中就有"赦小过"之句，古人平民就用过，不是皇上特有专用名词，不予理会。

其实"赦"字，原意为减免、免除的意思，韦玉振撰写其父功绩用"赦"字本无不妥，最多也不过用词不当而已。其堂叔也是读书人，早已被清廷的"文字狱"吓破了胆，他惟恐将来东窗事发，诛连自己，就到县衙举报了此事，执掌县衙的当权者也深知"文字狱"的厉害，此事发生在本县，如不力查，还会祸及自己，因此，立刻派人查办，人和文稿一起拿到县衙。经审，此文确为韦玉振所撰，用"赦"字无疑，审案者认为韦玉振实属狂悖，要以大逆罪处斩，按规定将审理结果呈报上司。

清朝沿用前朝的律法，"大逆之罪"属于"十恶"之列，所渭"大逆"，原意为预谋毁坏宗庙和山陵及宫阙的行为，清朝时扩大为对皇上的不敬和犯上作乱。犯有这种罪的人不仅要受到严厉的处罚，还不得享有法律所规定的赦、免、议、请、减、赎、当等优待办法，即"十恶不赦"，按清朝律法，韦玉振将被凌迟处死，其父、兄、子、侄，凡十六岁以上男性一律处死，十六岁以下男性及姐、妹、妻、妾、嫂等没入官府为奴，家产充公，韦玉振一家将遭受灭顶之灾。

案情报到乾隆皇帝那里，乾隆皇帝认为此案有些可笑，下令查办审案的杨魁，将韦玉振之案另行处理。最后韦玉振被判仗责一百大板，徒刑三年，此事才算了结。韦玉振总算拣回了一条命，韦家也算逃过了劫难.但因一字之祸，在中国历史上实属罕见，也可见清王朝"文字狱"的残忍。

港城遗工

海州棋

相传清朝乾隆年间，一位棋艺极佳的海州人，官至苏州府尹。到任后，一日，携随从微服私访至一僻静处，见一标有"棋局"的店面，门边挂一牌子，上书"江南让匹马，江北让颗车，海州让车又让马"。

府尹看毕寻思，是何人开此棋局，如此出口大言？我今天倒要会会这位高手，遂移步店内，只见一位十几岁的年轻后生立于店中，见客人到，上前招呼让座献茶。不一会，一位穿着长袍，戴着老花眼镜，一手拖着烟袋，一手端着茶壶的老者走了出来，见礼寒暄后，话归正题。店主道："凡到我店下棋者，只要本人同意，便可按牌子上写的去做，客官如是江南人，我便让颗马，如是江北人，我便让颗车，若是江北海州人，我让车马两颗棋"。府尹道："我今天不要你让一颗棋子，欲与你对弈如何？"店主道："那好哇！"府尹大喜，即请店主坐下对弈。店主道："真不巧，敝人今天有点事，不能陪客官对弈，就由我店内这位后生陪你玩玩吧。"府尹听罢，心中不悦，寻思道，这店主也太傲气了，这门前牌上写的口气就够大的了，今天又令一个小儿与我对弈，我今天偏要难他一难。于是又道："今天与你对弈，须下个注子，以助雅兴如何？"店主道"那好哇，若我输了，砸烂招牌，到别处谋生，若客官你输了呢？"府尹见店主倒也豪爽，痛快，便道："若我输了，输个苏州府尹给你如何？"于是双方立下字据，画押后，店主进里间去了，只剩下后生与府尹，双方坐下对弈。

棋局开始后，双方你来我往，进攻锐利，防守坚固，双方动用了各种手段和兵器。棋盘上，只见将帅运筹于方田之内，士相拱卫于方田之外，战场上兵卒呐喊，炮声隆隆，车轮滚滚，战马嘶鸣……经过一番厮杀，主客双方各有得失。

时至中午，双方用餐休息后继续对弈。此时的战场虽不像开始时那样硝烟浓烈，但大战之后的暂时寂静更加令人揪心。此时棋局进入僵持阶段，双方都在苦思冥想，寻找制胜对方的计策，窥测方向，以求妙招，但延至天黑，仍无结果。

晚餐毕又接着下。双方你来我往，不分胜负，转眼已近五更，双方兵力几乎消耗殆尽，棋局呈胶着状态。室内死一般寂静，阵阵亦疏亦急的喘息声不时传来，双方都在思索和算计，又经过若干个回合，天色大亮，战局也达到了决胜的顶点，此时任何一方似乎都无棋可动，只要一动，即告败北。而这一步棋恰巧该府尹走，岂不难坏了这位大人。府尹对着棋盘，苦苦思索，仍无棋可救，顿觉阵阵失意与寒冷掠过心头，加之经过一天一夜的鏖战，疲倦异常。朦胧中觉得有人与他说话，细观时似是南海观音。只听她道："苏州府尹，有兵不动，留有何用？"府尹猛地一惊，睁眼细看，果然有一卒未曾动得，眼前一亮，轻轻将卒子挪动一步。后生见府尹动卒，拍案而起，惊呼曰：若非神人点化，常人断断走不出这步棋，说罢拱手认输。

府尹走后，店主立即将牌子取下，当众砸烂，并带着后生远走他乡。府尹听说店主离开苏州后，深感其棋艺高超，棋德高尚，遂派人四处寻找，未果。自那以后，海州棋的佳话在民间广为流传至今。

贝 雕

贝雕，就是以它为原料，经过艺人的精巧加工而创作的工艺品。广泛利用各种贝壳，制成独具一格的贝雕工艺品，还是新中国成立以后才发展起来的。贝雕画是巧用各种贝壳的自然颜色和形状，经过设计图稿，精心选料，雕刻琢磨，堆贴组装等工序加工创作而成的。通过雕磨和化学处理，贝壳具有十分丰富的潜伏色。在潜伏色的运用上，可以采用一层色，也可以同时彩多层色，制作出瑰丽的动人画面来。艺人们吸取了国画的概括的传统，雕塑造型技巧和刺绣技法的精华，再根据贝壳的特性创造出画面简洁凝重，清秀富丽，风格独特的贝雕工艺品。

贝雕是我国传统工艺美术中的重要种类。连云港有 200 多公里的海岸线，盛产 70 多种贝类，连云港曾是我国四大贝雕画生产基地之一，流布区域集中在市内的赣榆区、连云区和东海县等地，后随产品流布至全国。连云港贝雕品种多样，可细分为贝贴画、贝雕画和螺钿画等。其生产工艺因产品不同而各有不同。如贝雕工艺流程，主要程序是设计图纸—选料—贴图—砂轮分割—打磨粗坯—雕刻—抛光—组装—上色—上漆等。又如螺钿丝嵌工艺，主要包括设计图纸—泥塑型体—大漆与布粘贴—打磨—镶螺钿—嵌丝—刮漆—打磨—上亮漆—抛光等。连云港贝雕讲究因材施用，每道流程都是手工操作，核心技艺全凭口传心授。早期有高风岩、吴汉枝、蒋祖安等人，后传承至张西月、吴龙会等。2005年，贝雕成功入选连云港市非遗保护名录，吴汉枝、纪效芳、张西月、孙畅为市级代表性传承人，张西月工作室被评为连云港市贝雕传承保护基地。张西月还成立了螺钿丝嵌艺术品工作室，入驻青口文化创意产业园，恢复了螺钿丝嵌艺术品。

贝雕画是一种优雅的装潢工艺品。连云港是我国生产贝雕画历史较长的主要产地之一。它是以江河湖海的五彩贝壳为原料，按设计要求，经精心雕磨，顺势拼连，巧妙组合而成。

贝雕素以色彩鲜艳光润，形象生动逼真，装饰富丽堂皇而著称，艺人们按照美术师设计的画稿，将贝雕磨成一个个"部件"，拼镶在装潢华美的底板上，形成了浮雕画面，再涂以亮油，染以色彩，最后配以质朴而考究的镜框，一幅栩栩如生的贝雕画便制成了。连云港贝雕画，品种繁多，有台式、挂式、落地式等200多个品种，其画面常以山水、人物、花卉、动物、楼亭、神话传说和民间故事为题材，并有着浓郁的地方特色。

连云港贝雕厂生产的贝雕画，是以江河湖海盛产的五彩贝壳为原料，雕磨加工而成。造型设计美观大方，拼接严谨，粘度坚牢，合缝严密，平治身光。现有200多个品种，畅销意大利、法国、日本、美国、香港、东南亚等国家和地区。这个厂的"花冠牌"贝雕画曾获全国贝雕画百花奖第三名，双面异色座屏雕获单项创新产品第一名。

柳 编

连云港柳编工艺品历史悠久，据《赣榆县续志》附编记载：民国5年土城的"柳婆罗"（当地柳编制品统称）参加国际巴拿马赛会，获四等奖。柳编艺人编制柳制品是在"地窖子"里进行的。人在地窖内扳柳，保温又保潮，编制的工艺品质地好，不易折断。

柳编艺人以东方睿智和匠心独运的技艺编织出的工艺品形态各异，争妍斗奇，既可观赏，又实用。特别是柳编贝雕花卉工艺品，其制作精湛，构思独到，深受中外客商的青睐。如今，连云港柳编以其新、奇、巧畅销 30 多个国家和地区。

横、折、撇、捺、勾。这不是在写汉字，而是编制柳编工艺品时的动作。柳编在连云港形成特色手艺的时期可以追溯到民国初期，距今百年有余，它是连云港活着的历史文化之根。传统柳编工艺制品是在"地窖子"里进行，这个地窖一般两米多深，口小肚大，可容纳两个人。在这里进行柳编作业的最大妙处是，扳柳枝时保温又保潮，不易折断柳枝。柳编工艺从地窖"出土"见光后柳条会显露极大的张力，柳条舒展"筋骨"，丝丝入扣，纹理也显得更加缜密。所以，地窖里编制的笸箩、小筐等非常受欢迎。"传统的柳编都是实用型的，现在的路线有所改变，观赏的要求越来越高。"

在光赏风盛行之下，柳编的传统味道渐渐消失了。取而代之的是一些塑编的工艺，这些工艺的材料可以批量生产，编制起来也比柳编更简易。另外，实用型的笸箩、小筐等也逐渐被一些其他工具所代替，柳条的粗犷也难以提起观赏者的胃口。

连云港是我国古代和现代柳编工艺品的主要产区，柳编工艺源远流长。特别是民国初期，海州的柳编工艺品已颇有名气。赣榆县的麦秸扇、柳笸箩，连云港柳编制作工艺技术在几千年的传承中，保持了连云港传统文化的特色——工艺构思严谨、造型优美、纹理清晰、古朴典雅，显工显艺为基本特征。上世纪 80 年代后，著名的柳编艺人许赞有来连云港，他先后开发了柳木结合家具、柳皮贴面家具、染色工艺、混编工艺，此举冲破了传统柳制品筐、篮的老框框，使柳纺制品范围扩展到家庭陈设和使用领域，使部分柳编工艺品上升为中、高档实用品。他还将各种"柳、纸混编"，"柳、绳混编"和"柳、草混编"系列工艺品，以其特有的天然素质结合于一体，在柳编工艺中大放异彩，使连云港的柳编工艺在全国独树一帜。

石 雕

连云港花岗岩、大理石蕴量大，有 50 亿立方米。

石材资源丰富，为工匠们精雕细琢提供了用武之地；石料的色彩黑、白、烟、赭诸色为工匠们的艺术构思拓展了表现机会。海州古城秦东门的群雕，赣榆县城 12 米高的徐福雕像，都是他们的杰作。石狮、石灯笼、仕女、龟、宝塔、雪砚、石屏风、多种人物造型及小工艺品，大到数吨重，小的只有几十克，品种繁多。雕刻手法有立体、半立体、浮雕和浅雕四种，可以根据客户不同要求按图制作。连云港的石雕艺术品大多销往海外，最受日本和港澳台居民的欢迎。

孙悟空大家一定都认识，他上天下地无所不能。不过看过《西游记》的人都知道，孙悟空其实就是一只石猴。在国家四 A 级风景区——连云港孔望山上，也有一个石头做的动物。不过它可比石猴大得多了。那是一座世界上最大的古代石雕大象。

这石头象就站在孔望山摩崖东侧，浑厚圆润的臀部，弯曲的尾巴，粗壮的四肢，宽阔的腰背，无一不给人以厚重的感觉。既然是石头做的，又是只大象，体重自然也轻不了，整头石象重达 200 多吨，长 5 米，高 2 点 4 米，而且是用一块椭圆形巨石通体雕琢而成的。

在石象的旁边，还站着一个身高不到一米的驯象人：头束丁字形头髻、右手持拿钩，双腿还戴有链锁。从这些衣冠服饰来看，石象的雕刻年代大约是在东汉末到魏晋初。另外，这头大象身上还有身份证呢，您瞧在这个用阴线刻的方框里，有隶书"象石"二字。目前，这座石象已被国家文物鉴定委员会认定为世界上最大的古代石象。

青田石，由于它的质地温润脆软，色彩斑斓，又易于雕刻，因此在很早以前就被开发利用。从出土文物看，青田石雕历史渊源流长，可以追溯到殷商时期，这已被 1989 年冬江西新干县出土的商代文物玉羽人得以考证。六朝时期就曾有雕刻石猪作为墓葬品（现藏浙江省博物馆）以及妇女、儿童的卦件等装饰品，制作工艺也逐渐随之兴盛发展起来。后来随着时代的演进，人们审美意识的提高，石稠度匠能根据石料的色彩、肌理、钉结等质地的不同，而随类赋形，因材施艺刻制成文房雅具、图章、佛像、香灯、小件杂耍等实用工艺品，以及为审美需要而专门发挥石色雕刻的壳物、花果、禽兽、虫鱼等等题材的陈高品。这些产品不仅满足了国内人民群众的需要，同时开始向国外销售。十七、十八世纪时，就有青田人由于路经西伯利亚，前往欧洲贩卖青田石雕。尔后，青田石商的足迹遍及南洋群岛、欧、澳、美等地。所到之处，所售产品，无不受到当地人们的称誉。

水　晶

连云港市东海县是中国的"水晶之乡"。这里水晶以白色为主，也有烟、茶、黄、粉红和紫等诸色。还有晶体内含有毛发状的"发晶"，含草木状的"草木晶"，含水珠的"水胆晶"。除众多自然天成的水晶观赏石以外，水晶制品也很出名，既有"精卫填海"、"送子观音"等神话人物，又有奔马、拓荒牛等摆件；既有水晶酒具、眼镜等实用品，也有水晶项链、胸花、戒指等装饰品，据专家研究，水晶有清热、解毒、过滤有害射线等特点，所以水晶项链和眼镜作为保健装饰品受到人们的青睐。水晶又是纯洁的象征，是馈赠友人、恋人的佳品，为人们所珍爱。

东海县的中国东海水晶城是中国最大的水晶专业市场。

水晶是一种稀有珍贵的天然矿物，是生产石英玻璃、电子材料的优质原料，工艺雕刻的上等材料。连云港市东海县的水晶蕴藏量大、质优。据考证，总储量在450万吨以上。

东海县的水晶，含硅量高，杂质少，性软，易溶化，其质量亦居全国之首。现存于北京地质博物馆的一块重约2吨多的"水晶大王"，就产于东海县。相传，孙中山先生的水晶棺所用的水晶，也为东海县所出。

东海水晶分紫晶、茶晶、墨晶和白色水晶，纯系天然。除供应工业用外，还可制成水晶项链、戒指、饰件、眼镜、水晶球等工艺品和实用品。尤其是连云港海州水晶雕厂生产的水晶雕制品，特别受到人们的喜爱。以水晶雕出的仕女、人物、花卉、鸟兽、熏炉等，造型简练优美、玲珑剔透，栩栩如生，是一种观赏价值很高的工艺品。该厂生产的水晶雕制品，已远销日本、法国、中国香港等国家和地区，受到普遍好评。

东海自古多水晶，东海人曾很喜欢用这样一组实例和数据来介绍自己的家乡：东海水晶储量居全国之首，而且品质优良。现已探明东海水晶储量约30万吨，二氧化硅含量最高可达99.99%。现存于中国地质博物馆的"中国水晶大王"，重达3.5吨，便出自东海房山镇；伟人毛泽东熟睡的水晶棺，其原料也是来自东海。白水晶、紫晶、粉晶水晶手链、红水晶、茶晶、黄水晶水晶手链、绿幽灵水、玛瑙、发晶、虎晶石水晶手链、黑耀石、海蓝宝、玉髓、橄榄石、碧玺、石榴石水晶手链、紫黄晶、紫龙晶。白水晶、粉晶、红水晶水晶项链、茶晶、黄水晶、绿幽灵、发晶水晶项链、虎晶、黑耀石、海蓝宝水晶项链、玛瑙、玉髓、紫晶、碧玺、石榴石水晶项链、情侣挂坠天然类水晶挂坠、水晶戒指、水晶情侣挂件、合成类情侣挂坠、挂件、陨石挂件、戒指、七星阵、水晶手镯、天然类雕刻件、雕刻水晶艺品、合成类、天然类水晶球、熔炼水晶球、水晶簇、串珠水晶工艺品包。

风　筝

"风筝"又叫"纸鹞"、"纸鸢"，每年农历二月初二开始，特别是清明节前后，许多青少年都要放风筝。

放风筝。古海州地方为信风带，每年清明前后必为刮风季节，很适宜放风筝。民间很喜欢清明前后放风筝，家长们亦喜帮助孩子扎风筝放飞，清明节实际成为海州的风筝节。古海州的风筝在制作和放飞方面在技巧和气势方面都形成地方特色。均以地产的紫花芦柴或竹篾扎成骨架糊以薄形白纸，再加以彩绘或彩纸剪贴而成。一般孩童玩的风筝有小八角、小白果、老鹰、蝴蝶、蜈蚣、和气人和筛底子等等。最有代表性的风筝为"八角九穿林"。用地产紫花细芦苇，扎成中间一个八角，大八角的每个角上再套扎一个小八角，风筝共有九个八角形组成，故名"八角九穿林"。为风筝安全，纵横以两根竹竿作撑。风筝的直径比人还高。糊以白绵纸，再以彩纸剪贴或彩笔绘画，在中间大八角的丫口处留出八个透风的洞，简称风洞。在风洞周围系上大小和口形不同的大小干油葫芦俗叫风葫芦，经风吹可发出悦耳的古筝之音。这种八角九穿林，可以放飞离地面二、三百米高，清明之时，每个城镇乡村的天空都有一两个"八角九穿林"。在三五里内不但能望见它的彩影，还能听到悦耳的古筝之声。风筝本来在北方叫纸鸢，南方叫纸鹞，就因为它经风吹能发出古筝之声，被全国接受统称"风筝"。到底"风筝"之名源于古海州的"八角九穿林"，还是海州人延用外地的"风筝"之名，很难搞清楚！

连云港市的风筝以海州地区为最。其用料考究，风筝的轮廓用芦苇、竹片做成，以细麻捻子扣扎。风筝骨要选用新竹篾，横竖加两道撑子，才不会被风刮折。糊风筝的纸多选用薄而韧的毛边纸或白棉纸。风筝线用棉绳或苎麻手工搓成。风筝式样名目繁多，八角子、套角、小白果、花蝴蝶、蜻蜓、蜈蚣等造型各具特色。最长的风筝有 82 米的中国龙、最小的风筝是仅有两个指甲盖大小的蝴蝶。这种蝴蝶风筝是用薄薄的丝绢做的，摸上去比蝉翼还薄，细钢丝骨架看上去跟发丝差不多，放风筝的线也极为讲究，要选用蚕茧抽出的丝。这样的风筝虽然小，照样可以飞上蓝天，只是高度仅有四五米。更有八角九穿林风筝，三四米高，上留 8 个风窗，拴上风葫芦或哨子，能升空 60—70 米高，响声可传数公里。

古老的肘股子

肘股子是一种古老的曲艺演唱形式，因演员在演唱时用肘部击打太平鼓而得名。明代崇祯年间境内出现艺人演唱肘股子，因一周姓尼姑演唱最佳，故又称"周姑子"。肘股子是一种以唱为主、唱念相间的民间曲艺，唱念全用地方方言。

主要唱腔为"大花腔"、"小花腔"、"四平调"、"阴阳腔"等多种，其中"大花腔"旋律较快，热情奔放，多用于表达人物欢快的心情。"小花腔"松松舒畅，多用于叙事。"四平调"又称"老头腔"，多用于男性，中速而稳重。"阴阳腔"速度较慢，用于抒情咏叹，表现人物悲哀凄凉的情绪，所以又称"哀怜腔"。板式有慢板、散板、垛子板、流水板等。演唱时一韵到底，若须转韵，中间必垫道白。女腔演唱时可用假声，曲终时带哼声截腔，戛然而止。伴奏多用柳叶琴或板三弦，演唱者持太平鼓击打节奏。

据肘股子艺人彭仁善、王起娥等人口述，肘股子起源于唐代后宫戏。《山东地方戏曲剧种史料汇编》中肯定了肘股子传入山东后给山东戏曲带来的影响："约在清光绪年间，山东高密、诸城附近的本肘鼓，受到以赣榆一带传来的有柳叶琴伴奏的肘股子唱法的影响，增添了柳叶琴作为伴奏乐器。"

早期的肘股子是以三弦伴奏的，以柳叶琴伴奏约出现于光绪年间。民国年间，肘股子进入快速发展时期，以家庭为单位成立班社在赣榆开始风行，家庭班社演出日渐火爆。除门河镇纪瓦沟的封锅班社和大岭乡的徐邦友班社外，施兴云、张玉田、赵志乐、王夫春等家庭都成立了肘股子班社。在这一段时期，门河镇左湾村的徐家班、大岭乡徐屯的朱家班、马站乡仲湖村的仲家班都纷纷唱起了肘股子。当时的赣榆民间曲坛简直成了肘股子的天下。每个大集中都有肘股子班社在演唱；同时两、三个班社相遇，常常摆开擂台，一较技艺。

肘股子是以方言道白和演唱的一种独特的曲种，唱腔粗犷，富于乡土气息。

唱词讲究合辙押韵，每段唱词不论长短，一韵到底，转韵时须垫白口。肘股子在演唱时要求形象逼真，要达到"哀腔顿泪"的境界。既是唱到悲哀的时候，音调要抽泣，眼中要落泪。在唱腔上，要求先吐字，再拖腔，后收腔。字要吐清，腔要拖圆，韵要收足，才能真正体现"拉魂腔"的特色韵味。女腔在收韵时要用假嗓带鼻音把音阶拔高八度，带哼声截腔，戛然而上，干脆利索。男腔一般不用假嗓，演唱时，更接近口语化，但同样需要字正腔圆、节奏鲜明。花腔节奏平稳，旋律奔放，易于表现欢快的心情。小花腔节奏鲜明，轻松舒畅，易于叙述经过，摇枝晃根。老头腔即四平调，中速稳重。阴阳腔速度较慢，抒情咏叹，易于体现悲哀、愤怒、凄凉、痛苦等情感的变化，俗称"哀怜腔"。肘股子演唱的板式分为"慢板"、"散板"、"垛子板"、"流水板"等，但要根据情节需要，灵活掌握。

肘股子曲目分为文场和武场，文场的伴奏乐器，主要以柳叶琴为主，配以二胡、京胡和檀板。武场需要配以全套的鼓、锣、铙、钹。柳叶琴在伴奏时，十分注意包音、接韵，在演员忘词时，反复拨奏小过门，张口待唱，便于演员随时插腔。肘股子，有简单的服饰、道具，以便演唱时化妆。

演唱曲目均为传统曲目，主要有《四大京》《秦香莲》《梁祝》《陈世美》《思凡》《穆桂英》《吕洞宾戏牡丹》《韩湘子讨封》《孟姜女哭长城》《三关口》《双龙会》《陈桥兵变》等近百部。

肘股子自产生与流传以来，为中华文明的传承与发扬，也为地方文明的传统与发扬，作出了积极的贡献。肘股子曲目非常丰富，历史上曾流传的曲目达百余部，几乎囊括了历史上各种戏曲、曲艺形式表演和流传的剧目、曲目，从而使许多历史文化事象通过肘股子得以流传和保存，具有一定的历史研究价值。

肘股子至今保留着原始的演唱形态，完全以方言道白和演唱，唱腔粗犷豪放，富有乡土气息；伴奏简便，舞台化妆简单，一人可担任多个角色，演唱时要求形象逼真，要达到"哀腔顿泪"的境界，这都是原生态的演唱和表演方式。肘股子是民族民间文学和音乐中的宝贵遗产，许多优秀作品有着较高的艺术性，具有较高的艺术研究价值。

发掘、抢救、保护肘股子，对保存优秀的非物质文化遗产将产生积极的推动作用，对丰富人民群众的文化生活，提高人民群众的素质，构建和谐社会，建设社会主义新农村，都将产生重要的促进作用。由于受市场经济和娱乐形式多样化的冲击，肘股子生存环境并不乐观。爱好者队伍不断缩小，年轻人爱好者不多，肘股子表演活动处于萎缩状态，一些传统优秀曲目传承人已经年迈。如1936年出生的彭仁善，自幼爱好民间曲艺，少时跟父学艺，演唱肘股子，在当地很有影响，与妻王起娥重组彭家班，演出到上个世纪八十年代末，班社解散，只有节庆、庙会之日才能摆点演唱。还有1938年出生的吴隆柯，幼时跟母学艺，后又跟一张姓艺人学艺，出师后即搭班唱艺，1955年创建吴家班，至上个世纪八十年初吴家班解散，只有在节庆和镇上文娱活动中演唱。

现在，文化部门已经建立肘股子档案室，专人负责，绘制传承人谱系，建立传承人档案，搜集了资料，编配曲谱，在培养新人、举办肘股子演唱大赛做了大量工作，相信在不远的将来，肘股子将会被发扬光大。

马灯舞

港城马灯舞传承数百年，反映的历史背景距今已有800余年，表演的舞蹈语汇质朴粗犷，伴奏只用锣、鼓、钹等打击乐器，敲击节奏，营造气氛；表演节奏明快、动作有张力，变化莫测，高潮迭起；人物形象皆具浓郁的乡土气息，是老百姓喜爱的土生土长的民间人物形象。演绎的是北宋末年的"靖康之难"后，金兵大举南侵，大好河山陷于水深火热之中，华夏儿女不屈不挠，自发地奋起抵抗的故事。

马灯舞分为大场和小场的，马灯本身就是大场，金戈铁马，气吞万里山河如虎，而小场的风格和大场迥然不同，其背景突出了抗金胜利后，各行各业庆贺胜利，欢呼雀跃的相互连接而又各自独立的一个个场面。大场灯、马、卒的表演结束，小场拉开帷幕，在金兵败退后的中原大地上，人们汇聚当地富有特色的各种表演形式，来庆贺胜利。如果说大场如急风暴雨，那么小场就婉约如小桥流水了，轻歌曼舞，浅吟低唱，夸张嬉戏的各种富有喜剧色彩的情节，让人心情轻松而愉悦，凡农村风俗应有而无所不有，是一幅幅绕场流动的明丽天然生动活泼的风俗画。

马灯舞再现了800多年前在敌人后方这一壮阔的背景下中原儿女前仆后继、浴血奋战的场面，表现了中原儿女可歌可泣、气壮山河的爱国主义精神。金兵的马队在灯的引导下，在兵座的配合下，先后摆出了十三种阵势，妄图陷我军民于灭顶之灾，但广大中原儿女众志成城，机智勇敢，力挽狂澜，在实践中分别找出了这十三种阵势的破解之法，从敌阵的薄弱之处入手，或是大胆楔入，或是中心开花，或是明修栈道，暗度陈仓，或是围点打援……击破了这十三种阵势，打得敌人丢盔卸甲，狼狈逃窜，中原军民谈笑凯歌还。受时空和场地的限制，灯、马、卒在每一个阵势中的有机组合和变换，既显现了金兵所布下的一个阵势，又同时展示了中原儿女破阵时风卷残云的气势和一往无前、乔健灵活、英勇善战的飒爽英姿。

双方交战激烈时，灯如流星，马如流水，卒如草上飞，布阵和破阵，进攻和抵抗，胜利和逃跑，一系列的恢宏的场面令人眼花缭乱，目不暇接。时而凝神屏息，大气不敢出，时而鼓掌喝彩，连声叫好。金兵阵阵土崩瓦解，节节溃散败退，最后金兵这支马队的主帅悲壮地对随军夫人们说："众家姐妹，不要啼哭，此处离我们的老家（金国）已经不远了!"这位北国鞑子，马队主帅的话，泄露了这位侵略者在焦头烂额的困境中"无可奈何花落去"，不得不滚回老家时的心情。

东海吕剧

提起吕剧，大家可能就会认为她是山东的剧种。其实，吕剧在东海沃土已根植百年之久，成为东海人民的戏魂，作为我市一个重要的地方戏曲剧种在东海及其周边地区世代传承。

从清末民初开始，吕剧就在东海西北片的李埝、南辰和山左口一带传唱。从北伐开始，李埝乡连汪村人先后组建柳琴和吕剧戏班活跃于开封、北京、山海关一带，后回东海组建了李埝、南辰、白塔三个吕剧戏班，激励人民送子上前线；抗战时期，吕剧成了宣传抗战的一朵奇葩，南辰人唱着吕剧"锯大缸"调，动员热血青年上前线，激励淮海大地民众抗日守家园；革命战争年代，老百姓唱着吕剧打着涟湘、跳着马灯舞参与解放战争。在争取民主与和平的进程中，东海吕剧创造了近半个世纪的辉煌。

五十年代初，青湖和白塔两公社文化站组建了吕剧宣传队，茶棚牛屋，田间垄上，均能听到侉味十足、朴实平易的吕剧调。1958 年，老古墩组建吕剧团，排演《罗衫记》《斩经堂》等传统戏，随之青湖、白塔等公社也成立了宣传队，排演《小姑贤》《王定保借当》等传统剧目。1960年，东海县人民政府组建了东海县吕剧团，江苏省唯一的一个吕剧团从此诞生。1965年，吕剧团下设吕剧一队、二队，先后排演了传统吕剧《借年》《井台会》《逼婚记》等。当时，东海县乡村组业余剧团近一百个，排演传统和现代吕剧晴纶相交流演出。七十年代至八十年代中期，东海乡镇文化站有业余剧团十三个，排演吕剧小戏参加县文艺汇演。曾编创出小吕剧《牛栏补课》《小火炉》《姻缘》《不能走那条路》《如此女婿》，参加过徐州地区和连云港市文艺汇演。1971年至1984年间，东海吕剧团编创和排演了吕剧《红石岗》《青龙渡》《欢迎你们》《碧云深处》《山乡绣女》等剧目，受到东海人民的喜爱。有创造了吕剧历史上第二个辉煌。

近年来，鉴于现实社会存在着文化及艺术的多元性，戏剧事业尚在低谷中徘徊，东海吕剧事业也存在着编创及行业断档现象。为求生存，东海吕剧团不得不放弃大型吕剧的排演，而去排演一些应时应急的歌舞曲艺节目。现有中青年演员疏于吕剧唱腔及基本功训练。这样对恢复及排演大型吕剧存在着一定的困难，植根东海沃土百年的吕剧处于濒危状况。今天东海吕剧红红火火，她正以灼人的风采，超越着历史的辉煌。东海吕剧每年演出均达200场左右，为东海经济建设和文化腾飞，正发挥她积极的推动和感恩奉献的功能，正在成为苏北县级演出团体的领军团队，成为建设文化江苏的一颗耀眼的地方明珠。

海州僮子

海州自古巫风盛行，锦屏山将军崖岩画中的鬼兽面像，被著名考古学家俞伟超推定为东夷部落的社祀符号。"以祀星辰"的僮子3000年前在海州地区活动有了考古依据。

历史上海州地区的僮子又被称为"童子"、"侲子"、"侲僮"、"巫僮"等，是海州民间对那些能够上通神灵、下达民意、驱邪消灾的巫师的称呼。

海州僮子至今仍拜为孔夫子的母亲治好疾病的大德为祖师爷，以"乡人傩"（《论语·乡党》："乡人傩，朝服而立于阼阶"）自居。

最早记载海州僮子的是1900年前的《西京赋》："东海黄公，赤刀粤祝，冀厌白虎。"（李善注曰："东海黄公，立同云雾、坐成山河，皆幻术也。"）200年后的《续汉书》中描述海州僮子腊八前日逐鬼的盛大场面："选中黄门子弟百二十人为伥子，皆执大鼗。"

大鼗"如鼓而小，持其柄摇之，两耳还自击"，类似货郎用的"拨浪鼓"。明清以后海州僮子改用有"三教九流"之称的狗皮鼓，僮子自诩"小小神鼓藏大洋，九条青龙争鼓帮"，但是仍然同鼗一样执柄而击打。

据《隆庆海州志》和《嘉庆海州直隶州志》记载，由于连年战乱和水旱自然灾害的影响，海州"民多愚憨"、"病不医药多事祈祷"，呈现出"闾里萧条，傩祭繁荣"的乱象。当时海州僮子将仪式分七天到十二天"烧大纸"和三天到五天的"烧猪"两种，但是户主（又称喜主）杀猪酬愿（又称了愿）仪式一样，大体都包含铺坛、开坛、请亡、踩箔子、安坐、过桥、砍刀、升文、送神、收坛等十个关目。

首先是铺里坛、腰坛和外坛三道坛，每道坛都挂满了各类仙符神像，神像下面置一摆满香炉烛台及各色供果的案桌，焚纸后献上猪、鱼、鸡三牲。

开坛时喜主跪在里坛前点燃请神的表文，由四位僮子表演对天上神灵的恭敬和喜主的一片虔诚的"五炷香调"，唱完后鞭炮齐鸣，僮子乘机将刻着"神冥照鉴"的巫印盖到猪、鱼、鸡三牲身上。

第三是请亡，僮子持火把带领着喜主家的诸亲眷来到坟墓前唱起"请亡调"，恭请天上的各路神仙及喜主家的祖宗亡灵，回到尘世间来接受人间的香火。

第四是踩苇席，请亡的队伍回村后，在放置五只瓷碗的一张芦席上，两个僮子弯腰曲腿跳"上如菊花盖顶、下如古树盘根"的舞蹈，口中喷出腾腾烈焰制造神秘气氛，引领祖宗亡灵们来家接受祭祀。

接下来的关目即为安坐。由两个僮子在里坛敲狗皮鼓，从嘴里吐出几丈长的白练将被鬼魅附身的人或物捆牢，然后唱劝人孝悌的书目直到第二天天亮为止。

第六是过桥也叫"过关"。僮子率喜主来到室外有三条长凳搭起"品"字形的"桥"的院场上，用弓箭将东西南北四个关门射开，用剪刀剪破怀中抱着的一只公鸡鸡冠，把鸡冠上流出的血依次点在每个酬愿者的额头。僮子一边用扫帚敲打簸箕，一边一个个高呼着酬愿者的名字："×××过关啊——"另一僮子应声："过来了!"

接下来的砍刀是海州僮子的绝技之一，也是整个烧猪中极为惊心动魄的一个关目，上身赤裸的僮子将自己砍流血后让伤口立即愈合，冷不防一口将公鸡的鸡头咬下（传说用此鸡头制成的药能治好许多疾病），将稻草扎成的狗乱刀砍碎表示野鬼恶煞统统被斩尽杀绝。

第八是最难做的关目升文，喜主跪在香案前，僮子在牒文上写下喜主及其家人的名字并唱2000多句台词，然后从炉火中用双手捧起烧红的铁铲含在嘴里，在坛里转了一圈将漏网的鬼魅全部烫死。

第九是送神，喜主和僮子在郊外将祭祀所用的灵牌、纸旗全部焚烧。把冷浆米饭一瓢瓢洒在香火前，以便让那些无家可归的孤魂野鬼分食，目的是赶走这些亡灵。最后是收坛，就是送完神后回到家中撤掉坛位，完成"请神、迎神、敬神、送神"的完整过程。

形式复杂、繁琐的祭祀仪式和特技表演让海州多少代人为之痴迷，造就了著名的"海里僮子"和"南山僮子"两大班社，老人耳熟能详的名角有活观音曹汝友、小教主王传业、小观音曹宜殿、活武松陈汝强、神刀手曹宜花等。

遗憾的是，现在大家一般都不太相信这些傩医巫术，将"烧大纸"和"烧猪"贴上封建迷信标签弃如敝屣，仅剩的一个曹家僮子班社，靠省级代表性传承人曹秀芝一家苦苦支撑。让人欣慰的是，非遗保护人员全面收集了海州僮子的音乐唱腔、照片及唱词等资料和面具、狗皮鼓、僮子刀等珍贵实物，调查了海州僮子的传承谱系，摄录了数小时"海州僮子"音像并进行了数字化保存，以期为渐行渐远的海州僮子华丽转身尽心尽责。

苏北大鼓

苏北大鼓是苏北地区主要的一种曲艺形式，它是由一名艺人击鼓、打镰同时又演唱。苏北大鼓历史悠久，属南宋邱祖所创龙门派，宗谱已排三十个辈分。如从南宋算起，迄今已有八百多年历史。苏北大鼓用的是赣榆和东海北部方言。独自一人登场，有说、有唱，说唱相间，唱得多，说得少；坐得多，站得少。演唱者身前支一面鼓，右手持棒或称鼓条，左手握简板或云板，也有的持两块月牙形的钢板（俗称钢镰），敲击简单节奏借以酝酿情绪，烘托气氛。它有"似说非说，似唱非唱"的艺术风格，拥有众多的传统书目和现代书目，深受苏北地区广大群众的喜爱。新中国成立后，苏北大鼓艺人在党和人民政府的关怀下，涌现出一批影响较大的大鼓艺人，如许家昌、孙书芳、许冰清、宋永胜等，他们不仅演唱一些具有拿手绝活的传统书目，而且还创作演唱了一批反映现代生活的新书目。特别是许家昌、孙书芳夫妇，多次在中央媒体演唱书目和接受采访，被各大报刊相继报道。

海州鼓吹乐

鼓吹乐（以唢呐或管子主奏）是我国北方比较流行的一种民间乐种形式，连云港地区的鼓吹乐有着自己独到的特色。一是流行历史悠久，且十分普及，明代隆庆年间成编的《海州志·卷之二》中已有民间丧事中"鼓吹"的记载，清代康熙末年东海县安峰镇的许家班就已名噪一时，迄今该镇有 16 个鼓吹乐班，其中有 9 个是许家的后代或传人。二是曲牌丰富，全市流行的古老曲牌【山坡羊】、【寄生草】等有两百多首。灌云县下车乡为吹奏唢呐的"特色文化乡"，该乡艺人杨家岭还珍藏了一本祖辈传下来的手抄工尺谱。三是技术精湛，艺人不仅善于吹奏中、小唢呐，乐班中的大型唢呐（俗称"大号"）也十分流行，艺人还能用嘴巴或鼻孔同时吹奏两支唢呐，称之为"和合唢呐"。赣榆县赣马镇的吴少云是该镇鼓吹乐班的四代传人，他演奏的"大号"和"和合唢呐"技巧娴熟，气满音润，堪称一绝。连云港地区民间鼓吹乐深入到群众生活的各个方面，无论是婚庆丧葬，老人过寿或儿童过生日，都要请鼓吹乐班来吹奏。民间鼓吹乐还用于庙会等祭祀仪式和民间的节庆活动，十分受群众欢迎。

灌云花船

花船又称跑旱船，是连云港地区历代传承的民间舞蹈。它以舞蹈为主，综合了音乐、说唱、表演等多种民间艺术。其舞蹈是模仿船民、渔民水上行船的各种动作，并加以夸张、美化的。花船以旦角顶船、丑角撑船，相互配合表演行船、推船、系缆、解缆、上船、下船、耍跷及与风浪搏斗的各种动作，加上相互对答、唱曲和丑角的插科打诨、滑稽表演，有极强的娱乐性。连云港的花船不仅舞蹈性强，还有说唱表演。花船表演的传统节目有《王妈说媒》《小秃闹房》《劝夫参军》等数十个有说白、数板和唱曲。曲调有《十劝郎》《梳妆台》《走船》等民歌小调 30 多种。花船表演的伴奏有文武场。文场为唱曲伴奏，武场为舞蹈动作伴奏。常用锣鼓点子有"紧急风"、"一盆火"、"鱼咂嘴"、"幺二三"、"七字锣"等。花船表演可在舞台上，但多在广场演出，四面台口，演员可据情即兴表演，还能与观众互动。表演诙谐逗人，深受人民群众喜爱。《中国民间舞蹈集成·江苏卷》中就收录了连云港的花船。

五妙水仙膏

"五妙水仙膏"是江苏省灌南县中医院著名医师周达春祖父周赵勤初创制，由周达春不断完善的治疗皮肤病的特效药。该药于 1980 年 10 月通过省级鉴定，2001 年获国家专利。《灌南县新安镇志》记载，名医张山人于清乾隆年间，在灌南县行医授徒。周达春医师祖上周金和即从张山人学医，到了周达春祖父周赵勤时，始创制"五妙水仙膏"治疗皮肤病的古方。周达春医师从小随父学习古方，并对古方进行反复研究，增减成分，调整配方，完善了"五妙水仙膏"的配方。"五妙水仙膏"由五种中药配制，主治血管瘤、毛囊炎等五种皮肤顽症，具有消炎止痛、去腐生肌、收敛杀菌、消除组织增生以及调整局部神经的功能。"五妙水仙膏"治疗针对性强，功效神奇，治愈了国内外成千上万皮肤病患者。该药获第37届"尤里卡"世界发明博览会唯一的药物奖。

锻　铜

　　锻铜技艺利用铜伸缩性好、软硬度适中等特点，用浅浮雕、高浮雕和圆雕等造型技法，加上特殊配方对作品表层进行工艺处理，以其金属材料特有的质地感、浓郁的手工美，质朴的艺术风格加上色彩上的出新与变化赢得了人们的喜爱，其作品流布到世界各地。锻铜工艺分布于连云港市及下辖赣榆、东海、灌云三县。据考古佐证，1960年在新浦区花果山乡大村出土的铜鼎，是迄今为止江苏境内所发现的最大铜鼎（现存南京博物馆），将连云港锻铜工艺历史向前推移了2800年。锻铜工艺以紫铜板材和黄铜板材为原材料，使用各种金属锐器，按设计方案，在铜板上雕刻出凹凸起伏的各种图案，或将铜皮加温使之变软，用铁锤、木锤或胶皮锤为工具，经锻打或錾击工艺，做成各种制品。连云港锻铜工艺作品内容涉及广泛，有人物、景物、器具、兵器、书法等，不仅形体生动、凹凸有致还具有北雄南秀的特点。连云港地区的锻铜工艺有较高的艺术价值，其工艺品古朴典雅、造型细腻，其代表作《清明上河图》《安息吧——战靴》等在国内及港澳地区都有一定的影响。

黑　陶

　　黑陶制作技艺是我国陶器制作中一种特殊的传统技艺，它流传于连云港市赣榆县、海州区等地。1959年在海州区锦屏镇二涧村遗址出土的"黄褐式夹砂陶器"，专家考证为我市发现最早的黑陶制品，距今约有七千年的历史。黑陶制作有严密的技艺流程，它选土非常严格，要求海水把大海中的粘土席卷到岸边，被山涧巨石拦截下来，年深月久而形成在地层中的一种特殊粘土层。它的制坯、成胎、平雕、浮雕、压光、模光等项工艺流程全凭手工操作。它的烧窑工艺，不但要有"识火候"的熟练技术控制温度和薰闷，而连烧窑的木材都选用山南向阳的含盐性较高的松木，燃烧后经烟薰才能使黑陶制品达到黑如墨、亮如漆、硬如瓷的境地。黑陶制品造型规整，型态别致，许多陶瓶、陶盆、器皿、笔筒等不仅具有观赏性，还具有实用性，受到大众的喜爱。2008年北京奥运会期间，连云港市的"中国风"、"奥运吉祥娃"等五件作品经选拔走进奥林匹克公园"中国故事""祥云"小屋参展，展出后有两件作品被国家奥组委永久收藏。

曹氏中药

曹氏中药热敷接骨是利用中医手法将错位的骨折（X确诊）及时、稳妥、准确、轻巧的复位，整复后用小夹板外固定，以数味秘传中草药碾碎成粉后拌入细沙装入布袋，然后放入钢锅内加热蒸馏，放置于伤员患处（不烫伤皮肤），医治跌打损伤骨折、骨质增生、关节炎（风湿、风寒、类风湿）有奇效。曹氏中药沙袋原料的炮制要通过挑、拣、簸、筛等方法纯净处理，去掉灰屑、杂质和非药用部分。还要经过碾、压等方法将草药进行粉碎状，搅拌均匀后拌入细沙装入布袋封口，放入钢锅内加热蒸馏，加热至约60度左右放置于病员患处，通过中药沙袋的温热治疗作用于机体，引起皮肤毛细血管扩张，增加血液循环和新陈代谢，改善组织营养，增加局部细胞的通透性促进成骨细胞生成。另外温热能降低神经和肌肉的张力，促进水肿和炎性产物的吸收，从而有利于消肿、消炎和减轻疼痛，达到消肿止痛，活血化瘀，接骨续筋的目的。曹氏中药热敷接骨技艺为祖传秘方，一般传男不传女，秘不示人，不另收徒。

戴晓觉膏药

戴晓觉膏药主要分布于连云港市新浦区，后辐射至东海、赣榆、灌云、灌南等周边县区。据《海州乡土文化》记载：民间著名中医丁儒奎老先生，独创黑膏药制作技艺，治疗皮肤病类疾患疗效显著，后收海州医师戴士柱为徒，传授膏药技艺。又据《连云港市卫生志》记载：明末清初，戴士柱在海州经营药店，拜丁奎儒为师后，学得黑膏药制作技艺及诊治秘方，凭借着自己平时自学中医的理论基础和多年搜集的各类民间偏方，潜心钻研，制成了戴氏膏药。戴晓觉膏药对诊治疑难杂症和常见皮肤疾患疗效较好，治疗"大鼓腮"、疔、疖、痈、丹毒、老鼠疮、对口疮、搭背疮、无名肿毒等皮肤类疾患时，具有简便、经济、见效快、无副作用等优点，既不影响人们劳作，也省去了炮制汤药等环节。在当地百姓中流传甚广，享有盛誉。民国初，戴士柱在海州当地开办戴晓觉膏药店，百年来戴晓觉膏药不断改进、创新，凝聚了戴家四代人的心血。戴学光中医诊所正在传承这一技艺，他们遵行父辈"待人接物德为先，要行医先做人"的医训，积德行善。

木质渔船制作

　　赣榆县柘汪镇吴公村是一个普通的村庄，村里的居民相传为徐福制造楼船的"圬工"后裔，他们如今依然靠这种造船技术安身立命。制作木质渔船首先要画图，一般都是由多年制作渔船经验的老船工亲自来画，然后再按照一定的比例来出大样、出样板。选好制作地址，将可以浮船的地方在每月的潮水的时候用泥土把四边围好，把材料运进去，用石块铺垫若干个硬墩，放上主龙骨。再用很薄的木条制成船的各个部位的肋骨模型若干个，然后按模型尺寸要求制作真正的肋骨和站柱。然后将浸泡了两至三天的红松木板用火烤成一定的弯曲度用螺丝固定成型。每一条船在整体组装结构完成后，捻工要把船上的每条缝、每一个钉眼包括内外都要捻上用桐油浸泡过的麻丝，然后再用桐油与石灰制成的油灰封牢。晾晒5-6天后再用桐油涂刷2-3次，最后在船面上树起三棵桅杆（20米长左右的船需3根桅杆）用白布涂上桐油做桅篷，这样一条船就全部制作完成了，待涨大潮时把泥墙挖开，船就可出海了。木质渔船制作技艺操作器具有斧头、锯、手工钻、凿子。船用的材料很独特，主要是用当地产的槐木和东北产的红松木，浸有桐油的麻絮和以桐油与石灰合成的油腻子。

赣榆县柘汪镇境内及周边沿海地区仍然进行木质渔船的制作。

肘鼓子

肘股子是一种古老的曲艺演唱形式，因演员在演唱时用肘部击打太平鼓而得名。肘股子流传于连云港市赣榆区，据《赣榆曲志简志》记载，明代崇祯年间境内出现艺人演唱肘股子，因一周姓尼姑演唱最佳，故又称"周姑子"。肘股子是一种以唱为主、唱念相间的民间曲艺，唱念全用赣榆地方言。主要唱腔为"大花腔"、"小花腔"、"四平调"、"阴阳腔"等，其中"大花腔"旋律较快，热情奔放，多用于表达人物欢快的心情。"小花腔"松松舒畅，多用于叙事。"四平调"又称"老头腔"，多用于男性，中速而稳重。"阴阳腔"速度较慢，用于抒情咏叹，又称"哀怜腔"。板式有慢板、散板、垛子板、流水板等。演唱时一韵到底，若须转韵，中间必垫道白。女腔演唱时可用假声，曲终时带哼声截腔，戛然而止。伴奏多用柳叶琴或板三弦，演唱者持太平鼓击打节奏。赣榆肘股子保留着原始的演唱形态，它唱腔粗犷豪放，富于乡土气息。肘股子的演唱班组多以家庭班为主，历史上以赣榆区门河镇纪瓦沟的"封锅班"和大岭乡的"帮友社"、马站乡的"仲家班"等都曾名噪一时。

刘氏自然拳

刘氏自然拳无固定拳套，不讲着，不着相，以气为归，以不失自然为本旨。所谓"自然"，是通过循规蹈矩的苦练求得。刘氏自然拳入门之初，以舒筋法练习腰腿柔韧、关节灵活；以内圈手练习手眼身法步，要求"身似弯弓手似箭，眼似流星腿似磨"此后则习推手（即鬼推手），然后再加入踢法练习。刘氏自然拳功夫包括：以"子母球"练抓、斩、切、刺、抛、刷、点、拿等劲；以"沙包"练抓扣劲；以"捏纠木棒"练虎口劲；以"三角桩"练蹬踢法等。刘氏自然拳打法分十九字，有歌云："生、擒、捉、拿、闪、躲、圆、滑、吞、吐、浮、沉、绵、软、巧、脆、化、妙、神字至上陈。"自然门技法要诀为："吞身如鹤缩，吐手如蛇奔，活泼似猿猴，两足如磨心，若问真消息，气穴寻原因。"自然门习武与修身并重，要求打法自然，处事自然，归根自然。

形意拳

形意拳是中国三大内家拳（形意、太极、八卦）之一，位列中国四大名拳。为南宋抗金名将岳飞所创，完善于元明，流行于河北、河南、山西等地。二十世纪初，灌云大伊山人马继福在河北拜师李存义为师学习形意拳，并将其带回灌云，至今有一百多年，已有了第五代传人。形意拳拳法以劈、崩、钻、炮、横五拳为主，以浑元桩、三体桩为基础桩法，单练套路有：五行连环、杂式捶、四把拳、十二洪捶、出入洞、五行相生等，对练套路有：绞山捶、五行相克、安身炮等，器械练习以刀、枪、剑、棍为主，多以"三合""六合""连环"命名。形意拳外形模拟龙、虎、猴、马、鸡、鹞、燕、蛇、鼍、骀、鹰、熊等十二种飞禽走兽的动作形象。要求"起如风、落如箭"，快速、稳健、严密、紧凑，刚柔相济，近身快攻，一发即至，一寸为先。气沉丹田，刚而不僵，柔而不弱，实战搏击性强。近年来，灌云民间习武之风恢复较快，马继福之孙马士峰、马士超、马强响应政府全民健身的号召，开始收徒授艺，逐渐形成了初具规模的习练形意拳群体。

万寿堂胃炎疗法

土话有十人九胃病之说，早在战国时期，黄帝内经《灵枢·邪气脏腑病形》篇指出："胃病者，腹胀，胃脘当心而痛。"一语道破了"胃病"的症状表现与病名。苗家，曾祖父苗怀方，灌南县大圈乡人，20岁拜师学医，24岁行中医（清光绪 10 年），精中医内科，善治胃病；祖父苗崑基，25 岁行中医，在灌南大圈乡开设万寿堂药店，精中医内科，尤善治疗胃病（灌南初稿卫生志 298 页）；父亲苗继伯（1918—2001），7 岁读医书，18 岁行中医，经营万寿堂药店，新中国成立后，一直工作在新集乡卫生院，大圈乡卫生院，灌南县中医院，精中医内科，善治胃病，行医 60 余载，先后带徒十几名，都从事临床（灌南初稿卫生志 309—310 页）；苗少伯，79 年高中毕业，随父亲苗继伯（市地方各老中医）学习中医四年，专中医内科，将家传万寿堂胃病疗法反复验证于临床，不断改进提高，以纯中草药为原料，研制成万寿堂胃病汤，用于治疗萎缩性胃炎，弥补现有药物之不足。临床几十年来，发现萎缩性胃炎（简称 CAG）症状除有饱胀、暖气、消瘦、隐痛等症状外，还伴有不同程度的精神紧张、失眠、健忘等症，随以安神和胃立法，药用合欢皮、川百合、朱麦冬等，研制成汤剂，治疗 CAG，优于市售药物，走在全国前列。其汤剂制作成本低，制作方便，药味平和，易于接受，对收入低下的老百姓经济实惠，有极大广阔前景，治疗胃病，除本地病员外，还涉及周边县市，如盐城市、淮安市、宿迁市，有时还涉及外省。

锣鼓乐

锣鼓乐是以鼓、铙、锣、镲乐器齐奏的一种民间音乐表演形式，由于连云港的锣鼓乐是群体性锣鼓，又流传在淮海地区，故又称为淮海威风锣鼓。连云港市锣鼓乐可以追溯到明末清初，它开始流行于赣榆县、东海县等地，后来传入海州。1957 年，海州锦屏山九龙口出土的战国时期的 9 只编钟是连云港是最早的打击乐器。威风锣鼓乐乐谱常用手法有重复连缀、变奏等数种。它的表演与其他形式大不一样，它演奏时一般为 30-40 人，多到近百人。锣鼓手一律古代士卒装束，摆开一个接一个的战阵，前面有一位领鼓，锣鼓手依据领鼓的手势，前进后退，左右开合。早期锣鼓演奏的曲牌有【索马】【一盆火】【过街牌】【七锤头】【长流水】【急急风】。后来，连云港乡民又创作了【四击头】【慢长锤】【十八步】【三连子】【喜相逢】【紧急风】

【迎宾锣鼓】【喜庆锣鼓】【鸿雁落沙滩】【锣鼓十八番】等。近年来，殷庄锣鼓发展迅速，艺人们新整理的主要演奏经谱为《黄海春潮》，全套经谱共分《春之韵》《夏之歌》《秋之恋》《冬之舞》四个乐章，分作十二个曲牌。赣榆殷庄锣鼓队、灌南张店锣鼓队、东海平明镇锣鼓队、海州锦屏镇锣鼓队和开发区中云焦庄锣鼓队等活跃在全市各类庆典、节日活动中，有的还在全国舞台上一展风采。

龙 舞

连云港民间龙舞源远流长。据考证始于宋真宗天禧元年（1017），到了明朝洪武二十五年（1392），板浦场始设"盐课司大使衙门"，板浦一些垣商、大贾联合主办声势很大的龙灯晚会，因在晚上举行，故从"水龙"创改为"火龙"，彩色巨龙与焰火、烟花、爆竹等配合，更为精彩壮观。清朝末期，龙舞进入鼎盛时期，龙舞日臻完美并充满独特魅力。龙舞中的主要道具是龙，龙的制作材料为竹瓣、竹篾、绸布、铁丝、木棍，喷火用硝磺、松香。制作工具包括：劈刀、剪刀、砂纸等。龙神9节，加龙头、龙尾，长约40米。龙舞也需要伴奏。大场的乐器有大锣、中锣、小锣；大钹、小钹；小镲子；大鼓、帮鼓等。小场的乐器有二胡、笛子、琵琶、三弦、电子琴、京胡等。龙舞队伍包括灯笼队、鼓号队、火炬队、彩云队、舞龙队，以及花船、花挑、舞狮、高跷、抬阁、蚌精舞、梅三月、八骏马、十番锣鼓等，声势浩大。三四十米长的巨龙在鞭炮轰鸣，烟雾缭绕中翻卷腾跃，300多位民间艺人载歌载舞，各显技艺。

狮 舞

狮舞，是我国传统舞蹈形式之一。在连云港市主要流布于海州区和东海县桃林镇一带。连云港狮舞有明确记载的最早可追溯到1860年前后，当时太平天国一部军队路过桃林，当地一位马姓族人武功高强，善于狮舞，他组织乡民为太平军们表演了狮舞,并提供给一定数量的粮食及军需物资援助。从那时起,狮舞成为地方文娱活动的重要形式,传承至今。狮舞主要表演形式有:把门、打滚、攀高、跳跃、抢绣球及各种造型等表演。连云港的狮舞中有文狮、武狮之分。"文狮"动作细腻诙谐,主要表现狮子活泼嬉戏的神态,如抢球、抢戏、舐毛、骚痒、打滚、洗耳、打瞌睡等,富有情趣。"武狮"则重技巧和武功的运用,如腾、闪、跃、扑、登高、走梅花桩等高难动作,表现狮子的威武性格。制作狮头要先将纸加水泡成纸浆,再由木工刻制出模具,倒入纸浆压制成型,成型后用油漆涂色。狮皮制作是用白布编织成型,多饰牛毛。头皮成型后,将其合成整体,全狮重量约 25—35 公斤。

打莲湘

打莲湘,又称打年象或打莲厢,是流传在赣榆县、东海县一带的传统民间舞蹈,其动作灵活多变,调子轻松明快,唱词通俗易懂。传说,秦始皇东巡至赣榆,曾登吴山看日出,当地人民为迎接秦始皇,举行了盛大的民舞表演活动,并自创了喜庆丰收、歌颂太平盛世的打莲湘。打莲湘表演时舞者手握一根花棒,扭动身腰在手、臂、肘、背、腰、腿、脚等 9 个部位有节奏地敲打,使之发出"嚓、嚓、嚓"的声响。其所用的花棒,是用金色铜钱串于竹竿制成的特殊道具(也具乐器功能)。赣榆打莲湘是由一男一女(男扮女装)两角儿。男扮贵家公子,智者;女扮穷家,愚者。智者欲求打年象,愚者为打年象人,二人相遇,一问一答,或说或唱。说的是民间平凡琐事俏皮话,唱的是民间各种方言小调大调,互相挑逗,比试,捉弄生趣。最后愚者不愚,智者洋相百出,令人捧腹。打莲湘演出时,一般配有全套锣鼓和管弦乐伴奏。代代相传,各地均形成了稳定的"会头"和"班底",活动起来甚为方便。

京 剧

连云港京剧，历史悠久。清嘉庆、道光年间（1796-1850年），在北京徽班由徽调皮黄向京剧皮黄转变之期，京剧即南下江苏最早传入连云港。同治十一年（1872年），赣榆籍江西赣州总兵王德胜返乡创办皮黄科班庆盛班，是

江苏最早的京剧科班。京剧在连云港有地方戏之称。自1872年赣榆创办庆盛京剧科班起，又先后创办了德义京剧科班（1918年）、长胜京剧科班（1919年）、同庆京剧科班（1920年）、金堂京剧科班（1921年）、赣榆县戏曲学校（1960年），称为赣榆六代京剧科班。六代科班代代相传，为连云港培养出数百名京剧人才，同时也为香港、天津、上海、南京、青岛、蚌埠、淮安等地输送了一大批优秀京剧演员和教师。京剧的演出剧目非常多，约有1000多种。连云港地区的传统剧目有《望亭江》《玉堂春》《霸王别姬》《贵妃醉酒》等。连云港当地还改编或创业了一批地方京剧，如《金佛寺》《汉马城》《武松与潘金莲》《大闹无底洞》《徐福》《海州湾》《鞭打芦花》等。

渔 鼓

渔鼓，源自道情，是一种古老的说唱艺术。约在16世纪，道情传入山东青州、济南等地，后传入赣榆、东海，迄今已四百余年。渔鼓演唱采用真、假嗓，鼻、膛音交错使用。在演唱风格上，分为【坚腔】和【寒腔】两种。在【寒腔】中【大寒腔】粗犷有力，【小寒腔】细嫩轻缓。渔鼓可坐唱，可站唱，也可走唱，也可一人唱和双人唱，以唱为主，说唱结合。在唱法上讲究闪、站、腾、挪、顿、挫、迟、挨。渔鼓的演奏乐器是一根空心竹，一端蒙有鱼皮或猪心皮。另外，还有两块简板由左手夹击。艺人们在演唱时左臂弯里斜夹渔鼓，手握板，渔鼓皮的一端朝下，右手轻轻扇拍鼓皮，发出"嘭嘭"的共鸣声，左手同时打响简板。

渔鼓的演唱书目总计大约有40多种，如《说唐》《江宁府》《响马传》

《小八义》以及新编的《解放黑龙江》《揭批邪教"法轮功"》等。

苏北琴书

苏北琴书，脱胎于山东民间的"小曲子"联唱，它最早形成于山东菏泽地区，已有300年的历史，明末清初传入连云港的赣榆、东海、灌云、灌南等地。苏北琴书表演形式多样，有一人立唱，两人或多人坐唱和走唱的，有的则分角拆唱。一般以唱为主，以说为辅。琴书主要伴奏乐器为扬琴，除扬琴外，也兼用三弦、二胡、筝、坠胡等。连云港苏北琴书又分北方语系、南方语系的琴书艺人，演唱各有特色。在连云港地区可以演唱的苏北琴书书目有百余部，分为传统和现代两大类，传统的书目有《秋江》《东唐》《白蛇传》等。现代书目大多是自编的，主要有《抗美援朝保家乡》《十劝同志要守法》等。

玩麒麟

玩麒麟清代就有这一娱乐活动。玩麒麟是港城地区祈求新年吉祥、人寿年丰、人口兴旺美好愿望的民间文娱活动。玩麒麟时间主要正月初一直至正月十五。麒麟以竹篾或芦柴扎成骨架，彩纸糊出外形，身贴蜡光纸剪成的鳞片，头、尾及颌下贴须，头部用笔画眼、鼻。有的还扎个小人儿骑在麒麟背上，寓意麒麟送子，讨人喜欢。有的小人两手拿着小镲，有机关，机关的线一头拿在扛麒麟人的手上，他打镲时手一动，带着小人儿也作打镲动作，十分逗人。一个玩麒麟的班子一般有5人组成，1人上门要钱，4人敲锣打鼓，敲镲的扛着麒麟，敲大锣的兼领唱。唱的是专门的麒麟调，用微调式，起承转合四句，夹一句锣鼓，再重复最后一句。每唱一段，敲一阵锣鼓，长短视情而定，每到一庄，挨门挨户唱，内容也五花八门，古今中外，无所不包。固定唱词有《十二月花风》《麒麟出世》《十八岁古人》等。

汪其魔杂技魔术

连云港地区的杂技、魔术最早可以追溯到汉代。连云港孔望山的汉代佛教摩崖石刻中就有"叠罗汉"的画面，这是连云港地区出现的最早杂技场面。到了清末，汪其魔的曾祖父汪兴恒拜师东北人朱连魁学习魔术，朱连魁是清末有名的魔术家，曾为慈禧太后献艺，并出国演出。从那时起，汪氏家族几代从事魔术表演。汪其魔杂技魔术现有节目 1000 多套，其中大型魔术六十余种。代表性的杂技有柔术、滚环、咬技、呼啦圈、独轮自行车、蹬人、转碟等。代表性的魔术有《变鸽子》《转人》《大变十二金钗》《人分七段》《炮打活人》《人头搬家》《海上大变飞机》等。汪其魔杂技魔术技术大致分为手法类、器械类、心理类和科技类四种，特点是讲究快速、隐蔽、巧妙。汪其魔创作的大型魔术《海上大变飞机》2006 年创世界吉尼斯纪录。

拔　河

拔河运动是我国最早的传统民间体育运动项目之一，我市赣榆区是全国闻名的"拔河之乡"，承办了第六届全国拔河锦标赛，获全国冠军 3 次，亚军 11 次。拔河起源于古代的拉纤，后来，拉纤成为一种水中操练方法，并发展为陆上的拔河。在民间，拔河竞赛方法非常简便，在地上画线为河界，由人数相等或不等的两队，各执绳的一端，按比赛规则用力拉绳，将对方拉过河界即为胜。现今的拔河，较之早年民间已有了很大的变化。统一标准的河绳，竞赛规则，裁判法，并有了国家级和国际级的拔河比赛。在赣榆，拔河即是一项十分普及的群众性体育活动，又是一种扶正黜邪、祈求丰收的传统民俗活动，各镇各村均有拔河队伍。

剪　纸

　　剪纸主要技艺分为剪纸、刻纸和撕纸，刻纸又分为凿刀簇花刻纸、蜡版刻纸、修刀割纸；表现形式主要有"单色剪纸"、"套彩剪纸"、"填堂彩剪纸"、"斗彩剪纸"。剪纸的工艺流程为：剪纸：构图（腹稿）—剪制—揭离—粘贴—修改—装裱（热裱或冷裱）等多道工序。剪纸中讲究阳刻、阴刻、阴阳刻技法，还应遵循"先繁后简，先主后次，先里后外"的原则。连云港剪纸从创作风格上可划分为两派，一派以赣榆县剪纸为代表。作品构图密实，且疏密得当。结构粗犷浑厚，艺术风格朴实无华，表现形式变形夸张，处理手法大胆泼辣。另一派以灌南县剪纸为代表，兼熔北方剪纸的豪放与南方剪纸的纤巧为一体的基础上，吸收了国画、版画、油画、素描等画种的表现技法，自成一种花中有花、雅俗共赏的风格。

石　雕

　　石雕，亦称"石刻"。据民间流传及文物考证，石雕经历了漫长的发展期，直到新中国成立后，石雕工艺才有了质的飞跃和量的倍增，连云港市和各县都建立了雕塑工艺厂和石材工艺厂等。1958年，我市近百名石雕艺人赴北京参加人民大会堂等建筑的石雕制作，1977年我市46名优秀石雕艺人去北京参加建设毛主席纪念堂的建筑任务，完成了纪念堂东墙、北墙的花岗岩贴画和台阶的雕琢。连云港石雕主要采用当地生产的花岗岩中的狼山青、芝麻白、蛇纹石，以及大理石中的雪花白等，还有从外地购进的济南青等史料。石雕的工具由传统生产工具钢锤、钢錾、钢钎、角尺、圆规，发展到运用小型电动切割机、砂轮机、涡轮机、点线仪等。上世纪90年代初，赣榆班庄镇被命名为"石材之乡"。进入21世纪，班庄镇年产板材达到数十万平方米，人物、动物等石材雕像近千件，产品远销10多个省市，还外销日本、韩国、新加坡、欧洲等国家和地区。

面　塑

　　面塑，又称"捏面人"，是用面粉和糯米粉等原料制作成各种人物、动物、花鸟形象的民间工艺形式之一。它产生于古代的祭祀，普遍用在祭祀、节令庆典、婚丧寿诞和玩赏等方面。面塑作为传统手工技艺的代表，整个制作有十几道工序，主要包括选料、配料、和面、制作、上笼、蒸制、着色、组装等。面塑技艺从原料加工到作品成功，所有工序全部由手工完成。其技术的关键就是"一印、二捏、三镶、四滚"的技法。由于面团的可塑性强，在捏塑过程中很容易把握面塑的造型。面塑艺人通过揉、搓、挤、压、团、挑、按、拔等造型技巧，先把设想形象做出来，再配以相关的道具，面塑作品就完成了。

木　雕

　　木雕是以木头为雕刻载体的雕塑门类。连云港的木雕形式和技艺多为浅浮雕、深浮雕、透雕、圆雕，其中大多为浅浮雕，也有一些木雕作品是几种或数种雕刻技艺并用，目的是增加木雕的观赏性和艺术性。有些艺人还进一步创新，融汇了雕刻、绘画等艺术形式，应用了拼嵌、烙画、着色、压烫等技法，使得木雕作品更具有造型优美、色泽淡雅、讲究章法和注重刀法等特征。连云港木雕一般选用质地细密坚韧，不易变形的树种，如楠木、紫檀、樟木、柏木、银杏、黄杨木、纹乌木、花梨木、红木、梨木、苏木、柚木等，其中黄杨木、纹乌木、花梨木等为最多。木雕所用的工具有刀具和辅助工具两大类，一般根据木质坚硬和雕刻件的大小难易而决定。雕刀也称凿，是木雕的主要工具，形状大小功能各异，辅助工具主要是指敲锤、木锉、斧子、锯子。

砖　雕

　　砖雕是我国一种古老的民间雕刻工艺，大多以、动物、花卉作为图案，作为建筑物上某一部位的装饰品。连云港市砖雕工艺有着悠久的历史，现存的砖雕工艺作品是与唐、宋两代，主要流布在市区内的新浦南城镇、海州朐阳地区。从现在发现的砖雕工艺品来看，多用作建筑饰物。在海州古城的一些古建筑上，经常可以看到精美的雕刻工艺砖，其技法有浮雕、多层雕，图案有人物、花卉、龙凤、八卦等。砖雕技艺的器具和材料比较简单，通常用小青砖和煤灰砖作基础原料，主要工具有砂轮、钢锯、刻刀和木槌，辅助材料还有各类国画颜料和宣纸。砖雕制作的过程需要经过选料、浸泡、整平、雕刻、上色、拓印、裱装等工艺。

贝贴画

　　贝贴画是运用海贝的各色造型和色彩制作画面的一种工艺美术品。作者根据贝壳的鲜艳色彩、奇特外形和纹理，通过自己的巧妙构思，把贝壳贴在底板上，形成一个画面或图案，给人以美的享受。贝贴画的主要材料是贝壳和吸附物，如纸、三合板、各类造型不一的瓷瓶，辅助材料是黏合剂和油漆等。贝壳的品种不受限制，关键在于制作时贝壳的运用，依势取形，然后用堆、叠、联、粘、等方法制成成品。其主要工艺流程是选材、清洗、检取、切割、打磨、堆砌、粘贴等。制作贝贴画的工具主要分为粘贴和打磨、切割两大类。粘贴用的工具有画笔、尺子、镊子等，配以粘合剂，这些都是必备的。打磨、切割工具有打磨机、磨光机、抛光机、砂轮、切割机等。贝贴画取材容易，工艺简单，作品自然清新，具有立体感，深受游客喜爱。

飞白书法

飞白书法是一种特殊而古老的书体。始于东汉，盛行于晋、唐、宋时代，已有 1840 余年的历史。飞白书法与普通书法相比，其实只有工具用笔中的扁笔和圆笔之分，虽然只有一字之别，但扁笔和圆笔所写出的笔墨效果却各不相同，只有'扁锋'才能写出独特、立体的飞白效果。飞白书法与普通书法一样，延续到清代也已形成了篆、隶、楷、行、草各体兼备的书法系列。飞白书法的主要特点是"露白"和"动感"。"露白"即多数点画中呈现露白痕迹，字里行间笔断意连、藕断丝连、丝丝露白饶有情趣；"动感"即作品中的立体动感。篆、隶、楷书飞白多以露白为主，行草书飞白中的立体动感比较明显。东海飞白书法葛芍麟及其徒弟。葛芍麟依据钟鼎篆书大胆尝试，创作出"飞白大篆"，成为葛氏飞白的独门绝活。近几年，葛芍麟飞白书法相继出访澳门、日本办展，其研究成果《中国飞白书法系列丛书》已于 2015 年正式出版。

指板琵琶

指板琵琶制作技艺主要流布在连云港市灌云县境内，其制作的关键技术在于指板。指板琵琶所用的主要材料是檀木、红木等硬质木材和桐木等软质木材，辅助材料为牛骨、毛竹，以及钢丝弦、粘合剂等。指板琵琶的结构改制主要是在面板上加一块紫檀木或红木指板，厚为 5 毫米。指板与面板间留有 2 毫米空隙，以解放面板，使其不受抑制，充分振动。指板以 5 根音柱穿过面板，到达背板底部，将指板顶住。弹弦时，声音通过音柱，传导至面板和箱体，引起共振。指板总长 38.5 厘米，其宽度分为四个段。第一段上端与颈部最下边的相等宽，至最长的第六品时宽度为 13 厘米，形成一个梯形；第六品以下三段宽度分别为 11.4 厘米、9 厘米、7 厘米，整个指板的形状随品的宽窄从第六品向下呈上宽下窄状。指板琵琶于 2001 年获得国家专利，音色更加明亮、纯净，上下把位协调。

跑 驴

跑驴，是一种以舞蹈为主、说唱为辅的传统舞蹈形式。据传，跑驴起源于古时新媳妇回娘家的习俗，后演变为舞蹈，盛行于庙会、乡会、民俗节日期间。在赣榆，民间艺人将跑驴称作"跑驴戏"。跑驴，即由一人执驴形道具扮骑驴妇女，另一人扮赶驴人；驴形道具是用竹、纸、布扎成前后两截，下面用布围住。表演者多扮成农村少妇，把驴形道具系在腰间，上身做骑驴状，以腰为中心，左右小晃身，下身用颤抖的小步蹭动，模拟驴跑、颠、跳、踢、惊、犟等动作与神态。演员的上下身动作的强弱、大小、高低要相呼应，并与另一扮演赶驴之人相配合。伴奏乐器有唢呐、小鼓、大钹和小钹等，乐曲常用唢呐曲《满堂红》。

苏北柳琴

苏北柳琴分布于东海县全县境内及周边地区，亦称"打扬琴"或"打蛮琴"，是以方言说唱的一种曲艺形式。它源自明末清初的民间小调。在唱腔上也由曲种形成初期的单调发展演变成固定的唱调，在演出形式上也由原来的"单脚梆"发展成二人或三人搭档演唱，且大都是男女搭档，俗称"鸳鸯档"。苏北柳琴用乐器有坠胡、扬琴和木板，唱腔优美、音乐和谐、说白自如。至今仍深受县城乡百姓广为传唱的曲目有《杨家将》《岳飞传》等等，后期获奖的创作曲目有《晶都畅想曲》《虐待老人法不容》等等。苏北柳琴以劝人为善为宗旨，宣扬忠孝节义，抨击人间丑恶现象，传播中华民族优秀的传统美德，对净化的人们的灵魂，端正社会风气有着重要作用。

洪派陈式太极拳

陈式太极拳有陈式老架、新架之分。老架由清初河南省焦作市温县陈家沟陈王廷所创，共有七个套路，整套动作在快慢、刚柔、开合、曲直等矛盾的相互依存、互相转化中，相连不断，一气呵成。太极拳在整个运动过程中自始至终都贯串着"阴阳"和"虚实"，这在太极拳动作上表现为每个拳式都具有"开与合"、"圆与方"、"卷与放"、"虚与实"、"轻与沉"、"柔与刚"、"慢与快"，并在动作中有左右、上下、里外、大小和进退等对立统一的独特形式。练太极拳时，首先要用意不用拙力，所以太极拳在内是意气运动，在外则是神气鼓荡运动。其次，练太极拳时全身放长和顺逆缠丝相互变换之下，动作能柔能刚，富有弹性。

葫芦压花

葫芦画是一门在葫芦上刻画和装饰的民间手工技艺。连云港市是我国葫芦画技艺的重要发源地之一，主要分布于连云港市海州区、赣榆县、东海县、灌南县等地。葫芦画技艺传承了传统的葫芦技艺，选材时，必须要筛选型、质、异皆好的葫芦。其品种包括亚腰葫芦、苹果葫芦、瓠子等数10种葫芦，大的高50多公分，小的只有2.3公分。葫芦画技法或"烙"或"矸"或施以"色彩"，线条流畅层次分明，形成了自己独特的葫芦画仿国画效果，作品风格或标新立异，或独具一格，或古朴大方，或豪洒飘逸。在作品内容贯穿了中国民族文化的各个方面：如图腾、祭祀、婚俗，生活器皿、军事、文学、舟船、医药、音乐、菜肴、园林建筑、佛教、道教、消灾纳吉等。葫芦画成为传统民间文化的一个重要部分。

烙 画

烙画古称"火针刺绣"，近名"火笔画"、"烫画"等，具有悠久的历史和独特的艺术风格，烙画源于西汉。早期的烙画以小件饰品为主，仅限于在木质材料上烙绘，如：木板、树皮、葫芦等，画面上自然产生不平的机理变化，具有一定的浮雕效果，色彩呈深、浅褐色乃至黑色，现代已采用宣纸、丝绢等多种材质，用电烙笔烙制各种不同作品，从而丰富了烙画这一门艺术形式。宣纸烙画是烙画艺术殿堂里的一朵奇葩，是以"铁"作笔，以"火"为墨，在宣纸上作画。宣纸烙画是集国画、版画、素描技巧融于一体，融汇许多烙绘技法，如润色、烫刻、细描和烘晕、渲染等。画面上显示的黑、棕、茶色，替代了国画中焦、重、浓、淡的色泽，再现了传统画的艺术美，具有极高的艺术欣赏价值和收藏价值。

朝阳纳花

朝阳纳花布艺是民间传统艺术之一，是一种很普遍的群众艺术，在民俗文化活动中占有很重要的地位。布艺所用材料简单，主要是碎布料和面糊。其中鞋垫制作工艺的具体步骤为模板设计、坯料制作、图案拓印、配丝对绣、分割开绒、验收包装等六道工序。从技法上讲，布艺实际采用多层布料重叠，在此表面绘制各自所需的单色线条图案，其次根据制品图案所需色彩，选用多色彩线和不同型号针加以串填，然后再用利刀从中间层刮割分开，则形成一对品型毫无差异的手工艺制品。布艺工艺品的种类主要有鞋垫、拖鞋、棉鞋、儿童虎头鞋、枕头等，除了一般生活之用以外，还广泛用于民间的婚庆、生日等活动。

李氏面瘫膏药

李氏面瘫膏药是清末李氏先祖李子良经过多年实践与实验形成的面瘫膏药秘方，主治面部神经麻痹（面瘫），兼治丹毒、腮腺炎、口腔溃疡、带状疮、部分妇科病等疾病。流布于海州区、赣榆区、东海县、灌云县和周边地区。李氏面瘫膏药分为内服与外用两大类，全部采用祖传秘方，精心提取炮制而成。膏药全部取材于中药材，主要有当归、芍药、白芨、白蔹、玄参、木鳖子等十六种。其制作过程是现将所需药材切碎，研磨至粉末状。用植物油与药材粉末按照比例调至糊状。在瓦罐内用小火煎成膏滋药。取部分阴干于制成药丸，用于内服；取部分糊在纸或纱布上制成膏药，用于外敷。

高　跷

赣榆高跷，是赣榆群众欢庆丰收及节庆日子里表演的传统舞蹈形式之一。赣榆高跷，一般以舞队的形式表演，舞队多人至数十人不等，唢呐伴奏；早年，大多舞者扮演某个古代神话或历史故事中的角色形象，服饰多模仿戏曲行头；常用道具有扇子、手绢、木棍、刀枪等；表演形式有"踩街"和"撂场"两种，撂场有舞队集体边舞边走各种队形图案的"大场"和两三人表演的"小场"，角色间多男女对舞，有时边舞边唱。踩高跷所使用的木跷从30厘米至300厘米，高低不一。从表演风格上又分为"文跷"和"武跷"，文跷重扭踩和情节表演；武跷重炫技功夫。因武跷难度高，危险性大，现失传。

蚌　舞

蚌舞又称"蛤蜊舞"、"蛤蜊精"。蛤，在赣榆方言中读"ga"音。赣榆蚌舞，属在地方传统民间舞蹈，主要流传于赣榆沿海地区。赣榆蚌舞，是渔民们欢庆丰收及节庆日子里表演的舞蹈形式之一。赣榆蚌舞，属女子集体舞蹈，常由数十名少女表演，动作以碎步、半转身以及优美的身段为主。舞姿优美，清新活泼，富有极强的乡土生活气息。表演时，由唢呐、笙、锣鼓等伴奏。其舞蹈道具，即蛤蜊壳，系用竹、布制成，壳外饰绿色，并描蛤蜊纹；壳内蒙粉色布，并安装背带和扶手。表演时，表演者将蚌壳系在背上，双手握住壳内的扶手，控制壳的开合，以表达人物感情。海头镇组建有"蚌舞队"，在春节等节庆期间表演蚌舞。

柳琴戏

柳琴戏是地方戏剧种之一，因其唱腔有拉魂动魄的魅力，民间一直称其为"拉魂腔"。二十世纪五十年代初，就其主要伴奏乐器"柳叶琴"，始正式定名"柳琴戏"。"拉魂腔"源于"肘鼓子"，经考证至今已有数百余年历史。据考，苏北的柳琴戏、皖北的泗州戏和海州的淮海戏都是由"拉魂腔"发展而来。柳琴戏有九腔十八调七十二哼哼，足可见唱腔之繁茂；唱腔既有南方剧种的柔美低回之美，也有北方剧种的阳刚粗犷之气。柳琴戏板式大致可分为：慢板、流水板、数板、紧板和五字紧板等。柳琴戏伴奏曲，有《绣花牌》《水龙吟》《什样锦》《哭灵堂》《赏花》《迎春曲》《喜临门》《叶落金钱》《进花园》等。柳琴戏在赣榆、东海等地，已有近百年历史，已成为颇具地区文化特色的地方戏。

灯 谜

连云港灯谜传播广泛，每年春节，元宵、中秋时节，灯谜成为地方百姓不可缺少的游艺之一。其流布区域遍及全市，并以灌南县新安镇、海州、新浦地区元宵灯会上最为兴盛。自明代起，灌南县新安镇就有举办元宵灯节的习惯。其规模大，观赏、娱乐性强。灯谜是利用汉字的形、音、义三要素之复杂变化而别解使之产生"回乎其辞"的艺术效果。"猜灯谜"又叫"打灯谜"，其基本内容包含灯谜创作、灯谜猜射、灯谜活动的组织与开展，此外还有灯谜评论与赏析、灯谜艺术学术研讨等。制作灯谜是猜灯谜的第一步，也是整个民俗活动的关键。连云港灯谜制作大体采取正扣法、反扣法、侧扣法、别解法、增字法等 20 余种形式。连云港地区自古盛行上元之夜起张灯为戏的风俗，尤其春节、元宵、中秋等节日赏灯猜谜作为地方一个极具特色的民俗文化世代相承，沿袭至今。

东海版画

东海版画是以木刻年画为基础，融合了西方版画精髓，东海版画形成了自己独特风格。东海版画基本为木刻，以刀代笔，尽可能利用对象的本色，显出木味；巧妙利用"留黑"手法，对刻画的物体作特殊处理，获得版画特有的艺术效果；东海版画还充分的传承发挥刻版水印的特性，让大块阳刻产生强烈的艺术效果，通过巧妙构图，以丰满密集和萧疏简淡等不同风格来衬托表现主题。版画制作过程大概为：画稿、修稿，刀刻，调油墨、上油墨，上纸印刷、晾干。东海版画以群体传承和师传为主。现如今，东海县版画创作队伍高达 6 万人，创作了各类版画作品 10 万余幅，先后有 5000 多幅作品在国际、国内展赛中获奖，3000 多幅作品在国家和省级刊物发表。

涟北村挂廊

挂廊又称卦浪、过门签，是苏北农村在春节或办喜事时贴在对联横批下沿的刻纸图案。灌云县穆圩乡涟北村有着制作挂廊的传统。俗称凿挂廊，祖祖辈辈制作挂廊出售。全村凿挂廊的人家"十有七八"，工艺传统，花样百出。其样式有单式、连方式、长幅式。图案纹样有"丹凤朝阳"、"龙凤呈祥"、"麒麟送子"、"十二生肖"、"财神"、"时鲜水果"，争奇斗妍。图案以文字为主的有"万事如意"、"恭喜发财"、"新春大吉"、"年年有余"、

"长命富贵"等吉祥语。还有"互相合作"、"红梅迎春"、"改革开放"等。每年冬天涟北村家家户户忙着凿挂廊，一过祭灶，售卖挂廊。挂廊的内容、主题也会随着时代的变化而变化。

动物标本

连云港濒临海州湾渔场，境内云台山自然生态环境良好，具有物种的多样性，全市共计有各类动物 2000 多种，其中有鱼类 180 多种和鸟类 120 多种，在江苏省的自然生态资源中居于重要地位。连云港目前的动物剥制标本制作基本保持了传统的制作工艺和方法。皮张的处理以盐、矾的水溶液或酒精液为主。制作方法有填充法和假体法两种，按制作材料的性质不同又可将假体划分为缠绕假体法和雕塑法。填充法是将天然的草、木丝、木屑等材料直接植入动物皮张内，然后缝合。缠绕假体法是将天然的草或木丝等材料用绳子缠制出动物体模型，然后将动物皮披在模型上缝制。雕塑法主要指用人造材料雕塑动物模型，然后将皮张用胶水与模型粘合。它能最大限度地再现了动物形态及骨骼特征，因此，是目前的标本制作工艺中一种科学有效的制作方法。

盆　景

连云港盆景是随着淮盐生产发展而产生的，又得益于得天独厚的山地优势。盆景的制作技艺比较繁琐，分为树桩选择、构思设计、培育、扎系材料选择、套结等。套结是盆景制作过程中的日常功课，主要是用于树桩的整形和成型。它分为单扣套、双扣套、扣扎套、扣活结和扣死结等。扎扣方法需要依照树桩和盆景构思实施，扎扣方法有几十种，比较成熟的有 12 种，包括：固扎法、上扎法、下扎法、平扎法、吊扎法、套扎法等等。连云港盆景用盆都是江苏宜兴的紫砂花盆，配盆十分考究，根据树木不同品种、造型、大小、形态配上不同的款式和颜色的紫泥花盆，与树搭配，相得益彰。过去盆景摆放陈设置于几案，都配置专用的红木材料，制作各式款式的几案几架达到"一盆、二景、三几架"的完全组合。连云港市成立了连云港市盆景协会，不仅制作盆景，培训盆景爱好者，还开展生产性传承保护工作，组织展示活动，参加国家、省、市的盆景比赛，并多次获奖。

李氏中医

李氏中医骨伤疗法治疗各类骨伤，在鲁南、苏北地区享有一定的声誉。李氏中医骨伤疗法采用祖传配方，由数十多种中药材组合而成，配方的主要成分有麝香、天灵盖、血竭、冰片、红花、骨碎补、申姜、儿茶、地龙、土鳖虫、龟板、明雄、马前、朱砂、自然铜、破故纸等，依据病症状态按照一定比例组方，经炮制加工制成中药制剂，各味药物相成发挥止血、消炎、镇痛、活络、生肌作用，增强股肱体活性。药物的制作是将一定比例的麝香、天灵盖、血竭、冰片等中药经油煎炮制，粉碎过筛，加工制成中药粉剂，混合均匀，称量制囊。治疗时，依据不同的骨伤，配好不同比例的药材，患者随时可以冲服。运用这种方式治疗骨伤，治疗周期短，费用低廉，治疗效果显著，大大减少病人痛苦。

快　板

连云港快板最初源于山东快书。由于方言和音韵的相近，山东快书在流行之初即传入赣榆，备受群众和说唱艺人的欢迎。连云港快板的特点突出。在形式上，可单口说，可对口说，可群口说；说唱语言以普通话为主，辅以赣榆地方方言；道具以大、小节子板为主，可辅以音乐；基本句式是七字句，又以说唱长句为特点。长期以来，民间说唱艺人皆以快板为重要文化艺术形式，新编了大量的快板作品。历史上主要作品有《英雄小薛倩》《小店风波》《停电》《夜擒"闹海龙"》等；还有作品集《笑声甜——张作松快板作品集》、校本教材《如何学快板》等。

竹鼓十更锣

竹鼓十更锣属吟诵类曲艺，以传统工鼓锣曲目为基础，因其似唱非唱，说唱相间，说表形式丰富而独树一帜。竹鼓十更锣多以单人坐唱为主。其表演程序和关键主要有：书头、小本、正本、关子、收签等。竹鼓十更锣所用器具和道具非常简单，主要有竹皮鼓、响锣、竹梆子、响木、堂扇等，还有长衫马褂、礼帽等行头。竹鼓十更锣简单宜唱，涉及内容十分广泛，传统书目曲目达百余部，目前保留下的传统曲目有《隋唐》《东唐》《西唐》等；《平原枪声》《烈火金刚》《烈火中永生》等；还有涉及现代社会生活的《安全行车》等。竹鼓十更锣的鼓番子清响明快，语言多为地方方言，唱腔质朴、深厚高亢。演唱时善表人物声色，表情丰富细腻。

朱氏顶技

顶技是杂技行当中的一个分支，是用头、脑门、鼻尖、下巴、手脚等身体部位顶东西表演的技艺。连云港孔望山汉代佛教雕像中就有叠罗汉的石刻画面，表现了顶功技艺。连云港灌南县的顶技起源于晚清时期，相传是云游僧人传授予灌南人朱宝兵的祖先，代代相传，至今已有180多年历史。朱氏家族擅用下巴、牙齿等小的部位，比如用牙齿咬举4辆自行车，用下巴顶举起3张八仙桌、23条共120斤左右的长凳，用脚顶大缸和四个人，还能够用下巴顶稻草、餐巾纸等轻质物件。2010年6月10日，中国世界记录协会给朱宝兵颁发了"世界上用下巴顶起最重八仙桌的人"。灌南县被誉为中国的魔术杂技之乡，顶技作为杂技的一个分支得到了较好的传承和保护。日本富士电视台和国内的中央电视台、浙江卫视、安徽卫视、湖北卫视、扬州电视台等媒体均邀请演出，给予高度评价。

胡氏麦草画

　　麦草画，是用麦秸秆为原材料加工制作而成的艺术品。麦草拼贴的扇子、昆虫之类的工艺品，为早期麦草画的雏形。后期的麦草画由金色变为彩色，由平面变为立体浮雕式的，并一直沿用至今。麦草画系纯手工制作，工序精细而繁琐，艺术表现上大胆地吸收了国画、版画、剪纸、烙画、贴画等艺术手法。麦草画制作过程：选料：以未经改良的麦子麦秆为好，粗细、韧度、厚度最适合。麦子只能人工收割；挑选、处理麦秆：去除脏污麦秸、摘除两端麦节。浸泡麦秆，需要染色的进行染色。用针剖开麦秆，，并用刀片刮去麦秆内的白膜。用熨斗熨平麦秆，备用。作画：在透明纸上绘图，完成后用复写纸把图分解出来，编上编号。把麦秆涂上胶水，依次贴满，晾干。把贴好的麦秆用剪刀按手描的图纸剪下，按照需要把部分麦秆熨烫出层次，将散件对照图纸拼接起来。装裱：将麦秸画粘贴在底布上，装框完成。胡成娟为胡氏麦草画技艺市级代表性传承人。

雕像套装

　　雕像套装是在文字篆刻套装基础上延伸发展起来的新艺术形式。它主要以浮雕形式塑造各类人物，特别是带有史学价值的人物和宗教信仰神明崇拜相关的雕像。雕像套装是以不同规格的雕像套件大大小小相互合拢套装成一体的，可以完整地、系统地展示的雕像内容。雕像套装应用的材料以金属铸造或琉璃、陶瓷烧制成型为主，作品的规格多为中小形体，便于观赏、收藏和学术研究。雕像套装的消费群体主要面向文化部门和家庭个人珍藏，特别适合作为上等礼品赠送宾朋好友。综合它的材料特点和形体规格及表现内容、保存环境等诸多方面因素，雕像套装作品可千年保存，经久不毁。

书画修复与装裱

据史书记载，装裱工艺距今已有 1700 多年的历史，连云港的《赣榆县志》(1990 年版)记载，明清至民国期间，赣榆书画艺术非常兴盛，擅长书法绘画者颇众。书画装裱主要品式有立轴、中堂、对联、横披、条屏、通景屏、镜片、扇面、手卷、册页等形式。装裱书画的主要程序：制浆—托画心—方正画心—托染材料—配料—镶嵌—清裁大边—转边（包边）—粘串（接含口和粘搭杆）—配背（裱覆背纸）--覆画（扶活）—磨画（砑光）—剔边（批串）—配杆—钉铜钮（绦条）—包杆（上轴头）—系绦（串丝带）—扎带—粘签条。古字画的修复程序相对比较简单，主要有准备工作、去污、润揭画心、补画心、全补画心等。修复程序中以修复画心最为关键。修复和装裱字画需要的条件和器具比较复杂，有以下几个内容：装裱间、挣板、装裱桌、晾架、拷贝桌、人字梯、排笔、棕刷、裁纸刀、锥针和镊子、启子、油纸、砑石、蜡板。具体使用的工具和材料还有剪刀、掸子、叉子、喷水壶、箩筛、木锯、电钻、钳子、铜线、面盆、毛巾、毛笔、颜料、墨汁、调色盘、塑料薄膜等。装裱的材料相对比较简单，主要有宣纸，以生宣为主；辅助材料有绫、绢、锦、锦绫、麻布等；天杆、地杆、月牙杆、轴头、手卷片、签子等和丝带、绦带、铜钮等；还有面粉、明胶、明矾等。

老虎鞋

民间一直认为老虎可辟邪去凶，在屋内挂虎画，婴儿穿老虎鞋、戴老虎袖、老虎帽、枕老虎枕可保平安，这种心理认知，催生了民间的老虎鞋制作习俗。老虎鞋的制作，先以多层旧布糊成骨子，骨子按鞋样制成鞋帮、鞋底形状，再以白布作底的上下面和帮的里子，以红、黄等各色布糊在帮的外面，再经纳底，绣出放样，扎虎须，最后用粗棉线将鞋底、鞋帮上起来而成单、棉等多种样式的老虎鞋。灌云几乎每个村庄都有巧妇擅做老虎鞋，多以母传女、婆传媳的方式传承。老虎鞋有单有棉，图样有的朴素简练，有的精工细作，有的还会制作袖、枕、摆件、挂件及迷路鞋等，形成系列，各有寓意。灌云县博物馆、文化馆和潮河湾民俗馆都长期展出老虎鞋。在每年的白虎山庙会和大伊山清明节会庙上，老虎鞋都是抢手货。

印氏中医

　　印氏中医妇科疗法以传统中医问诊、切脉的方式开展妇科疾病治疗，是我国传统中医学常用的医术之一，主要治疗不孕症、月经病、带下病、产前产后症，以及各类妇科炎症、疑难病等杂症。印氏中医妇科发端于清，在连云港的传承已有 150 多年的历史。其第三代传承人印庚生曾师承晚清名医石寿棠之孙石抚生。印庚生勤奋学习中医，尽得石氏中医精髓，并沿袭石氏诊疗风格，经印氏祖孙几代传承，形成了自身比较完备的理论和治疗体系。印氏中医妇科在诊疗中，体现中医四诊结合的特色，尤其凸显望诊与脉诊在疾病诊断中的重要性，根据中医辩证施治原理进行分析，再进一步用药遣方。治疗中，秉承传统中医特色，筛选地道药材和坚守传统炮制技艺的原则，对各类疾病先查病根，再探病源，以先治急症、后治缓症为要。在妇科疾病治疗中，综合考虑经、带、产，用药治疗注重效果快、针对性强的特点，经过多年实践，形成了自己独有的一套组方加减变通的原则和方法。

锻　铁

　　锻铁技艺，俗称打铁，是一种原始的锻造工艺，始于我国秦汉时期，在 20 世纪 80 年代前的农村比较流行。锻铁的铺子，也称"铁匠炉"。去"铁匠炉"打制一件铁具，先是选料，要看"单"下"菜"，打制什么东西就"依葫芦画瓢"选料；然后，进行加温，先把钢材或者铁件，放入火炉炼红，拿出锻打平薄，接着就是"画样"；在铁板上画出样图，用凿刀割出样品，之后就是"锤打"。铁件烧红，师傅就把它移到大铁墩上，拿小锤锻打，徒弟拿着重锤跟着打。锤打要均匀，特别是刀具，刀口既要平又要薄。有时，需要把样品锤打好后又再修改成形，跟着上沙轮或冲把整个产品车光滑。最后一道工序，就是冷处理，用煽火箱将炉膛的焦炭或木炭烧红，将车好的产品插入火中，待产品烧红到一定程度用铁钳夹住，把铁件放入水中，快速来观察，不管是铁器过于发白还是发蓝，都要重新根据需要进行处理。在老铁匠手中，坚硬的铁块变方、圆、长、扁、尖均可。传统的铁器成品主要是农具，如犁、锄、镐、镰等，现在也有部分生活用品，如菜刀、锅铲、刨刀、剪刀、门环、泡钉、门插等。

东海县安峰镇蒋士金擅长打铁，从清末开始，祖辈历代传承，儿子蒋步周也继承了祖业。

传统木器制作

传统木器制作技艺是我国传统手工技艺之一，是以木头为原料，利用斧、锯、刨、凿等工具，制作成木质器具的过程和技法。传统木器制作技艺流程一般是选料—下料—刨光—划线—开榫—打眼—组装—细光—油漆。即首先烘干木材，然后根据图纸选料配料，料配齐后下料，采用木工机具锯料，然后划线裁板，将板材压平整，打眼开榫、开槽起线，把坯子打磨光滑，然后装配起来，刷底漆，打磨之后喷面漆。重要的木工工具有锯子、斧子、墨斗、尺子、推刨、斜口刨子、案板等。传统木器产品品种多样，大小兼有，可用于生产，亦可用于生活。如用于生产的船木、木槽，也有用于生活的家具系列产品，如橱柜、桌椅等，还有可以用于家居的门、窗等。旧时，木桶是重要的家居生活用品，木桶制作过程中的箍桶过程尤为重要。箍桶就是用竹篾圈或铅丝圈将做桶的板捆在一起，使其成为所需形状和确保接缝严实。

秧　歌

秧歌舞，又称扭秧歌，是一种在民俗节庆活动中表演的集体性传统民间歌舞形式。连云港秧歌以陕北秧歌为基础动作，是一种小强度、长时间、中等运动量的集体民俗舞蹈表演活动，队员一般为偶数。基本舞步如同农民插秧时的动作，一般为十字步。演出环节包括开场、中场、大场、结场等四个过程。连云港秧歌表演在传统秧歌舞中加入本地的民间舞蹈元素，以扇子秧歌舞为经典形式。

连云港秧歌包含走、扭、跳、摇、摆等多样的动作组合，是从下到上的全身性运动。核心内容有：绕扇、推扇、插扇、扭扇、抱扇及翻扇。连云港市秧歌一般采用陕西民歌的曲牌，也使用自编的《山海情》《山海情深》《锦绣新浦》等秧歌调，既有民俗风情，也有地方特点。

077

德安堂中医

"德安堂"中医诊所是东海县著名中医师王德安老先生于 1979 年从东海县人民医院退休后，成立的中医诊所。他的后人为纪念他，遂将诊所冠名为"德安堂中医诊所"。"德安堂"中医诊所现由王健和李玉乐夫妇传承坐堂，通过望、闻、问、切等诊疗方式能够准确的掌握病人的病情、体质，准确对症下药，而达到良好的治疗效果。近几年又探索研究治疗肿瘤（癌症）的方法，收到了较好的效果。2001 年夫妻二人所著论文《论推拿与辩证论治的关系》，获世界中医学会、世界中医药学会专家评审委员会授予的中华特色名医论文金奖。同时，积极参加南阳张仲景传统医药研究会的相关研究工作，并于 2011 年 5 月被该会授予"仲景故里民间中医名医"称号。诊所现开设的服务项目有中医内科、妇科、儿科、针灸等，每年为县内和周边地区及国内外近万名患者服务。

痔科中医

柯继先中医痔科诊所位于连云港市灌南县城新安镇，是以传统的中医药配方，结合独特的手法，有效治疗内痔、外痔、混合痔、肛裂、脱肛、肛门瘙痒、直肠息肉等各种肛肠疾病为主。柯继先中医痔科技艺承师于清末光绪年间（约 1890 年）南京下关"仁和堂"药铺坐堂名医胡炳章。胡炳章擅长中医外科、痔科，靠祖传和自身积累的临床经验，潜心研制了独门配方并制成治痔膏剂"净痔膏"。1917 年柯继先祖父柯云培漂泊至南京，受雇"仁和堂"跑堂，收为徒，传授技艺。数年后，祖父随胡炳章回其原籍宝应，开设"古月斋"药铺。1930 年，胡炳章逝世，祖父传承其业。父亲柯济民，从小随祖父习医行医。柯继先在诊疗实践中调整治痔配方，将"净痔膏"改为"枯痔灵散"，还研制了"肛裂膏"和"肛门湿诊膏"，疗效更为显著。

快　书

山东快书流行于东海县境内及山东与江苏接壤地区。山东快书起源大致有两种说法。一是清朝咸丰年间，山东济宁艺人改编了当时著名山东大鼓艺人的"窜铜腔"，之后又用梨花大鼓做击节乐器，形成了山东快书前身"武老二"。另一种说法称是山东落子说唱中，最多用武松来讲故事，后来逐渐演变而成。山东快书唱词基本上是七字句的韵文，穿插过口白、夹白或者较长的说白。风格生动、表情夸张、节奏快，通常用来讲述英雄人物除暴安良的故事。山东快书用山东话唱，用"月牙板"、即两块半圆形铁板做击节道具，所以又叫"铁板快书"。后来有人改用竹板，变成"竹板快书"。山东快书的版本很多，如《赔茶壶》《治河迷》《李逵大闹菊花会》《猪八戒外传》等等。

抬花轿

抬花轿是我国的一种民俗活动，常见于民间婚庆和各类民俗活动，后来逐步演变成一种曲艺和舞蹈兼容的表演形式，历史悠久。在赣榆区，抬花轿是农民们欢庆丰收表演的形式之一，多在元宵节、春节、中秋节期间表演。抬花轿表演形式多种多样，既可在舞台上表演，也可环街表演。表演可实可虚，实演时，要有花轿作为道具，边抬边舞；虚演时，道具从简。表演有角色之分，一般为6—8人，花旦1人饰新娘子，彩旦1人饰媒婆，轿夫4人或

2人，也可安排丫鬟2人，在花轿两侧打灯笼。在伴奏方面，抬花轿以唢呐为主，在唱腔上，多以《摘石榴》《卖饺子》等民间小调为主，也可编演新词。表演动作一般分为起轿、走圆场、上坡、下坡、过河、颠轿、迎轿、落轿、压轿等动作。所用道具是花轿，服饰有花旦服装，以红袄红裤红盖头为主，轿夫服装以传统为主，穿坎肩，要系红绸带。

古　筝

　　古筝又名汉筝、秦筝、瑶筝、鸾筝，是汉族民族传统乐器中的筝乐器，属于弹拨乐器。它是中国独特的、重要的民族乐器之一。它音色优美，音域宽广、演奏技巧丰富，具有相当强的表现力，深受广大人民群众的喜爱。古筝是结构由面板、雁柱（一些地段也称之为筝码）、琴弦、前岳山、弦钉、调音盒、琴足、后岳山、侧板、出音口、底板、穿弦孔组成。外观呈扁长形，由框板、面板和底板构成。筝身为中空共鸣体，里面胶有音梁，表面呈拱形，底部开有两三个出音孔。琴的首尾都嵌有岳山，俗称前梁和后梁，前梁至弦柱间为有效弦长。使用由入字形的弦柱支起，柱在面板上可以活动，位置错落如雁行，以取得不同的音高。制作筝时，框板使用红木等质地坚实、木纹顺直的木材，面板和底板采用质地较松软、易于振动的梧桐木。除了木材外，弦也是筝的重要组成部分，与发音有密切关系。筝使用的琴弦有丝弦、钢丝弦和尼龙弦三种，它们的音色各不相同。其音色清悦、高洁、典雅；色彩华丽、委婉动听并富有神韵。它既是一种具有独特风韵的独奏乐器，又可以参加合奏或是伴奏，被誉为"东方的钢琴"。古筝在与当地戏曲、说唱和民间音乐的结合中形成了各具特色的风格和流派。无论秦汉时期古韵古声的《呜呜歌》、《相和歌》阶段，还是在唐代绚烂多彩的歌舞艺术和音乐中，无论是在明清以来的"西调"戏曲音乐，还是在质朴独特的"榆林小曲"的地方民间音乐中，具有丰富表现力的筝自古至今一直起着重要的作用，其绵亘久远，形成了筝乐传统的血脉。

捕鼠器

捕鼠器，俗名又称老鼠剪子，是一种独特的捕鼠工具。连云港赣榆区沙河镇董家制作的捕鼠器距今约 270 年历史，传承七代。连云港赣榆区沙河镇董家制作的捕鼠器有两种，一种为锻铁捕鼠器，一种为钢丝捕鼠器；早期，只制作锻铁捕鼠器，至清末，第三代传人开始制作钢丝捕鼠器。两种捕鼠器均为纯手工制作，工艺复杂。锻铁捕鼠器要经剪簧制作、前站柱制作、后站柱制作、托子制作、大钎制作、小钎制作、小站柱制作、剪股制作、组装等 9 道工序。钢丝捕鼠器要经托板制作、剪股制作、叉子制作等 11 道工序。捕鼠器由多道工艺反复制作，工艺复杂，款式独特，精巧、美观、灵活，便于携带，操作简单，实用价值极高。

金银细工

金银器制作工艺中的精细制作工艺，简称金银细工制作工艺。传统金银细工作品有金银首饰、金银配饰、金银器皿和金银摆饰四大类。连云港赣榆张氏金银细工制作工艺主要加工：项圈、银锁、发卡、簪子、耳丝、耳环、银卡子、项链、铃铛镯、古花镯、鸡心坠、各式戒指、头饰银剪子、錾子、银（铜）版画等。制作时，基本工序为：熔化、打条、拉丝、开片、钳丝（搓丝）、编花、镶嵌、焊接、美洗、刷新、上光。目前，连云港赣榆张氏金银细工制作保留了传统手艺，但稍有变化，原来的"嘴吹火焊接"，已改为"皮老虎"焊接和化银。

连云港赣榆张家金银细工制作工艺以手艺灵巧、做工精致为人称道，可达到照图制作，脱模制作。其独特的制作秘方至今不为现代的金银加工商家掌握，因此，具有一定的历史文化价值、科学价值和使用价值。

谢氏膏药外敷

谢氏膏药外敷疗法由灌云谢氏四代对家传膏药进行研发、传承，用祖传膏药为病人解除病痛。2002 年开设谢氏"葆龄堂药店"，在灌云一直享有盛誉。

谢氏膏药以数十种中草药，根据不同病症进行组合，经浸泡、浓缩，熬成膏肉，再摊于敷料上，贴在相关部位。膏药有 12 种，用于治疗内外科、儿科、妇科疾病。临床时将膏药加热软化后贴敷。用于治疗外科疾患，经三代人的研究、改进，适应范围扩大，对胃病、气管炎、肠炎、胆囊炎、疔疮、小儿消化不良、腮腺炎、妇科痛经、盆腔炎等都有显著疗效。内病外治，简便易行。特别对儿科，解决了儿童服药难的问题。谢氏膏药外敷疗法代表性传承人谢建华，在先人的基础上不断改进，提高疗效。

王氏中药黑膏药

王氏中医黑膏药，位于灌南县新安镇。创始人为清朝道光人士王学裕，经过 150 余年几代人的不懈努力，王氏中医黑膏药在外科杂症风湿骨病、内病外治、穴位贴敷以及王氏中医黑膏药的传统选材和制作方面有着独特的工艺，影响颇深。

传承的《黑膏药工艺流程歌诀》：一丹二油，膏药呈稠。三上三下，药枯去渣。滴水成珠，离火下丹。四季变化，冬小夏大。丹熟造化，冷水地下。形似胶漆，黑泽光华。黑功在熬，亮功在搅。凉之则硬，热之则软。贴之即粘，拔之即下。皮肤无损，方为上佳。

王氏中医黑膏药主治外科杂症、带状疱疹、肿毒痈疽等，颈椎病、肩周炎、腰间盘突出、骨质增生、关节炎、跌打损伤后遗症、面神经麻痹、小孩遗尿、腮腺炎等。

八卦掌

八卦掌的传播主要分布在海州市区、灌云等地。

八卦掌有老八掌、八大掌、龙形八卦掌、游身八卦连环掌为完整八卦掌的表演套路，以及八卦对练、八卦将手、八卦散手等形式，器械有八卦剑、八卦刀、八卦枪，还有八卦掌门内独有兵器八卦子午鸳鸯钺。演练起来以步法变化为主要运动形式，以及掌法变化为主要技击手法，意随身领，随走随变，内外兼修，刚柔相济，避正打斜，换掌如穿梭，旋转行走，变换自如，具有较高的健体养生价值，又有极强的抗暴功效。步法以趟泥步、摆扣步为主要运动形式，形如游龙，坐视虎踞，视如猿守，转似雄鹰，掌法卓越，动静结合，刚柔相济的独特风格享誉武林。

八卦掌被形容为"龙形猿像，虎坐鹰翻"，充分展示了八卦掌功防技击、强身健体的特有风采。

铁砂掌

铁砂掌就是用铁砂、药料作为练功辅助物，通过特定的练功方法修炼出来的一种可攻击、可防守、可表演的掌上硬功夫，铁砂掌具有开砖裂石之功。

其练法得仰仗药力，且须注意运气，以收内壮之助。以下列练手秘方，加陈酒五斤，人中白及白醋各十斤，拌和煎汤，每次煎三炷香，煎至四次，用文火熬炼稍浓，倾入铁盆中以木杵捣烂成泥，再加细铁砂，其数量与药泥相等，用口袋布盛好，置坚实木蹬上。每日晨昏拍打之，须由轻而重，由徐而急。单手或双手，则由习者自己选择。开始手必现青肿，甚至脱皮落肉。

练后须以洗手秘方洗之，以期消毒去肿，强筋壮骨，则内外坚实。习至百日，略可应用；习至三百六十五日（一年天数），大功已成。惟不可乱用，盖此种手法，着人肌肤，轻者伤，重则亡，且非秘方不治。

港城遗芳

清蒸甲鱼

连云港盛产甲鱼，除野生甲鱼较多外，还人工饲养甲鱼，产量颇丰。甲鱼清蒸为好，"霸王别姬"是其代表作，因当地人又称甲鱼为"王八"，取"八"和"鸡"的谐音而得名。

甲鱼富含动物胶、角蛋白、铜、维生素 D 等营养素，能够增强身体的抗病能力及调节人体的内分泌功能，也是提高母乳质量、增强婴儿的免疫力及智力的滋补佳品。

甲鱼的腹板称为"龟板"，是名贵的中药，有滋阴降火之功效。用于治疗头晕、目眩、虚热、盗汗等疾患。还对头颅外伤（例如新生儿头颅血肿等）遗留下来的顽固性头痛有很好的疗效。龟板胶是大分子胶原蛋白质，含有皮肤所需要的各种氨基酸，有养颜护肤、美容健身之效。

当然，龟板是中药，应该由医生视具体的情况决定是否使用。甲鱼颈可以治疗脱肛。取全颈文火焙干后压碎，热醋拌匀，以湿而渗醋为度，田纱布包裹严密，坐垫以气熏之，一般 3—5 次即可痊愈。虽说甲鱼对于产后虚弱、精力减退有很好的疗效。但是，孕妇及产后便秘者不宜吃或应适量。

将甲鱼宰杀，放尽血水，放入 70℃—80℃热水中烫 2—5 分钟取出，搓去周身的脂皮，从甲鱼裙边下面两侧的骨缝处割开，取出内脏，摘尽黄油，撕去黑衣，用水冲洗干净，然后用刀的后部在甲鱼身上斩几刀，便于以后的制作。

将鸡肉片切成 3 厘米的片，用盐、味精、绍酒、嫩肉粉、蛋清上浆，划油备用，将葱、姜拍碎加入绍酒、盐、味精、胡椒粉和适量的清水制成葱姜汁，将甲鱼放入腌 5—10 分钟，取出沥干水分，将划过油的鸡片放入甲鱼内用保鲜膜包好，上笼蒸 10—15 分钟，浇上原汁即可。

其风味独特，鸡肉滑嫩，是养颜健身的滋补品。

清蒸甲鱼，传说历史上是一道贡菜，专贡皇上吃的。做法也非常特别，每个蒸笼只放一只甲鱼，清蒸时先用文火慢慢地把热气烧出，并不把老鳖热死，在笼中的老鳖受到热气蒸的难耐，很快就会把肚内尿屎排尽，然后把蒸笼壁一个元洞打开，甲鱼就会自动把头从洞中伸出，张开大嘴呼吸冷空气，这时厨师就用茶壶中泡好的调味液灌入口中。

茶壶中的调味液是用酱油、醋、料酒、香油、味精、葱、生姜、大蒜、茴香等 15 种佐料浸泡而成。老鳖被呛，只有缩回笼中，一会笼中的老鳖受不了热气的蒸烤，只好又把头伸出笼外，张开大口喘气，这时厨师再将调料液灌入口中，这样往返 5 次，老鳖被灌饱了，厨师就把蒸笼的洞封死，然后用大火把老鳖蒸熟。这时老鳖的味道是特别的鲜美，而且香味是从体内向外散发。

清蒸鳗鱼

连云港市东海县鳗鱼养殖已有多年历史。

清蒸鳗鱼是取鳗鱼一条，约 500—750 克，宰杀后放入温热水中烫去身上的粘液，取出内脏，冲洗干净，葱、姜切成细丝备用。将鳗鱼斜刀切成约 3 厘米的片，摆成梅花形，盐、味精、糖、胡椒粉、绍酒兑成汁浇在鳗鱼身上，然后放入猪油，用保鲜膜包好入笼蒸 8—10 分钟即好，取出放上葱姜丝，浇上热油即成。

鳗鱼的维生素、矿物质、微量元素含量是陆上动物所不能比拟的。特别是它含有陆上动植物所缺乏的多种高度不饱和脂肪酸，对预防心脑血管疾病有特殊作用。

从上表可以看出，鳗鱼的主要营养成分含量比鲈鱼、鸡肉、牛肉、鹌鹑蛋等传统滋补品高得多。夏季体力消耗大，必须吃营养丰富的鳗鱼补充营养；酷暑中大量喝清凉饮料，导致体内的维生素 B 被破坏、容易疲劳，多吃鳗鱼能补充各种营养和维生素，使人精力充沛。鳗鱼含有丰富的维生素 A、B1、B2、E 等元素。

维生素 A 具有促进生长、维持视力、增加抗病能力的作用。维生素 B1 具有增进食欲、可消除夏困和脚气等作用，维生素 B2 可防止口腔溃疡，维生素 E 可抗衰老、护肤、美容，钙是构成人体骨骼等的主要成分，缺乏时会导致软骨病、骨折、耐力差、食欲不振。锌参与人体蛋白质和核酸的代谢作用，缺乏时导致生长迟缓、性发育抑制。

DHA 是构成脑细胞膜的不可缺少的成分，是从胎儿到老人一生中都应补充的营养素。胎儿缺乏 DHA 有发生脑细胞不足、弱智的危险。青少年需要补充 DHA 以促进脑神经细胞突起延长，提高记忆力，老人也需要摄取 DHA，预防大脑功能衰退和老年痴呆症。补充 DHA 最有效、最经济的方法是吃鱼油、鱼、特别是鳗鱼。

摄取过量的动物脂肪会导致胆固醇和脂肪附着在血管内，造成动脉硬化、心肌梗塞、脑血栓等病变。日本人和爱斯基摩人心脑血管疾病发病率远远低于欧美人，主要原因是他们吃鱼多。鱼油中含有陆上动植物油中一般不含有的 EPA（二十碳五烯酸）和 DHA（二十二碳六烯酸）它们有降低血脂、抗动脉硬化、抗血栓等作用。鳗鱼是含 EPA 和 DHA 最高的鱼类之一，鳗鱼还含有人类的必须脂肪酸鳗鱼兼有鱼油和植物油的有益成分，是补充人体必须脂肪酸的理想食物之一。

凉　粉

豆类或山芋的淀粉，加适量水稀释成糊，煮熟后冷凝成块，俗称"凉粉"。连云港的凉粉种类多，有豌豆粉、绿豆粉、山芋粉等，爽口清香味浓。

凉粉的制作各人有各人的窍门，往往秘不示人。凉粉的吃法一般有热吃、冷吃两种。热吃，是把凉粉放在烧热的平底油锅上，略煎一下，等底部有一层焦黄的皮后取出切块食用。冷吃，即将凉铅直接食用。

吃前，将凉粉切成块状，或刨成面条状，还有事先用漏勺漏成"娃娃鱼"状，放入清水中，待吃时取出，根据顾客的口味放佐料，如放酱油、醋、麻油、蒜泥等；喜欢吃辣的人，还可以加入一些辣椒酱，风味独特。夏季吃凉粉消暑解渴；冬季热吃凉粉多调辣椒又可祛寒。来连云港不尝尝凉粉，确是一件憾事。

凉粉是由做出来的产品似水晶般晶莹透明，口感绵韧清脆、营养丰富，味道可根据各人爱好，酸、甜、辣、咸任意调整，爽口又爽心，男女老少，四季皆宜，是零食充饥、下酒佐餐、消暑降温、送礼待客的佳品。

板浦凉粉制作技艺工艺流布于海州区板浦镇，产品流布于连云港市全境及周边地区。清末民初南北盐商云集板浦，促进了饮食文化的发展，各种风味小吃也争奇斗艳，精益求精。板浦的凉粉是以绿豆、豌豆、小豆等经浸泡、磨糊、晃浆、制粉砣、兑水，烧浆，装盆冷却等工序做成凉粉，可切成块，称为"拷"，或刨成丝加酱油、滴醋、蒜泥、香油等佐料凉拌食用。凉粉的吃法一般有热吃、冷吃两种。热吃，是把凉粉放在烧热的平底油锅上，略煎一下，等底部有一层焦黄的皮后取出切块食用。冷吃，即将凉铅直接食用。夏季吃凉粉消暑解渴；冬季热吃凉粉多调辣椒又可祛寒。板浦凉粉制作技艺对研究本地区的食品发展史有着较高的参考价值，对传承地方民俗、饮食文化等有着重要的价值。

甜闷瓜

甜闷瓜创始于清朝乾隆年间，距今已有 150 多年的历史。现由赣榆县酿造厂生产的为佳。甜闷瓜配方独特，制作精细，色泽澄黄，透明发亮，清脆鲜嫩，咸甜适宜，色味俱佳，含有人体所需要的氨基酸、糖分和 B 族维生素，能增强食欲，助消化；可生食，可调拌，加食糖、香油少许，其味更美。

甜闷瓜选用优质稍瓜为原料，配制精面粉精心加工，经白晒夜露酿制而成。菴瓜、生瓜、梢瓜、酥瓜、越瓜，果皮极薄，成熟之后具香气，但缺乏甜味？茎叶密生短毛，具捲鬚，叶互生，心状或掌状，近 5 角形，叶缘浅裂或深裂，因品种而异，同一株有雄花及两性花，也有同株雌雄异花，花冠黄色，果实筒状或棒状，熟果肉质酥软，具香气。

越瓜生长势较强。根系发达。茎蔓性、有棱、分枝性强。叶五角心脏形、深绿色，叶面较皱。多雌、雄同株异花，侧蔓，特别是孙蔓第 1、2 节多生雌花。果实长圆筒形或椭圆形、果面光滑、长 20~30 厘米，单果重 0.4~2.5 千克，果皮绿白、墨绿或有深绿斑纹。果肉白或浅绿色，味淡无香气。越瓜喜温暖。种子发芽最低温度为 15℃，适温 28~30℃；植株生长发育适温为 25~30℃，13℃以下受抑制。地温 14℃以下根系生长停滞。耐热性、耐湿性、抗病性较强。其生长发育规律近似甜瓜。

甜闷瓜创产于清朝年间，该产品配方独特，制作精细。清脆鲜嫩，咸甜适宜。清代曾作为敬献皇室，被封为"贡瓜"。

甜闷瓜是江苏省名、特、优食品，营养丰富，味道鲜美，历史上享有盛名，是您理想的美味佳肴，同时又是您馈赠亲友的最佳礼品越瓜分生食和加工两个类型：生食类型果皮薄，肉质脆嫩多汁，生食或拌凉菜，也可炒食、加工。如广东的白瓜，各地的酥瓜、梢瓜等。加工类型的果皮较厚，果肉致密，生食略带酸味，如老羊瓜。

著名的越瓜品种有在华东栽培较多的白皮梢瓜、花皮梢瓜。

精选当地产优质桔梗，酱菜等原料，经传统工艺精心制作而成。桔梗俗名小人参，可入药，可食用据本草纲目记载，桔梗具有开宣肺气，祛痰止咳，平喘，排脓之功效现代科技分析显示：桔梗含有丰富的维生素 B1，维生素 B2，以及锌、铁、锰、钙、钾、硒等微量元素，是现代理想的药膳食品利小便，解热毒。治烦热口渴，小便不利出自《本草纲目拾遗》《本草拾遗》："越瓜，大者色正白，越人当果食之。"《纲目》："越瓜，南北皆有。二、三月下种，生苗就地引蔓；青叶黄花，并如冬瓜花叶而小，夏、秋之间结瓜，有青、白二色，大如瓠子。"一种长者至二尺许，俗呼羊角瓜；其子形如胡瓜子，大如麦粒；其瓜生食，可充果蔬，酱豉糖醋藏浸皆宜，亦可作。耐热性、耐湿性、抗病性较强。其生长发育规律近似甜瓜。

汪氏滴醋

汪恕有"滴醋是古镇板浦的传统名特产品。"汪恕有"滴醋以优质高粱为主原料，加入适量的酒曲以及鼓皮、面粉、大麦等辅料，经粉碎、蒸料、糖化酒化、淋醋杀菌等多道工序，精心酿制而成。该醋含有多种有机酸和高级醇，有丰富的维生素 B1B2，具有增强食欲，健脾开胃，促进消化，活血化瘀，美容美发，消毒杀菌等多种功能，辅食调味和佐药疗疾均堪称佳品。此醋可治小儿食积；与冰糖同吃可降血压和辅治肾炎；外敷可治腮腺炎、淋巴肿；兑水洗发可去屑止痒，使头发柔软有光泽，与甘油拌擦手脸可护扶防皱；虫叮蚊咬涂上即消，最近有科技研究，多食醋者可健康长寿。

此醋久储不变质，愈陈味愈香，故深受人们喜爱和传颂。古镇板浦的饮食文化所以出名并有"吃在板浦"之称，各种美味佳肴使用"汪恕有"滴醋作佐料也是其原因之一。其创始人汪一愉（约1633—约1714年），原籍徽州（今安徽歙县），于清康熙初年迁居板浦大寺巷；起初在家中建一作坊，靠熬"老糖"出售维生；后改用高粱酿制食醋。他精明强干且又心灵手巧。悉心钻研制醋配方，不断改进操作工艺，很快摸索出一整套的技术与经验，使醋质越做越好。他家做出来的醋色泽鲜明无浑浊，酸度浓醇而不厌，每次食用只需数滴则味美津香，醇厚悠长并且风味独特，故人们称之为"滴醋"。

康熙十四年（1675），汪一愉在当时的板浦场盐课司大使田种玉（渭南人，康熙七年任职）的支持和倡导下，在自家作坊门口挂上了"汪恕有"的金字招牌，两旁贴有苏东坡为汪氏族谱上题写的"恕心能及物，有道自生财"。从此，"汪恕有"滴醋在古海州乃至两淮地区打响了。

清时海州历任知府都特好食用此醋，经常派人到板浦汪家作坊来挑运。乾隆十六年（1751）春，乾隆皇帝下江南船过运河，海州知州方鲁安徽（天长籍）前往拜见，在所贡献的地方名特产品中就有"汪恕有"滴醋。当时的大才子袁枚（字子才，1716—1797），听说此事喜出望外。乾隆八至九年时，袁枚曾任过沭阳县令，对板浦汪氏滴醋早有耳闻，只是没有仔细考较过；后来他打算写一部烹饪专著，但为着其中的"作料"一节，正因品尝许多地方的名醋都不甚满意而犯难。

不久，刚交四十岁的袁枚便辞去江宁县令职务，亲自到板浦考察，并购了一坛汪氏滴醋，用该醋烹制了一碟糖醋鱼，尝后认为名不虚传。回到南京后即隐退小仓山随园，写了《随园食单》（群众俗称"吃食谱"）一书。《随园食单》自乾隆五十七年（1792）出版后，又曾多次再版，现在，板浦还流传着"乾隆帝尝滴酸袁子才写藉……'汪恕有'招牌竖"和"袁子才巧做糖醋鱼，'汪恕有'名传吃食谱"的佳话。

侧金盏花

云台侧金盏花为港城中草药研究者吴舟等人于 1985 年发现，经与江苏省植物研究所王希蕖共同研究，确认此为毛茛科侧金盏花属的一个新种，1989年以云台山命名。

侧金盏花生于阔叶林下、林缘、山坡、腐殖质多的湿润土壤上。分布于我国东北，俄罗斯（远东地区)、朝鲜、日本也有分布。喜肥沃、湿润的土壤。侧金盏花植株矮小，有傲春寒的特性，金黄色的花朵，顶冰而出，素有"林海雪莲"之美称。

用播种或分根繁殖。种子 5 月中旬至 6 月上旬成熟，成熟种子容易脱落，应及时采收。可秋播，或将种子沙藏至次年春播。幼苗生长缓慢，播种当年一般生 2 片子叶，以后逐年生长正常叶，5 年左右才能开花。分根繁殖，可在春、夏、秋季进行，以秋末最好。选地上茎或休眠芽较多的植株，截成段，每一段需带有地上茎或休眠芽，然后移栽。

盆栽宜成丛密植，一般秋末上盆，盆土需混入较多腐殖质。栽种时，休眠芽应与土面平。栽好后放在室外阴凉处地下，花盆四周围放锯末或碎芽，以便随时取出。冬季如要赏花，可将花盆搬到 00C—50C 冷室内放置 1 天-2天，然后搬到 15℃-20t 的室内，放在光照充足处，约 10 天-12 天将会萌发、现蕾、开花。可作花坛、花径、草地边缘或假山岩石园的配置材料，亦可盆栽观赏。全草可药用，具有清热泻火的功效。

全草药用，强心、利尿、镇静及减慢心率。用于治急性和慢性心功能不全。本品毒性较大，应慎用。

海仙花

云台山间的海仙花原叫锦带花，因枝条修长，春夏之交，钟形花朵密列满枝，初为白色，渐变粉红色、紫玫瑰色，依次而变，满条斑斓，酷似锦带而得名。

宋代翰林学士王禹品其风姿，极为赞赏。他对"好事者作花谱，以海棠为花中之神仙"，大不以为然，认为锦带花"不在海棠下，宜以仙为号"。考其"初得于海州山谷间"，便"命曰海仙花"，并留下"锦带名为俚且俗，为君呼作海仙花"的诗句。

可见此花不失为花中珍品，观赏奇葩！

这种灌木在我们国家辽宁、山东、江苏等地较多，国外的日本也有栽培，原产地不详。它每年都在这个季节开花，主要作观赏用，可以扦插栽培。因为没有加以开发，花鸟市场很难见它的踪影。另外在国内还有一种野生的跟它很像的花，叫做水马桑。

海仙花原叫锦带花，因枝条修长，春夏之交，钟形花朵密列满枝，初为白色，渐变粉红色、紫玫瑰色，依次而变，满条斑斓，酷似锦带而得名。

宋代翰林学士王禹品其风姿，极为赞赏。他对"好事者作花谱，以海棠为花中之神仙"，大不以为然，认为锦带花"不在海棠下，宜以仙为号"。考其"初得于海州山谷间"，便"命曰海仙花"，并留下"锦带名为俚且俗，为君呼作海仙花"的诗句。

栽培简史与花文化：锦带花枝长花茂，灿如锦带。宋代王禹诗句："何年移植在僧家，一簇柔条缀彩霞……"形容锦花枝条柔长，花团锦簇。宋代杨万里诗句："天女风梭织露机，碧丝地上茜栾枝，何曾系住春皈脚，只解萦长客恨眉，小树微芳也得诗。"形容锦带花似仙女以风梭露机织出的锦带，枝条细长柔弱，缀满红花，尽管花美却留不住春光，只留得像镶嵌在玉带上宝石般的花朵供人欣赏。锦带花常植于庭园角隅、公园湖畔，也可在林缘、树丛边植作自然式花篱、花丛，点缀在山石旁，或植于山坡上也相宜。锦带花对氯化氢抗性强，是良好的抗污染树种。花枝可供瓶插。宋代翰林学士王禹品其风姿，极为赞赏。他对"好事者作花谱，以海棠为花中之神仙"，大不以为然，认为锦带花"不在海棠下，宜以仙为号"。考其"初得于海州山谷间"，便"命曰海仙花"，并留下"锦带名为俚且俗，为君呼作海仙花"的诗句。

金镶玉竹

金镶玉竹为竹中珍品，其珍奇处在那嫩黄色的竹竿上，于每节生枝叶处都天生成一道碧绿色的浅沟，位置节节交错。一眼望去，如根根金条上镶嵌着块块碧玉，清雅可爱，其竹新竿为嫩黄色，后渐为金黄色，各节间有绿色纵纹，有的竹鞭也有绿色条纹，叶绿，少数叶有黄白色彩条。该竹竹竿鲜艳，黄绿相间故称为金镶玉，非常引人注目。故古海州志中称其为"金镶碧嵌竹"。

云台山上的金镶玉竹分布较广，生长旺盛，以花果山最多，而紧靠三元宫的屏竹禅院一带尤为繁茂。屏竹禅院四周，绿竹丛生，满目青翠，葱茏欲滴。劲节坚挺，枝条楚楚；不管春夏秋冬，疏叶青青。古人咏其有奇节，风雨中不低头，严寒中不变色。这里绿竹遍植，姿态各异，有葱竹、有翠竹、有繁竹、有淡竹、更有慈竹、箬竹、青黛竹和水斑竹，最美最名贵的是"金镶玉竹"，是这里的竹之冠。金镶玉竹是全国四大名竹之一，汇金玉两色于一体，杆黄如金，节槽绿如美玉。枝干独特，如绿玉镶在黄金里，美不胜收，有极高的观赏价值。

桂花树

在古城海州及云台山区，存有很多百年以上的古老桂花树。海州石棚山景区1株桂花，相传栽培于清光绪年间，树高4米，主干胸围43厘米，冠幅6平方米。大的已有200年，小的也已100多年。连云区宿城乡枫树湾有丹桂两株，更堪称"桂花王"，高均在5米左右，胸围1.01米，冠幅7.35平方米，以其300年高龄，进入了《江苏树木大全》。

桂花，又名木犀、丹桂、岩桂，属木犀科常绿灌木或乔木，高可达10米。树冠圆球形。树干粗糙、灰白色。叶革质，对生，椭圆形或长椭圆形，幼叶边缘有锯齿。桂花的品种很多，常见的有四种：金桂、银桂、丹桂和四季桂。果实为紫黑色核果，俗称桂子。桂花叶茂而常绿，树龄长久，秋季开花，芳香四溢，是我国特产的观赏花木和芳香树。桂树木质细密坚韧，有多种用途。桂花气味辛温、无毒，入药有化痰、止咳、生津、止牙痛等功效。采摘新鲜的桂花可制桂花糕、桂花糖和桂花酒等。

传说古时候两英山下，住着一个卖山葡萄酒的寡妇，她为人豪爽善良，酿出的酒，味醇甘美，人们尊敬她，称她仙酒娘子。一年冬天，清晨，仙酒娘子刚开大门，忽见门外躺着一个骨瘦如柴、衣不遮体的汉子，看样子是个乞丐。酒仙娘子摸摸那人的鼻口，还有点气息，就把他背回家里，先灌热汤，又喂了半杯酒，那汉子慢慢苏醒过来，激动地说，"谢谢娘子救命之恩。我是个瘫痪人，出去不是冻死，也得饿死，你行行好，再收留我几天吧。"仙酒嫂子为难了，常言说，"寡妇门而是非多"，像这样的汉子住在家里，别人会说闲话的。可是再想想，总不能看着他活活冻死，饿死啊！终于点头答应，留他暂住。果不出所料，关于仙酒娘子的闲话很快传开，大家对她疏远了，到酒店来买酒的一天比一天少了。但仙酒娘子忍着痛苦，尽心尽力照顾那汉子。

后来，人家都不来买酒，她实在无法维持，那汉子也就不辞而别不知所往。仙酒娘子放心不下，到处去找，在山坡遇一白发老人，挑着一担干柴，吃力地走着。仙酒娘子正想去帮忙，那老人突然跌倒，干柴散落满地，老人闭着双目，嘴唇颤动，微弱地喊着："水、水……"荒山坡上那来水呢？仙酒娘子咬破中指，顿时，鲜血直流，她把手指伸到老人嘴边，老人忽然不见了。

一阵清风，天上飞来一个黄布袋，袋中贮满许许多多小黄纸包，另有一张黄纸条，上面写着：月宫赐桂子，奖赏善人家。福高桂树碧，寿高满树花。采花酿桂酒，先送爹和妈。吴刚助善者，降灾奸诈滑。

凌霄花

凌霄花（别名紫葳花）是连云港市名花之一。千年古凤凰城——南城镇，素享"凌霄之乡"美誉。

凌霄花为多年生木质藤本，有硬骨凌霄和凌霄之分。这两种港城都有，硬骨凌霄居多。

凌霄花适应性较强，不择土，枝丫间生有气生根，以此攀缘于山石、墙面或树干向上生长，多植于墙根、树旁、竹篱边。每年农历五月至秋末，绿叶满墙（架）花枝伸展，一簇簇桔红色的喇叭花，缀于枝头，迎风飘舞，格外逗人喜爱。

除观赏价值外，凌霄花还是一种传统中药材，具有行血去瘀、凉血祛风之功能，可治产后乳肿、风疹发红、皮肤瘙痒、痤疮等。

本品为紫葳科落叶木质藤本凌霄或美洲凌霄的干燥花。夏秋两季花盛开时采摘。晒干或低温干燥。生用。

千年银杏

银杏、俗称白果树，又叫公孙树。属裸子植物门、银杏目，是古代孑遗植物，有活化石之称。

落叶乔木，高达 40 米。树皮灰褐色，深纵裂。枝有长枝与短枝；一年生枝条淡褐黄色，两年生以上枝条灰色，短枝黑灰色。叶在长枝上螺旋状散生，在短枝上簇生，叶征扇形，上缘宽约 5—8 厘米，浅波状，有时中央浅裂或深裂，基部楔形；叶柄长 1—3 厘米。雌雄异株，少有同株。

银杏，因为它的生长较慢，果实成熟较迟，有"公公种树，孙子收果"的说法，因此也被称为公孙树。又因为它的种皮白色，所以还有一种说法叫白果。野生银杏非常稀少，如今许多国家已引种栽培野生植物。银杏树形优美，属于园林绿化异常的珍贵树种，与此同时，银杏种仁还有润肺、止咳等药用功效。

"活化石"属于地球环境不断激烈变化过程中侥幸保存下来的名贵的生物多样性资源。

港城历来银杏很多，现存树龄 800 年以上的古银杏 22 棵，其中千年以上的 10 棵。中云台山中云林场院内两株古银杏，为唐朝时所植，已 1200 余岁，大者树高近 30 米，胸径 2.3 米。两树相距 2 米，树冠重合，美丽壮观，早在 200 年前，就被列为云台 24 景之一，人称神树。北云台山的云山乡白果树村，有一棵雌性银杏，树龄千余年，高 21.7 米，5 株丛生，冠幅 20 平方米，"享受"国家级保护。宿城乡悟道庵前 2 株千年银杏，雄的高 23.5 米、胸围 5.14 米、冠幅 25 平方米；雄的高 19.5 米、胸围 4.34 米、冠幅 18 平方米。云台山花果山三元宫内几棵银杏，树龄都在千年以上。

银杏树形优美，冠若华盖，又有抗病虫害、耐旱耐瘠特性，为用材、绿化极佳树种。银杏的果实——白果，为高级滋补品。白果连同树叶均可入药。

近年来，银杏在港城已被作为绿化树种加以培植，在山区乡村则作为经济林木成片培栽。

糯米茶

连云港孔望山景区龙洞庵内一株宋代糯米茶，该树虽已 800 岁树龄，盛开的鲜花，绽满枝头，洁白如雪，清香四处飘散，沁人心脾另一棵在灌云县大伊山，枝干扎曲，花开如云。专家介绍，这么高大、这么高龄的流苏在长江以北地区颇为罕见。

流苏别名绒繸木、萝卜丝花、糯米茶，是连云港市云台山脉的特有树种，是珍贵的绿化树种，又是制作盆景的好材料。《植物名实图考》"流苏树，叶如尽青大小，疏密无定，春深开花，一枝数朵，长筒长瓣、似李光而色白。雪柳之名，或以此。炭栗树生云南荒山。高七八尺，叶似桔叶而阔短，柔滑嫩润。春开四长瓣白花，细如翦纸、类纸末花而稀疏。"

流苏树高大优美，枝叶茂盛，初夏满树白花，如覆霜盖雪，清丽宜人，适宜植于建筑物四周，或公园中池畔和行道旁。也可选取老桩进行盆栽，制作桩景。嫩叶可代茶叶作饮料。果实含油丰富，可榨油，供工业用。木材坚重细致，可制作器具。也是名贵花金桂的砧木。

仲春初夏，白雪压树，蔚然壮观。茶瓣狭长线状，馨味宜人。春天采其嫩叶，阴干，沏茶称为"糯米茶"。用其花熏茶称为"糯米花茶"，清香爽口，别具一番风味。民间还常用糯米茶消积食，清内火，有明目之功能。茶渣可治胃病和小儿腹泻，具有药用价值。

流苏树高大优美，枝叶茂盛，初夏满树白花，如覆霜盖雪，清丽宜人，适宜植于建筑物四周，或公园中池畔和行道旁。也可选取老桩进行盆栽，制作桩景。嫩叶可代茶叶作饮料。果实含油丰富，可榨油，供工业用。木材坚重细致，可制作器具。

其树形整齐端庄秀美，是园林绿化树种。

为落叶小乔木或灌木。株高6—20m，树皮灰褐色，薄片状剥裂。枝开展，小枝灰绿色。叶对生，卵形至倒卵状椭圆形，全缘或有小锯齿。雌雄异株，聚伞状圆锥花序着生枝顶，疏散，花冠白色，筒短。喜光，也较耐阴。喜温暖气候，也颇耐寒。喜中性及微酸性土壤，耐干旱瘠薄，不耐水涝。花期4—5月。

栀子花

栀子花，连云港城乡皆有，而以云台山区最多，栀子花几乎家家都栽，老百姓称栀花。

栀子花，属茜草科，为常绿灌木。枝叶繁茂，树形美观。春夏之交，花蕾初现，整株白绿相间，油光发亮，酷似翠玉所雕。

花可食用，用面粉调之，油煎作佳点，风味独特。还可熏制花茶。花、叶、果、根均可入药，具有清热解毒之功效。其中花对肺热咳嗽和鼻出血有良好疗效，叶可治毒疮，果实有消炎解热、止血、消渴、利尿等功效，栀子花亦称山栀，属茜草科。常绿灌木，枝繁叶茂，叶革质对生，表面光滑。花乳全绿旋裹，有短梗，顶生或腋生。春夏之交开白花，浓香四溢。整株或整片白绿相间，似翠玉所雕，十分美观端雅。栽培栀子花，历史悠久，各户多有栽植，而以原来前云村的船石沟门和小村的栀花涧两处的栀花园为最盛。花期如雪似玉，一望无边，香满山谷。

"叶如翡翠花如玉，香满云台绿满园。"这样的赞美，不为过也。

栀子花开，馨香浓郁，沁人肺腑。连云港乡间老妪、少妇清晨多摘其插于髻发上，青年男女则将其放入口袋。城里人也爱买上几朵，或放在衣袋内"压汗"，或浸在碗里，置于室内迎宾客。真可谓，栀子花开时，港城大地香。

栀子花，不仅观赏价值高，经济价值也高。其木材细而坚实，为制作农具及雕刻之佳材，果实既可作黄色染料，又可入药。其味苦、性寒，有清热泻火之功能，可治热病心烦、目赤、黄疸、吐血等症。

栀子花叶色四季常绿，花芳香素雅，绿叶白花，格外清丽可爱。它适用于阶前、池畔和路旁配置，也可用作花篱和盆栽观赏，花还可做插花和佩带装饰。

栀子花为常绿灌木，叶色翠绿，草质有光泽，四季常青，夏季开出洁白芳香的花朵，凋谢后花朵变为黄褐色，余香仍然四溢，花期为四五月。栀子花是深受人们喜爱的庭院和盆栽观赏花卉。它对环境的适应性较强，肥瘠、干湿都生长。但要使其生长茂盛，不论是地栽的或盆栽的都要做好选择土质、夏季遮阴、合理施肥、适当修剪等工作。

栀子花既喜光又能耐阴，在阴处叶色光绿，但开花稍差。夏季不宜强烈太阳光直射，否则叶子发黄。在公园、庭院四周、公楼、住宅朝南窗下都可以栽种，上面有乔木枝叶蔽阴则生长更好。盆栽栀子花过夏，不能放在阳台、晒台上曝晒，否则枝叶会焦黄，甚至枯萎死亡。可将盆株移到室内，放在书桌、茶几上及走廊里，既可点缀室内环境，又可避免阳光曝晒。春秋季节光线不强烈，可以放在室外充分接受阳光。

栀子花，属茜草科，为常绿灌木。枝叶繁茂，树形美观。春夏之交，花蕾初现，整株白绿相间，油光发亮，酷似翠玉所雕。

玉兰四皇

玉兰花，俗称"应春花"、"望春花"。玉兰花白似玉，香气如兰，落叶乔木，喜肥沃、湿润土壤。花瓣肥厚，清香可食，是制茶的芳香原料，花瓣、花蕾和树皮都可入药，种子可炸油。花繁而大，美观典雅，清香远溢。连云港有全国之最的玉兰花王：东磊延福观周围有四株白玉兰，第一株高 16.57 米，树围 2.52 米；第二株高 17.57 米，树围 2.52 米；第三株高 11.5 米，树围 1.45 米；第四株高 13.46 米，树围 0.92 米。树龄估计在 300—800 年，这远远超过了国内多次公布的"玉兰花王"，而且其他地方的"花王"们都是单株，东磊的玉兰却是小群体。

它是著名的观赏植物，玉兰古称木兰，早在先秦爱国诗人屈原的《离骚》中，就有"朝饮木兰之坠露兮，夕餐秋菊之落英"的佳句，用以形容高洁的人品。可见中国栽培玉兰的悠久历史。每当花期，天生丽质之花朵，占满老树虬枝，如云如雪，得巍巍云山相衬，更富有诗情画意。自 1985 年以来，每逢举办清明东磊玉兰花会时，登山赏花人，总是蜂拥而至，一睹玉兰家族之风采。有奇趣的是，东磊玉兰树的花期稍晚，每年 4 月，此花江南早已凋谢，而东磊山中却刚刚开放。看东磊玉兰的最佳季节是早春，游人在山脚下，遥遥便可望见盛开的树冠，似一朵朵白云落在半山。待到沿着山径向上攀登，玉兰花树则时隐时现，往往被杂树和怪石遮掩，愈近愈不得见。待到游客拾级登上延福观，进了山门，转过禅房，缀满繁花的巨树就会突然呈现在眼前，古干参天，巴掌大的花朵像万头洁白的乳鸽栖息枝头，展翅欲飞。花枝临风摇曳，清香暗送；鸟语啁啾，更显出空山的幽静。置身其间，几疑仙境。

这里旧有玉兰山房，前人张百川有诗咏道："洗尽嫣红别样妆，天生丽质斗芬芳。镜中眉黛颜如玉，画里容华鬓已霜。北院方疑柳絮落，东风却送粉花香。三山名士群相慕，缟素真堪对夕阳。"陶澍巡视海州时，对这里也进行过大修，并题楹联一副于玉兰山房："奇石似人花下立，仙人如鹤竹间来。"花树之美，于此可见一斑。

东磊玉兰之所以保存至今，得益于它赖以生存的生态条件以及优越的小气候环境。由于地壳运动产生断裂沉降形成了围屏山的悬崖绝壁，大量的崩塌堆积物轰然宣泄，形成了面积 1300 亩，波澜壮观的石海。围屏山挡住了西北方向的来风，绝壁下的空气湿度相对增大，在光照的作用下，东磊的气温明显高于周边的刘家坡、山东庄、渔湾等地。另外，在长期的地表径流作用下，大量的腐殖土和地表土被冲刷，不断地充填到石海的石缝中。表面看来，这里到处是裸石，实质上，东磊的地理条件是云台山最优越的地区之一。

东磊的玉兰花长在石缝中，在两块巨石的挤压下，主干严重变形，呈扁圆状。据实地考察分析，东磊白玉兰，不像是人工栽培植物，笔者认为系候鸟在迁飞过程中排泄物中夹带白玉兰果实落地所为。试想，在700多年前，谁能选择在两块巨石的夹缝中，栽上当时既稀有而又特别珍贵的观赏树种呢？由此推断，东磊玉兰花纯属野生植物。东磊的玉兰花很奇特，它的花期长达1个月，花期之长，与东磊的小气候环境有直接的关系，东磊玉兰花的果实亦不同于其他玉兰花果实，骨葖果发育不健全，而人工栽培品种的果实多为聚合蓇葖果。

连云港人对白玉兰花有着深厚的情结，历代地方史志、诗抄对玉兰花多有美誉，"天上人间"、"万壑朝宗"等刻石，更是包含着对"玉兰花王"的由衷赞叹。2005年2月22日市人大常委会审议决定玉兰花为连云港市花。2005年3月5日，国家邮政局在连云港首发《玉兰花》特种邮票1套4枚，其中第1枚为：玉兰，连云港市邮政局同时发行了以"玉兰花王"为背景的原发封和极限片。

东磊"玉兰花王"成为连云港市人民的至爱。

沙光鱼

沙光鱼（俗称沙光、沙光子）是连云港市的特产，属虾虎鱼科，矛尾刺虾虎鱼种，为海水及咸淡水产大型虾虎鱼。

沙光鱼嘴大贪食，小鱼、小虾、沙蚕之类，凡能吞下的东西都吃。因此，它长得特别快，每年清明时节产卵，孵化后生长迅速。待到霜降时，有的可长近1尺，重4两多。尽管沙光鱼长很快，却只能一年一换代，只能尺把长。

沙光鱼肉细微，味鲜美，既可红烧，又可做汤，已列入《中国名菜谱》。连云港有"十月沙光赛羊汤"的民谚，可见冬季是食沙光鱼的黄金季节。据《食物本草》载：沙光鱼"暖中益气，食之主壮阳道，健筋骨，利血脉……"很有滋补营养价值。

入秋后，在海边塘口、河汊、浅海、礁石堆旁，常常可见人们钓沙光、围塘置网捕捞沙光的情景。对本市居民来说，沙光鱼的吃法，每个人都能说出好几种，炖、烧、煮、蒸、炸、煲都可以。

海边人一般吃法多是鱼汤。鱼一至二斤，将鱼洗净去鳞和内脏。在油锅中煎一下，加入热水三至五斤。大火烧开约五分钟后加入葱和姜。中火熬十分钟后（时间越长越好，肉脱骨后将鱼骨挑出最好）加少许料酒，糖。约两三分钟后加盐出锅。装碗后加白胡椒，并根据个人爱好加少许香菜或蒜苗即可。色泽乳白、味香、汤汁粘稠，营养丰富，口味独特。

锅烧热加少许油，加葱姜和红椒干少许，煸出香味后加酱油和水。水烧开后，放入洗好的鱼（可以不煎的），并加少许糖和盐。约十分钟后加料酒。片刻出锅。肥而不腻，鲜嫩可口，百吃不厌。

椒盐沙光鱼：选上等沙光鱼去头、内脏，上锅速炸，特点是椒香脆嫩，口感爽滑。

干炸小沙光：用初夏时节刚刚捕捞的小沙光鱼为料，洗净沥干水后入锅滚炸，也是难得的佐饭佳肴。

清蒸沙光鱼：用深秋时节刚刚捕捞的大个沙光鱼为料，上锅清蒸让其入味，胜似鲈鱼。

沙光鱼球：取上等沙光鱼洗净取肉，佐以各种调料，制成沙光鱼丸，特点和口味超过马鲛鱼做的丸子。

松子鱼米：把上等的沙光鱼肉做成肉糜，和松子仁、红椒丁一起炒，特点是味浓、松子入口即化。

另外还有沙光鱼排、清蒸咸沙光鱼等做法。

冬青桃

花果山冬青桃（亦名冬桃、霜桃、雪桃、雪里埋、西王母桃、仙人桃等），多生于海拔 500 米左右的山中。冬桃树与一般桃树无异，只是花期迟半月左右，而果实"难产"，直至初冬才成熟，冬桃以成熟最晚而著名，为果中珍品，故有"冬仙寿桃"之美名。

冬青桃果实大小似黄桃，圆形皮青，水分较少，鲜甜而微酸，有香气。便于保存，将熟果置入坛中，密封即可。春节时取出，果色鲜艳如故，食之酸甜可口，堪称"仙桃"。

冬青桃每年3月开花，比其他桃树早3—5天吐蕊，入夏4月坐果，其花呈紫红色（普通桃花为粉红色)，果实长到樱桃大小即停止生长。整个夏季果实生长发育极为缓慢。气温升到30℃以上就暂停生长。中秋节后，天气转凉，又开始生长。"白露"过后为速长期，"霜降"时定型，"立冬"到"大雪"期间桃果成熟。历经春夏秋冬四季，生长期长达240余天，在树上经受"三伏"、"三九"的考验，遍吸各季阳光雨露，聚天地之灵气，汲日月之精华。

冬青桃其果大于拳头，一般重80—150克，果实圆形，果皮阳面泛红，具暗红色斑点，底色青绿，白里透红，数九寒天或春节喜庆时吃鲜桃，别有一番情趣。

冬青桃是一个极为古老的品种。在古代称作"旄"，大约已有2100年以上的栽培历史。早在《尔雅》中提到的"旄桃"，就是冬天成熟的冬桃。《西京杂记》中记载的"霜桃"，果实在下霜后才成熟可以吃。

明朝时候，淮安有个书生，叫吴承恩，爬上青峰顶后，看到一片桃树林。已经是冬天了，可是枝头上却挂满了又红又大的桃子，吴承恩很奇怪。

这时，从山岔口来一位白发苍苍的老人。吴承恩上前问那老人："老人家，怎么这地方冬天还有桃子?"老人道："这里的桃子和别的地方不同，到冬天才结桃子，人们都叫它'冬青桃'。"吴承恩在云台山住了三年，终于写出了《西游记》这部书。

冬青桃营养价值较高。据测定，含糖13%左右，含蛋白质、脂肪、钙、磷、、铁等。每百克果肉含胡萝卜素0.01毫克，核黄素0.02毫克，维生素C6毫克。核小肉嫩，甘甜清脆，核肉不连，表面微红色，很耐贮存，傲霜斗雪成熟，雪花飘飘吃鲜桃，并具有其他水果所没有的冰糖味。

冬青桃有一定的药用价值，实为稀世珍宝，其经霜者可入药，主治痨热。李时珍《本草纲目》云"冬桃，食之解痨热"。相传花果山冬桃为三元宫僧人多年培育而得，初株极少，果只作贡奉三元之用，现经培育，花果山已多栽植。初冬登山，能见鲜桃挂树，实为难得美景。

樱 桃

云台山樱桃，自古闻名，清乾隆年间曾为贡品。

云台山樱桃分布于南云台之东磊、后关、龙窝、花果山、朝阳，中云台之魏庵、隔村，北云台之宿城等地，以东磊、虎窝为最。素有"樱桃村"美名的虎窝，年产樱桃近4万公斤。

云台山樱桃，色味俱佳，营养丰富。其中糖、蛋白质、维C胡萝卜素、钙、磷、铁等物质含量，相当于同量桃、苹果、梨的20倍。樱桃皮薄肉美汁甜，不仅可以生食，还可做果脯、榨果汁、酿露酒。食之清凉可口、甘甜醇香，有助消化、安神、养血之功能，兼有"好颜色、美志性"、"滋润皮肤"之功效。在国内外市场，均被视为珍稀佳果。水分、蛋白质、脂肪、碳水化合物、膳食纤维、灰份、维生素、胡萝卜素、视黄醇、硫胺素、核黄素、尼克酸、钙、磷、钾、钠、镁、铁、锌、硒、铜、锰含量较高。

云台山樱桃含铁量特别高，位于各种水果之首。常食可补充体内对铁元素的需求，促进血红蛋白再生，即可防止缺铁性贫血，又可增强体质，健脑益智。

云台山樱桃营养丰富，具有调中益气，健脾和胃，去风湿，"令人好颜色，美志性'之功效，对食欲不振、消化不良、风湿身痛等均有益处、经常食用能养颜驻容，使皮肤红润嫩白，去皱消斑。樱桃性温热，热性病及虚热咳嗽者要忌食。

加吉鱼

加吉鱼又名加吉鱼、红加吉、铜盆鱼、大头鱼、小红鳞、加腊、赤鲫、赤板、红鲷、红带鲷、红鳍、红立、王山鱼、过腊、立鱼，隶属硬骨鱼纲、鲈形目、鲈亚目、鲷科，是海州湾的名贵经济鱼类，属鳃科，学名真鲷。鱼群多活动于前三岛一带。

加吉鱼是肉食性鱼，肉质最美，嫩似豆腐，味鲜胜仔鸡，头尤鲜美，越嚼越香。民间素有"加吉头，马鲛居，鳓鱼肚皮唇唇嘴"之说。

在我国沿海省区市、港、澳、台及日本等地，尤其酒楼食肆，都把身形优美，色彩吉庆的加吉鱼视为上等海鲜佳肴，也因它有加吉鱼之名，故人们每逢节日或结婚喜事，酒宴上也设法加一道菜：加吉鱼，这是吉利的象征。

加吉鱼体侧扁，呈长椭圆形，一般体长 15~30 厘米、体重 300~1000 克、自头部至背鳍前隆起。体被大弱栉鳞，头部和胸鳍前鳞细小而紧密，腹面和背部鳞较大。头大，口小、左右额骨愈合成一块，上颌前端有犬牙 4 个，两侧有臼齿 2 列。前部为颗粒状，后渐增大为臼齿；下颌前端有犬牙 6 个，两侧有颗粒状臼齿 2 列、前鳃盖骨后半部具鳞、全身呈现淡红色，体侧背部散布着鲜艳的蓝色斑点。尾鳍后缘为墨绿色，背鳍基部有白色斑点。

加吉鱼喜欢栖息于岩礁、砂砾以及贝藻丛生的沙泥质底层海区，尤其在海底凹洼处，其常结成小群活动，主要以底栖甲壳类、软体动物为食，也摄食小型鱼虾蟹类。其口咽长有豆状舀齿，能将贝壳磨碎，故能吃食虾蟹贝类，索饵期的适温范围为 8℃~26℃，生活最适水温为 20℃左右，华南沿海水温常年均适宜真鲷活动，四季都可捕获。

加吉鱼生长也较快，通常当年幼鱼到年底可长到体重 150 克~190 克。渔期为 5—8 月份和 10—12 月份；加吉鱼肉质嫩滑，味道鲜美，营养丰富，每百克含蛋白质 19.3 克、脂肪 4.1 克，还含有钙、磷、铁及维生素 B1、B2、尼克酸等成分，而其鱼肉滋味似鸡肉鲜美，加之其色泽鲜艳，故不少地方称它为"海底鸡"。

真鲷还具有清热消炎、补气活血、养脾祛风之功效，食法有清蒸、清炖、红烧等多种，味道鲜美好吃，所以颇受国内外消费者喜爱。除鲜食外还可制成罐头和熏制品。

葛藤粉

连云港云台山葛藤粉洁白细腻、金星闪烁，温水调匀，开水冲熟，粘稠，呈半透明状，令人望而生津。葛藤粉为山民采云台山把秋季所采的野生葛藤根，洗净捣碎，放于水中搓揉搅动，使其淀粉分出沉淀，经过过滤、浸泡、晾晒，便形成洁白细腻的葛藤粉。

葛藤粉是我国近千年的传统营养食品，民间广为流传着葛藤粉具有生津止渴、清热解毒、醒酒祛火的作用，对头痛、牙痛均有很好的疗效。经常食用葛藤粉能强筋壮骨、美容健身、延年益寿，是老人、儿童、孕妇、体弱病人的理想食品。

云台山葛藤粉含有葛根素、葛根素木糖、大豆黄酮、花生酸等，有解热和降低血糖、化痰生津功能，冲服可治烦热、口渴、喉痹等症。葛藤的根及其粉、花还是解酒良药，如《镜花缘》中所说："葛根最解酒毒，葛粉尤佳……唯有海州云台山所产最佳。"因此，港城云台山葛藤粉声誉颇高，被视为珍贵药用补品，远销全国各地。

科学测定显示，葛藤还富含人体必需的13种氨基酸和有机锗、铁、钙、硒、锌、锰等具有医疗保健功能的微量元素，具有很高的营养和药用价值。葛藤食品有改善记忆的作用，对妇女产后的多种疾病有抑制功能。这说明我国民间把葛藤粉当成老人、儿童、孕妇特种保健食品是有科学依据的。解毒祛热、增食欲、排淤血、通便尿、散郁火。对辅助治疗糖尿病、冠心病、皮肤疮毒、上感、呕吐、腹泻、痔疮等病症均有显著疗效。

野葛可分为葛根、葛藤、葛叶及葛花等，各具不同的药用价值，其中以葛花最为昂贵。野生葛花所含的皂角甙和异黄酮比野葛的其他部位高，比人工种植的高出几十倍。

野生葛花属于食药兼用的纯天然绿色品，营养丰富，具有护肝、养胃、补肾、解酒醒脾、清热解毒，排毒养颜等功效。阻断酒精吸收。人体是通过胃、肠消化道对酒精进行吸收的，当葛花茶进入体内，会在胃肠黏膜上形成一层不溶于酒精的保护膜，来阻断人体对酒精的吸收。强力分解酒精。人体是通过肝脏中的一种酶进行酒精代谢的。这种酶的多少决定了一个人酒精代谢能力的强弱。野生葛花特有的天然成分增加酶的产生，促使人体对酒精的代谢能力。

紫　菜

紫菜，为连云港市主要出口创汇产品之一。

北宋年间的《太平寰宇记》就有"紫菜产在郡（指海州）东北七十五里海畔石上，旧贡也"的记载。可见，连云港沿海礁石上生长紫菜，历史较为悠久。

连云港海域紫菜，有甘紫菜、条斑紫菜、坛紫菜等品种，为红藻门、红毛菜科，色紫成褐绿，体扁平，味道鲜美，营养价值很高。条斑紫菜还有药用功能，适于防治甲状腺肿大、淋巴结核、脚气病等。

1964年连云港沿海人工养殖紫菜试验成功后，养殖面积迅速扩大。1989年利用外资，引进整套加工设备，加工出口。现全市紫菜年产已达2亿张，为全国最大产地。

条斑紫菜是一种味道鲜美、营养丰富的食用海藻，常食用紫菜还能降低血清中的胆固醇含量，对软化血管和降低血压也有很好的疗效，是不可多得的营养保健食品，有"神仙菜"、"长寿菜"美称。

连云港美口食品的生产基地拥有国内最先进的紫菜焙烤自动恒温控制生产线等一系列先进的食品加工设备，从原料到产品都执行严格的质量管理，为生产优质美味佳品打下了良好的基础。品质一流，产品外观晶莹剔透，颜色自然，无任何人工添加的色素、防腐剂及人工酸，是真正的绿色食品。味道味香纯正，口感细腻，回味悠长。充分保持海洋食品原有的营养成分和保健功效，逐步形成了具有较强竞争力的产品——美口美口即食海苔系列产品。产品被连云港市接待办公室确定为连云港市接待指定用品。

山马菜

山马菜又名丝石竹、满天星、缕丝花。耐寒，忌炎热多雨。宜在向阳环境和疏松肥沃、排水良好的微碱性砂壤土中生长。花期6—8月。株高30—45cm，全株光滑，被白粉，多分枝，纤细，叶对生，披针形。花瓣5枚，纯白色或粉红色，花径6mm，花梗细长，果熟期7—9月。

山马菜枝、叶纤细，分枝极多，小花如繁星密布，轻盈飘逸，可用于花坛、花境或花丛。也可作插花，并是制作干花的理想花材。因在粉绿色圆茎上，生长着肉质披针状长圆叶，很像田间的马菜，加之生于山间，故俗称"山间马菜"、"山马菜"。

连云港山马菜茎叶鲜美，民间历来就有食用习惯。每年清明前后至初夏期间，茎叶肥嫩，天气干燥，为最佳采制时间。将其鲜嫩茎摘下，洗净，反复搓揉，去尽泡沫，用开水一烫，切碎拌上佐料，即可作凉菜，味鲜异常。也可多将其揉净，烫后晒干备用。吃时以温水泡开切碎，或冷拌作凉菜，或配以粉丝、豆腐丁、肉丁之类做包子，别有风味。

山马菜的蛋白质、灰分、粗纤维、总黄酮等，均高于多数普通栽培蔬菜，对脂肪含量而言，山马菜与普通栽培蔬菜的含量相差无几；山马菜中粗纤维的含量较多，与普通栽培蔬菜相比，山马菜中维生素含量、各种矿物质的含量明显高于多数普通栽培蔬菜，野生山马菜的铁和锌含量是菠菜含量的8倍，山马菜可以作为较好的铁源和锌源。

具有较高的营养保健价值。山马菜中含有丰富的总黄酮，是多数栽培蔬菜的几倍甚至上百倍，据文献报道，黄酮类物质具有保肝、降压、抗菌等作用，此外，它还含有抗自由基、抑制癌细胞和抗致癌促进因子，可以防止机体的脂质过氧化反应。

山马菜根可以入药，治阴虚潮热、久疟、小儿疳疾等症。其根捣碎沤水，还有去污功能，为天然去污剂。

彤 蟹

连云港海域盛产彤蟹，每年春季，为彤蟹繁殖期。此时蟹体壮肉肥，轻者1斤两只，重者每只1斤有余，"油"（雄蟹精液）、"黄"（雌蟹之卵）也最丰满，是吃彤蟹的最佳时期。

吃彤蟹别有一番乐趣，一盘红彤彤的大蟹，伴着一股醉人的鲜味端上桌来，待剥壳取螯、剔出蟹黄、酷着食醋姜末吃时，顿觉满口香鲜。彤蟹的肉最为细嫩，后脚爪处肉更肥硕，其鲜无比，向有"蟹过无味"之说，故席面上彤蟹常为压阵菜。

在地球上275种蟹类中，彤蟹的经济价值最大。彤蟹生长在近岸浅海，栖息水深10—50米的海区，以10—30米泥沙底质的海区群体最密集。彤蟹畏强光，白天多潜伏在海底，夜间则游到水层觅食，最喜食动物尸体，一条死鱼或死虾，常会招来蟹群争食。人们利用其特性，多在夜间把事先放上鱼片、鸡肉等饵料的流刺网撤在海中，捕捉引来的蟹群。也可用拖网和诱饵钓，事者可以捉到个体较大的活蟹。

彤蟹冬季栖息在较深的海底冬眠，每年11月至翌年2月，雌蟹最为丰满，性腺发达，桔红色的卵巢已扩展到胸部两侧，正是"肉肥膏满"的冬季捕捞生产季节，以12月至翌年1月为旺汛期。春夏之交是彤蟹的繁殖季节，在我国沿海产卵期由南向北向后推移。

1994年，连云区以200亩池塘进行对虾、彤蟹混养试验成功，为人工养殖彤蟹摸索了经验，也为彤蟹更多地端上餐桌创造了条件。赣榆沿海水温、水质均适宜彤蟹生长，建起全省规模最大、标准最高的彤蟹现代化示范养殖基地，放养当地育苗场自行繁育的彤蟹幼苗1000多万只，并采取多茬套养轮捕轮放新技术，用鲜活饵料喂养，从而有效地避免了虾蟹病毒的滋生，石桥、柘汪、海头3镇养殖的800公顷彤蟹，平均每公顷起捕商品蟹375公斤，直销京、津、沪等市，每公斤售价均在百元以上。

对　虾

对虾，为连云港市海产品之一，营养价值很高，具有补肾、壮阳、滋阴的医药作用。除海域内有天然生长的外，赣榆、灌云、连云、云台等县区还利用沿海滩涂进行人工养殖。

连云港对虾又是一种营养价值很高的海产品，经测定，含蛋白质 20.6%，并含有钙、磷、维生素甲、核黄酸等各种营养成分。由于肉味鲜美，营养丰富，老幼皆宜，深受人们的喜爱。

连云港对虾含蛋白质 20.6%，并含有钙、磷、维生素甲、核黄酸等各种营养成分。连云港对虾身大壳薄，肉白丰满，食用价值很高。每百克虾肉含蛋白质 2 克以上，脂肪 0.7 克左右，为高蛋白低脂肪的营养食品。以盐水煮食，其壳彤红艳丽，食之肉嫩鲜美；以油炸虾仁，其色黄里透白，食之香酥可口，是宴席中一道美菜。由于肉味鲜美，营养丰富，老幼皆宜，深受人们的喜爱。对虾还可以整虾冷冻、取仁冷冻，或制成对虾罐头，在国内外市场深受欢迎，已远销日本、美国及香港、澳门等地。

连云港对虾个体大，通称大虾。雌性成长个体体长一般 16—22 厘米，重约 50—80 克，最大的可达 30 厘米，重 250 克；雄性较小，体长 13—18 厘米，重 30—50 克。常成对出售，故称对虾。白昼常潜入沙底内，不作大范围的移动，主要以底栖无脊椎动物为食，如多毛类、小型甲壳类和双壳类软体动物等，有时也捕浮游动物。

连云港对虾为一年生虾类，少数可达 2 年，对环境的适应性较强，食性很广，平均亩产 50—60 公斤，但对虾养殖技术性较强。对虾以"娇"出名，喜温怕冷，水温太低，要死，太高了又吃不消。在放养时，密度高了长不大，太稀了又不合算，影响产量。连云港对虾养殖要经过幼虾到成虾，一般要蜕二十四次皮，每蜕一次皮，虾就长大一点，因此，养对虾是一门科学。

海 带

连云港市人工养殖海带已有 40 余年历史，是江苏省唯一的海带产地。

海带（Laminariajaponica），又名昆布、海带菜、江白菜。有较高营养价值和化痰、散结、利尿、预防高血压、血管硬化、脂肪过多症等功能，并可供提取碘、褐藻酸钠、甘露醇等工业原料。

海带藻体一般长度为 2—3 米，最大长度可达 5—6 米，宽约 20—30 厘米。野生海带在低潮线下 2—3 米深度岩石上均有。收获期从 5 月中旬延续到 7 月上旬。

海带是一种营养价值很高的蔬菜，富含粗蛋白、脂肪、糖、粗纤维、无机盐、钙、铁以及胡萝卜素、维生素。

与菠菜、油菜相比，除维生素 C 外，其粗蛋白、糖、钙、铁的含量均高出几倍、几十倍。海带是一种含碘量很高的海藻。从中提制得的碘和褐藻酸，广泛应用于医药、食品和化工。碘是人体必需的元素之一，缺碘会患甲状腺肿大，多食海带能防治此病。还能预防动脉硬化，降低胆固醇与脂的积聚。

海带中褐藻酸钠盐有预防白血病和骨痛病的作用；对动脉出血亦有止血作用，口服可减少放射性元素锶在肠道内的吸收。褐藻酸钠具有降压作用。海带淀粉具有降低血脂的作用。近年来还发现海带的一种提取物具有抗癌作用。海带甘露醇对治疗急性肾功能衰退、脑水肿、乙性脑炎、急性青光眼都有效。脾胃虚寒者少食用。

海带是海岸植物中个体较大，质柔味美，营养价值和经济价值较高的一种海藻。人工养殖海带，每年秋季采取小苗，一株株夹于夹苗绳上，放入海中养殖，次年夏季收获。海带的育苗生产是在全人工控制条件下，利用自然光和人工低温培育海带夏苗。藻体明显地区分为固着器、柄部和叶片。海带生长适温范围为 1—25℃，最适温度为 5—10℃，当水温升至 15—20℃时，藻体叶片上出现孢子囊。

板　栗

连云港市云台山特产板栗，为"红林3号"，通称山栗子。外形整齐美观，褐色外壳，圆鼓光亮，惹人喜爱。因其世代生于云台仙境，下有肥土甜水哺育，上得云雾雨露滋润，肉实饱满，含有蛋白质、脂肪、糖类、维生素、钙、磷、铁、钾等成分，营养丰富。在1974年江苏省板栗品质评选中，以外观、整齐度、肉质、甜度、香味5个指标总分最高，与苏州名栗"九家种"并列全省第一。

云台山板栗为民间喜爱的干果之一。生吃脆嫩香甜，满口生津；熟吃又甜又沙，香溢口外。栗子烧仔鸡，更是席间一道美菜。

栗果还有较高的医疗价值，历代本草中有多处详细记载。我国医学名著《千金要方》载："（板栗）生食，甚治腰脚不遂。"苏辙则有"老去自添腰脚病，山翁服栗旧传方"诗句，《本草纲目》中就记述过："有人内寒，暴泄如注，令食煨栗二三十枚，顿愈。"适量吃栗，还可以治疗核黄素缺乏引起的口角炎、舌炎、唇炎、阴囊炎等。将捣烂的生栗敷外伤，则可消肿散瘀。板栗的壳、树叶、花、树皮、根均可入药。唐代《食疗本草》介绍：以栗壳煮汁饮服，可治翻胃及消渴。宋代《圣惠方》说：将栗壳烘干研末，以粥汤饮季，可治鼻出血；栗树皮煎汁，可用于某些虫咬和疮肿的外治。南梁陶弘景说其能"益气，厚肠胃，补肾气"。《本草纲目》则成其可"治肾虚，腰脚无力，以袋盛生栗悬干，每日吃十余颗，吃猪肾粥助之，久必强健"。祖国医学认为栗子味甘性温，无毒，入脾、胃肾三经，功能补脾健肾、补肾强筋、活血止血，适用于脾胃虚寒引起的慢性腹泻，肾虚所致的腰酸膝软、腰肢不遂，小便频数以及金疮、折伤肿痛等症。因而肾虚者不妨多吃栗子。栗子粥既能与粳米一起健脾胃，增进食欲，又能补肾强筋骨，尤其适合老年人机能退化所致的胃纳不佳、腰膝酸软无力、步履蹒跚者服食。

云台山板栗的脂肪是不饱和脂肪，对人体健康具有重要作用，能降低胆固醇，阻止血液中的沉淀物附在血管壁上，从而保持血管的弹睦和血流通畅。

云雾茶

连云港云雾茶，茶始于北宋年间，已有900多年生产历史，曾被列为皇室贡品，1924年曾获南洋劝业会奖，新中国成立后，在外形上加以改进，1980年评为江苏省三大名茶之一。现销往各大城市，并出口日本、新加坡和欧美等国。

主要产于花果山和宿城，茶树分布于海拔400米左右的山坡上，昼夜温差大，白天光合作用强，夜间呼吸作用弱，有利于茶叶内含物质的形成与积累，叶片肥厚，内含物丰富，氨基酸，儿茶多酚类和咖啡碱含量均较高。

一级茶全以一芽一叶为原料，炒1公斤干茶需6—7万个芽头。其工艺过程分为杀青、揉捻、干燥等工艺。干燥方法有抛、抖、焖、翻、搓、抓、理等，并根据鲜叶采摘时间与老嫩程度，适时调节锅温，变换手法，动作轻、重、快、慢有序，直至燥干为止，全过程需50分钟。

连云港云雾茶成品，以其条索紧圆、形状似眉、锋苗挺秀、润绿显毫、香高持久、滋味鲜浓、汤色清明、叶底匀整之特具品格。经化验，含儿茶多酚类与咖啡碱分别达147.33毫克/克和4.35%，不仅为良好饮料，且对消炎、杀菌、治痢、化食等有一定疗效。富含茶碱、茶丹宁、维生素，常饮可以提神解渴、清暑利尿、消胀、去腻降压、消除疲劳、增进记忆。

连云港云雾茶的栽培、销售有着悠久的历史，在公元十世纪前，海州地区"山海之利，以盐茶为大端"。宋真宗景德二年（1005年）朝廷还向贩售海州茶叶的茶商发布征税诏书，可见海州云雾茶质地优良，深受欢迎。海州地方官进贡的食货中，茶叶是一两不能少的。正如民谣所称："细篓精采云雾茶，经营唯贡帝王家。"章宗承安四年（1199年）三月于海州（今连云港市）"置一坊造新茶"。

这里处于暖温带与亚热带过渡地带，绿荫葱茏，山峰含黛，特别的地理纬度造就了四季分明、温度适宜、光照充足、雨量适中的适宜气候，加之绝佳的自然风景，使得云台山云雾茶吸纳花香果香，品质格外优异。近年来，云雾茶获得较大发展。全市已有茶田近2000亩，年产云雾茶近百担。

传说在很久以前，花果山上有一座庙，庙里住着个老和尚。在庙的四周长满了茶树，老和尚精心照看着这些茶树，每年都要亲自采摘一些茶叶，炒制后保存起来，有一天中午时分，从山道果然走上来两个人。

老和尚把客人请到西厢房，宾主坐定，老和尚吩咐倒茶。只见一个小和尚从里间拿出一个精致的小匣，从中取出茶叶，用开水一冲，瞬间，茶香四溢，整个西厢房云雾缭绕。客人连声称道："好茶，好茶！"老和尚介绍说："此茶乃云雾茶。"茶罢，那客人道谢走了。

原来，那客商打扮的人正是喜欢游山玩水的乾隆皇帝。乾隆自喝了花果山云雾茶以后，对山珍海味，都渐渐不感兴趣了。回到京城后，下圣旨钦定花果山云雾茶为御茶，云雾茶也因此在天下扬名。

刺 参

刺参（刺参科，Stichopusjaponicus）又名灰参、灰刺参、沙参。一般体长20厘米，呈圆筒状。背面略隆起，有4—6行排列不规则的大小圆锥形肉刺。腹面平坦，管足密挤，排列成3条不规则的纵带。口周围具触手20个。一般背面为黄褐色或栗子黑色，在海参中最为贵重。

海刺参资源有限，以前主要靠人工潜入海底捕捞，非常珍稀。现连云区的前三岛已是海参养殖基地。冬春季节，风平浪静时，诸岛礁石间，海水清沏，黑乎乎、圆滚滚的海参在水中往来蠕动，煞是好看，为海岛一景。刺参不耐高温，夏季休眠，为捕获季节。

海刺参肉质鲜嫩，营养丰富，风味高雅，与燕窝、鲍鱼、鱼翅齐名，数百年来一直被列为宫廷筵席上的名菜。

海刺参的营养价值极高，是世界上少有的低脂肪、低糖、无胆固醇的营养食品，且含量均衡合理：高比例胶原蛋白质；18种氨基酸，其中有8种是人体自身不能合成的必需氨基酸；丰富的微量元素及多种维生素，尤其是对防癌抗癌有重要作用的微量元素硒、钒等；最可贵的是海刺参含有刺参酸性粘多糖等多种生物活性成分，这些成分真正的主宰了海刺参养生保健的神奇功效，每100克刺参，含蛋白质 76.5 克、脂肪 1.1 克、无机盐 3.4 克、碳水化合物 10.7 克。人体所需的胱氨酸、精氨酸也可从中直接获取。

海刺参中富含 50 多种天然营养成分，在组成成分上有一定特点，即含胆固醇低，含有硫酸软骨素，微量元素钒的含量居各种食物之首，脂肪含量相对少，是典型的高蛋白、低脂肪、低胆固醇食物，常食对治病强身很有益处，可抗衰老、调节免疫力、调节血脂和血糖、推迟更年期、滋容美体，有助于人体生长发育，增强造血功能。

中医学认为，海刺参味甘、咸，性温，具有补肾益精、滋阴养血、通便利尿的功效，凡眩晕耳鸣、腰酸乏力、阳痿以及患现代文明病如肿瘤、糖尿病、高血压、肝炎、冠心病等患者，都可将海参作为滋补食疗之品，称食疗佳品。对再生障碍性贫血、胃溃疡等均有良效。

淮　盐

连云港市盐业资源十分丰富，制盐历史也很悠久。早在 2000 多年前，海州就已从事盐业生产，历来为全国主要的淮盐产区。1997 年江苏省盐业总公司原盐产量创历史最高纪录，总产达 228 万吨。连云港海盐索以"色白、粒大、干"称著，含氯化钠在 95% 以上。主要作食用及工业原料，深受广大用户喜爱，多次被评为部优、省优，在国际市场也久享盛誉。新技术的运用，使港城海盐资源得到进一步开发利用，原来单一原盐产品，已发展为精制盐、粉精盐、粉洗盐、加碘盐、低钠盐、锌强化营养盐、钙营养盐、调味盐、特制盐等 10 个品种。盐化工更是长足发展，目前已有产品 20 多个。

淮北盐场特区，设立于 1946 年 11 月，撤销于 1953 年 2 月，它位于江苏省的东北沿海，地区走向是从西北到东南，为一斜形狭长地带，全长约 184公里，宽 20—30 公里，面积为 300 多平方公里。解放初期，全区有盐民、渔民、船民、农民等长住户 8300 户，46500 人，另外还有临时工、季节工、码头工等。

历史记载、民间传说、典故来阐述盐文化的丰富内涵和历史意义，讲述了历朝历代的食盐专营政策和措施；通过建国后国家制定的各项法规、政策来证明食盐加碘及推广强化营养盐工程关乎国计民生的现实意义；通过精确的数字反映了我国防治碘缺乏病的成果；通过故事、笑话、俗语等，从侧面反映出盐在人民心中的地位和作用。作为生活中不可缺少的物质，此次展览再次阐明了盐文化是中国文化不可缺少的组成部分这一重要的理念，树立了河南盐业"卫群"品牌形象，展示了现阶段河南盐业良好的精神风貌，突出了盐业产业社会效益大于经济效益这一本质。淮盐，恰似一支古老的歌谣，从 2500 多年前的历史烟尘中悠悠唱来，激越，高亢，回味弥长。

当"煮海之利，两淮为最"、"华东金库"、"色白、粒大、干"等美誉冠之而来的时候，淮盐，这个响亮的品牌，就为江苏盐业在全国盐行业中烙上了晶亮的镂痕。

淮盐因淮河横贯江苏盐场而得名。江苏盐场分布在北起苏鲁交界的绣针河口，南至长江口这一斜形狭长的海岸带上，跨越连云港、盐城、淮阴、南通 4 市的 13 个县、区，占地 653 平方公里。淮盐产区是中国四大海盐产区之一。

早在吴王阖闾（前 514 年）时代，江苏沿海就开始煮海为盐，汉武帝招募民众煎盐，刈草供煎，燃热盘铁，煮海为盐，昼夜可产千斤。唐代开沟引潮，铺设亭场，晒灰淋卤，撇煎锅熬，并开始设立专场产盐。到宋代，煮海为盐的工艺已很成熟。

《通州煮海录》记载："煎制海盐过程，分为碎场、晒灰、淋卤、试莲、煎盐、采花等六道工序。"至元代江苏盐业已发展到 30 个盐场，煮海规模居全国首位。特别是明代江苏盐业由煎盐发展到晒盐。《明史·食货志》记载："淮南之盐煎，淮北之盐晒。"这说明早在 500 年前，江苏海盐就有煎盐和晒盐两种生产技术。到 20 世纪 60 年代中期，塑晒结晶新工艺试验成功，同时在全省各盐场推广使用，产生一次新的重大的技术革命和飞跃，使江苏海盐生产进入稳产、优质和高产的发展新阶段。

淮盐以巨大的课税财源备受历代朝廷和政府的关注。在奴隶社会是奴隶献给奴隶主的贡品之一，在封建社会是国家的重要财源。

唐、宋以来，盐课常占国家整个财政收入的三分之一至二分之一，而两淮盐课又占全国盐课收入之首。清顺治年代，两淮盐税收入占全国盐税总数的62%。明国时期，两淮盐税占全国盐税收入三分之一以上。因而在经济不发达时代，封建统治者都把发展盐业作为充实国家财源的主要手段。解放战争时期，江苏盐业曾是革命军队的重要经济支柱，两淮盐场曾有"华东金库"之称。

中华人民共和国成立后，淮盐作为关系国计民生的重要产业而得到迅速发展。从"一五"规划起，盐场开始向着盐田结构合理化、工艺科学化、生产机械化和纳潮、制卤、结晶、集坨集中的"三化四集中"方向不断进行技术改造，盐业生产得到较大发展，盐场落后面貌很快得到改变。

江苏海盐建立专场产盐，江苏盐场从建国初期的21256公顷零星分散的盐田，发展到目前88000公顷新式盐田。下辖青口、台北、台南、徐圩、灌西、灌东、射阳、新滩8个盐场，年产海盐200万吨，原盐质量全部达到一级品，部分达到优级品，多次被评为江苏省和轻工业部优质产品。盐产品品种，由建国时的单一原盐产品，发展到有精制盐、粉精盐、粉洗盐、加碘盐、低钠盐、加硒盐、颗粒盐、雪花盐、锌强化营养盐、钙营养盐、调味盐、特制盐等近20个品种。

淮盐产品是大批量、大吨位物资，在运输上采用河运、海运、公路、铁路等运道，帆船、轮船、汽车、火车等运具运往销区，行销湘、鄂、皖、赣和苏、鲁、豫、沪、浙、贵等省、市、自治区计270个县（市），供2亿多人口食用，从1980年开始，淮盐投入国际市场。

矿泉水

连云港市矿泉水资源丰富，质地优良，不仅无色透明、无臭、无异味，而且含有铁、锰、铜、锌、锂、钾、钒、钴、锶等多种对人体有益之元素。对人体有害元素含量、大肠杆菌及细菌总数，均符合国家生活饮用水卫生标准。

经专家鉴定，赣榆九龙山矿泉水为低钠低矿化优质饮用矿泉水；东海九龙湾矿泉水为硅酸饮用矿泉水，微有甜味，口感舒适；孙悟空老家花果山矿泉水，属重碳酸钙型，为中性——弱碱性淡水，其水质与国际上著名的法国维希矿泉水、美国阿肯色州温泉弱碱性矿泉水相近；出自地球深处（-350米)的锦屏山矿泉水，为中性水，水温在18℃—20℃之间，均为天然优质饮用矿泉水。

连云港市矿泉水资源按其不同的用途可分为饮用矿泉水、医疗矿泉水和工业用矿泉水三类。一般所称的矿泉水，主要是指天然饮用矿泉水而言，即可以作为瓶装饮料的矿泉水，它与一般淡水或生活饮用水有严格的区别，同时也不同于医疗矿泉水。与一般生活饮用水相比而言，饮用矿泉水因其含有的特殊化学成分，特别是规定含量的微量元素，而又具有一定的保健作用。

海州石韦

金钗匙，为石韦的地方俗名，属蕨类水龙骨科植物。宋代《图经本草》里即有描绘的"海州石韦"图，证明连云港市是其故乡。

海州石韦，石韦，又名：飞刀剑、肺心草、蜈蚣七、铺地娱蚣七、七星剑、大号七星剑、一枝箭、山柴刀、木上蜈蚣、肺筋草、蛇舌风。其貌不扬，爬伏于裸露岩石上，茎上竖着一枚枚绿色的叶片。它生命力顽强，全靠那一枚枚竖起的叶子的奇妙功能：天旱时，叶子卷起，减少水分蒸发；遇雾或雨，则舒展叶面，尽情吸吮水分，以满足自身生存之需要。

海州石韦，味苦甘，性凉。具有利水通淋、清肺泄热之功效，对淋病、尿血、尿路结石、肾炎、崩漏、痢疾、肺热咳嗽、慢性气管炎、金疮、痈疽等有较好疗效。近年临床上还用来治疗放射治疗和化学治疗引起的白血球下降。

香 薷

海州香薷载于我国《中国植物志》《中国高等植物图鉴》等权威的科学

巨著中。为我国植物学家张宗葆1932年秋于云台山首次发现，并命名。云台山，尤其是海州锦屏山自然遍布的海州香薷，系唇形科一年生草本植物，茎方形，紫红色，茎叶上密布白色柔毛。叶对生，呈线状披针形，边缘呈锯齿状，叶背有凹陷腺点，含挥发油，全草香气浓烈。秋季开玫瑰紫的唇形花，集成穗状花序，偏向一侧，鲜艳美丽。

海州香薷为夏令解表药，用于治疗暑湿感冒、恶寒发热、头痛无汗、腹痛、吐泻、小便不利等症。还可化浊除秽，以少许香薷含口中，可令口香，洽口腻口臭之疾。

海州香薷因其根、茎、叶、花中铜的含量高过正常值，并通过茎、花萼色与生长状况明显表现出来，故又被称为"铜草"，成了铜矿的矿标。

茯苓

茯苓为多孔菌种寄生植物（直菌）茯苓的菌核，自古被视为"中药八珍"之一。早在距今1490多年前的梁代大医药学家陶弘景，就明确记述茯苓"今出郁洲"。

云台山（古称郁洲），土壤PH值为5—6，与喜微酸性土壤的多孔茵科真菌茯苓菌核——茯苓的习性相适应。因此，山上常有茯苓长出。

正因为茯苓生于千年古松之下，因此历来人们就把它和千年灵芝放在一起并列作为仙药。晋代名医陶弘景说茯苓是"通神而致灵，和魂而炼魄的上品仙药"；清代医家贾九如说茯苓"假松之真液而生，受松之灵气而结"；《红楼梦》中提到，唱戏的芳官馈赠给柳五八一包雪白的"茯苓霜"，贾宝玉把"千年松根茯苓胆"列为仙丹妙药之首。

在《二刻拍案惊奇》中曾谈到："有个道士送给一老翁一块白糕，他吃下去后，觉得精神抖擞，双目明朗，道士对他说，刚才他服食的白糕就是'千年茯苓'，有仙气，长吃可以令人长生。"

茯苓首载于《神农本草经》，被列为食疗中之上品，说它"主胸胁气逆，利小便，久服能安魂养神，暖肚延年"。东汉医圣张仲景最喜在医方中用茯苓。他所著的《伤寒论》中载有 113 张药方，用茯苓的就有 40 多张。茯苓味甘、淡、性平，人心、脾、肺经，具有渗湿利水、益脾和胃、宁心安神的功效。其特点的性质平和，补而不峻，利而不猛，既可祛邪又可扶正。

利水渗湿，健脾补中，宁心安神。用于水肿、小便不利、食少便秘、心悸、失眠等症。茯苓皮用于水湿外泛、皮肤浮肿之症。茯神用于心神不安、惊悸失眠。茯苓有"止口焦舌干、利小便，久服安魂魄、养神"效应，还有抗癌的作用，一直被人们作为延寿珍品。

自古以来，茯苓就被视作为防病抗衰老的滋补佳品。宋代苏颂在《集仙方》中记载了许多茯苓食品。如茯苓膏，是将茯苓蒸熟后和以牛乳，再用微火煮成膏，是古代宫中的保健食品；茯苓酥是将蒸熟的茯苓碾为细末，浸于酒或蜜中，经月余上面有酥浮出，晒干后就成为味极甘美之点心，晚清慈禧太后最爱食之。

茯苓其形状大小各异，小者如茶杯大小，大的有足球般大，重可达 5 公斤，茯苓外面的黑色皮叫茯苓皮，可利水消肿；靠近皮下呈淡红色的部分叫赤茯苓，能清除湿热；再内白色者称白茯苓，可健脾渗湿；带有细松根的部分切成方块的叫茯神，有健脾宁心安神的作用。虽是同一家族，药用各不相同。

现代医学分析证明，茯苓的有效成分 90% 以上为茯苓多糖，此外还有茯苓酸、蛋白质、脂肪、钾盐、麦角甾醇、组氨酸和卵磷脂等。茯苓多糖不仅能增强人体的免疫功能，而且还具有较强的抗癌作用。

清代的乾隆帝在位 60 年，又做了 4 年太上皇，活到 89 岁才去世，在历代帝王中是最长的。他非常注意食疗，在他常用的菜肴点心中，约有 1/5 含有茯苓。这些都是经过御医精心调制的，因此在选择茯苓作为补品时，应该仔细对照自己的情况，只有对症下药，才能药到病除。

金银花

金银花，为我国特产的半常绿缠绕木质藤木，连云港市诸山遍布。

金银花花色奇特，初放时洁白似银，两三天后化为金黄，前开后继，此黄彼白，新旧相参，黄白衬映，颇堪玩味。

此花总是成双成对生于叶腋，故有"鸳鸯花"之称。因其秋末老叶枯落时，叶腋间已萌新绿，凌冬不凋，又名"忍冬"。

金银花，主根粗壮，毛细根密如蛛网，在山区栽植除供药用外，还可用于保持水土，改良土壤，调节气候，在平原沙丘栽植可以防风固沙，防止土壤板结，减少灾害。它生长泼辣，适应性非常广泛，无论山区、平原、粘壤、砂土、微酸、偏碱都能生长，金银花被列为"退耕还林、还草"工程中的先锋树种。

金银花适应性强，生长迅速，牵藤挂蔓，可铺展数十米。夏天能以清香散解暑热之烦躁；冬日，又能用一片翠碧驱除寂寞萧索，为庭院绿化和营造绿色长廊之佳木。

采集该花颇有讲究，须在晴天清晨露水刚干时摘取，并及时晾晒或阴干，这样药效才佳。

据有关文献记载，金银花在我国已有2200多年栽植史。早在秦汉时期的中药学专著《神农本草经》中，就载有忍冬，称其"凌冬不凋"；金代诗人段克诗曰："有藤鹭鸳藤，天生非人有，金花间银蕊，苍翠自成簇。"

《本草纲目》载"金银花，善于化毒，故治痈疽、肿毒、疮癣……"自古以来，金银花常用于清热解毒，治疗温病发热，热毒血痢，痈疡等症，亦用于风热感冒，支气管炎等病症。现代药理研究表明，金银花具有抑菌、抗病毒、抗炎、解热、调节免疫等作用。

著名的"银翘解毒丸"即是以此为主药。现代药理实验证明，金银花对于上呼吸道感染、流行性感冒、扁桃体炎、急性阑尾炎、丹毒、外伤感染等，均有较明显的疗效。民间也有盛夏以其沏茶，解热散暑，开胃宽中之习俗。

含有金银花的药方、药膳方特别常见，据调查，全国有1/3的中医方剂用到金银花。

黄 芩

黄芩，别名条芩、腐肠、黄文、虹胜、经芩、印头、内虚、空肠、元芩、土金茶根、黄金茶。为唇形科植物黄芩，以根入药是连云港市云台山的珍稀物产，为国家重点保护的野生药材物种。黄芩作用神奇，《本草纲目》中有黄芩救性命的记载。

多年生草本，高 30—70 厘米，主根粗壮，略呈圆锥形，棕褐色。茎四棱形，基部多分枝。单叶对生；具短柄；叶片披针形，全线。总状花序项生，花偏生于花序一边；花唇形，蓝紫色。小坚果近球形，黑褐色，包围于宿萼中。花期 7—10 月，果期 8—10 月。野生于山顶、山坡、林缘、路旁等向阳较干燥的地方。

喜温暖，耐严寒，成年植株地下部分可忍受−30℃低温。耐旱怕涝，地内积水或雨水过多，生长不良，重者烂根死亡。5—6 月为茎叶生长期，10 月地上部枯萎，翌年 4 月开始重新返青生长。主根长大，略呈圆锥状，外皮褐色。

黄芩甙、黄芩甙元对豚鼠寓体气管过敏性收缩及整体动物过敏性气喘，均有缓解作用，并与麻黄碱表现协同。甙元的磷酸钠盐较硫酸钠盐作用强，黄芩甙元能抑制离体气管及回肠之反应，对豚鼠被动性皮肤过敏反应、组织胺皮肤反应亦表现抑制，在抗变态反应方面，甙元较甙作用强。黄芩此种抗变态反应，是由于伤害了肥大细胞的酶激活系统（SH−酶），黄芩甙元及黄芩甙均能抑制过敏性之浮肿及炎症。

黄芩有较广的抗菌谱，对脑膜炎带菌者亦有效。试管内对流感病毒 PR株有抑制作用，鼠痞染病毒后，能使之减轻肺部损伤和延长存活日期。对多种皮肤致病性真菌，体外亦有抑制效力，并能杀死钩端螺旋体。含有的黄芩甙，黄芩黄素，汉黄芩素和黄芩新素等到，具有清热，泻火，解毒，安胎等功效。主治温病发热，肺炎，咯血，黄疸，肝炎，痢疾，目赤，胎动不安等症，为中医临床常用中草药之一。

何首乌

何首乌是云台山盛产的药材之一，属蓼科多年生草藤植物。

何首乌生命力强，其块根常长成各种形态，或像人，或似龟。《连云一瞥》中有"何首乌状如人形"的记述。南云台山的深山中，曾挖到一对"龟大何首乌"，大的鲜重740克，小的鲜重370克，龟形逼真，惟妙惟肖，实为稀罕。何首乌以其肥大块根入药，有"益气血、黑须发、悦颜色、久服长筋骨、益精髓、延年不老"之作用。

李时珍的《本草纲目》称其为"地精"，为古今中医界公认的"抗衰老中药"。

何首乌的块根是滋补良药。据说，长成人形的块根人吃了可以长生不老，但世间人形何首乌常有，长生不老之人却一个也未见。

关于何首乌的传说还有很多，其名字的来历就有好几种说法，但大多与服用后能使人乌发驻颜有关。中医说"发为血之余"，又说"肾其华在发"，指的都是头发的生长与脱落、润泽与枯槁与血液的濡润和肾中精气的充养有关。何首乌经炮制后，药性微温，味甘涩，既补肝肾，又益精血，且不寒不燥，实为乌发之良品。

著名方剂"七宝美髯丹"就是以何首乌为主药，配伍枸杞、菟丝子、当归、茯苓、牛膝、补骨脂六味中药，不仅对血虚精亏引起的须发早白有很好的疗效，而且还能治疗肾虚引起的头晕眼花、腰膝酸软及遗精滑泄等证，至今仍然沿用。

未经炮制的生首乌能解毒、润肠。用生首乌20克煎水内服可治疗便秘，外洗可治疗瘰疬、疖子、疔疮肿毒、皮肤瘙痒等外科疾病。

近年来，人们还发现何首乌可改善高脂血症病人的症状。这是因为何首乌中富含的卵磷脂，有降低胆固醇的作用。另外，何首乌的藤入药称夜交藤，有养心安神的作用，用夜交藤30克煎水喝能治神经衰弱引起的失眠多梦。用何首乌叶煎水洗浴对各种皮炎、湿疹有治疗作用。在化工领域，人们还从何首乌中提取出"植物精华素"制成各种养发的洗发露、护发素，这又使其身价倍增。

山螃蟹

山螃蟹，又名山蟹，因形如螃蟹，生于山间而得名。港城各山涧沟中多有生长，又以云台山较多。

山螃蟹，体形较小，体色多与栖息地颜色相近。其肉细嫩，味道鲜美，蛋白质、脂肪、钙、磷、铁及维生素A、核黄素等含量较高（每百克蟹肉中含有蛋白质14克、脂肪5.9克、碳水化合物7克、钙129毫克、磷145毫克、铁13毫克、核黄素0.71毫克、维生素A5960国际单位），味道鲜美，螃蟹的营养也十分丰富，蛋白质的含量比猪肉、鱼肉都要高出几倍，为上等可食用名贵水产。

山螃蟹还有一定的药用价值，它具有活血化瘀、消肿止痛、清热散血、强筋健骨的功效，民间常用于治疗跌打损伤、活血化瘀、筋骨破碎等疾病。

据《本草纲目》记载：山螃蟹具有舒筋益气、理胃消食、通经络、散诸热、散瘀血之功效，选用肥美的红蟹煲汤最滋补不过了。先在老火鸡汤中加入萝卜用文火焖一小时，再加入红蟹和胡椒，煮至蟹熟。萝卜渗透了浓浓的鸡汤鲜甜味，偶尔间流露着胡椒的微辣。所有材料相辅相成，红蟹膏软肉厚，与萝卜、胡椒完美搭配成一味富含维生素的秋季润喉去风老火汤，在秋风干燥的季节，女士们享用最适合不过了。这时，来一杯花雕红酒，伴以金黄肉蟹，乃是人生一大享受！

要吃出蟹的真味道，最好将双手洗净，直接抓着吃，这样才能享受原始自由的味道。就如避风塘炒蟹这道香味浓郁的佐酒菜，总是令人涌起一口气吃完的念头。

山螃蟹虽好，但一次不要吃太多，为嘴伤身就有些得不偿失了。而且吃蟹时要注意不要和以下几种食品同食，否则腹痛可是立竿见影呀。

柿、梨不可与山螃蟹同食。从食物药性看，柿、山螃蟹皆为寒性，二者同食，寒凉伤脾胃，素质虚寒者尤应忌之；柿中含鞣酸，蟹肉富含蛋白，二者相遇，凝固为鞣酸蛋白，不易消化且妨碍消化功能，使食物滞留于肠内发酵，会出现呕吐、腹痛、腹泻等食物中毒现象。

山螃蟹与花生仁不能同食。花生仁性味甘平，脂肪含量高达 45%，油腻之物遇冷利之物易致腹泻，肠胃虚弱之人，尤应忌之。

山螃蟹与泥鳅不能同吃，泥鳅性温补，而蟹性冷利，功能与此相反，故二者不宜同吃。其生化反应亦不利于人体。

山螃蟹与香瓜不能同吃。香瓜即甜瓜，性味甘寒而滑利，能除热通便，与蟹同食，有损于肠胃，易致腹泻。

山螃蟹与冰饮不能同吃。夏季冷饮如冰水、冰激凌等，寒凉之物，使肠胃温度降低，与蟹同食，必致腹泻。

红 花

连云港市种植红花历史悠久，至今已有 1500 多年。红花，色泽艳红，赛过群芳，连猩猩血液的鲜红，也难与之相比。古人把它作为染料使用，用它染出的丝绸颜色极其鲜艳。

红花，还是有名的中药，有活血祛瘀、止痛通经之功，主治闭经、冠心痛、心绞痛、跌打损伤。《本草纲目》说它能治疗月经闭止不通；《开宝本草》称它可治胎死腹中，产后腹痛、产后恶血不净和产后血晕。

红花，以花入药。为妇科药，具有活血化瘀、消肿止痛的功能，主治痛经闭经，子宫瘀血，跌打损伤等症。红花除药用外，还是一种天然色素和染料。种子中含有 20%—30% 的红花油，是一种重要的工业原料及保健用油。

石花茶

港城有一种云台山独有的"石花茶"又名"石花"，学名"藻纹梅花衣"，属梅花衣科植物。因其紧伏于岩石之上，色彩斑驳递变，青碧、浅绿、灰绿、墨绿，如花如画，泡水味清香爽口，故山民赠其美名"石花茶"。

云台山石花茶除作茶茗，亦作药用。如遇皮肤瘙痒、脚癣、白癜风等，即采其适量煎水洗患处；小儿口疮也用其研末搽敷。

石花茶，是由两种不同门类的低等植物真菌和藻类共生的复合原植体植物。在长期进化过程中，形成一种取长补短、相依为命的共生关系，具有适应性强、耐干、耐寒、对营养要求不高的特性。港城云台山裸露的岩石上，多有分布，四季可采，应用也十分方便。

紫　草

紫草是连云港市云台山的珍稀物产，为国家重点保护的野生药材物种。紫草作用神奇，是优良的色素植物，富含紫草宁，用其制作口红，色彩鲜艳，兼有防唇干燥、开裂，滋润嘴唇，促进裂口愈合的作用。

云台山幽深秀特，云气常冠，是紫草生长的优良场所。近年，在朝阳镇鬼崖涧海拔 450 米西北坡的杂木浓阴下，发现一紫草群，1平方米范围内，最多竟有24棵紫草，密度之大，实属罕见。

性味性寒，味甘、咸。可凉血、活血、解毒透疹。常用于血热毒盛、斑疹紫黑、麻疹不透、疮疡、湿疹、水火烫伤等症状。

仙人脑

"仙人脑"，赣榆民间俗称"小豆腐"或"清浆"，是赣榆土得掉渣的家常菜。但"仙人脑"的菜名来历，却有着一段不寻常的传说。

传说当年秦始皇东巡到赣榆，由于鞍马劳顿，求仙不遇，加上吃腻了地方官孝敬的大鱼大肉，始皇倒了胃口，脾气烦躁，动辄杀人，地方官吓破了胆，不敢近侍，特请来方士徐福寻求计策。徐福用小磨细细推出黄豆浆，加以豆芽、萝卜、白菜、菠菜、荠菜，精心做出赣榆民间常吃的"清浆"，调以细盐，佐以辣椒，热气腾腾地端在秦始皇的面前。此时秦始皇并非肚中不饥，只因心情不好，不思进食，乍一闻"清浆"香气扑鼻，细一看满瓯白嫩青绿，不知是何佳肴，好奇心起，食欲大振，饱餐之后，始问徐福适才所奉何物，味道如此鲜美仓促之下，徐福无言以对，如果实言相告，以民间俗物糊弄皇上，便是死罪，眉头一皱，躲一时是一时，随口答道：皇上适才所食乃仙人脑子。秦始皇一听吃的是仙人脑，顿时来了精神，忙问：何处有仙人。徐福只好将错就错答曰：赣榆以东海岛之上有仙人也。秦始皇霸业既成，正欲求长生不老之药，一听东海之中有仙人，即令徐福率童男童女出海寻仙人。徐福东渡一去不复返，但"仙人脑"这一佳肴在赣榆民间却流传了几千年。

板浦滴醋

"汪恕有"滴醋是古镇板浦的传统名特产品。其创始人汪一愉（约1633—1714）原籍徽州，于康熙初年迁徙板浦，起初在家中建一作坊熬"老糖"，后改用高粱酿造食醋。他精明强干又心灵手巧，悉心钻研制醋配方，不断改进操作工艺，很快摸索出一整套的技术与经验，使醋质越做越好。该醋色泽鲜明无浑浊，酸度浓醇而不厌，每次食用只需数滴则味美津香，醇厚悠长且风味独特，故称之"滴醋"。

康熙十四年（1675），汪一愉在当时板浦场盐课司大使田种玉（渭南人，康熙七年任职）的支持和倡导下，在自家作坊门口挂上了"汪恕有"的金字招牌，两旁对联为"恕心能及物，有道自生财"。从此，"汪恕有"滴醋在古海州乃至两淮地区打响了。

清时海州历任知府都特好食用此醋，经常派人到板浦汪家作坊来挑运。乾隆十六年（1751）春，乾隆皇帝下江南船过运河，海州知州方鲁（天长籍）前往拜见，在所贡献的地方名特产品中就有"汪恕有"滴醋。当时任沭阳县令的袁牧听说后曾专门来板浦考察，后他辞去江宁县令职务，隐退于南京小仓山，写了一本烹饪论著《随园食单》，在其"作料"一章中特别推崇板浦汪氏滴醋："厨者作料，如妇人之衣服首饰也。虽有天姿，虽有涂抹，而敝衣褴褛，西子亦难以为容。镇江醋颜色虽佳，味不甚酸，失醋之本旨矣。以板浦醋为第一，浦口醋次之。"此段评点虽有点偏颇，但确起到了名人广告的效应。该书多次再版，使古镇板浦这一美醋闻名遐迩，三百年来盛誉不衰。

汪一愉总结的独特配方和制作工艺经其后代一辈辈实践和改进，日臻完美，1931年曾荣获国民党中央实业部颁发的优质奖状。不过，汪氏后代都一直遵循汪一愉留下的"传男不传女，传嫡（子）不传外（侄），传媳不传婿"的祖训，故三百多年来一直是汪氏独家经营。

新中国成立后，"汪恕有"滴醋成为板浦镇办企业的拳头产品。尤其是八十年代以来，深得祖师秘传而现任该厂滴醋生产总技师的汪亮祖（汪氏第十代嫡系传人）及其子汪宗遂（厂长、党支部书记）博采众长，将现代科技与传统工艺相结合，使该醋产量和质量不断提高，已荣获部优产品证书和许多大奖，成为省、市名牌产品。该厂多次扩建，现已达年产3000吨规模，并已经发展到调味、风味、保健三大系列十几个品种，产销两旺，年税利百万元。

灌云豆丹

灌云人喜食豆丹，灌云豆丹制作技艺是在世代相传基础上产生的，包括豆丹食材的选用，制作和烹饪。灌云豆丹的制作经由豆丹采摘、挖掘、擀肉、配菜等准备工序。烹饪方法有炸、炒、煮、焖、烧等多种方法，豆丹的烹饪方法以烧菜为最。先从生长旺期的大豆叶上捉豆丹（豆虫），再用擀面轴子，将去头的豆丹从尾至头把肉擀出，与丝瓜、倭瓜、青菜等瓜蔬一起饶煮，加入葱、姜等调料制成菜肴，鲜嫩爽滑，色泽鲜亮。豆丹有青豆丹和入土豆丹之分。青豆丹其特点是鲜嫩爽口，如将豆丹汁入汤，其叶更浓。青豆丹多以小白菜、丝瓜、倭瓜为最好。还可制豆丹糕，味可与蛋糕媲美。入土豆丹以大白菜、站瓜为好，佐料以葱、姜、盐为主，辅以辣椒，花椒等佐料。豆丹除了烧煮外，还可以和蔬菜、鸡蛋等制成馅，包豆丹饺子，也别有风格，鲜香可口。随着冷藏条件的提高，还可将豆丹或豆丹肉进行保鲜。人们可以在一年四季都可吃到不同口味的豆丹佳肴。

大刀面

海州大刀面，又叫跳切面，纯手工制作，其工艺十分独特。

大刀面主料十分讲究，须选用上等面粉。先称适量的面粉，放入盆中，加水和盐、碱、用双手柔成。面粉和好后平摊放在案板上，取一根五、六尺长、茶杯粗细的圆木杠子，将木杠子一头套在铁环上，大师傅横坐在木杠上轻盈而有节奏地边跳边擀，木杠一寸一寸地向前移动，如此十多个来回。擀面是大刀面的关键。把擀好的面均匀卷在一根长2.6米的铁杆上，两人同时用双手压，把铁杆和面同时向前移动，等面皮均匀一层一层重叠在案板上时，抽掉铁杆。面皮擀好后，用一把一头固定的长柄大铡刀，用手握切。其面皮厚薄均匀，面条精细适宜，做好的熟面条清爽嫩滑，特有筋道，且别有风味。制作大刀面的器具非常简单，一般有大铡刀、案子、铁杆、陶盆、木杆。

鱼 丸

马鲛鱼，体形狭长，头及体背部蓝黑色。上侧面有数列蓝黑色圆斑点，腹部龙白色，背鳍与臀鳍之后有角刺。马鲛鱼属近海温水性洄游鱼类，一般鱼期在4—6月。连云港马鲛鱼丸制作发端于何时已无从考证，但至少可以追溯到唐宋时期。马鲛鱼鱼丸的手工制作过程主要有选料、清理、制鱼肉糊、配料、油炸、冷却等。首先是精心挑选冰鲜的黄海产马鲛鱼；将其清洗、开背、去内脏、洗净；沥水晾干；手工去刺去皮，用刀压塌取出鱼肉；在鱼馅中加适量清水养鱼馅；放置一个时辰再按鱼肉比例加蛋清、山药工、葱姜法；再加入胡椒粉、鸡精或味精、密制葱油搅拌，并放至数小时待用。将油烧热，待到达一定温度后制作鱼丸；鱼丸炸到一定程度后出锅沥干冷却。冷却后的鱼丸包装或装盘即可上市。马鲛鱼丸制作时所用器具主要有菜刀、粘板、不锈钢盆、锅、漏勺；其原料有马鲛鱼、盐、胡椒粉、鸡精、玉米粉（或生粉）等。

虫屎茶叶

宿城的虫屎茶叶,是采用天然无污染的纯自然、原生态的野生植物原料制成,有独特的药用价值和品质,发源地在连云区宿城乡流云岭村。虫屎茶叶最早源于法起寺,僧人边修道念佛,并专注研究宿城中草药,经常逢谷雨前,上山采摘野生茶叶和中药材山里红的叶和果,用于加工制作虫屎茶叶。制作的主要原料有:野生茶叶、山里红叶和山里红果。制作虫屎茶叶的相关器具有竹篓、草锅、蒸笼、竹匾、纸张。主要工序包括野生茶叶的采摘、山里红叶的采摘、山里红果的采摘、锅蒸茶叶、山里红叶与果的初加工、虫屎茶叶原料的储藏、山里红叶和果干品虫蛀。虫屎茶叶不同于一般茶叶,它含有 18 种氨基酸,一定量的粗蛋白、粗脂肪、糖类、单宁、维生素等人体必需成分与微量元素,既是上好的保健茶,又是较好的中药,一般多作为药用。它的医疗功效主要有健脾,理气止痛,分清止泻,清热化滞,行气消积,导泻积胃,温中运脾,活血利尿,通络止痛,清热解毒,强心清火,消炎止痛。虫屎茶叶还是一种保健品,有减肥的功效。

赣榆虾酱

赣榆沿海渔民制作虾酱的历史悠久,具体起源时间无从考察,但地方有着"一碟虾酱两根葱,一块煎饼二两酒"的说法,成为地方居民饮食的传统习俗之一。制作虾酱的工序并不复杂,主要工序为拣选去杂—伴盐沤制—白晒夜露—多次搅拌—二次加盐—观察(看、闻、尝)—存放沤制(1-2 月)—装篓分坛。虾酱选用近海阴阳水交汇处的新鲜麻虾,用上等食用盐腌制而成。虾酱产品中以"老海边"牌虾酱尤佳,采用传统工艺加工,呈紫红色,香味浓郁,味道鲜美。含有丰富的蛋白质、钙、锌、铁、硒、镁、维生素 A 等微量元素和人体必需的氨基酸等多种营养成分,鲜香诱人,可生吃、可熟吃,是宾馆、酒店及居家生活中很受青睐的经典调味酱品，是在连云港，以及鲁南地区人人喜爱的地方特色美食。

桃林烧鸡

桃林烧鸡是连云港市东海县桃林镇的特色美食。东海桃林烧鸡咸淡相宜、风味独特、营养丰富，一直以来深受苏北地区广大顾客的喜爱和青睐。桃林烧鸡采用一年生本地活鸡，从屠宰到成品均在六小时之内完成，精选天然砂仁、豆蔻、白芷等二十余种药食两用植物香料经煮沸、熏烧而成，色艳味佳、脱骨肉烂、香而不腻、风味独特。采用先进的 GT7C 立式杀菌技术，保证生产过程无菌化，运用 XD 系列真空包装设备确保产品新鲜保存。食品质量管理严格按照国家标准执行，原料均选自国内正规企业，检验合格后方可入库。桃林蒋记烧鸡先后获得全国食品市场准入 QS 认证、江苏绿色品牌、2011 "久和杯连云港市旅游美食大赛" 金奖、第十届东海国际水晶节暨第三届 "温泉杯" 烹饪大赛金奖以及十大名菜等荣誉。

流苏茶

糯米花茶的发源地在北云台山的宿城乡夏庄、东崖屋村，用野生流苏树嫩叶制作而成，是云台山脉的特产。传早在南宋时，悟道庵的僧人、道士就用野生流苏树嫩叶制茶。糯米花茶采集的最佳时间是清明至谷雨期间，一般只有 15 天左右。该茶制作工艺相当讲究，经过杀青和烘花等 10 多道复杂工序方可制成。内含，维生素、氨基酸、儿茶多酚、咖啡碱、茶丹宁含量均较高，营养丰富。对消炎消账、杀菌治痢、顺气通络、消暑利尿、去腻降压、消除疲劳、增进记忆等有一定疗效。早在 90 年代初，宿城流苏糯米花茶就被我市作为与韩国、日本友好交流的馈赠品，是绿色、环保、原生态茶中珍品。

橡子粉

　　橡子树是连云港云台山脉自然生长的树种，橡子是橡子树的坚果，是号称比水稻、小麦"资格"还要老的粮食。在过去漫长的岁月中，橡子一直是许多山区人民的主要食物。橡子本身多苦涩，成熟采摘下来后要通过十几道深加工工序。制作流程有：采集、晒干、筛选、除壳、水漂脱色、脱涩、水磨、过滤、沉淀、自然晾干、擀细及包装及储存。制作的主要器具有：木榔头或锤子、木杈、石磨、纱布、缸或盆、簸箕以及擀面杖。橡子粉洁白、清香，橡子粉制品入口细腻、爽滑、有韧劲，且带有天然的植物香味，是一种纯天然保健食品，较好的保留了橡子的独特风味与营养。据测定，橡子中淀粉和蛋白质的含量略低于大米，橡子所含的氨基酸类似牛奶、豆类和肉类。是当今绿色食品之佳品，具有很高的药用、食用和保健价值。

煎　饼

　　手工石磨煎饼制作技艺流行于赣榆全境及山东省，主要流布于赣榆区宋庄镇、青口镇等。煎饼，是赣榆地区传统家常主食，也是久负盛名的地方土特食品。至今，赣榆还流传着"六月中，七月半，小麦煎饼绿豆饭，卷着葱和酱，就着煎鸡蛋。"的民谣。赣榆煎饼以小麦、玉米或地瓜等为主要原料，也可加入黄豆、高粱等杂粮；先后经过备料、精选、浸泡、磨糊、架设鏊子、手工烙制、折叠等多道工序制作而成。赣榆煎饼光滑均匀、口感劲道、酥脆可口、香甜适中、营养丰富，是粗粮细作的代表，更是现代人理想的原生态健康食品。2009年，"老海边"牌煎饼入选"连云港市十大名吃"；"老海边牌石磨手工海苔煎饼"在阿里巴巴网站举办的全国创意农副产品展评中荣获第一名。

樱桃酒

樱桃酒酿造技艺历史悠久，考古工作中发现了多处中国新石器时代樱桃用于酿酒的证据，考古工作者曾在商代和战国时期的古墓中发掘出樱桃的种子。《礼记》中就有"仲夏之日以含桃先荐寝庙"的记载，这里的"含桃"即樱桃，历史上樱桃曾被列为向朝廷进献的"贡果"。野樱桃在先秦时期的云台山较为常见，记载"泽如楔荆，实如楔荆"。樱桃酒是一种同时含有大米、蜂蜜和水果成分的养生酒。龙山文化时期果酒是稻米、蜂蜜、水果、添加树脂和香草的混合饮品，有充分的证据表明加入酿酒原料的水果是我国原生的樱桃。1887 年，26 岁的连云港人邱如年艺成出师，开始酿造樱桃酒。经过邱正雨、邱德利、邱维成的传承，邱家樱桃酒酿造已经名气很大，到第五代传承人邱志强，成立江苏红香溢酒业有限公司，是一家集种植、生产、加工、研发、销售于一体的成长型民营企业。公司主要产品为系列樱桃酒，现有干型、半干型、半甜型、甜型等 10 几个产品，执行企业标准，注册商标为"红香溢"牌。凭着卓越的品质、先进的市场理念，便捷的交通物流，公司产品已销往华东六省一市。

插酥小脆饼

插酥小脆饼制作技艺主要流布在海州区境内的板浦镇、新坝镇、锦屏镇、宁海乡及周边城镇。清乾隆中叶（1770 年左右)，为避白莲教之乱，祖籍苏州阊门的陆安顺举家北上来到淮北盐都——板浦，开了"陆安顺"面食店，主要制作和销售插酥小脆饼、花桃、四季果等面点，尤其是插酥小脆饼更成了此地"香亮"的最佳面食小吃。插酥小脆饼以上等面粉、优质猪油、优质食糖和去皮芝麻等为原料，制成约 6 厘米见方，2—3 厘米厚，并块块相连的成品，上面粘着芝麻。制作程序比较讲究，要经过和面、发酵、制坯、撒芝麻、烘烤等工序。插酥小脆饼发面、火候等技艺全靠口传心授，凭经验掌握。食用时可干吃，酥、甜、香、脆。也可以开水泡，泡后软甜可口，适合老人和婴儿食用。

辣黄酒

　　海州辣黄酒生产历史悠久，有文献记载的历史可追溯到明清时期，是我国古典养生黄酒的代表之一。海州辣黄酒口味醇和、爽口，属于中性，主要工艺流程有：精选糯米—浸透—蒸煮—冲凉—入缸—发酵—封缸发酵—压榨—取备清液—蒸煮消毒—装坛—储存堆放—二次发酵（加入辛辣作物萃取物）等30多道工序。它采用侯家祖传的"笨曲发酵法"酿制而成。这种"手工老法技艺"酿造讲究，既遵从中国黄酒的传统酿造工艺，亦有自己的独特之处。海州辣黄酒酿制技艺需要把握几个关键。酒药曲，采用云台山天然辣蓼草、红蓼、山姜、山花椒、独头蒜等多种天然中草药按一定的比例和方法焙制而成，并在特定的环境下，晾干、避光通风保存。原料，选用云台山区优质芒稻米与本土的优质黑小麦，利用时令花果、药材作为辅料。用水，采用云台山天然的山泉活水。温度控制在26—28℃之间。陈酿，须经过长时间在坛内的储存、发酵、酯化陈酿，形成色、香、味俱佳的海州辣黄酒。

港城遗存

沈家祠堂

从锦屏桃花涧入口处出发，经过天清亭、将军崖岩画等景点，到桃花涧遗址，然后转而向北，近山顶处，便到了沈家祠堂的遗址。

沈家祠堂始建于清末民初。其时，沈姓在海州属于大户人家，沈家子弟沈云霈是光绪年间进士。史载：沈云霈，字雨辰，号雨仁，清末民初实业家，曾历任清廷农工商部、邮传部和吏部右侍郎。此人热心于推进地方实业的发展，曾独立投巨资在海州办厂：一为 1895 年投资 28 万元兴建的海丰面粉厂；一为 1905 年投资 28 万元兴建的临洪饼油厂。此外他还与宿迁的许鼎霖合力开办海赣垦牧公司。这对于推动海州地区近代工业的发展起到了重要作用。此时的沈家可谓家大业大，锦屏山已尽为其所有。民谚有"杨家花园谢家楼，沈二老爷独霸南山头"的说法，由此当可想象沈家门庭光耀的盛况。

沈家词堂正修于此时，同时海州五大姓之一的杨姓祠堂修于不远处。于是沈家请了姓侯的人看祠堂，寓意"猴欺羊"。杨家见状，专程请了姓边的人看祠堂，寓意"猴怕鞭"。两家在此事上明争暗斗，成为老海州百姓茶余饭后的谈资。袁世凯复辟帝制时，沈云霈曾任"全国请愿会"会长，为袁称帝鼓噪，几年后病死于天津。位于锦屏山上的沈家祠堂随着人事的变换也走过了它的风光时期。这之后，祠堂还曾做过博士的管房驻地，只是越发显得破败。如今的沈家祠堂只剩下墙基。砌墙的石料属于粗重厚大的那一种，虽历经百年风雨依然如故，只是有些斑驳陆离。但从其建造工艺上，依稀可见当日的辉煌。

桃花涧被开发成为景点后，沈家祠堂也为其中一景，并用牌子加以说明。斜阳残照下，祠堂越发荒凉，正如沈云霈临终所言："十载繁华醒后梦，万方患难死中生。手把寒梅说身世，百年同汝几枯荣。"作为海州大户象征的沈家祠堂，随着历史前进的车轮终于成为湮没于岁月中的尘封往事了。

"甡茂永"土产行

沈云沛，字雨辰，又号雨人。清咸丰四年（1854）生，今海州人，他从"甡茂永"土产行起家，而成为清末民初的一位著名的实业家，对海州地区工商业乃至苏北近代资本主义工商业的发展，起着一定的推动作用。

135

沈云沛幼小并不很聪明，但父母望子成龙心切，就延师设馆于家中对其教化，其父将"禁捐考"勒石学门，促其一心读书，入仕只能靠自己。由于父母的专心培养，沈云沛终在 17 岁中举。成为家喻户晓的沈举人，由于此时年纪小，加上要得一官半职也不是就容易得到的，所以在家中继续读书备考进士。举人在当时是准地方官，因此，沈云沛在海州地区也算是一个有影响的人物。

海州在历史上就是苏北、鲁南有名的粮油集散地，"转粟运输者"云集海州。清咸丰年间（1851—1861）蔷薇河水深浪急，南来运粮船不敢下放入海，都云集海州西门外的坝桥，朱沟河两个码头，由 20 多家粮油代理商分销。到光绪初期，粮油贸易更加兴旺。家住西门外的沈举人，从小身居闹市，耳闻目睹粮油代理行的丰厚的利润，使他萌发了要经商的念头，只是苦于没有本钱和经营之道，更有出头露面有碍斯文和身份之虑。此间，海州墟沟人董才卿因事被海州衙门关押，因沈是举人，董家就托其保释。董才卿出狱后去沈家道谢时，因其相貌忠厚、谈吐举止不俗而被沈云沛看中，并视为好友。在交往中，沈表示了自己想做生意，苦于本钱太少和无经营之道时，董才卿即投桃报李的表示：自己在家中就是做生意的人，别无所长，本钱少就做本钱少的生意，开个粮行不需要多少本钱，且可合伙经营筹集资本。就这样，沈联络一些文人秀才，剖析开粮行可以赚钱之利，决定集股开个土产行（即以粮油为主的代理行）九个文人秀才集股九股，加上沈的一股共十股，并委托董才卿领衔经营，土产行取名"甡茂永"，寓意十位先生集资十股和生意永远茂盛，时在光绪初年左右（1874—1876）。举人开粮行引来了众多客商，生意红火，其影响越来越大，利润逐年攀升，随着"甡茂永"土产行的经济效益和沈云沛年龄的增长，沈云沛意识到：为更好地保护其自身利益和在海州的沈、葛、杨、谢四大家族中出人头地，就必须在仕途上有所作为，因此，沈决定以举人身份去谋官。当时，朝廷腐败，要想做官需金钱铺路。由于有了"牲茂永"这样一个坚强的经济后盾，沈云沛终于在浙江谋得了一个县令之缺。

"牲茂永"土产行由于有县令做老板，地方势力更不敢得罪，加上董才卿左右逢源，经营有方，措施得力而越办越好，生意越来越兴旺。从沭阳、灌云一带来的粮船都愿意到"牲茂永"来做生意。分销范围南到上海、浒浦，北到青岛、大连、养马岛等地。并拥有两条每只能装载28万公斤的出海木船，作代客运输和自营之用。"牲茂永"从而成为苏北、鲁南闻名遐迩的大粮行。

沈云沛在县令位上期满不久，又在1894年夏秋间当上了浙江巡抚廖寿丰的总文案，仕途上又上了一个台阶。1894年7月，中日甲午战争爆发，时任两江总督张之洞兼江宁将军，为了军事部署上的急需，他不得不将在巡抚手下当总文案不久的，且在家乡有一定威望、时值中年的海州籍官员挖出来派往海州办团防，为了激励沈云沛安心搞好团防，张之洞奏报朝廷为沈加衔"赐进士出生，翰林院庶吉士"。沈云沛光荣返乡，登上团防之位。

沈云沛做了翰林后（当地百姓称），"牲茂永"的股东们把各自的股份作为贺礼，赠送给了沈，"牲茂永"变成了沈一个人的商行，沈云沛仍将经营大权交给董才卿。"牲茂永"官商盈门，生意更加茂盛，日见斗金。

由于沈云沛在巡抚总文案位上经常接触张之洞，且是张一手提拔重用，沈在海州团防位上则倾其全力具体落实张的"广设武备、农工商"的主张，凭借"牲茂永"雄厚的经济实力，就大干起来，光绪二十一年（1895）在海州兴办了"海州种植实验场"和"果木实验场"，光绪二十四年（1898）设立"临洪榨油厂"、"溥利树艺公司"，光绪二十九年（1903）还开办了"海州织布厂"和"毛巾洋胰（肥皂）厂"，这些投资少见效快的项目，滚雪球似的越来越多。沈的实业资产越来越雄厚，1903年还在新浦设立海赣垦牧公司联络处（今市化工局所在地）积极筹办海（州）、赣（榆）垦牧公司，可见沈云沛的雄心之大。

沈云沛是个有抱负的人，他虽然在家乡海州团防位上"广设武备、农工商"很有建树，但仕途上却不如同时期的同乡赣榆人许鼎霖，更不如南通的张謇，为了实现他的更大抱负，他抓住科举改革的机会"解饷赴京、应公试"以便在仕途上再上一个台阶。1904 年，沈云沛以"赐进士出生，翰林院庶吉士"身份参加"公试"，沈以他的学问和业绩而一举中了进士，并被授翰林院编修。

翰林院编修只是"撰述编辑、暴直经幄"之事，对于在官场及从事实业上、雄心勃勃的沈云沛来说，无疑是作茧自缚。因此，虽为编修却心系海州的开发。当了翰林后，立即与同为翰林、安徽候补道的许鼎霖商讨海州东部大片新淤的海滩开发事宜，二人一拍即合，即在 1904 年以许鼎霖之名，向清廷呈文拟建海赣垦牧公司。1905 年农历三月二十一日，清廷批复，同意开垦临洪口的鸡心滩和灌河口的燕尾滩。其范围自海州北境入赣榆 30 公里抵山东日照县，向南自州治东抵淮安、阜宁境内约 150 公里，总面积 5000 公顷。其经营方式仿照南通张謇的通海垦牧公司。海赣垦牧公司总公司设在海州，总账房设在上海，以便收股付息。由于沈云沛对海赣垦牧公司早有筹谋，所以，在清廷批复不久，即于同年开张。

沈云沛在任翰林院编修期间，认识了东海县的同乡朱路。朱路字任庵，东海县平明乡平民村人，由于朱路的穿针引线和"甡茂永"提供资金，使沈云沛一跃而进入中央政府。

朱路系光绪十五年（1889）乙丑科三甲 105 名进士，次年授内阁中书，后在光绪二十五年（1899）清政府正式成立的邮政总局任主政，因厌恶官场腐败而辞职，改任太子太傅，在淳亲王府里做亲王王子的先生。在亲王府幕僚里也是可以说得上话的人。朱路对老乡的境遇和志存高远的心思深感理解同情，并表示愿意为沈云沛引荐给淳亲王，但需沈云沛拿出三千两白银来，以便打通淳亲王手下的各个关节。沈云沛听说后，立即派专人赴海州，找董才卿筹措三千两银子，并再三叮嘱：事关仕途升迁。此时的"甡茂永"虽抽资开办实业实力大弱，但三千两银子还不在话下，董才卿马上筹集三千两银子，派人送到北京。这样，沈云沛终于见到了淳亲王，并由淳亲王在慈禧太后面前保举沈云沛在光绪三十四年（1908）当上了农工商部右侍郎，"专司推演实业，以厚民生"即专门经营实业之事，掌管大型工程、水利、交通等方面的政令，沈云沛如愿以偿。是年，沈云沛又以"充会办商约大臣"的身份进入清政府新开设的"邮传部"任右侍郎，"掌主交通政令、汽行舟车、电达文语。"相当于现在的全国交通、邮电等业务的副主管。其间，沈云沛力排众议使其"临洪口是陇海路最近的入海口，路程短、投资少、工期快，临洪口已经开放，需要陆路运输配合，主张到海州"的意见被清政府采纳，诏令江苏铁路规划为最要，"江南自上海经松江以达江浙，江北自海州入徐(州) 以达豫"，为今后陇海铁路贯通打下了基础。

清宣统二年，即辛亥革命前一年的十二月，沈云沛又被任命为吏部右侍郎，掌握文官的挑选、考察、任免、升降、调动以及封勋等事务。沈云沛的仕途达到了顶峰。辛亥革命宣告了清王朝的消亡，沈云沛也退出了历史舞台，而"甡茂永"土产行也随着历史的转变，在儿子沈仲长的手中于 1927 年倒闭。

沈云沛开发海州实业的才干，得益于"甡茂永"的启迪，仕途的升迁得益于"甡茂永"的财力，沈云沛的实业和仕途之路，"甡茂永"起到了不可估量的作用。从"甡茂永"走出来的沈云沛也为家乡做了一些好事，建磨房、办"甡"字号粮行、油坊、布店，促进了新浦的商业贸易发展，特别是争取到铁路铺到连云港，为连云港的开发作出了巨大贡献。沈云沛虽在袁世凯复辟帝制的活动中，充任为袁世凯称帝摇旗呐喊的"全国请愿会"的会长，站到了历史潮流的对立面，但沈云沛一生注重资本主义实业，对苏北沿海开发的实绩还是值得肯定的。1919 年 9 月，沈云沛病死于天津。后辈人当记之他为海州开发所做的一些有益的事，后辈人亦当记住"甡茂永"土产行孕育了江北名流——沈云沛和促进海州粮油贸易发展所发挥的巨大作用。

风雨蒋宅

古海州所积聚留存下来的历史文化遗产极为丰富，既反映出当地先民的聪明才智，也给后人留下一笔有待开发的财富。始建于明末崇祯年间的海州蒋宅，距今已有 360 多年的历史，属于海州乃至苏北一带最古老的民宅。

　　蒋宅位于海州蒋巷内，此巷因蒋宅而得名，门前青砖院墙高高耸立，墙檐采用雕刻而成，足见其古老。走进庭院，一簇簇大叶竹和凤尾竹长得十分茂盛，在石板铺就的天井中，一株百年古树——石榴树上缀满红红的石榴，在绿叶映衬下，分外耀眼。主人蒋庆有先生介绍说，新中国成立后，经市文博部门多次考察，后经南京古建筑专家潘国希教授鉴定，蒋宅为明末清初建筑。蒋宅现存有坐北朝南三间客厅及东厢房三间，西厢房三间早年易主，一墙永隔。南面是平行走廊，三间客厅高大宽敞，系砖木结构，四梁八柱作为骨架支撑，所有梁柱均为楠木，屋架之间是木椽，一排完好无损，屋山均为板壁，屋面是明清时代的小瓦覆盖，脊瓦为"亮脊"，表明是过去朝廷命官的住宅。在屋檐至门中间的木结构上，刻有精彩的花纹和古文字。走廊滴水檐经过几百年的雨滴冲击，在地面石板上形成清晰可见的凹坑，可谓"滴水穿石"。天井南侧的平行走廊，廊柱完好，上有雕刻，走廊顶上是木椽结构，保存完好，客厅北边的后花园全部被毁，这就是目前存在的古民宅——蒋宅。

　　主人蒋庆有先生，从初建蒋宅那一代算起为蒋氏第十四代孙，他的侄儿蒋仁昌是蒋氏第十五代孙，现供职于海州区审计局，他俩对蒋宅的历史和变迁了解得比较清楚。蒋氏家族的祖上原为常州人，因避战乱迁居海州。蒋氏第六代蒋国均为清康熙年间武举，官拜台湾水军总领，官位正四品，在与日本倭寇交战中，因寡不敌众为国捐躯，当朝皇帝谥为"武功将军"，其夫人闻讯后自尽，被诰封为"一品夫人"。蒋庆有先生拿出已破损的诰封壳，上面刻有"御赐敕书"四字。旁边还刻有无头的龙身。在当时，只有皇帝的赐物才能有如此的标志。他家还有些皇权授封的物品，如匾额、诰封龛及祖上留下的腰弓、宝剑等。有的已献博物馆，有的毁于"文革"中。

　　历史在不动声色地诉说着辉煌和悲壮，在蒋宅被毁文物中，最令人痛惜的是几块清代名人题写的匾额。一块是清代名臣沈云沛题写的隶书"济人寿世"四字，这块木质匾额高悬于厅堂正中二梁与三梁之间，使进屋者稍一仰视即赫然入目；其对面则高悬着清代大书法家包世臣题写的行书"体恤有方"四字；还有一块是清代书法家李庆生题写的行楷"橘井传常"四字悬挂在东厢房里，从这三块名人匾额来看，可见蒋氏家族声望较高，其社会关系可想而知。"文革"使这三块珍贵匾额难逃厄运，湮灭于世。

蒋宅的故事，也是海州的故事。在海州再度辉煌的今天，残存的蒋宅不失为珍贵的文物，它将在新的世纪里，谱写美好的明天。

石曼卿读书处

读书台作为古人户外啸嗷朗吟的去所，是相对于拥书万卷的书房而言的。

连云港的读书台，最负盛名的一处在海州石棚山，相传是宋代大文学家书法家石曼卿（994—1041）任海州（今连云港）通判时读书的地方。石曼卿，名延年，幽州人（今北京一带），后因避契丹之乱举家迁至宋州宋城（今河南商丘）。先后担任过太常寺太祝、金乡县知县、光禄大理事丞等职。仁宗时因受范讽事件牵连，被贬为海州（今连云港）通判。史书记载："延年为人跌宕任气节，读书通大略，为文劲健，于诗最工，而善书。"能诗善文而又好酒，一方面表现了石曼卿磊落不羁的名士风度，另一方面也为今日连云港留下了可资自豪的人文名迹，至今花果山飞泉的中流大石上，还留有他手书的"濯缨泉"三个大字。

石曼卿读书处在石棚山招头崖，向阳背风，前面是一块平坦的芳草地。吏务之余，石曼卿就在这里吟诗读史。因读书处上有石棚覆盖，形同小屋，当地人又叫"石室"。当年石曼卿来到这里抚琴煮酒，怀着满腹愤慨和无奈，只好耽于诗酒，以诗言志，借酒浇愁。

"一片寒云覆石棚，空岩花草孰知名？何当自有山川后，千古唯闻石曼卿。"山因人而灵秀，前人的感叹说出了一个亘古不变的至理。据欧阳修《六一诗话》记载：石曼卿任海州通判时，常游石棚山。他看到山高岭深，道路不通，于是叫人用泥巴裹着桃核抛掷于四面山岭。两年后，石棚山上漫山桃花，宛如铺上一层锦绣。因此，石曼卿当年读书的石室又被称为锦岩。30年后，苏东坡在游海州时作了一首《和蔡景繁题海州石室》诗，也曾道及此事："芙蓉仙人旧游处，苍藤翠壁初无路。戏将桃核裹黄泥，石间散掷如风雨。坐令空中出锦绣，倚天照海花无数。"传说是美好的，但读书人的生前身后似乎总是寂寞的，石曼卿读书处此后虽然有苏轼、戴易等人登临咏怀，但终于还是湮没在萋萋荒草中。清杨锡绂有诗一首咏石曼卿读书处，诗云："偶将桃核裹春泥，花满青山树满溪。赢得诗人溯遗迹，东风日暮鹧鸪啼。书声何处听孱颜，石室长年碧藓斑。只有一轮无恨月，千秋常照石棚山。"

现在，石棚山已被开发成连云港市西线旅游的主要游览区之一，当地政府每年都要举办旨在发展经济的"石棚山赏花会"。昔日幽静的读书处沸腾起来了；石曼卿，这位昔日的夫蓉仙人再不会有人天两寂、石满碧苔之憾了吧！

陶许庵

古海州素有九庵十八庙之称，其寺庙不可谓不多。在这众多的寺庙中，陶许庵就是久居海州的金陵堂李氏家族的族庵。

据海州直隶州州志记载，陶许庵在州城西北水关门，由李时科建于明熹宗天启年间（1621—1627）。那么，李氏家族为何要建陶许庵呢？

近日，因查阅由迁居台湾的李氏族人寄来的李氏家谱，才得以解开存于心中多年的谜团。

追根溯源。李氏家族乃"金陵巨族，为避祸北逃，择南由而居"。到了李氏三世祖李思仁时，其有2子，长子李相，次子李章。一次，李章身染重病，久治不愈，眼看就要不行了，就在全家为此一筹莫展之际，李思仁夜里梦见陶许两位真人为其子治病，并授予药方。李思仁梦醒后，按梦中所示药方配药，李章服后，果然病体痊愈。为此，李思仁请人解梦，称李章与佛有缘，应让其出家为好。李思仁遂答允李章出家。

起初，李思仁在城内西北角建草舍，供奉陶许二仙，由李章早晚侍奉香火。直至天启年间，才由李章的侄儿李时科用砖瓦建成陶许庵。并送土地18亩，供奉香火。自此，李章就在陶许庵出家做了和尚。

数百年来，陶许庵一直是南京、山东、海州等地李氏家族的家庵，也成了各地途经海州的李氏族人的落脚点。

141

直至 1996 年，陶许庵因故被拆除。从此，古城海州又失去了一处延续了数百年的历史古迹。

天成药店

天成药店乃海属名牌老字号之一，关于其开设时间与地点，海州、板浦两地一直存有异说。

"海州说"认为，清光绪三十一年（1905），浙江宁波阮吉人在海州马路口开设"天成"药店，后设分店于板浦；"板浦说"认为，清乾隆三年（1738），浙江宁波人阮氏，因同乡在板浦开设银楼，遂牵引而来板浦西大街开设"天成"药店。

以上两种说法，有一点相同，即"天成"药店的创业人是浙江宁波人阮氏，问题是出在"天成"药店的开设时间与地点上。笔者经过多年采风访贤与推究，倾向"海州说"。

"板浦说"难成立的理由：第一，在当时的《海州志》及其他文献中，理应留有一笔，但我们在相关史料里没有翻检到一点遗墨。第二，"板浦说"与"海州说"时差为一个半世纪，这么漫长的岁月，在板浦应留有很多有关"天成"之传闻、趣说，但却很难搜寻到。第三，新出版的《灌云县医药志》引用"板浦说"，但记述这段时间跨度只一笔带过，毫无一点佐证资料，明显在时间上上下断线，不能贯通古今，难以审视发端起源。

"海州说"成立的理由：第一，有关文献记述较为翔实、可信。清光绪三十一年（1905）由浙江人阮吉人出资大洋万元，在海州开设"阮天成"药店，并在新浦、板浦、宿迁等地设立"天成"分号。那时的"阮天成"遵循"品位虽尊必不敢省物力，炮制虽繁必不敢省人工"古训，坚持以"选料精良，宁缺毋滥"为宗旨，其炮制的中药软片，更以形、色、效俱佳为世人称道。第二，从地域情况分析来看，海州那时较板浦发达，阮氏首选海州作为"天成"发迹地，是符合正常思维定势的。第三，海州"天成"虽历经沧桑，但保存至今，有关它的一些史实，笔者也采访过曾在"天成"做过活的霍洪玉、房锦花等老人，他们也认为，"天成"是先立于海州，后设在板浦。

图书行业

连云港市是一个历史悠久，文化灿烂的古城，本地卖书这个行业，据《图书发行志》记载，在清光绪年间后期就有流动书贩，他们从淮、扬等地贩来木刻版的教学启蒙书籍，比如《三字经》《百家姓》《千字文》和《四书·五经》等，肩背、人挑，走乡串馆（当时私人教书之处），流动于市郊村镇。这对当时的农村文化教育事业起到一定作用。民国初，海州城里出现了固定的书摊，销售的品种有了增加，除教学用书外，还有木刻唱本、年画、门神、灶码等。二十年代，随着社会的变革，一批私营书店相继开业。上海、天津等大城市铅印图书陆续在本市发行而逐步取代了木刻图书，这是图书发行的一大飞跃。到三十年代初，图书发行行业达到了顶峰，仅海州、新浦两地就有各类书店二十余家，其中最有影响的有如下几家：

1927年由共产党领导的为开展革命活动而创办的"东海书店"在海州城内开业。创始人陈鑑波，字鑑行，赣榆沙河镇人。早年就读于东海师范，1925年参加革命，一九三〇年参加共产党，是我市最早的革命者之一，"文革"后病逝于天津市。书店设在海州中大街二营巷，其资金主要由陈和革命者自筹。他们通过关系从外地购进进步书刊，扩大宣传，团结、影响周围的知识分子和青年学生。以后随着党组织的转移和抗战后一些爱国之士纷纷投笔从戎，参加抗战，书店关闭。1939年，共产党员郁华民等在东海解放区办起了文化服务社，油印毛主席著作和进步书刊，以唤起民众，团结各界人士，共同抗击日本侵略者。后郁华民等创办"宿海抗中"（抗日中学），书刊订发。我党办的两家书店虽然先后经历几年时间，但在连云港市图书发行史上留下光辉的一页。

抗战胜利后，国民党抢占了连云港。以国民党县党部和三青团委员为首各办了书店，一处在新浦大庙巷（现民主路区政府东侧）名曰："海文书局"，一处在新浦解放路49号，名曰："青年文化图书服务部"，他们控制了图书市场。新浦新中国成立前夕，书店主要人物携款逃往台湾，书店随之倒闭。

私人书店影响最大的有两家，规模大的要属"世界书局"，资格最老的则属"德发书社"。世界书局的创办人冯德平，淮阴人，民国初年来新浦经营鸡毛掸子生意。1920 年初转业经营图书，由于经营有方，从此发迹。当时书店有五名店员，图书品种齐全，量足，其经营的教科书延伸到周边各县。连云港沦陷后，该店凭借资金雄厚被批准经营伪教材，生意红火。新中国成立后，冯病逝，对私改造时书店并入文具店。德发书店经营时间最长，先后经历四个朝代。清光绪年间，海州人张怀宽即从事图书发行业，游走四方，后在海州设固定摊位，兼赶庙会，于 1915 年到新浦正式开办书店。新中国成立后，张怀宽及子相继病故。1956 年对私改造，该店并入公私合营红星文具店。其余二十余家私人小书店在新中国成立前多数倒闭，至对私改造时仅剩六家，从业人员不足十人。

白虎山

作为历史文化名城，海州是小了点儿，小到手可盈握。躺在海州古城身侧的白虎山不知是要和海州古城相照应，还是应了别的什么原因，白虎山也不大，不大到常人三五分钟就可以轻松地从山下登上山顶。别看白虎山小，你只要是登上白虎山顶，它肯定会令你称奇不已。给你惊奇的当然不会仅仅只是她的小，给你惊奇的是她如银一般的白，及它那你想也想不到的历史厚重。

真不知道除了被雪埋上之外，哪里的山石还能会是白的，白虎山的山石绝不是四周山石的黛青，而是通山与众不同的银白。听当地老人讲，不论你在山的哪一个地方敲一下哪一块山石，山石的断面一定是黛青的，过几天你再去看，黛青的断面也一定会变得和整个的山一样银白如一，你不能不感叹这白虎山的神奇。

关于白虎山名称的由来，有的说，主要是远观山像白虎。还有一种说法，说此山前后确是因有白虎出没而得名，汉代、晋代都有文字说："秦末有白虎见于东海。"千年之后的《宋书·符瑞志》还说：元徽三年（475）在这里捉住白虎一只，刺史刘善明将它作为贡品献给朝廷，供朝中大臣赏玩。

三五分钟登上白虎山山顶，你会在山顶的东南侧看见大大小小数十处题刻，唐、宋、金、元、明、清各代都有，开始或许你会以为这些全是假的，其实这些都是千真万确的真迹。要是你确认了它们是真的，这些石刻中有一块石刻也很可能不会引起你的注意，这就是被当地人称之为张叔夜登高碑的一块，石刻长六尺，宽四尺二寸，竖书十行，每行七字，字径有十寸五分，文曰："徽猷阁待制知州事张叔夜、淮东兵马钤辖赵子庄、兵马钤辖赵令矜、前朐山令阎质、司刑曹王治、怀仁主簿蒋同、权朐山尉王猷。宣和庚子重阳日同登。□□□献书。"

初一见此碑，我也同大多数人一样，仅仅以为只是宋朝的几个地方小官陪同几个州府大武官共同登山以记之的小碑，后来翻看地方志及《宋书·张叔夜》之后，令我大吃一惊，张叔夜之流登高一望，并非是闲暇无事，附庸风雅之举，这一望，在宋室江山里望下了浓浓重重的一笔。政和年间，朝廷昏庸，奸臣当道，百姓民不聊生，怨声四起。京东（山东）好汉宋江在家乡举义旗，反叛朝廷。真可谓一呼百应，天下众豪杰皆投宋江旗下。几年间宋江率众攻城掠寨，战无不胜，攻无不克。宋江一路由京东往南杀来，战沂州（今山东临沂），攻沭阳（今江苏沭阳），锐不可当。查张叔夜登高碑的宣和庚子是为宣和二年（1120），在张叔夜登高一望的四个月后，宋江打到了海洲。经分析，张叔夜的登高一望，实在是看地形，出谋略，为战宋江在作打算。

果不其然，四个月后的海州大战，宋江在白虎山大败，丢下数千将士的尸骨，逃往他处。海州古城门外数年前还留着埋有数千梁山好汉的"好汉茔"，现在"好汉茔"上已建起了一座现代化的发电厂，不知地下的梁山好汉们听着轰鸣不止的发电声会作何感想。

谢家洋房

海州公安分局院内有幢别具特色的建筑——谢家洋房。

谢家洋房原主人谢希愚（1872—1946），系海州殷、杨、沈、葛、谢五大富户之一谢氏家族的首户。谢希愚少年时代苦读寒窗，其家族多数以勤劳致富，族人很多会纺纱织布、缫丝绣绸、栽种花草。谢家有地八十余顷，房屋有百余间。谢希愚有子女六人，次子谢晓愚毕业于中国公立大学，曾任京议员（北洋政府），六子谢蔚丞毕业于北平大学，曾任东海师范总务主任。

谢家洋房建于二十世纪三十年代初，荷兰人设计，青岛人施工建造，洋房座北朝南，黄墙、红瓦，建筑面积约 256 平方，高 7.5 米。屋正中砌有壁炉、火墙（夹层）通向各屋，供冬日取暖之用。洋房共有 14 间房，南向门厅三间，正厅前后有走廊，木质楼梯可通往二楼，前后屋顶呈大坡面且设有荷兰帽式天窗，屋顶设有多处烟道出口。以门厅为轴线，前后、左右对称，南北山头墙面上有西式装饰图案。整体建筑呈现了浓郁的北欧民居风格。在洋房前院左右各植金桂、银桂。花畦中，花木扶疏，盆景叠翠。南北砌一院墙，中辟月洞门，将庭院与外界隔开。

民国 24 年（1935）连云筑港，为加强建港领导，联络处由南京搬至海州谢家洋房，并安装了海州地区第一部公用电话以便与外界联系。建国后，谢家洋房作为办公用房。

谢家洋房及庭院是海州地区少有的中西合璧式建筑，整体建筑既对称谨严又生动和谐，是当时西风东渐的社会风尚在海州地区的缩影，也是我市近代建筑的精品之一。

知止亭

在海州师范（现为连云港师专西校区）悠久的办学历程中形成了光荣的传统和优良的校风，其中学校荣获双冠军和兴建"知止亭"一事就是校史中的一段佳话。

1932 年 7 月，其前身东海中学改名为"江苏省立东海师范学校"（现为海州中学校址）。1933 年 7 月曹中权（字一华，1899—1981）任东海师范校长。鉴于当时学校的教学质量在全省处于后进状态，曹中权狠抓教学管理、生活管理和军事训练，努力提高师资水平以促成教学质量的提高。他一方面对现有教师择优而用，另一方面招聘有名望的老师，且本人亲临课堂授课，以讲授得法、效果显著得到全校师生尊重。严谨的教学和管理取得了丰硕成果，1935 年东海师范在全省毕业会考中荣获团体总分和个人（王玖兴）总分双冠军，成绩为全省之冠。

"知止亭"位于校园东北角，占地约十平方米，高四米，系六角六柱的木结构建筑。立柱为圆木，顶部是六个三角坡面并以小瓦覆盖，垂脊呈直线，柱头用木质镂空花纹作装饰，周围有绿树相衬。整个建筑结构简洁，线条流畅明快，呈现了高雅清新的风格。

至于知止亭"知止"一词的含义有两种解释：一说意为知无止境；另一说是出自《大学》语："知止而后有定"，"知止"意即知道所应达到的理想境界，"有定"意为有确定的方向，总的意思都是劝诫学生勤奋学习，努力成才。

不幸的是，1938 年春夏间学校遭日机轰炸，"知止亭"毁于日本侵华战火。

小石棚

古城新南门外青龙涧北，有一座形似卧虎的白虎山，别看它个头不大，通身灰白，树木了了，但它浑身名堂不少，是个游玩的好去处。其间，小石棚便是一个小巧玲珑、集自然与人文景观于一身的景点。

小石棚，在白虎山东南面山脚下，是一个酷似田边看瓜棚子的天然"人"字形石棚，因其空间较小，古人便在其棚口西侧岩石上，刻上"小石棚"三个字。

小石棚，坐北朝南。棚内东西宽 4 米左右，南北深约 6 米，最高处约 2 米。顶部似屋面向东西两边坡下。地面平整。门前有兀立巨石，为天然屏障。此石棚虽小，但因其朝向好，冬暖夏凉，又紧靠白虎山东侧的东岳庙、碧霞宫（俗称奶奶庙，今为碧霞寺）诸庙宇，自古为白虎山一景。而更使小石棚灿然生辉的是，清嘉庆年间，海州州官师亮采在此留下的两则题记：一则是，嘉庆二十一年（1816）秋，师亮采来白虎山下拜东岳庙记事，刻于"小石棚"

三字右侧紧靠石棚口的石壁上。内容为 "知海州事师亮采以嘉庆丙子年八月朔来谒岳庙题记"。刻面南北长 67 厘米，上下高 60 厘米，竖排刻 5 行。字径 13 厘米。为隶书；另一则是，师亮采这位知州大人出于对海州白虎山神灵的企盼的题勒。相传海州白虎山为白虎所变。虎为凶兽，虎踞城郊，终日虎视眈眈，于州不吉，于民不利。于是，师亮采便在此石棚迎门石壁上题刻上 "驺虞" 二字，将其山神灵白虎喻为白虎黑纹，不食生物的 "义兽"。企求此举能给州民带来吉祥。"驺虞" 二字为篆书，落款 "师亮采题" 四字为隶书。

小石棚这两块题刻，不仅向我们显示了知州师亮采是位篆隶俱精的书法家，为白虎山增添了人文景观，更清楚地告诉人们，直到清嘉庆年间后期，白虎山下东岳庙内的祭祀活动仍很盛行，这对于我们研究古海州文化，是很有价值的。

杯盘石刻

海州的 "三山一涧" 有近白处石刻，有的刻诗，有的写文，还有的画画，在一块大石上精雕细琢一些酒杯呀盘子呀，却只有一处；史学家称它是 "杯盘石刻"。不像古代吉祥物石蟾蜍、石龟、石象，也不像记载佛教故事的 "摩崖造像"，它属于汉代人跪拜 "苍天"、"乞求" 风调雨顺好年景的祭天 "活物"！

"杯盘石刻" 在海洲孔望山最东端的那个山头上，形如砚台，当地老百姓叫它 "砚石"。它长 320 厘米，宽 200 厘米，石中心凹处刻一个较大的盘子，圆圆的，在盘子的四周又刻着 8 只大小相当的杯子。据 1981 年中国历史博物馆的史学家登临考证，认为该石是汉代人祭祀东海神君的 "香案"。那么，海州的白虎山、石棚山、桃花涧为什么没有呢？其实，这是由孔望山的特殊地理位置所决定的。孔望山虽然高仅一百多米（123 米），但在汉代还是很繁华的。山下是波光粼粼的大海，船来帆往，商贾云集，是一座兴旺发达的渔港呀！一直到康熙五十年（1711）以前，山东边都是大海，花果山在海中，南城至朐山之间的海峡仍是风急浪高的 "黑风口"，渔民出海前或商船停泊后，便经常到山上烧香拜佛，或到杯盘石刻前祭天以求平安。如果遇上大旱或其他天灾，当地的官吏没有良策，便会到石刻前点燃几炷香，在杯盘中放些谷粒和干果，有的还杀几只鸡呀羊呀，把殷红的血滴在杯中，把鲜嫩的肉放在盘中作为"贡品"，行"三跪九拜"之礼，以乞求苍天恩泽人间，庇佑百姓，让人们过上风调雨顺、五谷丰登的好年景……

新中国成立后，尤其是"文革"期间，连孔望山的名字都被改为"向阳山"，"牛鬼蛇神"一扫而尽，人们把"杯盘石刻"与"香烟缭绕的祈祷"早已忘得一干二净。但幸运的是，这"杯盘石刻"还存在，还活着，像位千岁老人，虽然寂寂寞寞，却自有价值！

象 石

海州的象石在孔望山上，由东门的石板路可蜿蜒而至。茂盛的山林中，一只巨大的象石如真象一样，昂首挺胸，四腿腾开，作奔跑状……它不是一般的像形石，而是一件饮誉中外的汉代雕刻艺术品。它身高达 2.6 米，长为 4.8 米，而西安汉武帝茂陵陪葬墓中象石形体才长 1 米多！同时，这块象石是用一块完整的天然巨石雕成的，更使它弥足珍贵。象石采用的是汉代圆雕技法，大象的耳朵、牙齿、尾巴、腿和腹部均用带有圆度的高浮雕手法，线条挺拔劲利，生动逼真，属于汉代石刻中的艺术精品。有趣的是，石象的腹下、尾部及四腿之间的石头并没有挖掉，这不仅强烈地反映了汉代浮雕和圆雕的艺术特点，而且因没有镂空使它饱受风侵雨蚀仍然"体健如初"，稳稳地屹立于山林间，既不变形，也不走样。在象石的左前腿的上方，还绘刻着一位手持铁钩、戴着脚铃、盘着发髻的驯象妇。在汉代，象妇是饲养大象、训练大象的奴隶，经常用象钩指挥大象，用脚铃踏出叮当音乐之声，让大象表演象戏呢！

尤让人惊喜的是它的四只大蹄下还踏着四朵开放的莲花！刹那间，硕大的石象好像踏着莲花要飘然而去，那种浮动、凌空升腾的动感会充溢于每个观看者的心间！在佛教中，象是佛祖的化身和代表。因此，与它仅隔 50 余米的摩崖造像中的佛教内容，和这只象石所反映的主题是一脉相通的，其技法也如出一辙，同是汉代石刻艺术中的瑰宝，也同时被公布为国家级保护文物，并被联合国科教文组织公布为世界文化遗产。

义德医院

上世纪初至中叶，美国传教士在海州西门外开办了义德医院，也曾办过乐德学校和护士学校，开展过一些传教活动，期间兴建了几幢颇有特色的西洋建筑。

南洋楼东楼。现位于第四医院南侧，建于 1921 年，是传教士戈锐义的别墅。建筑平面呈正方形，整体三层，第三层为储藏室，西侧有入口并设有西式门厅，南侧建有露天阳台。楼内有烟道、壁炉、木质楼梯等设施。四坡屋顶，尖顶出檐。水泥拉毛外墙，墙脊及窗户外框用石料嵌入作点缀，屋顶有对称的天窗。其样式为美国 19 世纪到 20 世纪对早期乔治风格和殖民地风格的复兴。建筑与环境和谐统一，显得幽雅恬静。

南洋楼西楼。位于东楼西侧，与东楼间同期建成，坐西朝东，为传教士明乐林的别墅，其建筑风格及楼内设施与东楼相仿。

手术室。扩建于 1924 年。位于义德医院旧址，坐西朝东，砖石结构，斜坡屋顶，附地下室。中间为过道，两侧为手术室、器械室、消毒间等，其东端建有连拱廊，正中为拱形门，两侧为对称的拱形窗。

义德医院办公楼。位于手术室西北角，建于 1925 年，是义德医院首任院长、医学博士、牧师慕庚扬的办公居住处。该楼整体三层，斜坡屋顶，楼的四周曾种满了美国杉树、核桃和四季花卉。

南洋楼西楼、办公楼已被拆除，现存的只有南洋楼东楼及义德医院手术室，虽历经风雨却风格依然，它们记录了我市第一所西式医院的兴衰变化，也是西学东渐的社会思潮对海州地区渗透的缩影，其建筑本身成了海州一处别致的景观。

"三寺九庵十八庙"

海州历史悠久，留下了许多寺庙宫观。虽历经兵燹灾害，但屡圮屡建，仍有"三寺九庵十八庙"之说。

三寺是：大慈禅寺、园林寺、洪门寺。大慈禅寺，俗称大寺，是海州地区最宏伟的寺庙，位于城内中大街，始建于宋嘉佑三年，多次毁于战火，清乾隆十九年重修。大雄宝殿高约 20 米，面积约 800 平方米，供如来、文殊、普贤三尊大佛，两侧为十八罗汉。"文革"破四旧时塑像被摧毁，笔者亲目所睹。1971 年拆建为鼓楼中学和海州文化馆。园林寺位于锦屏山北麓，始建于五代，明代加修，后仅余几间破殿，1958 年建园林水库时被彻底毁坏。洪门寺位于海州洪门，建于唐，毁于清末。民间有"火烧洪门寺"，作恶多端的住持和尚被机智的州官讨得皇帝"罢了"的口谕，而将其"耙"了处死的传说。

"九庵"是：龙洞庵、百子庵、观音庵、古佛庵、地藏庵、紫竹庵、陶许庵、神州庵、茶庵。最具盛名的是龙洞庵。百子庵位于海州古楼南侧，为州人求子嗣之所。建于清末，毁于"文革"，1986 年修复。观音庵位于海州双龙井西侧。古佛庵原在海州北门内，后迁观音庵处。紫竹庵位于锦屏山桃花涧景区之山上，现已重建。其余四庵久毁。

"十八庙"是：城隍庙、关帝庙、文庙、龙王庙、风神庙、雷公庙、二郎庙、财神庙、狱神庙、火神庙、上神（禹王）庙、蒲神（蚂蚱、八蜡）庙、真武庙、天皇庙、三官庙、天齐庙、梓潼庙、东海庙。这些庙宇有的被拆除，有的建了小学校，有的毁于"文革"，有的久毁无迹。值得一提的是城隍庙和文庙，与大慈禅寺并称海州三大庙宇，均位于中大街路北。城隍庙前殿于1958 年拆建海州电影院，后院城隍老爷（奶奶）塑像毁于"文革"。文庙又叫孔庙、儒学，新中国成立后拆建中大街小学，仅存戟门等 5 间。

此外，尚有碧霞宫、天后宫、三元宫、文昌宫；观音堂、老君堂；龙神庙、马神庙、土地庙；兴福寺、大普寺、长安寺，三圣庵等。其中有的被人列入"十八庙",说法不一。这些庙宇大多久毁。现存的碧霞宫,俗称奶奶庙,在白虎山东麓,始建于元,清重修,现更名为碧霞寺。上述重新修复的庙宇,香火鼎盛,有的还成了旅游景点。

省立八师

五四运动是我国新民主主义革命的开端,它也极大震动了海属社会。新思想、新文化的传播在此产生了广泛而深刻的影响。

1919年5月上旬省立第八师范(今师专西校)学生在上海参观,正值上海学生示威游行,声援五四运动。当时群情激愤的场景强烈感染了八师学生,他们随即加入了游行队伍。返校后迅速向师生报告了学生运动情况,同学们立即结队游行,上街演讲,高呼口号,集会声援。八师学生还发起了抵制日货行动,把查封到的日货集中到八师门前广场,燃火付之一炬。愤怒的学生还冲击了县衙,痛打了妄图用武力镇压学生运动的灌云县长陶士英。轰轰烈烈的学生运动很快波及海赣沭灌的广大地区。

五四时期的八师校园,新文化运动也随之兴起,文言文改为白话文。《新青年》《进化论》《天演论》等进步书刊在师生中广泛传阅。学生们纷纷办学报、出刊物,宣传革命真理,参加社会实践。学生朱仲琴的社会调查《海属社会面面观》发表于《新青年》,李大钊曾三次回信给予热情鼓励。课堂里讲授李大钊的《经济变动与道德变动》等文学作品,使学生学到新的、先进的思想文化。

五四运动促进了马列主义在海属的传播,1928年海属地区第一个党组织在八师建立,从此海属地区的革命斗争掀开了新的一页。五四运动也为八师指明了正确的办学方向,学校兼收并蓄、广揽英才、群贤毕至,如"扬州八才子"之一的叶维善、曾任省教育厅长的江问渔、有"活字典"之誉的黄荔岑。教员中既有留学国外的高材生,也有清末举人、禀生、秀才。五四运动也教育锻炼了青年学子,他们学到了真理,自觉把个人的命运与祖国的前途结合在一起。毕业生中既有许多如惠浴宇、陈伟达等革命家和烈士,也有一大批像朱智贤、王玖兴、彦涵、陈吉余、吴强、孙佳讯等著名专家学者。

敦善书院

嘉庆七年（1802），原海州"天池书院"（创建于乾隆年间，为海州盐运分司所辖的板浦、中正、临洪三场联合兴办）移迁到古镇板浦。当初利用板浦场"运司衙门"东侧一座宅院（今板浦福利厂位置），更名为"郁州书院"，由海州分司运判邓谐任书院山长，专门"以课灶藉子弟"。

"郁州书院"办起不久，该院宅即为临兴场盐课司大使梁继纶（会稽人，副贡出身，嘉庆六年任职）等借居，而且竟一住三十余年，使书院成了空有其名之处，导致本地"生童无会课之所"。

道光十七年（1837），太子少保、两江总督兼管盐政督办陶澍在板浦推行票盐、创建新法的同时，又大兴学术之风，他根据地方盐商名士的呈请责成海州盐运分司童濂另行择地，在板浦东大街东首鼎建新院，"高其闳闳，广其学舍"，俾负笈者敬业有地：树以松柏桐椿，预储栋梁之选焉。并取东晋大诗人陶渊明《彭泽集》中"匪道曷依，匪善奚敦"之句，改"郁州书院"名为"敦善书院"。（道光己亥即1839年，在敦善书院东侧"敕建"了一座风格肃穆庄重的"陶文毅公专祠"，以缅怀陶澍在板浦的功绩。）

敦善书院建成后，童濂"详定条规，并捐备书籍一万三千卷，钤盖印信，以垂久运"；"藏书之富，甲于江淮"。"又于书院东隅辟射圃一区，中建崇亭，缭以周垣；春秋佳日，桃李相荣，菊英晚香，为朐阳文游胜地。"书院倡导："明人伦，厚风俗"，当地人士"鼓箧景从，文风蔚起。"

经海州知州唐仲冕提议，由板浦大才子许乔林出任书院山长，"主敦善书院之讲习者，前后将二十年"。同时，聘请了当地的举人和知名学者如"中正才子二乔"（乔绍侨、乔绍傅）、"板浦名士"吴振勃以及一些流寓学者等担任教授。

道光二十年，童濂又在敦善书院巽方（东南隅）"诹吉鼎建"了一座"文昌阁"。

光绪二十一年（1895），海州著名实业家沈云霈曾在敦善书院掌教。

1905 年（光绪三十一），清政府决定停止科考。翌年，敦善书院即改建为"北龁学堂"。

自创建郁州书院，更名敦善书院到改为北龁学堂（1802—1906），前后历径一个世纪的风雨沧桑。书院为古镇浑厚的文化积淀又书写下辉煌一页，培养造就了一批批秀才、举人，如丁蓬峰、邵冶田、武同举以及江问渔等，使古镇板浦不但成为当时海州地区的经济、文化中心，更成了人文荟萃、英才辈出之地；其中陈百川、邵冶田、章伦清等还曾赴日本等国留学，他们后来多数致力于兴办新学，为苏北教育事业作出了不可磨灭的贡献。

海州街巷

古老的海州常常从不经意处透露出其悠久的历史积淀和深厚的文化底蕴。虽历经沧桑，但从现有的部分街巷名称尚可窥其一斑。

海州是座古城，有些街巷名自然要和城池及古建筑有关。如以四座城门命名的东门街、西门街、南门街、北门街；以古建筑命名的古楼街、市桥街、双龙（井）街；与城墙有关的城墙巷、城根巷；牌坊巷是因此巷曾竖过牌坊；旗杆巷是因清代有位姓武的中了举人，在门口竖了旗杆而得名。

海州城内庙宇不少，因靠近庙宇而以之取名的有：关（帝）庙巷、（城）隍庙巷、孔（庙）巷、大（慈禅）寺巷、天王庙巷等。

海州是州治驻地，有不少衙门及相关机构、设施。以衙署、学宫、营防等命名的有：三衙巷，因其靠近知州署、州判署和吏目衙三座衙门（清代州同署原在州署东，后迁住板浦）；参府巷，因其靠近参军府衙；儒学巷，因其靠近儒学宫；大仓巷、小仓巷，因其靠近署旁的常平仓和盐义仓。常平仓为"调节粮价，备荒赈恤"而设置的粮仓，乾隆年间仓库达 71 间，贮谷三万五千石，是为大仓。盐义仓属临兴（盐）场，"积谷以济贫灶缓急之需"，是为小仓。二营巷：一说是因清代曾于此地曾是水师二营驻地；一说是因清代曾于此设海州营，负责海赣防务，兼辖东海营（驻防海州东北方）及沿海 13 个要口，东海营曾撤销后又复设，是为"二营巷"。马厂巷：因清代此地曾是饲养官马之所；考棚路：因清嘉庆7年知州唐仲冕曾在旧石室书院（今海师附小）讲堂前东西各建考棚9间。

以地形地物命名的有：砚池街，因旧时在西南街（今砚池小学西）有一大石形似砚台，雨后中凹处积水如池，故名砚池；磨盘巷，因巷呈圆形，状如磨盘而得名；上崖巷，因位于上崖头而名之；西大岭街，因位于城西之西大岭；花园巷，因此处原为私家花园，后为尼姑庵，仍习惯叫花园。

以集市命名的有：十字街，明隆庆《海州志》载各街"俱通十字街"，为主要闹市，"今以二、七日为西门集，四、九日为东门集，余日皆为十字街集，居民便之"。另有以专业市场命名的猪市巷、鱼市巷。

以姓氏命名的有王、黄、唐、韩、沈等巷。颜井巷：因路口有颜姓所凿之井而得名。名气大的是蒋巷：以蒋国钧私宅命名。蒋宅建于明崇祯年间。蒋国钧为明末武举，任台湾水军统领，抗倭时捐驱沙场，诰命追封世袭。蒋宅现为其后裔蒋庆有居住。

有的地名因城建等原因而成历史。如天后宫巷、黄泥墩等名称今已不存在。小校场：曾先后设在西门外沙坝桥西南和东门外。明弘治6年千户王铠又在今蔷薇中学北开设小校场作练兵之所，一直沿用至清末民初。现该处已改名为民乐巷。

海州的"考棚"

海州老人口中的"考棚"，就是前清海州士人考秀才的地方。正规的说法是"海州试院"。它的创建者是嘉庆初的海州知州唐仲冕。他来海州，为广大士人听经习典的方便，亲自解囊，率州内有识之士建"石室书院"。嘉庆十年（1805）唐仲冕一次在书院内建起考棚八百五十间，一下符合海州单独建试院的条件。当时的科举考试，不像今天之高考，三十人一考场，每人一桌。当时是一人一间，间间有距，内有一桌一铺，考生经搜身入棚，不考完不出来。

嘉庆十一年，逢科举考期（当时是三年考一次），唐仲冕于春天调任通州。试院的装修、设备正忙，完全由新来的知州师亮采接着干，他一到任，即与州内博士弟子商榷，规范经营，轮奂物土，抢时鸠工，赶在一月竣工。四月初四，省提督学正莫宝斋按临海州主持科举考试，见试院，诧为神工，大赞州人淳朴尚义，相与有成。这是国家在海州内设科举考场的开始，到今天已是一百九十六年。为适应海州士人考试的需要，道光十八年（1838）海州知州王用宾，又在海洲试院内增建考棚四百三十间，从此海州试院可满足一千二百八十人的考试需要，海州试院一下成为苏北淮海间一座很有名气的试院。光绪三十一年（1905）海州试院举行最后一次科举考试后，科举考试就宣布废止了。

海州试院建起，到科举考试废止，一共九十九年，其间共举行了三十三次科举考试。像许乔林、许桂林、朱路、沈云霈……诸学者，都是在海州试院成为秀才，而后才成为举人、进士的。

科举废止了，海州知州张景怙在光绪三十二年（1906），就在海州试院内办起了海州中学堂，可海州人还把它称之为考棚。

石棚山与交华亭

石棚山在近年来兴起的旅游热中，已名闻遐迩。究其原因，以笔者浅见，可能主要与石曼卿有很大关系。所谓"山不在高，有仙则名；水不在深，有龙则灵"是也。

据《隆庆海州志》记载，"石棚山，即朐山东北岭有巨石复岩，下石室可容数十人，棚岭甚峻，了无花木，宋石曼卿通判海州，读书于此，乃以泥裹桃核为弹掷其上，数年间花发满山，灿如锦绣，又名'锦岩'。"明代嘉靖二年四月，海州知州廖世昭曾立碑为之记曰："石棚，州东郭佳山水也。相传数十年前尚有石曼卿桃树，近来无居人，花木光洁、樵采无禁，郡人致仕指挥张瀛思，劈泉石、开草堂，树植桃杏，复曼卿旧胜，筑石棚书院，令乡子弟居业焉。"

石棚山，本来就有其山石林木别致处，加之有一代文豪石曼卿曾来此读书，并有广植花木的仙迹轶闻，故自宋以降，迭有苏东坡、蔡景繁、党怀英、戴易、方炽、许桂林、许梅英、张鸣玉、韩希孟、杨锡绂、商盘、刘一珍、吴恒宣、章炯等数十名大家，以及当代诸多乡贤名士纷至沓来，歌之咏之诗词计数十者，每一首诗词都与曼卿有关。就此一点而言，在连云港市诸多景点之中，得此殊誉殊荣者可能是独领风骚。

石棚山的旅游开发是盛世之必然。年前在山顶已重新建起"交华亭"，为旖旎风光又增添几分秀色。其实这"交华亭"，也与石曼卿有关。

《隆庆海州志》又载："石曼卿字延年，神宗时通判海州，廉能有为，吏民悦服。公余读书于石棚山下，工诗词，有'乐意相关禽对语，生香不断树交华'一联，为伊洛所称。"石曼卿名盛一时，泽荫后代。后人在石棚山上刻有"石曼卿读书处"、"高行清风"等巨幅匾额是一种缅怀纪念，筑书院、建亭台也是一种文明传承。当年所建之亭由于沧桑巨变已不复存在，但刻在亭前石壁上的"交华亭"三个篆字，至今仍历历在目。

现在的石棚山，山上山下，又是一片花海，草木葱茏。那"树上禽鸟相向、欢畅啼鸣，枝头繁英相续、香飘不断"的景象和丰厚的人文历史景观，在招引着八方游客。

教会学校

上世纪初至中叶，伴随着西方宗教在海州的传播，教会学校也应运而生。其办学的史实成为海属教育史上特殊的一页。

1916年美国牧师顾多马奉徐州基督教会的派遣，在海州西门外朱沟河南岸建崇真中学，学校的教师均为基督教徒，教学用房三十余间，有礼堂、图书室和仪器室，理化课能做简单的实验。开设国文、代数、几何、英文、物理、化学、音乐、图画、体育等课程，还设有神学课，教唱赞美诗，向学生灌输基督教义。学校的办学经费由教会资助，学制为四年，后改为三三制。1927年由于北伐战争的影响，学校曾一度停办。1928年美国传教士明乐林、贾淑斐在海州白虎山下开办乐德女校、福临妇女学校兼顾向妇女传教。

1918年，美籍医学博士、教士慕庚扬在义德医院内设立护士学校并任校长，学校传授人体解剖学、生理学、药物学、内科学等课程，学制四至六年，到 1947 年有 100 余人从该校毕业，大部分毕业生在海属各县开业行医。

1946 年，法国天主教会海州教区在海州北门外建立国英中学，校名是为了纪念被土匪枪杀的海州天主教总铎、法籍教士双国英。该校董事长为朱泽庵，校长为天主教修士徐简国，继任者为天主教神父黄道生，教师中有法、瑞、意籍传教士。至解放军进驻海州时，学校有初一、初二两个年级的学生，所开设的课程与崇真中学相仿。校内有天主教堂、钟楼、种植园、网球场、篮球场等。1951 年学校被改为海师三部。

从 1916 年到 1939 年，教会在海州还曾办有崇真小学（西门外石狮口相宅）、国英小学（北门外天主堂）。

旧中国的教会是帝国主义文化侵略的产物，教会办的学校是为了扩大教会的影响，但所采用的教学组织形式较有新意，如国英中学、义德医院护士学校都曾采用半工半读、边干边学的教学形式，从而培养了一批新式知识分子。教会学校的办学实践对海属近代新教育体制的建立起着借鉴和启发的作用。

古游水

古代的水路运输——称漕运。华夏自西汉以来，漕运便逐渐形成，到了隋代，由于京杭大运河的开通，漕运发展，更进一步贯通大江南北水路运输。

古海州的漕运始于唐代。在古海州的土地上有一条重要的河流——游水，早在北魏的《水经注·淮水》中就已记载：它从淮水下游分支出来，流向——自南而北，又北历朐山（今锦屏山）西……东北入海。

游水，当年是连接江苏东北和山东东南的重要交通路线。前 210 年，秦始皇就是入游水来到古海州，而立秦东门的。

历经千余载的游水，到了 1194 年，由于黄河夺淮，致使海岸变迁，及第四纪的构造运动等，使古代游水几经变迁，原有面貌已消失，惟一留下的古河道——盐河。然而，盐河也并非是游水直接演变而成的。

盐河，是人工开凿，始于唐初。当年，古海州属南河道，"南至淮楚，北达齐鲁"。当时，古海州商贾云集，经济繁荣，仅靠那时的海上交往，已远远不能适应经济发展的需要，需发展漕运。

唐垂拱四年（688），为加强对地方经济的控制，解决漕运困难，就在古海州至涟水间，正好利用游水的原自然河道，与淮河沟通开通了这条漕河。它是由国家开凿的重要河道，故后称——"官河"，即今日的盐河。

在唐代于宝应年间，列置了淮北盐场，并设官吏招商承运。从此，担任了淮盐的漕运任务。至北宋，淮北盐业得以大发展，古海州当年的板浦、涟水等四大盐场，年产量已近50万担，那时涟水还设转运仓，负责淮盐的储运和运输。为此，官河已实为"运盐之河"，即盐河。古代的漕运发展，也促进了古海州的经济进一步繁荣。

国清禅寺

板浦文化底蕴十分深厚，它既有徽州文化的踪迹，也有明清小说的渊源；既是经学大师的故地，又是科学家的摇篮，而且还是近代海属地区留学生最多的地方。现存于板浦中学院内的国清禅寺则记录了板浦佛教的兴衰。

国清禅寺始建于北宋元丰七年（1084），主持建寺的开山僧法号法朗。该寺1377年、1699年进行过两次大的修建。建寺庙是为了供佛、礼佛、从事佛事活动，并为僧尼提供一个居住、学习和生活的场所。明清以后，淮北盐业逐渐兴旺，板浦作为淮北盐业的中心，商贾云集，机构林立，也使得国清禅寺的香火极盛。每逢寺庙内做佛事，布道场，僧人俗人朝拜进香，人流络绎不绝。

古寺坐北朝南，占地近十亩，它分为头殿（山门）、二殿、大殿（大雄宝殿），殿的两侧建有对称的廊房。大殿内供奉着释迦牟尼佛，两侧是十八罗汉菩萨。整个布局体现了以殿为主，由多进院落组成的建筑模式。民国初年废庙兴学，海属地区的寺庙大都改为学堂。国清禅寺也于1913年被灌云县长改为县立第一高小的校舍，从此国清禅寺便置身于校园之中了。解放初期，这里又成了板浦中学的校址，大雄宝殿亦被拆建为礼堂。现仅存前山门和中大殿。从仅存的建筑看，该禅寺为木构架结构，屋内梁柱交错，屋顶均为硬山式，上铺青瓦。它是日前海属地区保存较为完整的明清建筑。

国清禅寺有不少值得留意的文化现象。一是"国清禅寺"的题字，看上去深沉浑厚，饱满丰腴，确是题额中的精品，可惜不知道作者是谁；二是"国清禅寺"的名字也值得细究。其中的"禅"是指佛教中通过静坐默想来领会佛理，后泛指有关佛教的事物；而"寺"最早由汉明帝接待天竺高僧修建的馆舍而得名，后来是指佛教建筑。而"国清"二字大概会有国泰清明的意思吧，看来国清禅寺的命名可谓定义准确，寓意高远。

海州市桥

海州"市桥"，如今只剩下地名了，其实历史上确曾有过市桥和市河。

据史料载，至迟在宋代，海州城内就有了市河和市桥，后市河淤塞。清乾隆23年（1758），知州李永出（"出"为"书"——编者注）重新疏浚城内"玉带河"（因其横贯城中，形同腰间玉带，故名），因沿河有"市"，又称市河。其流程是"自城东马家汪至西水关"，即今海师东南至新西门的新建路身底；为方便官吏人等乘船去位于鼓楼东的州衙，市河在河的东部上崖头处又折向南，通过鼓楼下直至利汪崖（今百子庵附近）处止。市河水源是引城西蔷薇河水由西水关入城，长约2华里，为当时沟通淮泗运送粮草到城内的漕运通道，并有生活用水及排水的功能。所以，西门的门额叫"通淮门"。

据明《隆庆海州志》载，市河上共建有4座桥：一座叫清宁桥（一名镇东桥），在敦化坊，于鼓楼下跨河，过桥可达州衙；一座叫东市桥，也在敦化坊，因在石室书院前（今关庙巷北头）跨河，"固应受'三元'之嘉名"，（书院与科举"三元及第"有关）故叫三元桥；一座叫西市桥，在阜民坊，北通北门，南通十字街，也即今日所说之市桥。以上三座桥均为宋景定4年（1263）安抚使张汉英所建，故说至迟在宋代就有了市河和市桥。另一座叫水门桥，在西城坊（今新西门里），建于明代中叶，明洪武24年（1391）由千户魏玉在桥侧建水关，故名水门桥。还有一座在州衙北，叫北市桥，以上均为拱形石桥，桥下可通舟楫。

市河自乾隆 23 年开浚以后，"因无源，寻涸"。盖因蔷薇河上游"以州境西来之水皆挟碎石浮沙"，下游受海水"早晚之潮汐顶托，潆洄渟淤最易，今蔷薇河渐就平浅"（见许乔林《海州文献录》），市河成了无源之水，因而逐渐干涸成了平陆。然当局据"形家者（堪舆风水先生）言，一州乞脉所关，当思通之"，于是，曾有将城东甲子河与市河凿通之议，但因鼓楼以东地面标高高于甲子河水位，两河虽相距仅约里许，但以当时的工程技术水平，无法浚通，故作罢。沧海桑田，以致市桥成了历史地名。

古海州的驿运

我国的古代交通驿运，唐代是鼎盛时期。古代的驿所，似今天的车站。当时驿所内建有驿馆，供驿使、驿夫们食宿休息之用。

到了明清时代，交通则多以水运为主，同时也有陆运大道，专设上述的驿站、铺递。

古海州在明代属淮安府，下辖赣榆县。当时，海州及赣榆县共有专用铺递差马 36 匹。据明代《隆庆海州志》的记载：明初，在海州以西 11 里、20里、30 里、40 里、50 里处，分别设置顾家铺、王家沟铺、高桥沟铺、石潭铺等递接赣榆县；海州以西的 60 里，西南 80 里、90 里、100 里、120 里处，分别设有南留庄浦、房山铺等递接沭阳县。

明代时以海州经新坝、灌云、新安镇至涟水有大道相通，全长 300 余里。其中灌云至新坝、灌云至新安镇分别为 60 里。此路当时商旅往来，是货物流通的官道。海州所属的板浦、徐渎、莞渎等盐场之间也都有陆路交通，这些道路方便了盐运。

到了清代，古海州的驿传铺递较之明代得到了巩固、完善和发展。清代时，在海州的州大门西北街设置了州前总铺，当时所属的赣榆、沭阳两县也设有总铺。在明朝铺递的基础上，到清朝继续设顾家庄铺、王家沟铺、高桥铺等，向北又经上庄铺、蒋家庄铺等与赣榆县相互接递；向西南经驼峰铺、房山铺、桑墟铺等与沭阳相接递。以上各铺相距均为 10 里，每铺设铺司一员，铺兵四名。

嘉庆十年（1805），海州总铺曾设长差铺递 15 名，他们轮流由灌云至新安镇、涟水、淮安总铺递公文。

清朝海州所属的赣榆县还设有中冈站铺、柘汪铺、旦头铺等与山东省接递。赣榆县曾设有长差铺递 17 名，他们轮流将公文送至海州州前总铺。

白虎山刻石

古城海州"三山"之一的白虎山，不仅石多树少，通体遍白，有着独特的地理风貌、与众不同外，而且满山遍布历代文人书法刻石，历史积淀甚厚，颇耐人寻味。

白虎山刻石书法纷繁，草、真、楷、篆等俱全，书法造诣很高。游人至山下，首先映入眼帘的是清康熙己卯年的山名题刻《白辟山》，该刻石由刘天定所书，字径达半米，气势宏伟，格外引人注目。左上方即为清道光年间两江总督、太子少保陶澍的《登鳌头山》诗，同一山名题刻在山东南另一景点"小石棚"内；篆字《驺虞》，为清嘉庆年间海州知州师亮采所书。

拾小径而上，抵半山腰，也是整个白虎山刻石精华所在。唐、宋、元、金、明，历代刻石镌遍其间，历史跨度达千年之久，具有很高的艺术、史料价值，形成独特的人文景观。

白虎山刻石年代最为久远的乃唐海州刺史卢绍题刻，卢绍于唐大中年间（847—860）任海州刺史，因在任期间，政绩卓著，被朝廷"赐绯鱼袋"，这是皇帝对地方官员赐予的一种较高称号。该刻石虽历经一千多年的风雨，但大部分字迹至今仍清晰可辨。唐刻石在我市比较罕见，而白虎山一地就有二处，另一处在张叔夜登高碑左侧，实为白虎山之幸事。卢绍题刻左边为北宋余授登白虎山刻石，余授，宋熙宁间进士，历官校书郎，博学有文彩，浙江仙游人，建中靖国（1101），任海州知州。与此刻石相应的，他在孔望山也留有一块题刻。白虎山刻石最负盛名的当数北宋宣和二年（1120）的张叔夜登高碑，该题刻长 2.1 米、宽 1.5 米，字径 15 公分，书为楷书，无论是艺术价值、历史实料，还是完好程度，堪为精品，为白虎山刻石的镇山之宝。

金、元时，海州人民遭受女真贵族及蒙古王公多方面的残酷统治和压榨，在此，白虎山刻石也有详细的佐证。北宋建炎年间金兵入侵海州，金代刻石则记述了金承安五年（1201）即张叔夜来海州布防的 100 年后，金户部（即今天的财政部）官员赵福在郡使温沱罕安住、郡幕完颜玄的陪同下于"承安五年三月初一口金登"的情景。题于元致和元年（1328）《康青山题名》刻石和《曾寿题名》刻石，可见元代海州农业生产发展之一斑。白虎山还有一明代篆刻字高 2.1 米、宽 1.9 米，字径 20 公分。保存十分完好，为明代篆刻中的精品，它出自王同笔下。

白虎山高仅 60 余米，方圆不过二里，但在中国众多的山川之中，应该有白虎山的一席地位。这也正应了先贤"山不在高，有仙则灵"的佳句。

甲子河

甲子河，是海州的一条古河。河身虽早已不复存在，河名却为史志所载，民心所记。

古时，作为海属地区政治经济文化中心的海州城，官民所需民薪，主要来源于其东南诸镇。而直至清嘉庆初年，这些粮草都要绕道蔷薇河，或从旱路运来，十分不便。

嘉庆三年（1798），淮北盐商出资将运盐河卞河口（今海州区锦屏镇柿树村的卞河口）以下，至孔望山东北角入海处的新浦（河名，也叫朐山河）挖深、拓宽，并将其入海处定名为"新浦口"（在今新浦区盐河南路上的工农桥附近），作为海盐转运港口。嘉庆九年，城中一些有声望的人，便请求知州唐仲冕率民开河，打水路引至古城脚下。唐知州原本考虑到，海州一带很贫瘠，加上年前刚劳民动资创办了石室书院，不敢接连再动大工程。可是，老百姓看准了开挖此河乃兴旺古城之举，东南诸镇尤感必要。便不断请求，大有不达目的决不罢休之势。

在民意"敦迫再三"的情况下，唐知州这才召集四乡八镇有名望人士，共商开河大计。议定：从城东门外护城河，顺地势向东北开挖至孔望山下新浦口处。并具体测量计算工程量，让这些有声望的人士将三万三千多方土石方任务，分摊到各地。方案一定，便于嘉庆九年五月正式开工。州城东门外为山坡地，山坡下又是刚成陆不久的海淤滩地，对施工都极为不利。可民工们不畏艰辛，日夜奋战。一条"计长一千一丈六尺有余 (约合 3.3 公里)，广以六丈 (20 公尺) 为率，深者自七八尺至丈四五尺 (2.6 至 5 公尺左右)"的河道，"五旬而成"。因次岁甲子，唐知州命其为"甲子河"，同将城东门下之石桥也定名为"甲子桥"。甲子桥碑，至今仍立于桥之南侧。

甲子河开挖后，海州东南诸镇粮草，便源源不断地通过运盐河，经新浦口，直接运至城东门外甲子桥下，由车夫转运城内入库、上市。海州城内东大街由此成了粮草运输要道。日久天长，那滚滚车轮，在大街龙骨路中央条石上压出的深深辙印，便是见证。更为甚者，甲子河沟通了古城海州与大运河沿岸诸城镇的往来，在日后近百年的海州发展史中，写下了重重一笔。甲子河的开挖，也使新浦口从一个单纯的盐运小港口，变成了综合性的货运、客运小港口，为新浦集镇的兴起、发展奠定了基础。

难怪甲子河美名长存。

洪门果园

海州洪门果园位于蔷薇河西的大沙岭上，其前身是海州著名实业家沈云霈的私有果园，建于清光绪二十一年 (1895)，初名果木试验场，至今已有一百余年的历史。当时果园面积五六百亩，加上园田、湖地约有三四千亩，陇海铁路北到东海朗庄，西到道口村，东和南抵蔷薇河堤，都是沈家田地，全部租给犁户种植。果树主要品种有古安梨、黄梨、大小花梨、葡萄、枣子、柿子、板栗、山楂、玫瑰等，果园由园头田士龙负责管理。田是山东郯城人，果树苗木都是他从郯城弄来的，他生于清咸丰年间，八十多岁才去世。

果园上下有一百五六十口人，包括洪门整个庄子的人都在沈家种地、种园或者跑腿当差。租种果树的有十五六户，每亩年租金一二十元。梨树每亩栽种五六十棵，树行中间种黄豆、花生、菜等低矮作物，不收地租，对果树生长也无大的影响。果树地没有灌水条件，靠老天下雨。果树地一般不施肥，由犁户将饲养牛、马、猪等牲畜的家积肥，施在果树底下的小作物上，由于农家肥肥效长久，果树生长也很旺盛，果品质量也很好。

沈家为了接待官府要人，在果园中心搞了两项建筑，一是接待大厅，共五间，为古庙宇式，飞檐走壁，厅堂、门窗全部用木头雕刻成龙凤呈祥等各种吉祥动物，图案精美，大厅周围有砖石围墙。厅西面是花园，种植牡丹、芍药等名贵花草，面积约0.4亩，花园中心有一圆形水池，水池下面东西南北都有地下排水管道，用黑色瓷瓦龙管铺设而成，雨天便于排水，降低地下水位，旱天各排水管口向池中灌水，有小栈桥相通，平时有家丁看管，不准百姓进出游玩。在果园大门口摆放三个土大炮，炮头像个小笆斗，后座像个小簸篮，用笆斗装火药，民称三个"大将军"，足显威势。民国八年（1919）沈云需在天津病逝后，沈家在果园大办三天丧事，摆了八十三桌宴席，租种沈家地的犁户都去吃饭磕头，后葬于锦屏山南紫竹庵下。沈云需故去后，果园由其长子沈仲长接管，四十年代沈仲长病故，其侄儿沈处民接管果园，收取地租，全部用于烧香拜佛。1948年11月海州解放，沈家负责树艺人员全部离去，果园被人民政府接管，1949年1月成立山东省洪门果园，1953年6月改称为江苏省新海连市果树园艺场，1963年更名为连云港市洪门果园。1990年3月改称为连云港市梨品种试验场。

锣鼓棚

"锣鼓棚子"是民国初年，出现于古海州的一种民间乐队。当时的海州城，逢年过节，常常玩花灯、踩高跷、表演"抬阁"、"小人会"等，凡是需要在大街上巡游艺演的，总离不开这样的乐队，为巡游队伍鸣锣开道，烘托气氛。所不同的是每一次表演，往往都会出现若干个锣鼓棚。它们穿插在表演队伍的各个部位，代表着自己的那个乡、镇或村庄互相展示、争奇斗艳。

锣鼓棚的制作古朴而精致，也很简单。用四根长短竹竿捆扎成一个长约 3 米、宽约 2.5 米的长方形平面，再用四根粗壮的竹竿扎在四个角里，将长方形顶棚支撑起来，形成立体棚架。然后上端用白布罩在棚顶，再在四周挂上一市尺宽的棚围。有些稍讲究的还在棚围下沿挂上一些红色的丝线穗子。如果在晚间表演，棚顶和四周的棚围则统统拿掉，装上活动烛台，点上蜡烛，整个锣鼓棚里里外外一片通明。远远望去，烛光在巡游队伍中间，上下左右不停地闪烁晃动，如同流动的繁星，好不壮观。

各个锣鼓棚的乐器配置虽然不尽相同，但一般都把锣鼓家伙放在棚子的前端，两人抬着放有堂鼓和板鼓的鼓架，鼓佬站在中间，两边紧挨着就是锣、钹、钗、小镲、木鱼、碰玲等打击乐。走在中间的一般都是一把横吹的笛子，两把斜吹的笙和几把竖吹的唢呐等。最后则由二胡、三弦、月琴、琵琶等弦乐器或其他中低音乐器压阵。真可谓锣鼓丝竹同奏，笙箫管笛齐鸣。热烈、喜庆的乐曲，和着欢快、跳跃的节奏，常常驱使游人和街坊们纷纷涌上街头。真可谓，闻者趋之若鹜，观者万人空巷。有时锣鼓棚还根据节日内容需要，定点演奏相关曲牌。诸如"一枝花"、"开门点将"、"百鸟朝凤"和海州五大宫曲"阮、叠、鹂、南、波"等。整个文武场吹吹打打，浑然一体，把表演的内容和乐曲的意境演绎得栩栩如生、淋漓尽致。古海州这种特有的民间艺术表现形式，别有一番风味，观后让人荡气回肠。

朱沟炭厂

清光绪三十四年，海州商会会长殷雨岑（1844-1919）除在海州、新浦经营老店外，又于 1914 年创建朱沟炭厂，交给长孙殷兆栋管理。

朱沟炭厂在海州西门外蔷薇河边，朱沟村旁。数十米见方的院子，门前三间平房，中为大门，檐口高悬一木匾，匾上刻有"朱沟炭厂"四个正楷大字，古朴劲健，熠熠生辉。字由殷兆栋之父殷少岑书写（殷少岑是清代秀才，拔贡，国子监太学生，著名学者、书法家）。东房为值班室。西房山墙有窗，可望到河面，作为接待室和洽谈生意处。大宗煤炭堆在西墙边，东墙搭建一席棚，堆放着一麻袋一麻袋称好的煤炭。50斤、100斤、200斤不等，以备顾客挑选。厂里有一账房先生，一司秤员。秤是殷兆栋的曾祖当年开草行用过的木杆大长秤，满杆能称300斤，视为传家宝。专供长房使用。炭从山东枣庄中兴煤矿购来。为密切购销关系，矿主还会托人捎带少量兰花煤相赠。此煤出自山西阳泉，燃烧耐久，含硫量小，环境污染少，旧时皇宫多用。

自从有了朱沟炭厂，海州一带一些住户烧饭取暖、市面上供茶水，开始用煤炭。原先供茶水的老虎灶，烧的是木炭，功效低。改为白铁制成的茶炉，一米左右的高圆柱，盛水多，中间烧煤炭，上有烟囱，下有炉条，添炭出灰方便，通风好，火力强，功效大增。家乡有炭厂，更方便了打铁做工具的工匠们。

炭厂最忙在秋末冬初。城乡住户准备过冬御寒，置炉购炭。一时间厂门前车水马龙，应接不暇。路近的肩挑车运，远道而来的用船载。有时大船逆流而上驶向码头，小船又从码头逆流而上扬帆远航，远销东海、灌云、沭阳等地，宛若一幅流动的风景画。都是满载，蔚为壮观。

蔷薇河在1926年前，300吨轮船可至海州停水坝，以后河道逐年淤塞，航运逐渐萎缩，炭厂于1932年断航即止，前后历时19个年头。

玉带河

古海州曾有两条河叫过玉带河。

一是海州古城西的蔷薇河。蔷薇河是海州一条古老河道。与688年开挖的官河——运盐河，同是海州地区对外交往的黄金水道。黄河夺淮后，海州水系受到严重干扰，蔷薇河也因上游泥沙入侵，加之入海口海潮捧托，淤塞日渐严重。1674年，知州孙明忠上任后，察看海州地形，观蔷薇河环绕州境，恰似海州大地上的一条玉带，乃一州之气脉。

另一条"玉带河"，出现于清乾隆年间。1758年，知州李永书治理海州河道时，在城内开了一条河（今新建路身底），东自城东的马家汪，西至城西头的水关门，因其形似古城腰中一条玉带，名曰"玉带河"。说是河，其实就是城内的一条宽大的排水沟。

今日流经新浦、海州地区的玉带河，是新中国成立后开挖的。它始挖于1956年。1958年春，玉带河第二期工程开工，与西盐河连接后，继续向东开挖，通过新浦市区，至东盐河的沈家桥，全长4.02千米。规格同一期工程。起初，人们称海州境内的玉带河为西玉带河，新浦境内的叫东玉带河。1966年底至1967年春，市里水系调整，"东玉带河"正式纳入东盐河水系后，东西玉带河之称便不复存在，就称玉带河了。

新浦的粮行

在新浦形成集镇的过程中，粮食贸易是兴起较早的一个行业。海州南的沭阳、灌云一带粮食土产可沿蔷薇河、运盐河至此，而满载北方土产的渤海一带商船，也可沿海翔集于此，这里便成了南北土货交易佳地。作为粮食交易中间行当——粮行便在新浦北部的蔷薇河（当地人通称后河）南岸至盐河的岔河——前河北岸一带应运而生。在清光绪初年已有10多家土产行栈经营粮食、油料。到光绪二十六年（1900）前后，海州大户杨景衢来此开的裕兴永粮行，已有一定规模。1925年，火车通到新浦后，新浦的粮食交易更加红火，粮行多达40多家，年集散粮食近30万吨。

过去，新浦的粮行总体上分为大市行和小市行两大类。其分布地点也相对集中。

所谓大市行，即做大宗粮食买卖的中间商，属粮食输出业。当地人称土产行、代理行，业内称"六成行"。比较有影响的大粮行有山东人林梓周开的"福聚东"、本地人周惠之开的"周义奉土产行"、丁家开的"义太昌土产行"及"益昌行"、"永昌行"、"佑兴恒"、"裕兴行"等土产行。开大市行的都有固定的经营、存粮场所，资本较多。一般是行栈设于大街（今民主中路）、后街（今建国路）一带，粮仓建于靠近后河的地方。他们靠着自己较多的资本以低价从粮食产地或小粮行买进大批粮食，雇船或用自家的船经海路运往青岛、天津等少粮地区高价卖给当地粮商，或从外地以低价购买本地紧缺、价高的粮食来本地销售，从中牟利，也有的为外地粮商承办代理业务，收取客商 2%—3% 的行佣。

所谓小市行，即从事就地经销的小本交易。集中于前河北岸。小市行均以沿河院落（有自家的、也有租赁的）为基地，规模不大。但一样有自己的门面、招牌，什么"三兴公"、"新昌恒"、"久大昌"、"恒泰"、"鸿和祥"之类的各式招牌，在前河底（今前河菜场处）那百把米长的河边，挂有 30 多块。每天从盐河上过来的粮船多拐进前河，是老客户的都各奔其主，停靠到各粮行前那几层砖石踏步或几根木桩的"码头"旁，与行主联系销售。盐河上的粮船不大，一般装几十石（一石约 300 市斤），多的也就是头二百石粮食。一般都由粮行随手一斗一斗地过给粮商，运往外地；一时卖不掉的就委托粮行代销。来小市行卖粮的也有新浦附近的农民、小粮贩子，他们或驴驮，或担挑，或用六合车推，多结伴而行。粮行前，过斗繁忙，更增添了前河底的热闹气氛。

粮油工商业

海州依山傍海，河流纵横，口岸四布，水陆两便，四通八达，地理位置十分优越。物产富饶的广阔腹地和通于天下的"鱼盐之利"引来商贾云集，经营粮油及副产品的私商由小到大使海属地区日渐繁荣。唐末，海州油坊、粮行货栈已行于市，清道光年间（1821—1851）海属七埝镇（今桃林镇）就有 40 家私营油坊、酒坊、粮行。咸丰年间（1851—1861）海州西门外有粮行 20 余家，专供市民食粮的小市行遍布街市，海州成为海属地区第一大粮油集散中心。由于粮油经营的利润不薄，至光绪年间，海属地区私营粮行、油行（坊）蓬勃兴起，就连一介书生的海州举人沈云霈也集资于光绪初（1874—1876）在海州西门外开办了牲茂土产行，专营粮油土产。举人开行不胫而走，宿迁、沭阳来卖大豆、豆饼、小麦、高粱以及上海、青岛等地来采购粮食的客户，都乐意通过牲茂行成交，同时自备有每只能装载 28 万斤的海船两艘，代客运输，一时成为苏北鲁南名闻遐迩的大粮行。可观的利润为他今后走向仕途打下了坚实的经济基础。

民国初年，新浦后潮河沿岸有大粮行 16 家，聚集于盐河两岸的小市行达几十家。1912 年，德商汗里善由青岛自带 2 艘轮船亦来新浦营运粮油等土产，福兴永粮行为之代理，一直到第一次世界大战暴发。1917 年，美、英、德、日、意大利、葡萄牙、荷兰等国也先后有商船来灌云响水口，通过当地粮行、代理行输出粮油、小麦、玉米、大豆、杂粮等，最高日输出量达 200 万公斤。1918 年，驻青岛的日本富罗洋行的轮船仍由裕兴永代理来新浦装粮运青。时新浦年集散粮食约 100 多万吨。地处山东郯城、苍山和江苏省东海、赣榆四县交界处的欢墩埠，此时亦为远近闻名的集镇和农产品集散地，镇有东、西两个市场，十天逢四集以粮食交易最为突出，逢集前一天，远路的卖粮者赶来露宿街头，除了本地十几家油坊、槽坊坐地收购外，班里庄 10 大家、黄墩 8 大家和门楼河等地 30 多家油坊、槽坊也用五、六十辆牛车来集收购粮食，当天运不完，用摺子囤在市场上第二天继续运，东、西两条主街一年四季络绎不绝。民国十八年（1919）有商行、作坊、店铺 100 多家，南大街商号有：聚泰恒、聚盛福、恒发祥、泰丰春、义和祥、德泰、全盛永、元昌等 10 余家土产百货行，槽坊、油坊有祯记槽坊、江记槽坊、孟记槽坊、天盛福槽坊、隆昌油槽坊等。街西头的恒聚油坊每天可榨黄豆 6 吨多，北大街还有东升、同泰油坊、振泰槽坊。一度有"小上海"之称的东海桃林镇，粮油市场也十分繁荣，旺季每集收购粮油达 10 多万斤，看中粮油丰厚利润的地主马仲锦，开办的以恒字作字号的槽坊、油坊、粮行就达 7 家。

1925 年，陇海铁路修至新浦，次年延伸到大浦，海属地区的以粮油土产经营为主的工商业又得以发展。大浦设立开太码头，粮商纷纷设立货栈，裕兴永建盖仓库，广东商人专买生仁、黄豆由大浦装运出口，东海的阿湖镇也成为周围地区商货进出要冲，旺季每集入市粮 10—20 石，桃林马仲锦开办的恒贞槽坊、作过安徽省督军的马连甲后人经营的恒兴槽坊、山西人孟庆福开设的德全茂槽坊左右着阿湖镇的油料购销市场，每年利润达 2 万银元，恒贞槽坊还在车站设立仁记公司，亦工亦商，常年转销油饼（兼营粮食）流向上海、天津等地。此时，新浦粮行也有 30 多家，至 1930 年前后，新浦油坊达 11 家之多，年产豆饼 18000 吨，油 1000 吨，南销浒浦、浏河，北售青岛、营口以远，1932 年，新浦粮行达 44 家，年集散粮食达 85000 吨，粮商除坐地收购经营外，每年还为外地粮商代购 8300 多吨小麦、大豆、花生、山芋干等。抗日战争前，新浦市场年集散粮油达 288000 吨。

1939 年，海属地区相继被日军占领，日军严格控制、垄断粮油资源及贸易，日伪统治时期，一些有民族气节的粮商不与日军同流合污，而一些唯利是图粮商被迫同流合污，1942 年，新浦就有 83 家华商加入粮谷组合，使日军每年在新浦掠夺的粮食、油料、油品达 525000 至 700000 吨 [据参加过粮谷组合的山东帮永昌和老板宋杰山说，日本人在这里大约抢走近 400 万石（每石 150 公斤）]。

1945 年日本投降后，国民党的内战政策，使私营粮油工商业受到重创，私营粮行、油行、面粉厂纷纷倒闭，至 1947 年，新浦私营粮油工商业仅有 51 家，经营萎缩，市场萧条，物价飞涨，民不聊生。1946 年 5 月 4 日，新浦、板浦两地千余灾民为饥饿所迫冲入新浦市区国民党第八专署存粮处——三井洋行，将 800 袋待价高估的山芋干一抢而空，1947 年 10 月至 12 月，新浦相继又发生了民众抢粮事件，人民"饥馑困屯不堪"、"啼饥号寒为状厥惨"。

海属地区私营粮油工商业多为个体为主，粮行、代理行、槽坊、油坊都是多种经营且亦工亦商，随市场行情变化而相应确立主次。粮行是一种代客买卖，从中收取佣金的居间行业，纯经营买卖的叫大市行，零星买卖的叫小市行，也叫摆粮匾的。

大市行（也称土产行）一般拥有较多的资本及货仓、场，私商从农村和小粮行组织收购粮油直接运往粮缺价高地区，批发给当地粮商销售，同时从外地购进价低而本地紧缺价高的粮油在市场批发销售，有的粮行还为外地客商承办代理业务，客商提供资金，根据客商要求委托小粮行，按所需品种、粮质、粮价收购，并为客商组织外运，收取 2%-3% 佣金。小粮行（亦称小市行）资金较小，有的靠代客买卖，收取 2%-3% 行佣，而大多是在市面摆粮匾一边收购粮贩上市粮或在大粮行批发，供应市民及农村缺粮户赚取利润。

海属地区粮油工业生产和经营规模小，多是以农民自产自销支持着粮油市场，直到清末封建主义经济的瓦解和资本主义经济的兴起，海属地区才出现规模较大的私营粮油加工业，经营油饼的槽坊、油坊、行栈和磨面销售的磨坊遍布城乡。光绪31年（1905）赣榆士绅许鼎霖集资20万两白银在新浦创建海丰面粉公司，三层楼的生产车间，装美制复式钢磨15台，锅炉蒸汽引擎传动，有员工200人，年生产面粉60万袋（每袋22公斤）价值142万元（银元），面粉商标为：双狮球、双龙球两个品牌，除在本地区销售外，还远销河南、山东等地，生产所需小麦均来自灌云、沭阳、赣榆等地，为运销便利，还自备蒸汽民用船一艘，名曰海丰号，往返于盐河之间，1930年，由于许氏在宿迁兴办玻璃厂抽用海丰资金过多而退出经理位置，由陈伯芳接办，改称海丰信记面粉公司，1933年由于传动皮带失火，引起火灾而焚毁倒闭。1942年日本侵华时期小型机电磨盛极一时，多为私人集资经营，雇用技工和会计1-2人购麦制粉，产品除当地市销外，大部分运销河南、山东、青岛等地，至1946年，新浦就有9家小型机电面粉厂。同时以石磨磨面的磨坊，由于经营灵活，产品价廉而迎合居民习惯和生活水平，虽有洋面粉冲击而常年不衰，据统计新浦、海州在1948年仍有磨坊279户，1949年又新增149户共428户，从业人员1839人，固定资产达21260元。

半机器化榨油作坊始于光绪26年（1900），海州沈云沛在新浦开蛀泰油坊，开创海属地区机器榨油的先声。光绪三十二年（1906）赣榆士绅许鼎霖兄弟开办赣丰油饼公司，拥有铁榨200台，工人百余名，日产由饼1800片（每片25公斤），但经营不久即倒闭。民国五年（1916）山东商人杨寿山又在新浦开办公和昌油坊，有铁榨48台，30马力电动机和20马力柴油机各一台，雇工90余人，日产豆饼720片（每片25公斤）。1931年秋，东海人陶开泰在请请（音）庄湖镇建永胜油坊，有骡马40匹，大榨24部，日加工大豆1400斤，雇工102人，有掌柜、会计、油把式、打碾工、筛头，还有店员零售，生产的豆饼经新浦贸易出口日本、菲律宾，直至1937年破产。1932年，西石榴树李恩申和新浦姬瑞廷在西石榴树合办兴生涌油坊，有12马力柴油机一台，人力螺旋榨20部，从秋天到次年6月，每天两班生产60个埳，日用黄豆 15000 斤，出饼 300 块，油 1620 斤，产品自销，到 1940 年因战乱而倒闭。据民国 22 年（1933）2 月出版的《中国实业志》记载：1929-1931 年，新浦（即原东海县）有油坊七家，即公昌和、复兴永、聚源兴、同大、福聚永、元和永、聚丰安记，还有一家泰和油坊设立在东海白塔埠镇；赣榆县 30 家，其中增泰、正丰、东正和、西正和四家设在县城西关，其余分设乡镇；灌云县 7 家，其中富丰设在大伊山，恒丰设在杨家集，其余均在乡镇，海属三县年产食油达 123300 担。

海昌里建筑

过去，新浦人喜欢把一些大的院落建筑称作"里"，"海昌里"便是一例。

"海昌里"坐落于新浦老大街上大庙（现民主中路新浦区政府处）之东百米左右的路南侧。得名于房主郭海山。郭海山原是沭阳的赵集人。青年时去上海混，因拜上海滩黄金荣为师而发迹。江浙战争前夕来新浦推销鸦片，结识了白宝山，并以其为靠山在新浦王巷南头租房开"海兴永"杂货店，在王巷北头租房开"海记商行"，贩卖鸦片，开设赌局。很快成了新浦鸦片巨商。20 世纪 20 年代初，他购得大庙东地皮自建楼宅，为寓意他的"海"字号繁荣昌盛，便起名"海昌里"。

"海昌里"为东西对称的两个两层楼院落。中间为七、八米宽的路道——海昌巷。巷东宅，为两层楼的四合院，南北楼各为七间。东西楼各为八间，后沿墙与南北楼山墙齐。南北长约五十米左右。院中间又有一楼连接东西楼，楼下两头留有过道，沟通南北两个小院；楼上均设外走廊，相互通连。西一宅四合院。东、南、北三面为两层楼，西为平房。中为仅三、四米宽的院落。楼房南北长度与东宅相同。东西两宅临前河一面楼房，还设有外走廊，可以凭栏观景。

"海昌里"这座建筑物，总体而言是中式起脊，砖石墙体，仿西式风格。而具体样式，又明显有别于同时期新浦街上的其他仿西式风格的建筑物。有人说，"海昌里"的房屋样式是郭海山独出心裁弄的。此说也不无道理，郭海山是在上海滩混出来的，洋楼见得多，肚里是有点"货"的。但是，不管是专家设计的，还是郭海山独出心裁的，"海昌里"的楼房整体结构、样式设计及建造工艺水平都是很高的。

"海昌里"两宅楼房的内部，全是四梁八柱，结构坚实。一式的木楼板、木走廊、木栏杆、木楼梯，一式地漆成紫红色。整个建筑物，于一派古色古香气氛中，又漂溢着一股西洋风味。与前河上点点白帆相映衬，极具诗情画意，不失为新浦一景。

"海昌里"位置优越，北沿大街，南濒前河，就被商人争赁一空。楼上房屋，郭海山全部留着自用。他在东宅楼上自开"中央旅社"；西宅楼上开了"海昌书寓"，狭长的院落也为"海昌书寓"专用，在南楼底的大门上方砌着刻有"海昌书寓"四个大字的横牌额，直冲前河。这"海昌书寓"名字奇巧，冒看温文尔雅，实质是处与"书"毫不搭边的妓女院。这里常年有十多个注册妓女，一直经营到新浦新中国成立前夕。当前河未淤塞时，河上商船往来不断，由此经盐河南上，可进京杭大运河。商船上不乏浪荡公子。而"海昌书寓"临河红栏上，时有妖艳女子依栏弄姿，勾引其上岸。故"海昌里"客来客往，好不热闹。老人们说，其情其景很有点像金陵之秦淮河畔。

新中国成立后，"海昌里"房屋为市房管部门接管。东宅院内长期为机关用房，西宅楼上出租为民居。楼下所有门面房，依然出租给人开店。改革开放后，随着新浦旧城改造步伐加快，"海昌里"被纳入了改造日程；西宅连同其以西大片老建筑物，于1996年拆除，新建了四层整体建筑——昌旺购物中心；东宅也于1999年拆除。一座主体六层的国大商厦，已在原址上拔地而起。

古凤凰城

南城，是市区的南大门，位于东西凤凰山之间，古称凤凰城，城不大，但历史悠久，有"水抱青山城围镇，梧桐苍苍搂古城，九峰八岭通幽处，依山傍水有仙风"的赞美之词。

古凤凰城门，始建于南北朝时期。宋元徽五年（476），青冀二州吏刘善明为控海防寇，垒石为城。唐魏征巡海时，曾亲为城门题"宁海门"三字（现存"宁海"二字石刻，在市博物馆内）。宋贾似道献捷时重筑此城，周围13里，皆砌以砖石，设东、南、北三门，明永乐十六年（1418），淮安卫指挥佥事周得辛将城墙增高2尺5寸，并女墙高2丈2尺5寸。清咸丰十一年（1861）海州牧黄金龙修城时，为三城门题词，北门曰"秀邑云台"，东门为"拱卫东瀛"，南门就是"古凤凰城"。

古城有一古井，相传西汉经学家匡衡，童年住在南城曾用过此井。《汉书》卷八十一记载"匡衡勤学无烛，邻居有烛而不逮，衡乃穿壁引其光，以书映光而读之"，终成一代名家，官至"安东侯"，"凿壁偷光"成为学者名士的座鉴，后人为纪念这位名家，把这井称为"匡衡井"，把匡衡住的地方，改为匡衡街。

古城由南向北有一条窄窄的街道，经南京大学专家鉴定为"六朝古街"，长3华里99步，街心为大小一致的1399块青石铺成，成龙骨一线，清晰可见商贾行人推着的独轮车留下的痕迹。街西两侧是古墙青瓦，飞檐斗拱，更有几十处廊庑楹柱、敞门宽窗的商业店铺，这里曾经商贾云集，经贸繁荣。古街两侧房舍大多仍保留古色，石墙青瓦，屋顶屋檐雕梁画栋，门面刻有荷花、长藕、石榴、寿桃、钱币、葫芦等，稍加留心，还能看到旧时大户人家雕置于门前的上马石和石鼓。

"自古名山僧占多"。南城有石佛庵、大佛殿、镇海龙王庙、地藏庵、观音堂、城隍庙、玉皇宫等24座寺庙庵堂，现在仅存观音堂、普照寺、城隍庙、玉皇宫了。

在南城这块古老的土地上，孕育出一代又一代名人学者，远有武元吉、江恒元、武同举、杨光弟、江国琛、江国钧，近有杨光峦、武可久、杨天全，这些文人雅士，学者专家，有的位居侯者，有的学成不忘家乡。曾任联合国教科文组织总干事的杨天全博士，是全国第四届政协委员，从1996年开始，从自己的积蓄中拿出10万美元，作为奖学基金，奖励南城地区品学兼优的学生和德才兼备的教师，至今已发放奖学金5届。有近五百人次老师和学生获得该项奖金。

南城，随着旅游事业的开发建设，一些充满古老文化特色的景区、景点不断被发掘，将吸引众多的游人前来观光。这座古老而美丽的凤凰城将更加焕发勃勃青春活力。

临洪滩的天齐庙

新中国成立前，新浦西郊的临洪滩（今临洪村）有一座天齐庙。天齐庙原称东岳庙，因供奉东岳泰山神得名。自唐朝统治者尊封泰山神为"天齐"后，才又称"天齐庙"。

临洪滩的天齐庙，总体为一个大院落，坐北朝南，占地约四五亩，庙门为圆顶门洞。庙院内，中间是大殿，东西各有三间庑屋。大殿中神龛内供奉着天齐老爷和天齐奶奶的塑像。龛上悬挂着一块"福善祸淫"楷书匾额。

临洪滩的天齐庙除了供奉东岳大帝与别地相同外，还有两点独到之处。一是，大殿内不仅供奉着东岳大帝，还在东西山墙下分别供奉着身穿马褂、头戴儒巾、满脸水痘的痘二哥，和身着古装女服、脸带疹斑的疹二姐。平时谁家孩子出水痘或出麻疹，都要到这里来给痘二哥、疹二姐烧香，祈求保佑孩子顺利出齐疹痘，平安无事，脸上不留斑痕。孩子好后都来庙还愿。有钱人家还愿时，还花钱请戏班子，在庙前广场上搭台，唱两三天大戏。另一不同地方是，临洪滩的天齐庙还有着土地庙的作用。每年农历二月二，民间传说是土地老爷生日。这天，附近人都到这里烧香，敬土地老爷。平时，遇到大旱，临洪滩的农民及新浦街里的商人、市民，都到这里求雨。

因此，临洪滩的天齐庙香火不断。最兴盛时庙里有好几个和尚，庙东、西还有20多亩庙产田。到了清朝光绪二十七年，新浦天后宫建成后，这里香火渐弱，和尚不断减少。到清末民初，庙里仅有的一个和尚，也因其常"作怪"，被当地农民赶走了。1913年，临洪滩的乡贤周怀贤和新坝人万立业，先后利用庙里空屋开办私塾。1935年，临洪滩小学（今临洪小学）在这里正式建校。后来，学校不断扩大，大殿也成了教室。但天齐老爷、天齐奶奶和痘二哥、疹二姐隐居在幕后，偷听孩子们的朗朗读书声。直到"文化大革命"期间，天齐庙内的神像才荡然无存。

"洋人协理馆"

板浦南门外曾有海属地区最早的外国人办事机构"洋人协理馆"。

说来话长，在清代八国联军侵占北京后，慈禧太后西迁，终至议和割地赔款。1913 年袁世凯与英、德、法、日、俄、美六国银行团签订了《善后借款合同》，并以关、盐税作抵押。同年还在北京设立了盐务稽核总所，以掌握控制盐税。当时华员任盐务稽核总所总办，洋员任稽核总所会办。1914 年稽核总所为改变两淮盐税减少之状况，遂将两淮稽核总所的一套人马分解为二，在板浦镇另立稽核分所，专门管理淮北盐税的征收和盐斤的称放，分所设经理一人，由中方担任，协理二人由洋人派充，这些洋人实际上是驻在淮北盐区的收税人员，掌有实权。洋人的办公和居住地点就称之为洋人协理馆，当地人又称之为"南洋楼"。

洋人协理馆位于板浦南门外淮北盐务稽核分所南边的红花埝口路东，是一幢具有西洋风格的建筑，近邻占地一百多亩，具有江南园林风格的"秋园"。这里花木繁盛，山水亭榭俱全，环境极其优雅。

洋人协理馆由六国代表轮流派充，每国任期三年。据史料记载，英国人霍戈登、日本人加藤谦一曾担任过协理。这类所谓协理，以"债权国"自居，趾高气扬，处处凌驾于稽核分所经理之上。1930 年，缪秋杰担任了淮北盐务稽核分所的经理，他处处严格按章办事，对洋协理决不阿谀奉承，不放弃经理应负的责任，因而大煞洋人威风。后来直至国债还清，取消了协理，稽核所的牌子也扔了，原机构改为淮北盐务局，盐税才自立。1939 年，日寇侵占板浦前夕，淮北盐务局撤退时，忠实执行了蒋介石的"焦土抗战"政策，把秋园、洋人协理馆及其他建筑全部浇上汽油，毁于一炬，成为一片废墟。现在这里已被建成一片茂盛的果园。

南城玉皇宫

南城玉皇宫一带，景境具佳，素有"蓬瀛仙境"之称。南侧有当年所建承接甘露食用的"天池"，池畔坡石上，刻有唐天宝五年（746）五月张昶所书"惟天为大"四个大字，字字苍劲有力；"天池"有一石门，两根两米来高、顶端各雕一小石狮的石柱，上部横穿两根一米多长的石柱（上一根久已失落），中间夹一块屋面形的石雕。朝东一面底横柱上所刻"紫气东来"四字依稀可见。据说，此为原玉皇宫之前山门。至今，矗立于此已一千四百余年，真乃南城镇镇山之宝。

玉皇宫西侧，山顶有"仙人洞"，洞旁有"观澜"处。古人说，在此"俯瞰井邑，遥观沧溟，空濛如楸，枰螺髻至，轻烟晚炊，丹翠流空，不可名状。"如今立于此，虽已无法观看波澜壮阔的大海，但仍有景可观：白天，可一览古城全景；夜晚，可见山下宁连高速公路上串串"流星"，还可观市区新浦的万家灯火，大有置身"灵霄宝殿"之感。

顺成饺子铺

50年代初，新浦饮食行业很不景气，比较大的饭店仅寥寥几家，如"六合春"、"味芳楼"、"新浦饭店"等。当地市民和过往旅客，主要靠四、五十家小饭店、小吃铺和早晚经营的饮食摊贩，早晚供应豆浆、油条、大饼；晚上馄饨、水饺、肉丝面、杂烩面等。

在这众多小饭店、小吃铺中，有一家叫"顺成饺子铺"。以其经营特色的鸡汤馄饨（兼营水饺）著称，名闻遐迩，享誉新浦街。如今老新浦街70岁左右的人，对此美味尚能记忆犹新。

"顺成饺子铺"位于民主路，坐南朝北（原浦东办事处对面）。是一家很不起眼的小吃铺。门面装潢也十分简陋。只是在门两边和上边，用白石灰涂成等宽的白墙，上边用红漆书写"顺成饺子铺"五个大字，作为招牌。看起来倒也朴素大方。整个店铺仅有 20 多平方米，后面砌有锅灶台，一张长案板。室内摆放四张古式八仙桌，四周放着四张长板凳，每张桌子坐 8 个人。桌上放着筷笼子，一小瓶酱油和一小瓶醋，还有一小碟辣椒油、一小碟大蒜，供客人随意用。

"顺成饺子铺"的业主姓董，人称董大爷。40 出头，中等身材，身体微胖。待人亲切和蔼，满面笑容。"顺成饺子铺"主营的鸡汤馄饨，特色是皮薄、肉馅多、鸡汤鲜、味道美（加上佐料）、价格低（每碗 10 个、售价 0.1元），赢得了广大群众欢迎，生意越做越火红。每天从傍晚五、六点钟开业，一直要忙到下半夜 1 点多钟。人来人往，应接不暇。四张桌子坐得挨挨挤挤，人们就端者碗站着吃。来饺铺小吃的有工人、店员、老板、个体户、干部、职员以及市民。11 点钟以后，以工厂上大小夜班的工人居多。他们从家里带点干粮，来饺铺喝碗鸡汤馄饨。有时汤喝完了，饼还没吃完，董大爷还会给你再上一勺鸡汤。

1956 年新浦饮食行业实行合作化。"顺成饺子铺"被合并到味芳楼（后改成四新饭店）。董大爷一家三口人都到味芳楼饭店当职工。味芳楼饭店晚上仍以董大爷经营的鸡汤馄饨为主，生意更加火爆，一间 40 多平方米的大厅，能容纳不少人，经常是座无虚席。董大爷一人在锅台主勺，六、七个人包馄饨，还经常供不应求。

同仁会医院

新浦公立医院的前身是 1939 年冬日寇入侵新浦时建立的同仁会医院，其院址为两处，住院部位于今民主路聚兴巷 10 号浦东粮站院内，门诊部位于今民主路 259、261、263、265 号内。住院部设有病床 30 余张，主要医疗设备有 X 光机、显微镜、紫外线灯以及较齐全的各种手术器械。分内、外、妇、儿四科。

第一任院长是日本医学博士山取要，继任者名叫黑川雅一。共有工作人员 30 余名，其中日本人 24 名，负责医疗、护理、放射、化验等各项业务；

中国人近 10 名，除朱文干任药剂师外，大部从事事务和勤杂工作。医院的服务对象主要是日本军人和日侨，除医疗外，该院还设有"施疗班"，专门搞卫生防疫，除对日本人进行各种预防接种外，有时也对中国居民诊病和预防接种。

该院于 1945 年 8 月日本投降后由国民党政府接管，改称为"海属新浦公立医院"。住院部因被国民党军队占驻而与门诊部合为一处。该处房屋坐北朝南，临街的一栋两层楼房上下各五间，楼下是门诊部，楼上是医院办公室；后院还有一栋上下各五间的两层楼，即为住院部，设病床 24 张，另还有六间平房作为附属用房。其时医院共有医师、护士、助产士、药剂、检验及行政管理人员 20 余名。

海属公立医院的名誉院长是专员夏鼎文，由东海、赣榆、沭阳、灌云四县参议长组成董事会，董事长为何孝先，院长是吴昌谟，主要技术骨干有外科主任路忠平。医学博士刘一麟被聘为儿科医师，每周到医院会诊一次。1948 年吴昌谟调徐州，朱亚环（震球）接任院长。1948 年新中国成立前夕，朱亚环和部分医务人员外逃。

1948 年 11 月 7 日新浦解放时该院尚有医护、勤杂人员 10 余人，我人民政府接管后，将其改名为"新海连特区医院"，以此院为基础，从山东滨海医院、滨海卫生队调来医护人员近 50 名，又从各地招收护理、勤杂人员数十名，大大扩充了规模。其时正值淮海战役期间，该院接受了我军从前线转来的部分伤病员的救治任务，为解放战争作出了一定的贡献。

天后宫戏楼

天后宫俗称"大庙"（现新浦区人民政府所在地）。久住新浦的老人，都能依稀记起往日在大庙戏楼看戏的热闹场面。天后宫的戏楼于光绪二十七年即 1901 年已正式建成，建筑十分宏伟。它坐落在天后宫前殿身后，从前殿中间向北延出两丈多宽，戏楼的后部与前殿楼房相接。戏楼的台口约三丈宽，有四根粗大的圆柱撑起，两侧各有楼梯供人上下。

天后宫戏楼建成后，即有许多戏班在这里演出。老人们还记得，最早的要算一个唱"徽调"的戏班。演出剧目为《打面缸》《打沙锅》等，其演唱的风格和韵味，与后来的京剧颇为相似。继"徽调"戏班之后，许多京剧科班来此演出。如 1915 年前后，山东临沂的徐鑫培（老生）在此演过《黄鹤楼》《四郎探母》，王善喜（老生）在此演过《四进士》。山东沂水的何胜云（丑）在此演过《打沙锅》等。赣榆县沙河的"盛"字班如盛桂（花旦）、盛芝（武生）、盛凤（青衣）、盛和（花脸）等在天后宫戏楼上演过《红霓关》《拾玉镯》《芦花荡》《白水滩》《失子惊疯》等戏。还有山东莒南县的一些戏班先后都在天后宫戏楼演过戏，而且唱得很红。天后宫戏楼偶尔也演过一些文明戏（话剧）。如 1925 年震惊中外的"五卅"惨案发生后，海州十一中学的学生们，满怀爱国热情，来天后宫戏楼演出话剧《蔡公时殉难》，热情歌颂了"五卅"运动中工人代表蔡公时为维护工人利益敢于和日本人斗争，最后英勇就义的动人事迹。此剧演出后受到新浦各界人士的好评。

"王聋子"水泡花生

水泡花生，对于出生在上世纪五十年代的新浦人来说并不陌生，就像现在小孩子从小就知道肯德基、麦当劳一样。新浦街卖水泡花生最出名的当数西艞外的"王聋子"。

"王聋子"水泡花生由王武魁、王恒堂父子俩从上世纪初一直卖到七十年代中期。父亲王武魁，生于清光绪十年（1884），祖籍海州锦屏酒店村东王庄，卒于 1968 年，享年 84 岁。据说王武魁小时候生病，因误服了凉药，导致两耳失聪，这也是"大聋子"这个称呼的来历。在海州时，王武魁就以卖炒货为生。1937 年秋，日本侵略军轰炸海州城，王武魁被迫举家迁往新浦，在西艞外（今民主桥东首）的河边落户，开始在新浦大街炒制水泡花生。他卖的花生按制作方法可以分为两种，一种是油炸的，一种是干炒的。

油炸花生米是先将花生去壳，用开水把花生米烫一下，搓掉外皮；然后放在清水中浸泡三天，把花生中的汁液泡出后，放在太阳下晒干，用滚开的热油将花生米炸至焦黄酥脆，起锅后拌以细盐即可。干炒花生的制作工艺比起油炸的就简单多了。先将花生连壳放在清水中浸泡一周的时间，待壳内的花生仁被水泡透，捞出晒干，再用铁锅拌以沙土炒之，待花生炒熟后，用筛子筛去沙土即可。

"大聋子"炒制的水泡花生，口感酥脆，吃多了也不嫌腻，深受新浦居民的喜爱。1968 年，"大聋子"去世后，其子王恒堂继承父业，继续在新浦街贩卖水泡花生。现如今，步入中年的人，大多还只记得"小聋子"，但他究竟叫什么名字，并没有多少人知道。据王恒堂的妻子许厚英讲，"小聋子"其实并不聋，之所以这么叫，可能是因为大家伙已经习惯了称他父亲王武魁为"老聋子"，因此这个称呼也就顺理成章了。

每天，"小聋子"斜挎一个柳编筐，将炒好的水泡花生放在里面，筐上还放一把小秤和一摞用硬草纸糊成的纸包。走街串巷，沿街叫卖，经常游走于大街中部最繁华的大庙巷至海昌里路段。边走边喊"水泡花生……嘣脆"，他的嗓门特别大，喊起来一惊一乍的，而且喜欢在人多的地方突然地大声吆喝，许多路人都会被吓一跳。因此，直到今天，在一些老人面前提到"小聋子"，对那声高亢的叫卖声仍旧记忆犹新。据我母亲回忆，她十四五岁的时候，五分钱能买一把，两毛钱可以买好多，那时候能吃到他卖的水泡花生，可以说是很幸福的一件事了。

不久之后的 1973 年，"小聋子"就死于肺结核病。至此，兴旺一时的"王聋子"水泡花生在新浦街销声匿迹，只残存于老住户们遥远的记忆中。

建国学校

新海连特区建国学校是我市解放初期时创办的一所干部学校。经过这座革命熔炉的锻炼，有 161 名青年学生踏上了革命征途。

当时正处于中国人民解放军准备南下解放全中国的大好时机，到处需要大批有思想觉悟的建设人才，为适应革命形势飞速发展的需要，中共新海连特委高瞻远瞩，决定创办建国学校。

经过两个多月的筹备，建国学校于 1949 年 2 月 21 日举行开学典礼。特委书记谷牧、特委委员苏羽、艾力、李云鹤、张云榭等均参加会议。新海连特区专员公署专员兼校长李云鹤在开学典礼上作动员报告，他概述了创办这所学校的政治意义，勉励同学们为人民学习，为人民服务。

建校的校址在新浦第一池路东，原农民银行院内（连云港日报社）以及第一池北边一带平房里，校长由李云鹤兼任，副校长梁如仁主持全面工作，教导主任吕林波，教务主任高会东。入学时共有学员 203 人，学校按文化程度分高级班 32 人（大部分来自江苏省立连云中学高中部）、中级班 99 人（来自东海县中、普爱中学等）、初级班 72 人（来自市区几所小学）学员年龄最大的 20 多岁，最小的 15 岁。

学员生活实行军事化、供给制。每月发一两元津贴，主要用于买牙膏、牙刷、毛巾等日用品，穿的是公家发的粗土布黄军装，吃的是高粱面做成的"窝窝头"。星期天改善生活吃顿小米干饭就算不错了，大米饭、白面馒头、红烧肉只有遇到重大节日或庆贺大型战役胜利才能吃到。晚上睡的是稻草通铺。尽管生活如此艰苦，但同学们仍生动活泼、朝气蓬勃，学习热情非常高涨，还排演大型歌剧《白毛女》《王老五》等自娱自乐，以苦为荣。

经过四个月的政治、业务学习，同学们初步树立了革命人生观，坚定了走社会主义道路的信念。全校先后两批发展 41 名新民主主义青年团员。民主选举 14 名学习模范。

学校于 1949 年 8 月份结业。共有 161 名学员被分配到党政机关、文化教育、新闻、文艺、金融等各条战线上。50 多年来他们在各自不同的岗位上，走过了多少坎坷不平的道路，度过了多少艰难困苦的岁月，为了建设新中国，为了革命事业默默地辛勤耕耘。如今，他们中绝大多数人成为国家离休老干部，过着舒适、安逸的幸福晚年。

东亚旅社

东亚旅社坐落于新浦新市路 35 号，是白宝山于 1919 年建的私人官邸，后改为旅社。

白宝山（1878—1941），字峻青，河北芦台人，曾任海州镇守使，掌管海赣沭灌的军政事宜，1931 年被任命为国民党军事参议院少将参议，曾长住墟沟乐寿山庄。在任期间，在墟沟、新浦等地广置房产，东亚旅社就是其所建的楼房之一，其规模及档次在当年新浦街是最好的。

东亚旅社占地约 700 平方米，坐北朝南，砖木结构，为四合院式两层连体建筑，约四十余间用房。在西南、东北两角处各有楼梯通至二楼。楼内有四面相通的走廊，廊柱、廊沿、楼梯扶手处都有浮雕彩绘，二楼的门窗呈连体状。建筑整体既有中国传统四合院的格局，也有欧式建筑特征，如南立面的拱形门窗、金属饰品和挑台式窗栏等，特别是入口处，里外四根立柱与希腊最富有装饰性的科林斯柱相仿。置身东亚旅社，可感受到中国四合院式建筑的温馨与朴实，尤其是中间的庭院为人与自然的沟通提供了空间，同时还可领略到西方建筑的华丽与浪漫。

在抗战期间，东亚旅社成为我中共中央长江局特派员张喆人、谷牧领导的中共地下工作委员会的会址，新中国成立后又是中共新海连特区委员会最早的办公地点，所以东亚旅社不仅是我市近代中西合璧的代表性建筑，也是与我市地方史、中共党史密切相关的重要遗址。

老银行大楼

在新浦繁华的解放路上，有一幢坚固高大的老建筑，它就是有名的老银行大楼。

该楼建于上世纪四十年代初，日本占领时期筹建，日籍工程师设计，福昌建筑公司承包建筑，1945 年建成。大楼坐北朝南，占地 700 平方米，高约 17 米。南门入口处为一小型门厅，再从两侧可进入大厅。大厅内四根立柱支撑起高大空间，两端分别是两层的辅助用房。沿前后墙壁有木质走廊连接两端的房屋，各房间均铺木质地板。大厅内有吊灯，门窗上有金属饰品。

该楼的建筑风格为折衷主义，选择了多种建筑流派的元素，它吸收了欧洲古典主义的建筑语言，讲究对称和比例的协调，如南立面带有楔形柱头的六个高大的方形立柱，烘托了建筑的凝重和气派，与建筑的功能非常吻合，外墙面凹凸分明，有几何划分，使建筑有尺度感和节奏感；大楼也采用了我国传统建筑的一些特征，如屋檐处有类似斗拱的浮雕，使屋顶与墙面有了自然的过渡，楼内大梁与立柱的交接处、走廊的支撑物设计成了中国传统建筑中的雀替，起到了很好的装饰、过渡作用；该建筑又表现了日本建筑的特色，如简洁而典雅的四坡大屋顶，墙基和立柱顶部的祥云之类的图案装饰等。整体建筑既凝重庄严又简洁大方，是解放路上东西方文化融合的建筑精品，值得很好的修缮与保护。

老银行大楼经历了半个多世纪的风雨，目睹了新浦街的变迁，它既是日本帝国主义侵略连云港地区的见证，又伴随了我市金融企业的历史性巨变。抗战胜利后，国民党中央银行接收该楼，新中国成立后中国人民银行连云港支行使用，市财政部门、工商银行、农信社、商业银行均曾在此办公。解放初期，这里四周曾是低矮的房屋，如今周围高楼林立、车水马龙，成为新浦地区最为繁华的地段。而既有人文背景，又体现了一定建筑艺术水准的老银行大楼成了这一地段最为独特的景观。

洋桥巷

洋桥巷市场，是指洋桥巷附近一带地方，位于新浦民主路西头至南极路北。洋桥巷市场以摆摊设点的小生意为主。从我记事以来洋桥巷市场经济都是比较繁荣，不管是丰收年还是欠差的年头，或是兵荒马乱的岁月，洋桥巷的生意始终是经久不衰的"不倒翁"。

洋桥巷的生意虽小，它能保持兴旺发达繁荣活跃，其故何在？洋桥巷南接近海丰面粉厂和前河底（前河路的小市行）河内停靠着装粮来卖的粮船。北有新浦大街，地处新浦的中心，是推车出卖劳力集中的地方。因做生意的人，他们资本都不大，但为了赚钱生活就要随时动头脑想办法能够多赚点钱，他们都能随潮流形势发展做生意，灵活运用，凡在新浦大街上买不到的东西，到洋桥巷都能买到。凡到大街上卖不出去的东西，到洋桥巷能卖出，大的商店行号不愿做的小生意他们做，就连一个瓶塞一根圆钉几分钱的生意他们都做。凡是大街上买不到的稀罕东西，到洋桥巷说不定能买到。这是洋桥巷小市场在新浦经济方面能够经久不衰的原因。早在新浦前河（市化路）停靠粮的零售市场，这些小市行也替新浦大的粮行买卖粮食，从中收取一定的行佣。粮匾粮囤一家摆出，家家市行门口亦都摆出。后来因为小市行在日伪时生意不好，不知谁想出在前河底摆出了布摊，于是前河底（前河北岸现前河路）一溜，都摆上了布摊，所谓车多不碍路，各摊都互相展开激烈的竞争，因竞争激烈还产生了一批专门联系大布店和布摊替客商买卖布的中间经手人物，所谓经纪人（掮客）。

日本鬼子投降后，新浦手工制造卷烟的人家多了，洋桥巷这一带又成了土卷烟市场。新中国成立前夕新浦洋桥巷又成了兑换银元的地方，你走到洋桥巷就能听到敲银元钉铛的响声，并能听到兑换者不住地喊袁大头孙小头的银元兑换价目的声音。今天的洋桥巷不是又成了卖卖烧鸡和咸水鸭的市场了吗？

洋桥巷的生意，一旦有利可图，就一家干家家干，互相学着干，比着干，争着干，人们戏呼这地方是猴子地。洋桥巷的商人，是从事小本经营的多，大部分是新浦土生土长的人，很少有外乡人来此摆摊设点的，他们因生意资本小，在新浦商界中是排不上号的小人物，但他们做生意是有一套本领的。

老　艞

跳，原来是舟字旁的那个"艞"字。这个的本意，一是指大船，读 yao音；二是指船靠岸，以长木板连接船与河岸而形成的临时道，读 tiao 音，其长木板也叫跳板。

不论按那种解释，跳字都很难和如今的新浦沾上一点边。你看，现在的新浦马路纵横，跨河有桥，且桥梁高大坚固，畅通无阻，何需跳哉！然而，新浦的形成与发展，却与跳有着极为密切的关系，甚至可以说，当初如果没有跳来沟通遍布这块土地上的大小河流，怕是新浦这块土地很难这么快就变成城市。

新浦这一带，2000 多年前为东海龙王之疆域。清康熙初年一场大地震，搞得东海龙宫墙倒屋塌，东海龙王向东北方向节节撤退。到清乾隆末年，终于将如今新浦这块地盘，和盘托送人间。当时，这里除了遍地淤泥道道河沟外一无所有。但因它有东北临大海，南接大运河的优越地势，便很快为一些慧眼相中，纷纷前来开发。

开发之初，困难重重。其中就包括沟河遍布。这些河流，既为新浦提供了与外地往来的水路，但也把新浦这块地域分隔成了若干块，特别是运盐河隔断了新浦通往临洪滩和古城海州的去路，动步靠渡船，极为不便。大约到了光绪初年，人们对于改变这种状况的要求愈加迫切，不知是哪位"智多星"，也不知是效仿船搭跳板之法，还是搬用盐圩下的做法，首先在盐河紧靠集镇的地方，于河两岸及浅水中打些木桩，固定上木板，留下河心约四、五米一段，搭上可以移动的木板，靠街市的一头有人看管；有人要过河时，看管人就将这活动木板推过去，搭到对过的木桩上，让人通过，来船时，把木板拉到一边，让船行走。因其很像船靠岸时搭跳板，人们便称它为跳。又因它位于集镇的街西口，就都叫它"西跳"。西跳问世，给新浦人带来了方便，沟通了新浦与古海州城的交通。西跳的问世，也标志着新浦的市政建设迈了一大步。从此，龙尾河、前河、后河等河上相继都搭起了一座座大小不等的跳。一些老人回忆道，最多时新浦有过头二十座跳。20 世纪 20 年代末、30年代初，一条 3 里来长的前河上就有七八座跳。

老新浦的跳，除东跳（今龙尾桥处）、西跳是按位于大街东、西两头定名外；大多数跳，如马跳（今瀛洲桥北侧）、刘跳（今刘跳港处）、魏跳（今魏跳桥处）、宋跳（今宋跳立交桥一带）等，多得名于看跳人的姓氏。

随着社会的发展，交通工具的变革，跳不再适应车辆通过的需要。到光绪末年，东跳被改建为木桥，官方称之为"东海桥"，老百姓叫它"东跳桥"。20 世纪 30 年代中期，西跳改建为木桥，称"西跳桥"。此时，前河渐淤，其上诸跳相继废弃。而马跳、宋跳、刘跳等，从 20 世纪 50 年代起也先后为桥梁替代。

如今，老新浦的跳早已无踪无影了。但却留下了马跳、刘跳、魏跳、宋跳等一批地名和刘跳港、宋跳立交桥、魏跳桥、西跳小学之类带有明显历史烙印的名称。

前河与后河

老新浦街人都知道"前河"和"后河"，这两条河历史上曾与新浦的经济和社会发展紧密相连。

据几位 80 多岁的老人回忆，"前河"源于西盐河，西盐河流入新浦以后，在今新浦公园西侧向北，流经今解放路新华书店身底、民主路小学东侧，从原西跳派出所附近折向东，经今市化路身底，直至龙尾河；从原西跳派出所附近向北，有一条大的排水沟通后河。后来，西盐河改道，从今新浦公园西侧一直向北，连接后河。这样，前河这段西盐河尾，因长期没有主水道水流的冲刷而逐渐淤塞，至上世纪 40 年代中期终于淤成道路。前河上在今市化路与南极北路的交汇处原有铁栏杆拱形木桥一座，通称"洋桥"，在其西部（在原糖烟酒总公司北边）还有一座只能走人不能走车的木桥，也因年久失修而毁坏。

新浦北郊的蔷薇河下游一段称"后河"。后河的上游流自今新浦热电厂附近，向东至火柴厂北，然后向东南拐了一个大弯又折向东北，经临洪口入海。1952 年实施蔷薇河截弯取直工程，自东海县富安经新浦沈圩北边直至茅口，新开挖一条河道，俗称"新河"，并于 1958 年在茅口北建了临洪闸。60 年代，富安至临洪闸的蔷薇河道再次取直，"新河"就成了市区的饮用水道。蔷薇河的裁弯取直，使新浦北部的排水成了严重问题，于是，1953 年在后河的东部向北方向新挖了一条排水河道，称大浦河，并于 1954 年在其入临洪河处建大浦闸。这样，后河便不再是蔷薇河的下游。因其只与西盐河相通，故市地名办公室将其纳入西盐河。后河在市造纸厂北部的河道上原有座涂有沥青的木桥，俗称"黑桥"，于 1949 年春毁于冰凌。新浦通沈圩的后河上原来只有摆渡，没有桥梁。1971年在渡口处建沈圩桥，"文革"中改称"向阳桥"，1980年恢复原名。前河和后河，原来都是舟楫往来的码头商埠，但因沧海桑田，都成为历史。

猴嘴盐坨

猴嘴山头西北的盐坨建于1932年，由当时的淮北建坨委员会设计建造。盐坨占地600余亩，它有14个段位，24条廪基，1935—1937年又铺设了两股铁路专用线，长度为2423米。新中国建国后，淮北盐务局又加以修建、扩建，使得全坨共有24个段位，48条廪基，可储盐23万吨。

盐坨整体呈"非"字形，沿南北方向排开，两侧是堆放原盐的廪基，中间为专用火车道，外围是运盐的河道。廪，由原盐堆放而成，上笃下宽，每廪可堆盐5000—6000吨，外面用签席苫盖，廪档留有水沟，以防积水。

猴嘴盐坨发挥了集、散原盐的两种功能，各大盐场的原盐经木船通过盐河到达坨地，运销工人再通过破廪、灌包、过磅、缝口、堆放等工序运至火车车厢，销往全国各地。以前这些工序均为人工操作，负荷重，危险性大。上世纪70年代，盐坨的集散实现了机械化操作。鼎盛期，猴嘴盐坨年销盐占江苏原盐销售的60%。

盐坨的周围聚集了众多的盐业单位，如盐业化工厂、盐业机械厂、运销栈、盐业研究所、木船大队、盐业学校、医院等，猴嘴成了名符其实的盐城、盐都。盐坨的西侧是一望无际的盐田，收盐时，登高而望可以领略到白花花的银色世界，盐工们操持着扒盐机劳作其间，运盐的木船在盐河内川流不息，浩浩荡荡，装满盐的火车蓄势待发，盐廪上、船舱内、车厢里到处都是忙碌的盐工，场面十分热烈、红火。

漫步盐坨，还能看到30年代所建的炮楼、坚固的办公用房、吊桥，还有盐场所特有的小跳。记忆中的盐场大河边人们可以惬意地挑小蟹、钓沙光鱼、拣黄眼蟹。而当运销栈的高音喇叭里响起带有浓郁的猴嘴地方音的装车通知时，堆包的工人，缝包头的大嫂便从大街小巷匆匆赶到坨地，开始了忙碌的装车劳动。

夕阳西下，晚霞映照在金字塔般的盐廪上，坨地此时又显得格外的宁静、安谧，略带咸味的海风阵阵袭来，遍布盐滩、坨地的海英菜散发着缕缕清香，盐河上星火点点，木船人家机停网歇，鱼咸酒香，这一切呈现了极具魅力的盐场风情。

齐鲁小学

民国期间的新浦"山东旅海同乡会"是由山东商帮的发展壮大而产生的。

清末，新浦商业兴起。山东商帮是外地人来新浦经商的五大商帮之首，20世纪初垄断了新浦60%的商业。据《新浦区志》载，清末就有鲁南商人林乾一等人到新浦经商。民初，山东人韩照堂等到新浦开设手工织布坊，杨寿山开设公和昌油坊，梁志成开设源祥涌布庄。20世纪20年代，陇海铁路通至新浦以后，来经商的山东人更多，先后开设了馨祥酱园、稻香村食品店、志成洗染店、三合肥皂厂、皮鞋店、窑厂等。新中国成立前，新浦20多家饭店中就有10多家是山东人开的。胶东养马岛林氏家族所开的店、栈、行遍布新浦，多集中在后街（今建国路），有"林半截"（占半条街）之称。山东商帮及其他商帮对新浦的经济和社会发展起过一定的积极作用。

山东商帮中由于人多实力大，故于1932年组建山东旅海同乡会。会旨是联络协调同乡人的关系，经营上互相提携，生活上互相关照，为同乡人排忧解难，调解内外矛盾，维护同乡利益。首任会长为源泰布庄股东、潍坊人徐敬甫。会馆设在后街附近的新民路（今市民路与新新路之间），为四合院两进院落，中间堂屋是具有西式风格的平顶钢筋水泥建筑，两翼有向前伸出的耳房作办公用，中间是会议厅，门前有圆形廊柱及花式扶栏，栏前各有花园一个。院内有东西厢房，临路是与院落等长的8间中式起脊砖石瓦屋。过道大门有"山东同乡会"的题额。后院为中式平房。

山东同乡会为同乡人举办的福利事业之一，是1932年在会馆内开办了"齐鲁小学"，同乡子女优先入学。新中国成立后同乡会自行解散，齐鲁小学更名为"私立工商完小"。笔者因家近该校，小学 6 年在此就读。1957 年该校又更名为市民路小学，直至 1984 年停办。每当我路过这所母校时，就仿佛听到校园内朗朗的读书声，课间活动的喧闹声，想起那些山东口音的老师和既会说新浦话又会说山东话的同学，于是油然生出幽幽的怀旧情绪和莫名的惆怅。

三五印书馆

新浦三五印书馆开业于一九三三年春，坐落在老大街现大华商店对面（因昌旺购物中心的兴建而被拆除），坐南朝北，三间门面屋。

印书馆的兴建者是我叔父张汝芳（字馨舫）。他大学毕业后跻身于政界，加入中国国民党，于 1927-1929 年任国民党灌云县党部常委。1931 年任灌云县立初级中学（即板浦中学）校长。当时，他思想激进，认定自己是孙文主义信徒，看不惯官场政治腐败，愤然离职与其同学好友汪宝宣、杜石华、邱梦麟等人集资兴建书店。他设想自己虽不能亲自改革政治、教育救国，但可以通过文化事业，发展图书事业，提倡科学，破除迷信，唤起民众，宣传三民主义、五权宪法去教育感化世人。所以，他用孙中山先生的：三民主义、五权宪法开头两字为书店贯名三五印书馆，也说明其用心良苦。

当时，印书馆经理是我父亲张汝舟（字肖渔）。店员有：张汝栋、张汝岩、张汉元、刘有琪、许汉臣等七个。经营内容是：出售各种图书（新版、旧版、线装、洋装，中外文皆有）和各种办公用品、中小学文具、乐器、风琴。并购置三台印刷机，为机关、学校、商号印制各种信笺、公文表册、簿本、商标广告等，计划将来能印刷刊物及中小学课本。当时与上海商务印书馆业务关系密切，向其学习一套管理办法。所以生意火红，信誉较高，业务范围遍及海、赣、沭、灌。

三五印书馆的招牌，制于门垛上。招牌字为于右任所书。说起招牌字，还有一段故事。在叔父筹办印书馆，正愁请谁写招牌时，听说，为了赈灾，于右任将于南京写字义卖。我叔父便通过东海县党部的好友，到南京以五块钢洋（银元）一个字的代价，花三十块钢洋，买回三五印书馆五个大字和落款。谁知，在往门垛上复印时，最后一个馆字，忽然被一阵狂风刮得无影无踪，悬赏五块钢洋，也未得其字。最后，只好请善书的汝澄叔仿写了一个馆子。小小印书馆，由于右任写招牌，在当初确实名噪一时，令众人称奇。时间一长，有人发现"馆"字和前四个字不能浑为一体。知情者都说，馆字没保住，是不祥之兆。

果然不假，没过几年，"七七事变"爆发了，日寇飞机经常到海州、新浦狂轰滥炸。这年初冬，三五印书馆不幸中弹，财产全部毁于一旦。后来，日寇占领新浦时期，我家一方面怕书馆三五两字会引起祸端，一方面经济上也无能为力，从此，三五印书馆也就销声匿迹了。

大浦港

大浦港位于临洪河南岸。临洪河是新沭河和蔷薇河交汇入海的一段河流，全长23公里，河口入海处宽1。5公里。东临中正、板浦两大盐场，西与青口盐场隔河相望。

清末绅商沈云需在新浦创办牲泉糟坊、牲泰油坊。继后赣榆的许鼎霖兄弟又在新浦开办海丰面粉公司和赣丰饼油公司。民国十一年（1922）新东电灯股份有限公司在新浦创办，电力工业的开创对新浦繁荣起很大作用。锦屏山南的"锦屏矿务公司"创立后，开采出来的锰矿、磷矿全部销往日本，产量日趋增加。

锦屏磷矿的开发，淮北盐业的发展，以及新浦工商业的兴旺繁荣，形成了以新浦为中心的小规模的经济区域，给大浦的发展创造了有利条件。民国十年（1921）二月，大浦设立"胶海关海州分关"，反映了大浦港发展的程度和地位。

大浦港发展最快的时期是陇海铁路于1926年从新浦延伸到大浦。翌年港务公司增加了三个码头。随后海州绅商杨景衢及上海大振航业公司又在大浦修建了两个较大码头。福泰、聚安等制盐公司涌入大浦后共建了九个码头。此时，徐州、蚌埠等地商人云集大浦，共设立土产专运公司41家。大宗花生、棉布、黄豆、棉花、豆饼在大浦装船转运上海、青岛等地。同时中兴公司又把枣庄煤炭从大浦转运上海。一时大浦码头上、仓库里，煤炭、粮食、土特产、杂货堆积如山，火车、轮船出入频繁。大浦港一派兴旺景象。居住大浦的人口日增。

遗憾的是，临洪河淤塞日渐严重。虽然有挖泥船和人工日夜疏浚，效果甚微。临洪口附近与秦山之间形成栏门沙，河水入海，受海水顶托，泥沙极易沉积。1930年"英发"轮和日本"日鹤丸"在临洪口沉没，加速河道淤塞，船只在河道搁浅不断出现。面对港口淤塞，陇海局勘探研究，大浦不值得疏浚。在商绅和有关人士催促下，才把眼光转移到老窑（连云港）。1934年以后，连云港部分码头使用，大浦逐渐被废弃。

南城古渡口

云台山古在海里，是一座四面环海的郁州岛，其东、北两面一望无涯，西、南两面虽近陆地却也是波浪滔天，人们惯称其为"海里"，岛上居民把隔海不远的陆地惯称为"海外"。"海里"重镇南城，是通往"海外"陆地的最佳通道，古时曾有两个渡口。

一个渡口往西，过二十里"黑风口"可达孔望山到海州城。此渡口名为"黑土湾渡"。"黑风口"多"黑"风，渡者无不畏之。古有司理者（即狱吏）曹于忭，改"黑风口"为"恬风口"，以祈吉祥，渡名亦随之改为"恬风渡"。名虽改，海中风如故，丝毫无"恬"意，仍然说翻脸就翻脸，所以渡口特立一碑，上书"舟中人众休争渡，海上风高且暂停"两句话，告诫渡海者小心，千万不可麻痹大意。

另一个渡口是往南，过"对口溜"去板浦，名曰"南城石岸渡"。此"对口溜"西是"黑风口"，东是"大岛口"，每遇涨潮，风涛险恶，渡涉更难。清初顺治十八年，兵部尚书苏纳海等亲临海州勘察地形，才舣舟板浦，正待解缆，猛然黄风掀浪，黑雾弥空，竟胆战心惊而回，不再问渡。此渡之艰险自不待言。

此渡"岸上有过街楼"，楼额有"石刻'朝阳一镜'"。楼北有大佛殿在街东，有避风馆在街西，其街直抵水翰门，左右列肆。当时人云，南城"城形如凤"，此街与渡口为"凤首与凤颈也"。

康熙五十年（1711）年，黄河夺淮，泥沙淤海，整个云台山与大陆相连。石岸陷，过街楼亦倾，石岸渡遂废，恬风渡亦废。沧海变桑田，策马可至云台。但"海里"、"海外"之说一直留传到新中国成立，一些云台耄耋老人口中，至今也还有"海里"、"海外"的说法。

新浦第八工厂

在接触连云港市近代史料时，经常会碰到一个地名——第八工厂，比如抗战期间三元宫的抗日义僧就是被日寇抓到第八工厂惨无人道地加以迫害、杀戮的。但人们对第八工厂是什么厂并不是很清楚，下面就我掌握的情况略谈一下。

第八工厂，全称江苏省立第八纺织厂，简称新浦第八工厂，这个工厂建立在民国九年，厂长是海州秀才黄锦文，原址在今新浦食品公司的后面。第八工厂下设纺织、编织、漂染及事务四科，并有青年技工学校一所，共有职工三百余人。工厂生产的纺织品除棉布外，还能纺织绸缎一类的名贵高档细料，生产设备及工具主要是铁木机。

由于当时处于军阀混战时期，厂内常年被彼来此往的北洋军阀各派系的军队所侵驻，生产设备及厂房常遭兵痞们的破坏，严重影响了工厂的正常生产，所以没有几年便停产倒闭，后来连厂房也被群众拆毁。到民国十六年之后，第八工厂的一切硬件设施已荡然无存，只在群众口头中保留下一个地名。由此可见，人们不了解第八工厂的情况是丝毫不奇怪的，因为它存在的时间太短，毁灭的时间太早。

田横岛

中国历史上曾出现过许多英雄豪杰，留下了大量脍炙人口的传说，田横就是其中一位突出的代表。以他的名字命名的海岛，在全国就有两个，一说在山东省即墨县东北海中；一说即"郁洲"，在今江苏省连云港市东云台山一带。

田横究竟是个什么样的人物？他生前干了什么事？为什么人们争着用他的姓名？为了弄个明白，还是让我们看一看《辞海》吧："田横（前202年）秦末狄县（今山东高青东南）人。本齐国贵族。秦末，从兄田儋起兵，重建齐国。楚汉战争中自立为齐王，不久为汉军所破，投奔彭越。汉朝建立，率徒党五百余人逃亡海岛；汉高祖命他到洛阳，被迫前往，因不愿称臣于汉，于途中自杀，留居海岛者闻田横死讯，也全部自杀。"（见《辞海》第1671页）从此条解释中人们可以想象：田横生前是一位赫赫有名的贵族、军事家、政治家，一国之主；他曾领导了全国军民抵抗外来入侵者；他的部属是一群有觉悟的贤人能士、他所领导的军队是正义之师；他们为祖国而死将永垂不朽！

刘邦听说田家军从梁地逃到海岛，更加害怕，对群臣说，田横"今在海中，不收后恐为乱"。于是就派大将艾不作为使臣，前去说话。田横开始仍然不听从，不愿意归降汉朝，艾不看文的不奏效，就在齐军营寨前方筑城增兵，此城叫艾不城（因时间久远，只有地名和遗址）。田横从战略家的角度，眼看这样下去不利齐军，为了保护500将士的生命，他愿以牺牲个人的生命为代价去换取众人的安全，田横决定向艾不投降，获同意后带上二名副将随汉使往京城而来。快到洛阳的时候，他对副将说："横始与汉王俱南面称孤，今汉王为天子，而横乃为亡虏，而北面事之，其耻固已甚矣。"然后叫副将把他的人头交给汉使，使臣快马将人头送到天子面前，刘邦十分惊叹，立即下旨，封田横副将为都尉将军，发兵二千，"以王者礼葬田横"。田将军的墓圆好后，二位副将绕坟三周，痛哭一场后也自尽了。汉使再次报告汉王，汉王又派艾不直奔东海，召田横的500余。

田横作为王室成员，在国难当头之时，与其他成员带领将士抗击外来入侵者，屡战屡败，屡败屡战，说明他是一位杰出的军事家、政治家，战是为了保卫自己的国家与人民，降仍是保护自己的部下的生命，从举国兵力减少到三万人，最后只剩下 500 人，证明他所领导的军队是人民的军队，不是乌合之众，更不是叛军邪党。因而可以说，他们的死是为国捐躯，死得其所，其意义重于泰山。

因为田横他们死得壮烈，给当地人留下极其深刻的影响，人们采用各种方式进行祭祀，用他的名字纪念山名、地名，把他们事迹写进书刊，种种追悼活动延续两千多年。

张振汉与"云河"疏竣

连云港人千千万，谁了解张振汉？连云港河许多条，云河在哪谁知晓？

从新浦区云台乡东磊村"镜湖"泄洪沟右岸一直往前走，在妇联河的北侧有一户人家，要到这家去，你得经过一座简陋的小桥。沟渠不宽，不到两米，可桥板却不一般，其中一块石板与众不同，是整齐的长方形，上面刻的字密密麻麻，隐约可辨，很明显，这是一块石碑，长 222 厘米、宽 90 厘米。用清水刷去泥土、灰尘，碑右上首刻"浚云河碑记"，正文 11 行，每行 33 字，落款接在末行，为"丁亥仲秋月铜山张振汉记"，全刻 364 字，隶书。

张振汉，生于 1893 年。他随着中国近代史的发展，经历了满清末年、军阀混战、北伐战争、国民党行伍、红军万里长征、抗日战争、解放战争、新中国社会主义改造和社会主义建设的七十四个春秋。他的一生，是一个中华儿女的平凡的一生，是一个爱国军人赤诚的一生，又是蕴涵着人世间坎坷曲折、惊险传奇的一生。

原来张振汉是国民党中将师长兼纵队司令，是对红军根据地"进剿"最激进的国民党将领之一，奉蒋介石之命，于 1935 年 6 月 12 日，率其 41 师 4000 余人去湘鄂川围剿红军革命根据地，本想要"活捉贺龙"，结果反被贺龙领导的红二、红六军团红军活捉，后跟随红军长征。

他的一生与连云港有何关系？

1954 年经过八年的浴血奋战，中国人民终于战胜了日本侵略者。铁路北的滨海区党委指示成立海州市政府，铁路南的淮海区党委准备接管连云市，委派孙笃生为市长。与此同时，国民党反动政府却先派张振汉担任连云市首任市长，1946年初走马上任。此时的连云市，百废待兴，又正值解放战争巅峰阶段，这个市长怎么当？为国民党反动派效力，还是为劳苦大众着想？他的秘书长张仁建议，"未建新都市，且先劝务农；黄花香晚节，老圃淡秋容。沧海难言量，云山不计重；莫随潮起落，为政在中庸。"（此碑刻位于东磊龙王庙右前方摩崖上）张市长采纳了张仁的建议。何以见得？从碑文中可以看出，上任伊始，他做三件事：1.兴修水利。疏浚半度的"云河"，就是以张振汉在市农任之做出的一件大事。2.筑路架桥。3.办学育人。除此而外，他还做了一件惊天动地的大事，那就是"通共"。当国民党军队向解放区大举进攻之关键时刻，解放军紧缺燃油，张振汉得知后，便秘密安排一条船满载汽油出港驶往山东解放区，不料中途被国民党的海上稽查船发觉，他们上告国民党南京政府，这还了得，这明明是私通和接济共产党。南京政府急令张振汉去接受"弹劾"，张也明白，运油是事实，无法推脱，就来个"顺水推舟"，认个"管理失严"，提出引咎辞职。

新沂河

如今的连云港市，山清水秀，花果飘香，城市高楼林立，乡村沃野百里，好一派太平盛世景象！

然而，如果在300年前，与现在则完全不一样。那时的云台山还是海中大岛，孔望山与南城的西山之间是一片惊涛骇浪的海峡，叫"黑风口"。（现在仍然存在这个地名）作为直隶州州府的海州，只能算海边小镇。正如《江南通志》所载："海州之地，连山阻海……海州之界，三面环海。"（见《嘉庆海州直隶州志》第871页）

如果在100年前，整个新浦城区没有一条像样的街道，也没有一间像样的房屋，到处是荒草萋萋，小河大塘，一片泽国，现在的民主路那儿是当时的繁华地段，也仅是"茅屋星星，帆樯环之，而庙东则更荒冢累累，于蒿莱一望间而已。"（刘振殿《新浦天后宫记碑》）

即使到新中国成立前夕，处于沂河、沭河下游的鲁南、苏北一带，每遇雨季，山洪暴发，汪洋一片，农田受淹，人民生命财产受损，穷人到处逃荒要饭。据史料记载，1949年夏秋，洪灾再次暴发，雨量之大，水位之高，皆打破以往记录，灾情之重，为40余年来所未有。原淮阴地区（灌云属之）淹农田826万余亩，灾民约242万人，占全区总人口近一半。

面对如此深重的灾情，刚刚成立的人民政府，从中央到地方，首先想到人民的疾苦，考虑如何减灾、救灾。整沭导沂成为鲁南、苏北人民的迫切要求。为此，山东省人民政府成立沂、沭河水利工程总队，开始整治沭河；中共苏北区党委、苏北人民行政公署、苏北军区司令部提出导沂计划，先后经华东财委会和中央水利部批准，迅速成立导沂指挥部，组织人力，于1949年10月7日开始测量，11月25日，开挖新沂河的伟大工程全面动工，经过1949年冬、1950年春二个阶段工程，一条新的大沂河全部浚工，并于1950年夏5次泄洪成功，基本根治了苏北的洪涝灾害，连云港地区从此不再蒙受水患之苦。

硕　湖

2000年6月，灌南县进行区划调整，撤销了县城西郊的硕湖乡，将其所管辖的行政村全部划归新安镇。然而谁曾想到，在300多年前，那儿还是一个碧波浩荡、一望无际的大湖呢！

硕项湖历史悠久。据《嘉庆海州直隶州志》记载："硕湖，即硕项湖，在安东（今涟水）县西北一百二十里。"即在现在的灌南县硕湖乡境内。又据宋人乐史编著的《太平寰宇记》云：硕湖乡境内古有小城，秦始皇时，有童谣曰：城门有血，城当陷没。有一老媪闻之忧惧，每日往窥城门。门传兵缚之，媪言其故。门传兵乃杀犬以血涂城门。媪见血便走，须臾大水至，城果陷，遂成大湖。北齐天统中（565—569），此湖遂竭，西南隅小城余址犹存，绕城古井有数十处。犬血涂门城陷之说实属荒诞不经，但有一点可以肯定：硕项湖早在2000多年前的秦代就已形成，且在形成之前就有人类居住。

古硕项湖风景很美，可谓是水天茫茫，白浪滔天。湖中盛产鱼虾鳖蟹，湖滩长满菱荇苇蒲；湖面渔船辐辏，白帆点点；晚来灯光迷离，醉饮高歌，实为一大景观。怪不得昔日《安东县志》、《新安镇志》都将硕项风光列入本地的"八景"之内，予以收录。如清康熙三十七年（公元1698年）乔弘德编纂的《安东县志》，将"硕项清波"列为"安东八景"之一，其诗曰：

> 澄湖如鉴照苍茫，柳浪阴阴响桂楫。
> 乍雨乍云小米画，宜浓宜淡阿西妆。
> 蒹葭渐沥秋风爽，渔火萧疏午月凉。
> 拟买扁舟谢尘事，移家附藉水烟乡。

在文人笔下，其自然风光是多么秀丽。难怪那些士大夫们，在欣赏了硕项湖的美好风光后，竟发奇想：要卖掉田产，置办渔船，谢绝尘事，携家带眷，到风景如画的湖上来安家落户，以尽情享受水乡的渔民生活。

硕项湖的消失，要追溯到距今800多年前的金代。金天会五年（1128），黄河南迁，夺泗入淮。从此，汹涌澎湃的黄水，年复一年，从遥远的黄土高原上，携带大量的泥沙，逐渐堵塞了淮河的入海口。致使沂、沭、泗等水也失去了入海的流道，只得遍地漫流，最后都涌到低洼的硕项湖。在沂、沭、泗等水冲积物和黄河泥沙的多年填积下，硕项湖水面逐渐缩小。清康熙十五年（1676）黄河在安东邢家口和二铺口又决堤，经过黄水的再次漫流、沉淀，至次年（1678），硕项湖基本上被淤平，成为一片低洼的湖地。之后，间或能种植一季三麦。康熙二十四年（1685），南河总督靳辅为增加朝廷税收，将湖田丈入兴屯案内。共丈出湖田1002顷，派入各里，要农户按亩纳粮。但因湖地低洼，易遭水灾，农民苦不堪言。为根除水患，靳辅又在湖区修筑屯堤，疏通水道，"故耕作无虞，两税可供。"从此，浩瀚的大湖从地面上彻底地消失了。代之而起的是肥沃的土地和密集的农家。这真如古人所云：沧海变桑田啊！

现在，作为历史见证的硕湖乡虽然被撤销了，但是离县城西南10多里还有一个硕项村存在，它在告诉后人：曾是碧波万顷的硕项湖，其源头就在我们这里！

法灵寺

法灵寺位于灌南县张店镇的盐河西岸，它是唐朝四百八十寺之一，始建于唐朝后期，复建于宋至和二年（1055），由开山僧道佳建，明洪武二十四年（1662）命名为大慈寺。二十五年再次扩建，占地面积约 50 亩，有房屋 200 余间，有大佛殿、阎罗殿等主体建筑，规模宏大，格局新颖，号称"庙里庙"。

大佛殿居西首，廊檐用四根棱形石柱支撑。殿内正中神台上，坐着天宝、地宝、人宝三尊大佛，五彩金身的哼哈二将，手执钢鞭，两旁对立；大佛对面的神柜上，坐着天地水三官老爷，后面和东西山头，都有神台，上有十八罗汉、观光菩萨、催生娘娘等塑像，大佛殿顶端设有彩云，云头上有唐僧、悟空、悟能、悟净、白马等，云头西边设一座雷彦音寺，寺内有如来莲花坐像；殿内西南角有直径 1 米多的牛皮大鼓；东南角吊着 2000 余斤重的大铁钟。据说此钟是当年发洪水时，从上流淌来，被寺内和尚留住，其声洪亮，敲时能传音十余里。

阎罗殿在东院，称"后海岛"，用一道砖墙与大殿隔开，墙中间有月洞门，架设云曲桥，三步跨两桥，一眼观两殿。这就是"庙里庙"的由来。里边有托塔天王、三头六臂、四大金刚、狮鹿吼像，特别是十殿阎罗，在神台上吱牙裂嘴，凶神恶煞，门槛装有活动机关，游人一旦触碰机关，殿内顿时光线暗淡，阴森恐怖，阎罗个个伸舌眨眼，手舞兵器，向你刺来，胆大者，毛骨悚然，戛然止步，胆小者，回头就跑，甚至当场昏厥。可谓构造奇特，集宗教文化之大成。在宗教兴盛时期，大江南北，黄河两岸的善男信女们，到云台进香，路过此地，必到寺内游览观光。

今年的阳春三月莺飞草长，我再次来到天下名寺——法灵寺的遗址上，眼前横陈着一段棱形青色石柱，上面阴刻着"大唐将军尉迟恭监建"的字样，仿佛重现 1940 年"焦土抗战"的一把烈火焚烧该寺时的情景，顿生多少无奈的叹息。

北卤沟与百禄镇

灌南县百禄镇最早的名字叫北卤沟。在很古的时候，原是一片浅海，后来随着海岸线的逐渐东移，历经沧桑，变为滩涂。因其泥土中盐分含量高，故不能耕种，只能生长一些盐蒿和海英菜。

明代中叶，江南的一些富豪大户，依例被朝廷强制疏散到北方。时有苏州阊门朱、罗、戴诸姓，几经辗转，迁徙到此定居，为生存计，他们就地取材，用盐蒿搭棚以栖身，以海水煮盐出售来维持生活。他们将煮过盐的卤水倾倒在洼处，天长日久，就在滩涂上冲刷成一条又一条的卤水勾。其中有两条沟较大，源头南北相距八九里，都向东北流去，于灌河口汇合而入海。之后，人们为着生产的需要和生活的方便，陆陆续续从零散住地迁到大海旁边居住。遂在南北两条大沟旁边形成村落。人们称南边的村落叫南卤沟，北边的村落叫北卤沟。后来，南卤沟因交通闭塞，逐渐冷落萧条。而北卤沟近河靠路，交通便利，来此谋生者日多，成为淮北食盐的一个重要产地。

时至明末清初，北卤沟已不产海盐，人们只能在盐碱滩上扫些碱土，加水后淋出苦卤，再煮出盐来，这种盐人们称之为"小盐"，味道很苦，其经济价值很低。而新垦出的农田，又因碱性太重，几乎没有什么产出。故老百姓的生活十分困苦。清道光年间安东（今涟水）有一任知县来北卤沟视察民情，看到民众苦不堪言的样子，竟将原因归结为是名之不吉。他说："人在卤中，不腌死就算大幸，哪能不困苦呢？"于是就以谐音"禄"字取代"卤"字，将"北卤沟"更名为"北禄沟"。

清末民初，北禄沟的经济发展很快，外地客商纷纷来此，作坊商号多达百家，集市贸易日益兴旺，瓦屋楼房鳞次栉比，成为安东县的三大名镇之一，时有"南安（安东镇）北港（陈家港）中北卤（北禄镇），三镇鼎立名千古"之说。民国六年，涟水县知事（县长）唐树概到北禄镇公干，看到北禄镇逢集时万人摩肩接踵，深有感慨地说：北禄镇真是"百禄"啊！于是就以谐音字"百"字取代"北"字。将"北禄镇"更名为"百禄镇",寓百业兴旺,财源茂盛之意。从此百禄镇这个名字一直沿用到现在。

特区临时粮站

东临蔷薇河,西临海赣公路,交通便利的东海县浦南乡富安村,解放初这里曾有一个"特区临时粮站"。她对刚解放的连云港市的稳定和发展发挥了相当作用。

1948年11月初,党中央、毛主席又发动了摧毁蒋家王朝的决定性的淮海战役。在淮海战役刚拉开序幕时,新浦国民党驻军从11月6日开始大溃逃。山东滨海军分区从而放弃攻打新浦的计划,于1948年11月7日率部解放了被国民党掳掠一空的新浦,次日成立了中国人民解放军新海连军事管制委员会。12月12日成立新海连特区,同时宣布结束军管。

在飞快发展的形势下,粮草供应就十分紧迫的摆在了各项工作的前面。军管会急调财粮干部组建粮站。九日,赣榆县粮食局特派王德儒(原市粮食局长)等于十日夜来到新浦,十一日就与陆方成即去与新浦仅一河之隔的富安村,找到富安保长说明来意并看了房子,最后选定一处靠近大街进出方便、房子较多且自成家院的酒坊。清扫整理后,通过保长雇了七个临时工,并借来几杆大秤,特区临时粮站就算建立起来。这个站的任务是负责新浦至连云地区所有党政军的食粮供应和过路部队的粮食补给,粮食的调拨由军管会统一安排。站里凭军管会手续,按供应人数付粮,月底结算。

当时的粮站储粮条件是比较宽敞,但粮食储量极少,因为这里守敌的逃跑比我们估计的要早,意外情况的出现,给后勤准备工作带来了很大被动。粮站建立后,一边从山东日照、莒南老解放区调粮,一边从附近的解放区的滨海区、赣榆、东海农民手中预借公粮,支援新解放区。政府紧急号召农民预交公粮后,翻身后的农民热情高涨,在农村主要劳力和交通工具都为淮海战役服务去的情况下,老幼妇孺齐上阵,从数十里、百里外肩挑背扛、驴驮、小车推,日夜兼程,但上百人的送粮队伍送的粮食还不如一辆汽车跑两小时的。可以想象收粮是多么艰难。由于路途遥远、天气变化，时而发生粮荒，在万不得已的情况下，上级就决定就地借粮。

预征的公粮有原粮和加工粮之分，有粗细粮之分，是只记数量不计价的，交粮时，计量后只开给一个收据，留作明年交公粮的凭证。这个粮站同时接纳数县按户交纳的预借公粮，在历史上是少见的，自然形成了批多人多而粮不多、时断时续、忽多忽少、日夜都有、品种无所不包的现象，仅米类就有大米、小米、糯米、高粱米、棒子米；豆类更为齐全：有黄豆、黑豆、绿豆、豇豆、红小豆，还有一种从来未见过的长形豆，说是叫蛮豆，可惜这些花色品种，由于粮站条件有限，入库时除黄豆、黑豆留作马料外，其余豆类都混合存放。粮食的发放除用部分粮票、柴草票兑换外，多数领粮草单位凭军管会（以后为特区政府财粮局）手续领粮草，领粮草单位开个收条，粮站凭此到供给部门结账核销。那时粮站里都是散粮，没有像样的包装袋，由于领粮部队没有固定驻地，特别是过路补给的部队，都是整营整连，有时一个团上千人，粮食都是用猪大肠式的干粮袋，或把军裤的裤脚扎起来当袋子用。在人多的时候就采取现场对拨的方法，收的粮食不入库，直接交给部队和打开仓库任其装灌的办法。

客观条件决定了粮站工作必须不分昼夜，随到随办，一天24小时营业，夜间没有电灯、手电，只有小马灯；干部职工休息就是靠在墙上闭闭眼，根本没有床铺，每人只有一条不足2斤重的薄被，为了暖和，大都在草堆里挤在一起睡觉。吃的是小米、高粱米及其他杂面，很少吃面粉。虽然如此，也从没有人叫苦叫累。由于这个临时粮站的设置，给富安村带来了生机和繁荣。送粮的群众、领粮的政府机关单位和部队汇成一片，人山人海，生机勃勃。

随着市区的逐渐安定，生活走向正常，新海市政府在1948年12月12日建立，不久即在新浦正式建立了新浦粮站，工作一个多月的具有军管性质的富安"特区临时粮站"随即撤销。但富安村在1952年7月以前，一直是直属市政府的一个镇。

古镇桃林

东海县桃林镇是一个古老的集镇，该镇位于苏、鲁两省及新沂、郯城、东海三县交界处。公元1843年，清王朝海州府正式行文，桃林为镇建制，被誉为海州西乡第一大镇，商贸繁荣。油坊、酒坊、店铺、门市、小摊、商贩林林总总，购销两旺。

据传，桃林这个地方在很多年以前，有一片桃树林，故名桃林.桃林镇是在七埝古镇的基础上发展起来的。兴盛时期，镇上有前宫后宫及望海门等建筑物、构筑物。后宫的位置就是现在镇政府大院及酒厂大院的这块地方。

据当地老年人传说，清朝年间，桃林镇上有个叫马连甲的人，曾出任过安徽督军（相当于现在的军区司令员职务），因当年慈禧太后出巡安徽，马连甲保驾有功，慈禧便赐二棵桂花树给他，他便把这二棵桂花树送回家乡桃林种植。一棵叫金桂，开的是金黄色花，一棵叫银桂，开的是白花。现在桃源酒厂院内仅存一棵桂花树还活着。对于桂花树的来历传说，笔者没有去进行考证。

桃林镇在解放初期，还有不少石墙、青砖、小瓦的古建筑及一些传统民居。前几年，在酒厂院内还保留着十多间花格门窗、青砖、小瓦、粉墙、石柱子的古建筑。当年在桃林拍摄电影《血染紫晶》时，摄制组的同志还在这老房子里住过。这一组古建筑中，其中八间房子中，有五根檐柱均为石柱，其中二根石柱上刻着一副楹联："水曲竹林平野合"、"湖光山色半天开"。可惜这老房子已拆除。在八十年代初的桃林镇文化中心，也是一处古建筑，其中有二根石柱子为方形石柱，石柱上也刻着一副楹联："石间坐久云生处"、"花下吟成月上时"。

以上这些古建筑，都是粉墙、青砖、小瓦、坡屋顶，小巧玲珑，布局结构合理。石柱、石基础、石台阶都是就地取材，取用当地的马陵山上的褚红色沙岩。这些古建筑的建筑风格及建材极具乡土特色和地方风貌。这些古建筑是桃林镇的祖先留下来的。它是桃林镇建筑史、发展史的见证。

古镇桃林，仍是当今东海西部重镇，省重点中心镇之一。现今的桃林镇，镇容镇貌具有时代气息，各项建筑正面造型新颖美观。旧机动车市场、家电产品市场、小商品市场等专业市场销售兴旺，对地方经济的发展，起到了一定的促进作用。

双龙汉墓

2002 年 7 月 8 日下午，市博物馆的考古人员在海州花园路施工现场的一座汉墓里，先后发掘出了木牍、带玉饰的刀和剑，铜币等一批精美的文物。这是继 10 年前尹湾汉墓发现以来，本市考古界发现的规模最大的古墓。古墓是 7 日下午 3 时左右发现的，朐阳派出所民警与市文管会的工作人员先后赶到现场并对现场进行了保护。

经过清理，考古人员发现这座古墓里共有 4 具棺木，其中二号棺木的椁木盖板上刻有隶书"东公"两字。市博物馆考古部主任项剑云首先在南侧的四号棺木中发掘出一个体态优雅的木俑和非常精致的母子漆奁盒若干个，一大一小两只有铭文的铜镜和一支笄（束发用的簪子）。在一号棺木中，除了梳篦、铜镜等文物外，还发现了一只小巧的铜印。

备受关注的二号棺木打开后，项剑云和他的同事们惊喜地发现，除了毛笔、砚台、丝织物、铜镜、笄等文物外，还有镶着玉饰的刀、剑各一把以及若干片木牍，而且棺木主人的颅骨完好无损。三号棺木没有现场打开，被带回了博物馆。市博物馆馆长周锦屏告诉记者，从出土的文物来看，这是一座西汉中晚期的墓葬。

7 月 9 日下午，从市博物馆传出一条惊人的消息：8 日晚上从海州区双龙村汉墓里带回的三号棺木中竟然藏着一具保存完整的仍未腐烂的女尸。据目前掌握的资料，这是继湖南马王堆和湖北荆州发现汉代古尸之后，国内发现的第三具汉代古尸，尤其是在长江以北地区发现更是极为罕见。市博物馆的领导将此情况向省文化厅作了汇报，同时向国内著名的遗体保护专家请教，制定这具古尸的保护方案。

由于没有合适的容器容纳古尸，工作人员临时决定用建筑用的钢管做成一个长方形的支架，铺上几层塑料布，形成一个长方形的水池。然后在市第一人民医院病理科三名医生的协助下，在这个临时水池里倒满福尔马林，以便对古尸进行应急的防腐处理。一切准备就绪后，下午5时工作人员打开了棺内的顶板，呈现在人们眼前的是具完整的古尸。棺内积满了水，古尸身上裹着丝织物，仰面漂在水面上，露在外面的脚趾已经开始发黑，但脚趾头上皮肤的纹路清晰可辨。考古人员用事先准备好的一块工程蓬布小心翼翼地从古尸身体的一侧放入水中，然后将古尸兜住轻轻地抬出水面，再慢慢地放入一边的临时水池里，随即盖上一层脱脂棉，并浇上福尔马林。整个过程用了10分钟，经检查，这具古尸为女性。考古人员随后对棺内进行了清理，先后发现方形漆盒、竹笥、质地如新的梳篦、带皮绊的四乳铜镜、带笄的女尸头发以及一片字迹非常清晰的衣物疏（墓主随葬物品清单）。市博物馆馆长周锦屏告诉记者，这具汉代古尸具有极高的研究价值。

7月11日，女尸面世已经三天。关于女尸和墓葬的保护、出土文物的清理等工作正在紧张有序地进行着。盛放汉代女尸的临时水池上又盖上了一层遮光布，水池四周摆满了冰块，大厅里增加了一台柜式空调和干湿温度计，保卫人员24小时值守。上午，市博物馆的考古人员再次来到海州双龙村的古墓现场，核实墓口深度及墓坑丈距，同时对古墓与周围墓葬的关系作进一步考察。下午2时，副市长冯义专程来到市博物馆，察看了女尸的保护情况和部分出土文物。冯义指出，要尽可能地把原始资料保护下来，越多越好。

7月12日，省文化厅文物处副处长姚建平、南京博物院副院长奚三彩和该院考古研究所所长张敏来连，先后察看了海州双龙汉墓现场。专家认为这具女尸的出土是一个重大的考古发现。在察看其他出土文物时，三位专家对三号棺木里发现的衣物疏和二号棺木里出土的一把饰有精美图案的尺子表示出浓厚的兴趣，特别是对尺子上栩栩如生的人物、动物图案发出了由衷的赞叹。奚三彩提出，当务之急是要做好女尸的保护工作，尽可能地保持现在的状态，不要让它有所损坏，同时可以作一些调查研究，多方咨询，制订出科学的保护计划；其次是做好各种原始资料，如墓坑里的土、水、白膏泥、木头、骨骼等出土物品的收集、科学分析检测，为以后的进一步研究提供科学的依据。

7月13日，应市博物馆邀请，上海遗体防腐研究所研究员徐永庆于下午抵连，未来得及休息就实地察看了存放在市博物馆的汉代女尸。他认为，这具女尸完全可以长期保存，并具有相当的研究价值。徐永庆告诉记者，这具女尸体表形态基本完整，经过2000多年的时光，仍能保持如此之好，实属罕见，但局部如右腹部、头面部.肩部已有腐败迹象，这种迹象在开棺之前肯定就已发生了。记者就海州汉代女尸与湖南马王堆女尸、湖北荆州男尸的异同，请教了徐永庆研究员。他说，连云港的汉代女尸与后二者同为"湿尸"，但连云港汉代女尸整体都浸在棺液中，而后二者未有如此多的棺液，更令人称奇的是，双龙汉墓规模远远小于马王堆汉墓，能完好保存至今，简直是个"奇迹"。徐永庆研究员认为，保存此具汉代女尸宜采取"浸制"的方法，这样可以长期保存。

7月11日新华社江苏频道随即刊播了本报提供的相关报道。之后，新华网、人民网、新浪网、中青在线、光明网、中国电信——江苏音符等数十家网站陆续予以转发。新华社又向全国播发了文字通稿。从而形成了自汉代女尸面世以来的"传播高潮"。同日，新华社记者又来到市博物馆，就海州双龙汉代女尸采访了博物馆长周锦屏。

7月19日上午，考古工作人员在发现汉代女尸的海州双龙村境内的花园路施工工地上，再次抢救性地发掘了一座汉墓，出土了一批文物。此墓距出土汉代女尸的墓室不到4米。这座汉墓的顶椁板已经没有了，西侧椁板也已被挤得变了形，西侧棺木的棺盖早已裂开，是一座比较少见的南北向的墓葬。9时50分，考古人员打开了西侧棺木的棺盖，墓室里积满了水。在墓室东部的脚厢里，发掘出数个大小不等的木俑，在西侧棺木里发现一只小铜镜、一把已经残破的木梳和一串生锈的铜钱。在东侧的棺木中发现了一只稍大的铜镜，铜镜上的铭文清晰可见，还有已经残破的黛板和剑鞘、刀鞘，刀已不在，剑也只剩下剑格，此外还有一个比较完整的下颌骨。市博物馆考古部主任项剑云介绍，这是一座夫妻合葬墓，西侧是女棺，从男棺里的下颌骨初步判断，墓主的年龄较大。面对这两座相距甚近的汉墓，人们不禁产生这样的嶷问:两者之间会不会有联系？这还有待专家进一步考证。

7月22日上午，市博物馆馆长周锦屏在接受记者采访时表示，根据出土的龟钮铜印印文"凌氏惠平"可以确定汉代女尸姓凌名惠平。据周锦屏介绍，古代玺印大多有钮，即印背高起有孔可以穿带的地方。钮有各种形状，如螭、虎、龟、橐驼、马等，穿钮的带子称为印绶。在汉代，玺印制度制定得非常详细，诸如名称、质料、钮制、授色代表着哪一身份等级，都有严格的制度条文。而只有具有相当地位的人，才能使用龟钮铜印。近日，工作人员在清理二号男棺内出土的一串铜钱时，无意中又发现了一个方形的金属块，仔细一看竟然是一枚龟钮铜印，只是锈蚀严重，看不出印文的内容。近期市博物馆工作人员将赴外地，借助高科技手段解读二号男棺内的两枚锈蚀严重的铜印印文。届时，双龙汉墓男主人及凌惠平的身份以及其生存的准确年代也许会逐步明朗。

7月24日南京博物院院长徐湖平、副院长奚三彩、考古所所长张敏、文保所副所长龚德才，以及省文化厅文物处副处长姚建平等专程从南京赶到连云港，在冒雨察看了海州双龙汉墓发掘现场后，又认真察看了汉代女尸及出土的文物。并在听取了有关汇报之后，专家进行了认真讨论并达成了共识：前期保护工作做得非常精彩；对这具汉代女尸不可小看，它在江苏及华东地区是第一具，在全国也是第二具汉代女性湿尸，它出土的本身及将来要开展的研究，会为江苏建设文化大省增添精彩一笔；当务之急是制定出科学的、周全的保护方案，应尽快向国家文物局汇报，求得他们的支持，邀请专家共同完善保护方案。

7月26日，国家文物局副局长张柏、博物馆司副司长侯菊坤、办公室主任彭常新、文保司考古处处长关强在北京华北大酒店会见了市政府、省文化厅、南京博物院有关领导和专家。在听取了汇报后，张柏副局长指出:这是一个重要的发现，在我国湿尸发现不多，特别是华东地区。这么长时间，而且保存比较好是非常难得的，有重要的科学、历史价值。张柏强调：要进一步采取切实措施，确保在总体规划方案出台之前，女尸不能发生剧变；同时要抓紧时间，组织专家小组做好保护方案，要请国内最高级的科研机构、最好的专家，包括省内的科研、医学机构立即开始工作，制订出的方案及时上报文物局审批；此外，要根据方案做好经费的预算；对于女尸的长期的保护要和今后的展示结合起来，整体安排。

8 月 16 日海州双龙汉代古尸保护方案论证会在苍梧宾馆会议室召开，来自上海遗体防腐研究所、上海复旦大学医学院、南京医科大学、南京市公安局刑事科学技术研究所、南京博物院的 9 位专家和省文化厅的领导分别就汉代古尸的长期保护和今后的科学研究发表了看法。专家们一致认同了采用混合防腐液浸泡保存汉代古尸的方案和南京医科大学制订的综合研究方案。方案还对研究费用作了初步预算。此方案在细化、完善后将于近期上报省文化厅和国家文物局。8 月 13 日，根据网上照片，刑警专家赵成文教授复原出连云港汉代女尸头像基础图，是其继复原湖南长沙马王堆汉代女尸之后又一成功之作。10 月 30 日，市政府表彰了对海州双龙汉墓女尸保护作出突出贡献的先进单位。市政府发文指出，通过各级、各类新闻媒体的广泛报道，我市的对外影响得到增强，知名度得到提高。决定对作出突出贡献的市文化局、海州区政府、《苍梧晚报》、市博物馆、市文物管理委员会办公室、海州区公安分局朐阳派出所等单位予以通报表彰。

秦山岛

享有"江苏北戴河"之誉的赣榆县海州湾旅游度假区，风光秀丽，景色迷人。这里不仅有大片连绵起伏的优质沙滩和林深径幽的茂密槐林，而且在天气晴朗的时候，站在度假区海岸向大海深处极目远眺，能隐约看到两座并立浮出海面的峰峦，这就是著名的海上仙境秦山岛。远远望去，它酷似一位成年女性的双乳，故名奶奶山。后因秦始皇渡海登临其上，遂被人们称为秦山。

在一个风和日丽的日子，我们乘坐一只机动小木船向秦山进发。大约行驶了一个多小时，出现在我们面前的秦山岛就如一位睡美人仰卧在波涛起伏的海面上，同行的一位小姐情不自禁吟出两句唐诗："忽闻海上有仙山，山在虚无缥缈间。"弃船登山，我们在蜿蜒通向山顶的羊肠小道上爬行，一任那些低矮的山枣树和不知名的山花野草牵动着衣角，就像进入一个远古苍凉的神秘世界。在几百年前，这里不仅有屋舍俨然的庙宇宫殿，而且丛树翠竹之间隐居着一些人家，清代谢元淮在《游秦山》中写道："两峰仰并峙，一径容孤攀。琳宫久倾屿，鸡鸣丛竹间。"可惜现在山上的竹子早已绝迹，除了出海打鱼的渔民临时在这里栖身外，也没有常年在此居住的人家了。

站在秦山峰顶东望大海，但见烟波浩渺，海天茫茫融为一色，不时有各种大小船只在风浪中出没。秦山脚下西侧，有一条卵石小路蜿蜒向海岸方向伸去，海潮涨时看不到它的踪影，潮水落时这条卵石小路便露出海面，那些五彩斑斓的石子令人眼花缭乱。这条几公里长的石子路，就是有名的秦山"神路"，它如游龙潜伏海底，又似一条长鞭甩向海中，当年秦始皇就是从这条神路登上秦山岛的。明朝诗人董杳有《秦山》诗咏之："长生误听祖龙来，驱石洪涛辇路开。寂寂海灵残殿在，早潮去尽暮潮来。"如今我们虽然找不到海灵残殿的遗址，却在山的东侧看到了两块高约数丈、临海而立的天然巨石，像两位身披铠甲的武士守卫着秦山。据传当年秦始皇登上秦山岛后，派了两位身材魁梧的大将把守秦山东门，以防止海里的妖孽出来作怪。这两块被称为"大将军"、"二将军"的参天巨石如今依旧威风凛凛地矗立在那里，历经数千年的海上风雨而岿然不动。

秦山这座面积不足两平方公里的小岛，因秦始皇的到来而闻名海内。千百年来，它以独特的魅力吸引着一批又一批的游人前来访古探幽。明代匡翼之在《再游秦山》诗中咏道："吾生真欲访丹邱，不惮乘槎续旧游。古径竹深难见日，水乡殿晚易生秋。"随着赣榆县海州湾旅游度假区的开发建设，相信会有越来越多的游客到这座海上仙山来，尽情领略它的神韵和风采。

青口港

康熙十七年（1678）二月，奉旨开海禁。二十四年四月，准出海贸易。

二十八年四月，免江南沿海捕捞鱼虾及贸易船只税。四十六年五月，解除大船出洋之禁。五十三年三月，江苏巡抚张伯行请准编商、渔船保甲。五十六年正月，颁出洋贸易法，禁卖船于外国，违者立斩。禁带米出洋，各海船均需编号。五十七年，复禁海。

雍正三年（1725）再开海禁，七年复禁海，惟不禁采捕。九年，赣榆知县卫哲治请改海运漕粮为银钱抵折，解除青口商船出入之禁，以流通百货，便利百姓。

乾隆五年（1740），准青口开港运大豆去浏河。自此，青口海运畅通，商贾云集，有清一代，不复禁矣。

清初禁海，不但使赣榆沿海渔民谋生无策，乞食无门，而且使青口这个自元、明以来就是苏北、鲁南重要的商品集散地日趋凋零、民不聊生。惟自乾隆五年准青口开港后，海路南可畅达上海、宁波、福建、广州，北可抵青岛、威海、大连，大小船只，往来频繁，畅通无阻；陆路延至胶济线以南，津浦线以东苏北、鲁南各地，车载人担，驴驮马运，络绎不绝。出口产品以地产花生、豆油、粮食、山果、腌猪为大宗；进口业务以崇明布匹，福建、江西毛竹、木料和南洋百货为大宗，进出口贸易兴旺发达。开港后政局的相对稳定，吸引了各地客商接踵而来，在青口立号开店，投资兴业；本地商号也纷纷在外设立"客庄"，沟通信息，代办业务。短短几年间，青口商业迅速崛起，很快便在全国沿海口岸中形成了中有青口、南有浏河（上海）、北有牛庄（营口）的三口岸鼎立之势。此后直至民国初年的近二百年间，青口港年进出口贸易额尤其是花生、豆油的销量仅次于牛庄，在全国居第二位。可见乾隆五年的开港，对青口商业的繁荣振兴是何等的重要。

纪 鄣

纪鄣城，为春秋时代著名的古城遗址。在今柘汪乡林子村东，位于古游水入海口。其西南有赣榆县旧治盐仓城，此城早在秦汉之际的大海侵中沉没海底.清康熙七年郯城大地震，引起"海退三十里"，"城之西门故址犹可见"。

纪、郱分别是春秋时代的侯国和子国，怎么会挤到一个城邑中去了呢？这关系到纪郱这座城址的历史和演变。

纪的封地在山东。周初，纪的强族已由河南淇水流域分迁山东和江苏沿海。《左传·鲁隐公元年》（前722）已有"纪人伐夷"的记载，这是纪人由中原北上的最早记录。在东海之滨，首先侵占的当是比较弱小的郱国。郱国的初都在今纪郱。纪占领郱邑之后，郱成为纪的附庸小国，被迫北上迁于东平，郱邑改称纪郱邑，这就是"纪郱"之名的由来。邑，都也。

纪和莒为邻国，同为分封东夷的侯爵。建都计斤（一作介根），为莒国初都。地当在今土城乡大小莒城村。称之为"南莒"，后迁于山东莒县。

隐公四年（前719），莒公撕毁盟约，"莒人伐纪"。纪武公被迫离开纪郱邑，东流西徙，不遑宁居。终在周初封地今山东寿光县纪台村重新立国，图谋发展。《齐乘》所记："纪城，在寿光县南三十里，即剧城也。"正是纪国北迁这一史实的记录。《山东通志》："纪城，本在东海赣榆，后迁于剧，亦称纪城。"这是纪彰曾为纪国初都的史证。

鲁隐公八年（前715）："鲁公及莒人盟丁浮来，我纪好也。"虽由鲁、莒、纪重新结盟，但已经失去的纪郱城没有可能再归还纪国。这才有《左传·齐昭公十九年》（前603）的记载："齐伐莒，莒子奔纪郱。"莒公从自己的城邑——纪郱城中逃跑，这才符合史实。

纪国北上以后联合已其旧族，励精图治，开拓疆土，齐庄公四年（前550），"纪侯大去其邑"。纪国旧族，东北的令支，联合山戎，曾渡海伐齐救纪。齐庄公大举进兵。"北伐山戎，制令支，斩孤竹，而九夷始听"。从此结束了史料所载的有关纪国的历史。

从"纪人伐夷"到"莒人伐纪"，纪人在赣榆活动的时间只有短短的两年，所以地下有关纪国的遗存极少，只有一座"纪郱城"的邑名记述着这一段单薄的历史。而寿光却是纪的故都，五十年代迄今在山东黄县、胶东掖县等地都曾发现大量的"纪"国铜器，正是纪国在山东立国的遗踪。在某种意义上说，纪郱城应为南莒之故城。虽有"纪郱"之名，却早已属莒。所以《光绪赣榆县志》称"纪郱为南莒之故城"，其推论是正确的。

赣榆沙河庙会

　　沙河庙会，又称沙河信香庙会。过去，沙河西北处有座出名的信香庙。该庙规模很大，共有文昌阁、阎王殿、魁星楼等庙宇 50 余间，大小泥像 500 多尊。庙前建有一座凉亭式的戏楼，专供每年四月八逢会唱戏用。据说，信香庙和戏楼分别修建于明、清两个朝代。起初，逢会多为善男信女到信香庙里烧香求福，一般农民顺便到会上购置农具家具、交换牲畜。沙河庙会开始规模不大，直到清末民国初期，沙河商贸日渐发达，市场繁荣，沙河庙会才声名远播。当时有名的糟（酒）坊油坊达 18 家之多，有字号的店堂 80 多家。因此，沙河又素有"二青口"之称。

　　沙河庙会每年一次，从农历四月初八至初十，会期 3 天。由于沙河庙会起源早，知名度高，加之市场繁荣，无论过去还是现在，在全县当属第一。清末民国初，赶会的客商来自南北数省；会前数月，沿途客商络绎不绝。自农历二月，塞北关外客商赶着马群奔赴沙河；农历三月，山西、河北的铁器木器、苏杭二州的绫罗绸缎、上海的轻工业品、南北二京的日用百货以及安徽、山东的土特产品等运抵沙河，商品品种繁多，应有尽有。农历四月初七，所有摊点货铺均已摆齐待售。

　　四月八日天刚亮，四路人马像潮水般涌向沙河。上市的骡马有数千匹，粮食有百万斤，农具、家具有数万件，还有各种吃的、喝的、玩的……传说，新中国成立前有一年四月八庙会，天气炎热，结果赶会的人把有名的百碌泉、西大泉、北小泉的水都喝干了。

　　沙河庙会文艺活动丰富多彩。过去，逢会时有说书唱小戏的、有弹钢琴的、有耍木偶戏的、有玩花灯的、有赛马以及打拳卖艺的等等，真是无所不有，但京剧是主体。以沙河镇长胜京剧科班为主，组成戏班子，连唱 3 天大戏。庙前戏楼东西南三面远近都站满了看戏的人。有些富户人家的千金小姐、太太都是坐在事先搭好的棚子里看戏。难怪有人说，赶沙河庙会好像到了大世界似的有买又有卖，好玩又好看。

沙河人历来把庙会当成一个重要节日来看待。逢会期间，出门子的闺女要带回娘家赶会，新说成的媳妇要带回婆家赶会，在外打工的人要回家赶会，就连订婚、借贷还债等也要约定到四月八庙会这天确定。沙河人还有平时攒钱赶庙会买东西的习惯。四月八日这天，家家都要杀鸡宰羊买肉，做好美味佳肴，款待亲朋好友。特别是儿童们，听说要赶会都非常高兴。孩子们头一天晚上就睡不好觉，第二天早早起床穿上新衣裳，连饭不吃就拿着家长们给的几角钱去赶会了。

现在市场商品丰富，人民生活富裕，孩子们对赶四月八庙会的兴趣没有以前浓了。不过，农民们还是要赶庙会，顺便添置几件农具，像镰刀、斗篷、巴斗、杈把、扫帚、扬场掀等，因为麦收季节快要到了。

沙河庙会，在历史上的不同时期，为调剂市场余缺，沟通城乡市场，支援农业生产，促进地方经济发展起到了一定作用。近年来，小城镇建设日新月异，沙河集贸市场已由传统分散型集贸市场向专业化综合性市场发展。目前已建成粮食、青菜、海水产品、农机具、建材、服装布匹、日用百货、竹柳芦席、旧货、花鸟等20多个专业市场，成为赣榆西部最大的商品物资交流中心。

文峰塔

文峰塔位于赣榆县赣马高级中学校园的东南角，它是光绪年间长沙人徐树锷来赣榆做知事时修建的，1901年落成。

我国的古塔可分为单层塔、多层塔、密檐塔、崒塔坡（印度样式的塔）四类，不论其规模及形制如何，古塔都是安葬佛骨或僧人之所。到了明清两代，建塔已不纯系佛事，而常常是由于风水，认为自然界的因素，特别是地形或方向会影响人们的命运。因此建塔可以弥补风水上的缺陷，保佑人们福顺平安、考试交好运。赣马文峰塔的建造就起源于此。当年的徐树锷知事热衷地方文教事业，为激励后生求思上进，特于城东建造此塔，还亲撰碑文：东方青龙，卓此文峰，镇海龙耸，白虎降伏，人民和服，奕世赖福，宦锡显嵩爵，利民高攉，年盛大乐，据城临渊，亘古魏然，我铭永传。落款"光绪辛丑年冬，长沙徐树锷撰"。

文峰塔寄托了人们美好的祝愿，它成了赣马镇悠久文化积淀的缩影和象征。在文峰塔的南面曾出土大量周至汉的遗物，赣马也确曾出过不少文化名人，我国著名的教育心理学家朱智贤就出生在这里，《儒林外史》的作者吴敬梓随其父曾在此居住达十年之久。

文峰塔高 13.8 米，是一座四层六面的青砖结构多层塔，塔身上有飞檐翘角，但出檐较短；每层有三个门洞，各层门洞的方向相互错开。塔身自下而上逐层收小，塔刹也设有三层飞檐，顶部呈葫芦状。文峰塔虽没有过多的装饰，但却不失凝重古朴、简洁明快而又富有变化的特色。

值得关注的是，历经百年风雨的文峰塔已有了明显的倾斜，前来参观的人无不为其未来担忧，不过若能就此加固维修，保持倾斜状，那么"文峰斜塔"倒是一处别致的景观。

三清官

翻阅地方史籍，发现赣榆县历史上出现了几位著名的清官，他们清正廉洁的事迹堪为后人称道。

其一，北宋时的抗金名将胡松年，赣榆县赣马镇人，一生廉洁自守，不贪钱财。在他出任平江知县时，一到任就把兴利除害的十七件大事张榜公布在大街上，让百姓监督执行。那时迁升照例都有赏赐，而他都以"军兴费广"为由而拒绝接受。他结交朋友，招待宾客，每年的俸禄入不敷出。他的好友建议他留下点积蓄给子孙，而他不以为然地说："我在位的俸禄够开支足矣，何必留给子孙？子孙应自食其力，岂能让他们养成懒惰的恶习？"

其二，明代光禄寺卿裴天佑，也是赣榆县赣马镇人。他为官清正，生活俭朴如寒士，对民宽厚而执法如山。在他任大理寺左右丞时，一次巡案山东，有一死罪囚犯给他送万金贿赂以求免死，他叫人收下贿金立即充公，仍依法处决了这个死囚。他擢升光禄寺卿后，尽力革除存在的弊端，仅三个月便为国家节约二千余金，博得朝野的赞誉。

另一位赣榆县赣马镇人董志毅，在明嘉靖时先为翰林，后任琼州知府。他在任时两袖清风，刚正不阿，因而得罪了奸相贺申，被罢官回乡。他返乡时随身带着几只箱笼，有人以为是他在任时搜刮来的钱财，便暗地里告知贺申。贺申奏报皇帝，龙颜大怒，立即传旨派员前去查抄。钦差领兵将董宅团团围住，逐一将箱笼打开，见里面尽是书籍和当票。钦差问当票的来由，他告以全家生活拮据，多靠典当家中旧物度日。钦差看到董家吃的亦是粗茶淡饭，确知董志毅不但不是贪官，而是个廉洁自守的清官，遂奏报皇帝，龙颜欢悦，下诏要恢复董志毅的官职，而董坚辞不受。皇帝就钦赐他"清白世家"匾额，以示表彰。

上述三位赣榆历史上的名人堪称是清正廉洁的楷模，可他们何以能做到这点呢？因为他们有着忧国忧民的胸怀，矢志解民于倒悬。胡松年处于北宋末南宋初的动乱时代，北方强金入侵中原，南宋王朝偏安江左，他时怀忧国忧民之心，久抱御寇安邦之志，献身于抗金救国之业。他力主加强江防，选拔起用抗金干才，坚持跟金国傀儡刘豫斗争而捍卫民族利益，成为一代抗金名将。裴天佑不忍见到百姓处于苦难之中，对贫民饥寒交迫的悲苦生活境遇寄予同情，撰写了《鬻儿行》长诗一首，发出了"君不见，田间圩沟，饿殍枯骨无人收，草根木皮都搜尽，谁思拯救出奇谋？"的呼吁。董志毅仿《鬻儿行》，作《后鬻儿行》诗一首，长达一百五十一句，抒发他解民于苦难之意。

这些名人轶事可给人这样一个启示，凡忧国忧民者，必然能做到清正廉洁，受到人民的尊敬；而对国家与人民利益漠然置之者，则必然搞歪门邪道、谋取私利，以致违法犯罪。

洪　爽

赣榆县西部有一连串以"洪爽"命名的自然村，如杨洪爽、韩洪爽、圈子洪爽、时洪爽，这些村庄名，不要说在全市没有重复的，就是在全国也是绝无仅有。那为啥以"洪爽"作为地名？又有什么含义呢？

说来话长，这"洪爽"本是相当古老的部族名，是尧舜禹中舜的后裔，老祖名叫丹朱。舜派鲧到羽山治水，鲧光堵不疏，治水失败。舜下令，殛鲧于羽山，后来派大禹，禹接受其父的教训，疏导洪水入海，获得成功，鲧和禹都是丹朱的后人，也就是"洪爽"这个部族里有势力的一支。"洪爽"的"洪"是"大"的意思，"洪水"、"洪流"就是大水、大流。"爽"原来写法是"鸐"《山海经》中解释"鸐"是一种体形很大的神鸟。在我国古代神话中，神鸟的职责有着明确分工，有的负责驮太阳按固定路线飞翔，有的负责管四方生灵，这"鸐"是管理西边地方的神鸟，该部族的图腾也就以"鸐"作为标记，"鸐"部族，人多势众，单看这"鸐"就是四个"人"中间夹着"大"字，表明这个大氏族里有许多人，后来不知从何时起，图腾上的"鸐"画成像条大虫子一样，所以当地群众读"洪爽"，不念"爽快"的"爽"音，而是读做"虫"、"崇"的音，叫"洪虫"，这是古音的传承。

"洪鸐"在舜的氏族谱系中属于爽鸠氏一支，与况其的况鸠氏皆是舜的一支，在连岛苏马湾汉代界域石刻中就曾提到东海郡"东望无极（大海）。西达况其"。既然洪爽况其的老祖皆是舜，那么舜死后葬于苍梧应该是有可能的。我市学者刘洪石、王洪金两位先生力主"舜葬苍梧"，我老是不太赞同，总觉得应在湖南省，因为舜是用大象耕地的，笔者通过对赣榆洪爽这些地名的研究，加上洪爽南面不远的欢墩镇确是挖出过完整的象牙化石，笔者的看法有所改变了。

巴拿马万国博览会中的赣榆印记

一百多年前，在美国西海岸举办的一场国际性博览盛会上，来自江苏省赣榆县的两位手工艺人，分别以"麦秸团扇"与"柳婆罗"摘得了大会三、四名的桂冠。

在民国八年（1919）由县知事王佐良编修的《赣榆县续志》中，虽然记录了两项获奖项目的名称，但并未详载获奖人的姓名与籍贯。

在时隔一个世纪后，这场曾牵动亿万中国人的国际盛会虽偶有提及，但大多都集中在某些当年获得一等奖的国内知名品牌。而对于县志记载的这两则获奖项目，却始终未能展露其全貌。

史料中记载，公元 1911 年，此时正值第一次世界大战前夕，美国为纪念巴拿马运河竣工暨发现太平洋 400 周年，决定于 1915 年 2 月在北美西海岸的旧金山市举办"巴拿马太平洋万国博览会"。

而此时此刻，远在大洋彼岸的中国，在经历了辛亥革命的炮火洗礼后，一个新兴的资产阶级民主共和国就此诞生。1912 年 3 月，美国总统塔夫脱代表国会，向民国政府发出了参加巴拿马博览会的正式邀请。两个月后，即 1913 年 5 月 2 日，当美国政府正式承认中华民国北京袁世凯政府的合法地位后，时任临时大总统的袁世凯便下令，要求全国各省积极筹办参会事宜。

由于时间紧迫，加之赴赛事务繁缛，为积极推动筹备工作的进行，民国二年（1913）六月，由国民政府工商部成立的"中国筹备巴拿马赛会事务局"在北京成立，局长则由清末参加过美国圣路易博览会（1904 年）的浙江人陈琪担任。

作为当时中国经济排名第一的江苏省，在此次巴拿马赛会的筹备工作中也不甘落后。民国二年十二月十日，江苏省省长韩国钧签署训令，要求全省"六十县知事、省立各学校校长、省立各工场场长"成立"出品分会"，务必做好参会展品的申报事宜。次年元月，江苏省行政公署成立"筹办巴拿马赛会江苏出品协会事务所"及"巴拿马赛会事务局"。

经过一番仔细甄别与筛选，1914 年 6 月 14 日，由"江苏出品协会"举办的"巴拿马赛会江苏出品展览会"在上海南市陆家浜隆重举行。据 1914 年《中华实业界》第七期刊载的一篇题为《参观巴拿马赛会江苏出品协会笔记》中记载："自巴拿马河钜工告成，明年特开万国博览会于旧金山，中国政府亦允与赛征集全国物品。江苏物产文明（闻名）为诸省之冠，各县出品，种类繁多，现已征齐，运赴上海，再由上海审查毕，送至巴拿马赛会。此江苏出品协会之由来也。"

文中提到，此次"江苏出品展览会"共设八个主展区，分别涉及教育、文艺、园艺、农业、社会经济、工艺制造、机械美术、开矿冶金等多个品类，共 37000 余件。根据 1915 年第 621 期《江苏省公报》刊载的《农商部核定江苏各县筹备巴拿马赛会出品得奖等级比较表》中的统计数据显示,在此次展览会上,江苏(含上海)共有 462 件商品获得了赴美参赛资格,其中来自赣榆县张级千的"麦稽团扇"与徐蕴山的"柳婆罗(笸箩)"分别获得预赛第三、第四名。

经过评审委员会多轮投票最终确定,此次博览会中国共有 1211 件产品获奖,其中 62 枚大奖章、64 枚荣誉奖章、258 枚金牌奖、337 枚银牌奖、258 枚铜牌奖以及 227 枚鼓励奖,被授予中国代表团,"中国制造"第一次登上世界级的荣誉巅峰。

云龙涧

连云港有一座绵延百里的云台山。在大山深处,有一个美丽、神秘的深涧——云龙涧。云龙涧景区占地面积 16 平方公里,海拔 326 米,云龙涧有自然生态景观和人文景观 20 多个景点组成,其中有明朝顾乾描写的云台山三十六景中的"田横古迹遗址",有传说中的神泉、飞瀑、仙棋洞,龙王睡觉的龙床,小白龙游泳的白龙池,绝壁相映的大峡谷,灵气十足的小青龙涧等景点,涧中流泉飞瀑,怪古兀立,峡谷幽深,云雾缭绕。云龙涧四季流水不断,春时杏红柳绿,花香四溢,瀑流轻快;夏来绿荫围湖,山清水秀,莺飞燕舞;秋至红叶铺山,彩林满目,山水相依;冬袭雪裹山峦,冰瀑如玉,繁花似锦。神奇美丽的云龙涧设施完备,绿化良好,管理规范,是一座融自然风光、动植物研究、历史文化积淀和现代游乐为一体的综合景区,被称为江苏的"黄果树"、苏北的"张家界"。

历史悠久

云龙涧景区自古闻名,在明代《云台山志》中,"云龙涧"是"云台三十六景汲浪"的景致,因道路陡险而少人探及。前人来云龙涧观赏,由于攀岩困难,大多数只局限于在楸树林一带留连,在这里看飞瀑凌空,漱玉喷珠,留下了不少美丽的诗篇，像"岸草无春秋，岩花自开落"等佳句，就是对当年景色形象的写照。太史公在《史记·田儋列传》中精彩叙述的战国末年 500 壮士蹈海的葬身之地，以及明朝人顾乾在《云台山志》中记载："田横避兵于此，尚存古祠址，北环峻壁，南绕石城，其路仅通一线。"而闻名于世的英雄山岗——田横岗就坐落在此。历史上云龙涧是海边一个风景秀丽，渔人揽舟泊居的地方，古老部落方雷氏是他们的始祖。明清时期的大盐商方氏家族曾在此置地造屋修建方氏别墅，作为方氏家庭读书消暑、接客待友的地方，佳话流传至今已有三百年历史，挖掘这些史料，恢复金苏村作为文人墨客、商贾政要以石会友、以花会友、以茶会友的民俗民风浓郁的幽静文化山庄。

资源丰富

景区有木本植物 1700 多种，60 科 140 属；野生植物 185 种，480 属，980 品种；菌 5 目 12 科 83 种；蕨类 76 科 23 属 30 种。其中珍稀物种有：太行铁线莲、大叶阳颓子、腺齿越桔、楸树、银杏树、楸树林等。楸树的表现特征为节间均匀，中有一条碧绿色纵纹，被竹竿金黄色包围，主要分布在景区步游道周围。还有两棵 1300 多年的银杏树，6 个大人手拉手才能拦得过来，史称"巨无霸"，当地人称为"神树。"排名全国第三、江苏省第一，树高 19.8 米，干周 9.3 米，生长在崇善寺院内。景区龙泉涧秋冬上空大雁成排飞翔，壁上白鸟飞满，还有猪獾、果子狸、刺猬、山狸猫、猴子、蝮蛇（红、白、灰三种，当地俗称秃尾蛇，是剧毒蛇）。

游览便捷

龙涧景区位于连云港开发区东南金苏村，距开发区 1.5 公里，连云港港口的西南方向，距市区 20 公里、港口 11.5 公里、市经济技术开发区仅 5 公里，游览交通十分方便。云龙涧景区内有自配停车场地 2 个，总面积达 10000 平方米。有车位 180 个，能满足景区旅游高峰期的停车需求。

云龙涧景区已形成多回路、互通的景区游览道路系统，所有游客进入景区都能最大限度的观赏山水风光，景区内所有游步道均为天然石材、木栈道等生态材质建成。

游步道亲水线路：景区入口—摩崖石刻—双崖—游艇石—浪击石—仙人桥—龙门瀑—狐仙洞—百年红杏王—鹰泉坝—善缘堂—神泉—飞泉瀑布—齐王田横及五百壮士遗址—云中大佛。

登山线路：景区入口—摩崖石刻—双崖—游艇石—仙人桥—浪殼石—百年红杏王—鹰泉坝—善缘堂—白龙峡谷—剑劈—楸树林—情人树—虎眼—天生桥—白龙潭—兵营遗址—田横墓—云中大佛—飞泉瀑布—神泉。

云龙涧景区内游步道均沿主要游览线设置，游步道两侧绿树成荫，花草相映，漫步游览，鸟语花香，游人置身其中，不仅可以亲近大自然，呼吸清新空气，更可以欣赏云龙涧的山水美景。

田横遗迹

太史公从田横和五百壮士的故事里总结出高节与义气，表明一种乱世不屈的精神气概，史至今天仍备受后人敬仰。田横岗东西北三面俯临大海，绝壁深渊，无路可攀，沿南边鱼脊小道，可谓军事重阵。时经两千多年，当年用石块砌成的城墙蜿蜒向东延伸400余米，依旧十分坚固，虽有残破，依然显示当年风骨，城墙中间留有一米多宽的山门，是田横岗通向其它山峰的唯一通道。田横知道自己收复齐国已经无望，命也难保，还担心手下五百壮士未来，他有力无处使，有话无处说，于是他拔剑用力劈像山崖，一时之间，山崩地裂、响声震天，将山崖一劈两半，后人取名剑劈。

岗上有四个营寨，左、中、右、前，分别垒城防守。中营在岗顶，可俯视各寨。有四条山径通向四寨。古岗正中有一建筑遗址，原为"田横祠"。遗址东侧田横墓，墓旁留存已经风化的石碑，文字模糊不清，但齐王田横清楚可见，是明朝所立。真正让田横感动苍生、震撼九州的是《史记·田丹列传》中的农民起义领袖田横在刘邦称帝后，将到洛阳招安，他手下忠心的500名战士为他送行的情景。1928年开始，悲鸿除了去中大教课外，全力创作取材于《史记》田横故事的大幅油画《田横五百士》。意在通过田横故事，歌颂宁死不屈的精神，歌颂中国人民自古以来所尊崇的"富贵不能淫，威武不能屈"

的品质，以激励广大人民抗击日寇，田横五百士这一惊天地、泣鬼神的艺术形象从此传遍全球。

传说五百壮士就义后灵魂一直不散，一到阴天下雨，满山回荡奇异的战马嚎叫、兵器打斗的响声，因此感动了上苍，特赐一口大棺材收敛五百壮士魂灵。据说当时这口棺材本在海水下面，退潮以后才能看见，棺头向上，棺尾朝下，人们还惊异的发现，不知道什么时候上千吨棺材居然调过头来，老人们都说，在海水退去以后齐国人思念家乡，500壮士灵魂都是因为瞭望家乡棺材才掉过头来的。

双崖相依

两块石崖，讲述一段辛酸的传说。在很久以前，有一对孪生兄弟，父母早亡，跟随爷爷奶奶相依为命，依靠打猎为生，久而久之，兄弟俩不知什么时候开始，能听懂鸟语了，在某年农历7月15前后，他们听到俩鸟在对话，说午后有暴雨，并有山洪海啸，俩兄弟一听，坏了，赶紧回家将此事告诉爷爷奶奶，老人家叮嘱他们千万不能说，否则你俩就变成石头了，但是俩兄弟心软，他们想到山下住着那么多的百姓，如果不及时搬离，就什么都完了，于是他们跟爷爷奶奶说："只要能救下山下老百姓，我们兄弟俩变成石头也值得"。于是他兄弟二人将爷爷奶奶安顿在山的顶峰，就赶紧下山通知百姓迅速撤离，俩兄弟和村民关系很好，在他俩说服下，村民挨个撤离，俩兄弟看着村民安全撤离了，本想赶紧回山顶跟老人会合，谁知，刚走到这个地方就走不动了，眼看着自己在慢慢变成石头，于是他们就紧紧依偎在一起。洪水过后，爷爷奶奶往山下看去，只见一片汪洋，隐约看见这块巨崖相偎，非常难过，经常不吃不喝，之后也变成了石头。后人为了纪念和感谢这爷孙四人，分别为他们取名"双崖"和"双石人"。

狐仙神洞

狐仙洞是天然堆砌而成的石洞，洞内冬暖夏凉，洞外潺潺溪流，据说，在明朝初年，张生上山打柴，只见湍急的流水中有一只白狐已经无助地被大水冲下石崖。张生见状，来不及多虑，奋不顾身跳进水流中救起了白狐。有一天，他打柴回到洞里，只见石桌上摆满了热气腾腾的菜肴，环顾四周，空无一人，打那以后，每天都有现成的佳肴等着他，他很好奇，于是，有一天他走到半道回来，发现洞内有一位天生丽质、身材纤细的女子正在做饭。后来，这段美好的恋情被老狐狸发现了，老狐狸为了让小狐狸得道升仙，再不许她和凡人交往，还狠心的要把张生点成木头，就在狐仙伸手点向张生时，狐仙姑一个箭步冲过去护住张生，霎时，他们两个就一起变成了木头，他们的恋情感天动地，经过千年化茧成蝶，终于长成了今天的情人树！

对面山头有一只蛤蟆张着大嘴面向狐仙洞，这就是传说中的"癞蛤蟆想吃天鹅肉"典故，据说当时这只雄性蛤蟆就住在狐仙洞的对面，眼看着仙姑漂亮、贤惠、聪明、能干，就整天垂涎三尺，调戏仙姑，狐仙又气又急，一天早上蛤蟆又张大嘴准备调戏的时候，狐仙姑用手一指，将蛤蟆变成石头，从此，这只蛤蟆永远就只能张着大嘴坐在对面的山头上眼馋了。

半眼神泉

云龙涧有个半眼神泉，传说某日，姜子牙与张果老边拉家常边下棋，姜子牙说口渴，要去找水喝，张果老顺手一指，指地成泉，手指头用力过大指斜了，就成了今天这半圆形的神泉了。这眼泉水，四季不干涸，无论下雨或者干旱，泉水水位不增不减，而且冷热恒温，人们都说，这是神仙造化，送给人间的最珍贵礼物，才会如此奇特，所以称之为神泉。当地百姓都来打神泉的水来喝，说可以治百病。大家如果觉得口渴，可以拿瓶子到这里取泉解渴，这可是大自然所酝酿的甘露，真正的天然矿泉水。

神龙传奇

传说云龙涧是龙戏水玩耍的地方，为了不让路过的行者吓到，就变成英俊潇洒的少年来潭里游泳。有一次，龙又来洗澡，不料发现一个妖怪正在强抢民女，小白龙挺身而出，解救了民女，结果惹怒了妖怪，妖怪使出全身魔法，把善良的龙折磨得死去活来，遍体鳞伤，昏倒在地，老百姓得知后，纷纷赶来救护他，给他采药敷伤，龙终于得救了，经过若干年的日月蹉跎，小白龙终于长大成为远近闻名的东海龙王，当地百姓特意修了一座龙王庙！据说，自从修葺了这座龙王庙，山上的干柴火随处都可捡到；地里的庄稼总是耕耘有收获；海里河里的鱼虾总会让归家的农夫渔夫满意而回；云龙涧的草药随手都可采摘。

也有老人讲小青龙和小黄龙生下了小白龙，王母娘娘大怒，下令将刚出生的小白龙压入深潭，将黄龙和青龙捉回天庭，硬是让东海后退 20 里，从那时候起，这里就变成了陆地，东海龙王的辖区也缩小了。黄龙被捉回天庭后，日夜思念儿子小白龙，整天不吃不喝面黄肌瘦，各路神仙见状，又跟王母娘娘说情，于是王母娘娘下旨允许小白龙在每年农历的六月初三上天庭探望母亲。从那以后，每年农历六月初三天刚亮，天气不论多么晴朗，人们都会看到白龙潭上空白云缭绕，雾气腾腾，早饭后才会雾散天晴，所以老人们都说，那是小白龙驾云上天探母。

云中大佛

"云"是云龙涧奇景之一，春夏秋季节，雨后初晴或是地气上升时节，山谷里腾云驾雾、云蒸霞蔚，云雾交融涌入山谷，变成浩瀚无边的"云海"，波澜壮阔，一望无边，有的洁白如絮，有的静如磐石，有的吞云吐雾，有的翻滚如潮。凸出的大佛，像似从天而降，在汹涌澎湃变化多姿的云雾中忽隐忽现，悬浮于"云海"之中，把祥瑞施于人间。云中大佛高达 12.8 米，重 150 吨。

云龙涧自然风光随着古文化的广为传播，有"万古长空一朝风月"的意境，每看一处都是精品，都有深刻的文化内涵，每走一步都可以感觉到这里太神奇、太神秘，山间怪石似人似物、似鸟似兽，神态各异、形象逼真，尽显云龙涧的美丽和奇妙，它将神秘原生态自然景观与博大精深历史文化完美融合，构成一幅天然山水与历史和神话相和谐统一的壮美画卷，令游客流连忘返！

房山石佛寺

东海县房山有座石佛寺，坐落在主峰和北峰之间的山洼里。三间前山门两侧是四大金刚塑像，三间后大殿供奉着三尊石佛。

相传石佛寺建于唐代石花县沉没之时，这三尊石佛是三个老龟一夜之间从石花县城即现在的青伊湖里驮来的。原来，老龟打算连夜爬回石花县再去驮其它佛爷的。因为老龟行动缓慢，加上相传石花县城里的孝子出城迟了，耽误了它们的行程。还相传，当年山前一户姓金的人家请堪舆先生给老人选中了墓穴。第二天孝子起早来看时，只见三尊石佛已在墓地登位，还有一只老龟还在慢慢腾腾地向西边山下爬行。孝子大喝一声：看你哪里去？那老龟被吓得头一缩蹲下就不走了。到天明时，石花县已沉浸水中了，老龟再也回不去了，就变成了石龟，一个留在兴谷村的头朝南，一个留在桑墟街的头向东，各自独处。

后人为三尊石佛修了个寺院，称三佛寺，又叫石佛寺。因神话传说渲染，长期以来香火极盛。寺院毁于 1948 年战火，三尊石佛尚在，只是石佛的头像在"文革"中遭到了破坏。

南天门

南天门是花果山竹节岭上关帝庙的南门，它居高临下，置身云雾。犹如登天之门，是花果山上一个重要的景点。

关帝即关羽，东汉末年至三国时期刘备手下的一员大将，他在身前及死后若干年并不出名，到了宋朝以后才逐渐有了点名气。一部长篇小说《三国演义》使关羽名声大振，历代封建统治者看到这位集忠、义于一身的关羽对臣民具有教化意义，因而极力推崇之。明神宗加封关羽为"协天护国忠义帝"，使关羽从一名武将变成了人间的"大帝"，成了朝廷和民间供奉的神明。甚至佛教、道教也把关羽拉入法门成为护法神。自明代之后，这关帝就成了广大百姓崇奉的"武圣人",达到了与"文圣人"孔子平起平坐的地位,出现了一个城里武庙、文庙并存的现象。

作为海内外名山花果山,其最早的建筑是三元宫,它"发迹于唐,重建于宋,敕赐于明",原名"三官庙",庙里供奉着天官、地官和水官。明万历十五年三元宫大修时,作为附属建筑的关帝庙也一同被构筑,内奉武圣关公。关帝庙又称武安宫。不管是三元宫还是武安宫,它们都是长期封建社会制约下的农民对天地神灵与祖先恩赐护佑的寄托。关帝庙北倚峻岭,南临孔雀沟,一年四季云烟不断,也引起了历代文人墨客的青睐,清黄申瑾《云台二十四景》将此作为一景,名曰:"云护天门"。道光年间陶澍亲题"高镇南天"四字悬于门额,后来由于天灾人祸,关帝庙逐渐坍塌,如今只剩下孤零零的南天门了。

门,是中国古典建筑中的重要部分。依据建筑性质的不同,门有多种表现手法和设计风格。它是地位和尊严的象征,也形成了不同的审美趣味,南天门高3.5米,宽1.3米,由门顶、门额、墙体和拱形门洞组成,青砖结构,门前有十余级台阶,顶部采取了中国古典建筑中规格最高的歇山顶,墙体上附着浓密的攀墙植物,整个建筑既庄严厚重又和谐朴实。

南天门一词最早出自于道教术语,它是指人间通向天国的门户,所以全国的许多名山,尤其是道教名山都有南天门。花果山上的南天门还有不一般的意义,它与三元宫、猴石、娲遗石等一起孕育了不朽名著《西游记》,为神通广大的悟空提供了调兵遣将、大闹天宫的重要场景。南天门浓缩了历史与现实、宗教与神话的多重文化意蕴。

六神台佛造像和大云寺

灌云县伊芦山,自然景色秀丽,是游览的好去处。这是在唐代便被相中,并建了佛教设施。

伊芦山第一峰东、钟鼎以西、海拔109.8米处,有一稍经加工的天然洞穴,洞内有佛教造像6尊,刻在窟内东壁,高浮雕,其中5尊坐佛像,一尊力士像。像高均在 50 厘米左右，保存尚好。群众俗称六像为"六神"，"六神台"即由此得名。摩崖造像在六神台东侧，共 36 尊，有坐像，有立像，像的头部有"八"字形凿槽，沿槽有方形小洞分布，说明像上曾有棚式建筑。经专家考证，六神台佛教造像为盛唐时期的佛教艺术遗迹。现为江苏省文物保护单位。

山上有造像，山下便会有相应的建筑，而且也是建自盛唐。

伊芦山六神台西北距海州古城七八十里。由此想到清《嘉庆海州志寺观》："大云寺，《陈志》（明陈宣《隆庆海州志》）：'州治东八十里。宋嘉祐三年开山僧了空建。'"此志《金石》门李邕（海州）《大云禅寺碑》后注明，"此别一大云寺也。"

伊芦山六神台下有佛教建筑，就是宋嘉祐三年僧了空建（或修建）的实为盛唐时建的大云寺。理由有二：一是武则天指使僧人伪造《大云经》的同时，在洛阳龙门广建弥勒像，为她称帝制造神学预言。唐高宗永徽年间至武周前，在洛阳龙门进行了空前的开窟造像活动，其中以奉先寺大卢舍那像龛为主要标志。此外还开凿了敬善寺、惠简洞、万佛洞等。武周时期开凿了极南洞、净土堂和摩崖三佛龛。开窟造像活动逐渐扩大到龙门东山，开凿了大万五佛洞和看经寺洞等三四个大型洞窟。伊芦山造像六尊高浮雕都在石窟内，佛像的神态等皆与洛阳龙门万佛洞阿弥陀佛像大致相同。这绝不是偶然的巧合，是明显的时代特征，或是开凿的定式。二是陈宣《州志》所言"州治东八十里"。其时云台山还在海中，如若是正东方向八十里，其位置在今台南、徐圩盐场一带，其时尚在海中，不可能。故此"八十里"非准确的方向，而是大致的方向。伊芦山在海洲古城东南偏东，称东出入不大，群众也习惯称此为东。明时从海州至伊芦山，要渡过海，经板浦，至伊芦，水旱路计八十里。

伊芦山佛教摩崖造像在雕成后一百余年后大部分被毁。唐武宗李炎好道术，相信道士赵归真，酿成会昌排佛事件，即佛教徒所说的"会昌法难"。专家考证，六神台 6 尊佛造像东的 36 尊造像头部被凿，源于"会昌法难"。因六神台势险难攀，故六像得以保存。寺庙自然也不会逃过这场劫难。所谓北宋嘉祐三年了空建的仍名之"大云寺"的佛教建筑，就是建自盛唐毁于"会昌法难"的伊芦山大云寺。

千年海清寺塔

海清寺塔坐落于美丽的花果山脚下，据塔内西壁《海清寺塔柳峦记碣》记载，此塔建于北宋天圣元年（1023），竣工于天圣九年（1031）。

塔高 40.58 米，仿楼阁式，纯砖结构，九级八面。南向，于四正向辟门，其余外壁隐出直棂窗。各层间虽有外檐，都很短。底层为迭涩式腰檐，二至九层为平坐式迭梁腰檐。整个塔身轮廓，呈曲线收杀，端凝柔和。塔体外壁与塔心柱体连以迭涩砖层，构成各层走道。塔心柱内设梯级。建筑结构合理严密，风格雄浑凝重，与河北定县北宋咸平四年（1001）所建的开元寺料敌塔被称为宋代南北两巨构。

塔建在山麓台地的斜坡上，1668 年莒南 8.5 级大震，波及此地，海州城十倒其三，此塔却巍然屹立，悉知塔第一层门额四字镌刻："根深固蒂"。

金、南宋、明、民国时都常对此塔作过不同程度的局部维修。1974 年国家拨款进行彻底修缮。修复中，在修补第一层砖梯时，发现踏步下有一方形砖室，室内平放一处有精美浮雕的石灰石函，函内有铁棺，铁棺内有银棺，银棺内有金棺，金棺内有阿育王的"灵牙"—实为马的第三臼齿化石；还有一精美银匣，银匣内的琉璃瓶里盛着两颗"真身舍利"一小米似的晶莹剔透的石英石。同时出土的还有鎏金小铜佛、铜兽等几十件文物。海清寺塔因其后面原有一座海清寺而得名。塔后的海清寺早已不存。重修后的塔雄峻地立在群山环抱的云台山麓。"上观，似从天降，回彻清霄；下看，似从地涌，宝堂连海。"（《海清寺塔柳峦记碣》）远看塔比山矮，近看塔比山高，十分奇妙。有人说是"山拜塔，塔拜山"，也有人说"山不压塔，塔不压山"。从不同侧面述说山与塔的关系。其实，山与塔是相依相偎的。无塔，只是苍莽群山，不见深沉的文化底蕴，单调乏味；无山，唯余孤寂之塔，失去层峦叠嶂的依托，气势全消。山塔依偎，山抱塔，塔倚山，底蕴深沉而气势恢宏，气象庄严。

凰窝全真庵

高公岛凰窝游览区入口处的涧沟北边有一处明代的道教全真庵遗址。"全真庵"三字刻在一户人家后边的大石头上。石头的西侧还有一处诗刻，虽然字迹模瑚，但仍可辨认，诗曰：

海曲山峨洞府低，篷台兰苑海东西。仙人玉女时游集，不让桃源过客迷。

此诗署名"长春师父作"。这长春师父是谁？是什么时候的人？这里还有一段有趣的传说。

与凰窝相距 25 里的南云台山东侧中云乡内有一山庄名隔村。这里田土肥沃，山林清茂。明代时山上有一座长春庵，如今遗址尚存，并有"天下第七十一福地"的石刻立在那里，可谓是神仙居住的地方了。长春庵到了明代由"里人吴莹重修立"。吴莹与长春庵附近的吴家园林"即园林"的主人吴世晦都是《西游记》的作者吴承恩的本家。因此，这道家仙境也是吴承恩常来驻足的地方。

长春庵里隐居着一位秀才名叫邱楚基，这个名字与元初道士邱处机的名讳音相同，但用字不同。元初的这位道士邱处机曾随元太祖忽必烈西征，他的门人李志常记载了这一段游历，书名曰《西游记》。邱楚基在长春庵住修多年，成为长春庵主人，人们习惯称邱楚基为"长春师父"。这位长春师父与著有神魔小说《西游记》的作者吴承恩过从甚密，交谊深厚。邱楚基在一年春天写信给吴承恩，邀请吴来云台，长春师父的殷勤邀请，吴承恩便从淮安打铜巷内又一次来到了长春庵小住。友人相见，谈诗论道，游山玩水，好不逍遥。

一天，长春庵接到凰窝全真庵全真道人的来信，邀请邱楚基和吴承恩去凰窝游玩。两人接信后兴致勃然。先来到云山的老君堂，然后过虎口岭从宿城的乌龙沟顺虎大涧到凰窝。一路上翻山越岭，打蛇驱狼。听长春师父讲风光传说，看云台山奇峰异洞。来到全真庵后，全真道人热情接待。经全真道人介绍，吴承恩方知宿城乃陶渊明笔下的世外桃源，方知东海龙宫就在这东边仅有咫尺之遥的大海之中。吴承恩这一次来全真庵真可谓不虚此行，他游老君堂登平顶山，钻裂石探莲花洞，酝酿了"平顶山功曹送信，莲花洞木母逢灾"的故事。经李庄仙人洞，过万株野山柿林，听大蟒蛇的传说，构思出"拯救驼罗禅性稳，脱离污秽道心清"的故事。醉游滴水崖，戏浪凰窝滩，听小花鞋的传说，闻老龙王的故事，构思出"石猴勇跃水帘洞"和孙悟空大闹东海龙宫的故事来。

两人玩了数日，临走时全真道人请吴承恩和邱楚基留下墨宝，二人欣然命笔，吴承恩提笔疾书：

烟霞散彩千株柏，日月摇光万节篁。门外奇花铺锦绣，桥边瑶草放幽香。

石崖突兀青苔润，悬壁高张翠藓长。细看全真仙福地，灵台方寸赛天堂！

长春师父拿起笔来题了一首前文所述的七言绝句。众人喝彩毕，送二人归去。回到长春庵，吴承恩又将沿途所见所闻写进了他的那部华彩灿烂的神魔小说《西游记》里。而全真庵的全真道人则请石工将两首诗刻在全真庵周边的石头上。如今长春师父的刻石尚在，而吴承恩的诗刻却因采石而被打掉了，成为千古遗憾！

关中村

在云台乡驻地凌州村的西面，现分为前关和后关两村，顾乾《海州志》载，这里是蜀汉刘备夫人的故里。糜夫人的两个哥哥糜竺、糜芳都生长在这里。糜氏祖世贷殖经商，家有僮客万人，赀财巨亿。《搜神记》里还讲了一个糜家的故事。说糜竺有一次从洛阳归来，途中遇一妇人，要搭糜竺的车子，糜竺把她带了一段路。她要下车，并告诉糜竺说："我是天使，要到云台去烧糜竺的家，感谢你好心给我带路，所以相告。"糜竺请她高抬贵手，她说："不可，我可以慢走，你可快行，明天中午火定起。"糜竺听了，快马加鞭，急速到家，布置家人，尽块搬出财物。到了中午，果然火起。糜家赀财遂保。吴铁秋《苍梧片影》载：糜竺性喜赈恤死。后汉建安六年（179）刘备兵败徐州，后来此，糜竺出宝物车服，黄金亿斤，骏马万匹以助。刘备赖此复振。

后麋竺把妹妹嫁与刘备，刘备就在这里招亲。后刘备做了益州牧，人们都叫他刘益州。明代把麋家故宅－也就是刘备招亲的地方，搞起一座纪念性建筑，称为"益州院"，这"益州院"久已倾圮。目前的前关小学就建在"益州院"的原址上。前关小学院内，有一口古井，井崖的石头上刻有"麋竺井"三字。传说当年麋家吃用都是这井里的水。古"益州院"的门额刻石亦尚存，和这口古井都是市级保护文物。

关中村不光"益州院"这一处古迹为人关注，这里的山光水色也别具特色。顾乾把它作《云台三十六景》之一，名为"水村获稼"。顾乾在《云台三十六景》中说："关中村，四山回合，土沃民勤，水田稼穑，秋成最盛。"诗云"土沃居民富，秋成稼穑多。晚风横牧笛，夜月照田歌。攘攘仓廪实，殷殷守望和。相将庆岁稔，沽酒乐岩阿"。这一幅农村秋收的素描，充满了田家乐。金风送爽，庄稼成熟，晚霞中牧笛悠悠；月夜时，田歌阵阵，丰衣足食亲朋聚，自然把酒话桑麻。

如今的前关、后关村，在共产党的领导下，才真正的丰衣足食，秋收时的风光自然不是顾乾那时所能比。山坡上果熟，田野里稻香，沟渠里蟹肥，农民心里花放，那才确是一幅"农村小康乐"。

即林园

即林园，在中云乡焦庄村吴庵山下，坐落在大小腰山的南面。这大小腰山，《云台新志》等旧志都称为"诸韩山"、"诸韩村南山"等，两个山头分立在一座山体上，活像一对猪腰子，故名。诸韩村，是焦庄村的古名，这山在诸韩村的南面，称诸韩村南山、诸韩山是十分自然的了。《云台山志》说这里"花木之盛，较诸山为最"。人世沧桑，可这里的山水依旧。民国年间，张百川有诗曰"此间可算小桃源"。说这里"室中自有山林乐，门外曾无车马喧，三径夕阳明崖角，一湾流水绕篱根"。据旧志记载，此为当地的望族吴氏所有。此园建于何时，不见经传。看《云台山志》，知道在清乾隆间，这里谈笑多鸿儒，觞咏无虚日。吴承恩的一些遗稿、墨迹以及和海州人来往的书信，就是在这里发现的，可见它是建于明的晚期了。当年园中有老树万株，可见这座园林之大。一些旧志上说：园里"花竹交映，望之蔚然，蓊郁不见山也"，其幽美均不是他处所能比拟。园内有碧茂楼，楼虽拔地而起，然在森森万木中，碧枝相掩，绿叶交映，登楼抚栏，六面尽绿。明吴之杖有诗赞它："养就参天势，森森万木稠，碧枝交掩映，何处觅高楼。"更有"销筠居"，居内藏书千卷，居外绿竹万竿；还有浮翠轩，面对南山，开窗浮翠，晨曦暮暮，轩内生辉。一条天然山沟，横在园里，满沟野花，争奇斗妍，枝下丛间，蛱蝶翩跹，雅名"锦绣万花谷"。园中还有一条山谷，石隙中尽是梅花，在悬崖百丈冰的时候，迷朦一片，满谷清香，当时称之为"梅谷"。更有一小涧，流在园内，涧边朱樱万棵，遮没半山。清明前后，樱花满涧；小满前后，树树垂珠，一片通红。当时称之为"樱花坞"。一座小山岭，耸在园中，上上下下，一片苍松，虬枝老干，郁郁葱葱，呼之为"松岭"。岭前岭后，有移深庵、陋不轩、水明楼、自娱阁、示志山房诸胜。诸胜间尚有芍药畦，春来花放，满畦通红，朝含晓露，情溢意浓；还有"霜叶林"，一片七叶红枫，雁来霜降，满林流丹；更有"栗园"，园中板栗一片。整个即林园，园中处处有特色，处处有情趣，自然是其他园林所不及，它的主人吴恒遍、吴进、吴之杖，都常有赋赞颂它，说这里烟岚霭霭，溪水潾潾，众树蓊郁，绿草如茵，山禽飞落，不知其名。

吴氏即林园，虽芳影难寻，然这里山水依然。山下的焦庄，本来就是《云台三十六景》之一，顾乾称之为"万树参天"，说这里"古木以万计，高标云外，碧障蔽天，为山中第一胜境"。晚清朝阳诗人张百川有诗曰：

烟暖云低淡不收，养花天气客勾留。

秋风场圃天三面，春雨桑麻足几畴。

细听村边方叱犊，忽闻林里尚呼鸠。

人家水绕穿斜径，十顷良田麦垄浮。

连岛小龟岛

一提起我的家乡连岛，人们往往会想起热闹的海滨浴场和美丽的苏马湾生态园，很少有人知道连岛还有个小龟岛。

小龟岛它"漂浮"于连岛的东北面的海域，距连岛约有 3 千米。岛长 40 余米，宽 10 余米，两头扁平，中间略高，呈褐紫色，因其形状极似一只迎风斗浪的海龟，所以当地居民称它为"小龟岛"（也称小龟山）。

小龟岛别看岛不大，但物产比较丰富。这主要得益于它在海中自成"一体"，人迹罕至。这里有银白色的珍贵海花，滚圆的海螺，肥大的海蛎，碧绿的海苔；有缓缓蠕动的八带鱼；还有"张牙舞爪"的大螃蟹。

渔民们喜欢小龟岛，不仅因为小龟岛景观美丽，海产品丰富，还因为在当地流传着这样一个动人的传说。

相传，在鹰游山上住着一个勤劳、善良的渔民，人称江二。这天，江二出海打鱼，收网时感到沉甸甸的，拉上来一看，原来是一只海龟，江二十分高兴，心想："我大生病卧床，这龟正好熬汤给他老人家补补身子。"当江二伸手要拿时，只见海龟泪流满面，腿上还流着血，并用乞求的眼光望着他。江二一下子就明白了，于是就好心地将这只受伤的海龟放回大海，自己摇着小船，两手空空地回了家。一个月以后，江二又出海打鱼了，这时那只受伤的海龟又游到了他的船边，并讲起了人话，告诉江二一个秘密："章鱼精策划在明天要发大水，降灾于鹰游山。"并要江二早早提防，江二闻讯，飞快地驾着小船，赶快把这个消息告诉了四乡八镇，全渔村的百姓都知道了，大家扶老携幼，赶紧撤离到了岛上的最高峰大山顶。章鱼精知道是海龟泄露了秘密，就一下子翻了脸，伸出八条带有吸盘的爪子，直向海龟扑去。海龟毫不畏惧，勇敢地迎了上去，也不知战了多少个回合，一直打到青山嘴，此时海龟体力渐渐不支，正巧海龙王也知道了这件事，认为章鱼精太放肆了，于是就派虾兵蟹将杀死了章鱼精，海龟也终因劳累过度而"牺牲"了。说来也怪，一年后，在海龟死的那片海域里，便神奇般地升起了一座酷似海龟的小岛。

人们为了纪念这只善良而勇敢的龟，就叫它小龟岛。

陶许庵

　　海州陶许庵原址位于水关门内东南侧，即今市第二毛纺厂院内，旧时为李氏家庙，是一座规模不大，却极具神秘色彩的庙宇。庙内供奉着两尊陶姓许姓主神，一位是神采奕奕，美须飘然，身着公差皂衫，坐在神位主席公案上首，其神态端庄安详；另一位是头戴官翅乌纱，身着官袍玉带，一脸和善躬谦，求教好学模样，又不失刚毅沉着的神态，却端坐在公案下首。为什么李氏家庙却供奉陶姓许姓主神？为什么陶许庵的神位又有别于官在上公差在下的传统排列，却安排为下属居上，官屈居于下位别具一格的反位排列？其中奥妙就在于一个动人的传说。

　　据老辈人讲：陶许庵内供奉的主神是深得名心，造福一方贫苦百姓的姓陶和姓许的两位先贤。明朝末年，朝廷对内镇压对外征战，水旱灾荒连年，地方赤地千里，百姓民不聊生。朝廷为支付内外战争耗费，接二连三下达寅吃卯粮的苛捐杂税及军需钱粮，生活在水深火热中的平民百姓把树皮和草根都吃完了，仍饥不果腹，哪有缴纳苛捐杂税军需钱粮的能力。于是，暴力抗捐税、拒绝纳钱粮的事件时有发生。身为地方行政主官的许公虽同情生活在社会底层平民百姓的疾苦，但面对朝廷再三加码下达搜刮民脂民膏指标，却无法抗拒，也根本无法完成。在朝廷派来督办钱粮钦差的威逼下，许公不得不违心地抓捕带头抗捐拒税的贫苦百姓，刑讯逼供，因此治下百姓怨声四起，称其为酷吏。为此许公心中十分烦闷彷徨，苦思而无良策。许公手下有一陶姓捕快都头，心地善良，十分同情受苦受难的平民百姓，每次在执行仗击刑罚时，总要手下留情，而后又想出用猪血暗藏于刑仗之中，打几下就见血停刑，并暗赠自采自配的药物和棒疮膏药为受刑百姓治病疗伤。久而久之，因其行善积德，为上界神仙所识，度陶公为仙。一天，许公在公堂之上，正在为地方灾情不断，而朝廷催讨的捐税钱粮又没有着落，思想十分苦闷之际，猛抬头见属下陶公脚踏祥云，飘然若仙而至，内心十分吃惊，忙走下官位，请陶公上座，自己搬把椅子坐在下首，请教陶都头因何事何时得道成仙的。陶公素知许公平时的为人，如实备说前由，及如何受上界神仙超度，业已成仙的经过。许公眼睛一亮，茅塞顿开，心想这官原本也当不下去了，何不彻底与猛于虎的苛政决裂，学陶都头的善举，开官仓济民，帮助民众度过灾年，平反冤狱，释放禁锢牢中的无辜百姓。想罢，当即与陶公商议善举事宜，深得陶公赞许，二人一拍即合，依计行事。在当时号称古海州李半城的名门望族秘密支持下，办了济民众于水火，庇护百姓生灵的善事，而后许公挂冠封印，在陶公引导下云游四海，与贫苦百姓广结善缘，施医布药，治病救人。陶许二公恩泽百姓，造福一方，感天动地的故事在民间不胫而走，广为流传。

李氏家族的后人深知这次善举是骇人听闻的大事，在当时不能说，说了就有杀身灭族的大事，但对陶许二公及其先人恩泽百姓的善举推崇备至，情深意浓，昼思夜想，念念不忘。后来终于发生了夜梦陶许，施药救李氏后裔李章的故事，李章的侄儿李时科于明天启年间（1621—1627）建成陶许庵，以布香火祭祀纪念这两位贫苦百姓的保护神，并将庵中供奉的神像定格在陶许二公商议善举时，陶公居主位，许公居下位的情境中。

馒头石

古城海州西南门外的白虎山北坡牛眼洞下方，有一块孤立于隆石之上的石头，因形似馒头，海州人都叫它馒头石。

白虎山的馒头石，直径约2米，高1米多，论体论形都不出众，可关于它的美丽传说，却在当地世代相传。

相传很久以前，大海退离海州以后，在白虎山北山坡上还留下一个海眼，海水经常从海眼冒出来祸害海州人。不知是哪年哪月，也不知是哪方神仙大发善心，把刚刚咬了一口的馒头扔到这儿，不偏不倚正好压住了海眼子，堵住了海水。从此，海州人都视馒头石为宝石，并且代代告诫后人：白虎山上馒头石下有海眼，动不得！

可世上好多事情都是对着干的。不知从什么时候起，又有人说白虎山上馒头石下压着一个宝库，只要推掉馒头石，就可得到数不完、取不尽的金银财宝。当然，要推掉馒头石也绝非常人所能，必须是一顺胎生的十个弟兄一齐上才行。一娘生十子已不易，一顺胎生十个儿子就更难了。因此，对馒头石下的宝贝，谁也不作痴心妄想。偏有一个贪财之辈，老婆明明生了九个儿子，头胎是闺女，不合取宝条件，他却要让大女婿冒充亲生大儿子，和九个小舅子一齐去取宝。经过一番教训，统一口径；谁也不准喊"大姐夫"，都叫他"大哥"。一天，一家人起五更，吃了早饭就向海州白虎山赶来。

来到白虎山跟前，个个就眼红手痒，一口气冲上山坡，在馒头石西边，沿石排开，冒牌大哥一声令下，十人一齐使劲往山坡下推。没经几个回合，馒头石动弹了，有点向山下倾斜了。可就在这时，也不知是神使，还是鬼差，站在最边口的假十子真九子，脚下一动，顿觉身上负重太大，脱口就喊："大姐夫，加劲啊！"泄露了天机，话没落音，就听咣当一声，馒头石死死地落了下来，冒牌十子大军随之崩溃，一齐瘫倒在山坡上。

馒头石至今仍然安安稳稳地孤立于山坡之上。

港城遗俗

拜 年

海州民间，拜年都是从家里开始，正月初一早晨，起床以后首先要在祖先堂前磕头敬香。然后，家里的最长辈朝堂前的八仙桌两旁一坐，儿孙们便依次过来磕头。一般是单膝跪地，男的跪左腿，女的跪右腿，叫做"打扦"，也有的人家是双膝跪地磕三个头。叩岁时口中要说"儿子某某磕头来了，祝父亲大人、母亲大人吉星高照、幸福安康"，"孙子某某磕头来了，祝爷爷、奶奶健康长寿、福如东海"等等。每一个人磕过头，长辈都要高兴地说一声："不磕头，来到就好，新年发财。"同时从腰间的兜里掏出事先准备好的红纸包赏给晚辈，叫做给"压岁钱"，据说压岁钱可压住邪。晚辈接过压岁钱，要道一声"谢谢"，就可以平平安安度过一岁。

家里拜年仪式结束以后，一家人便一起吃元宝和饺子，预示新年发财和顺利。早饭过后，开始"磕庄头"，就是到同庄的同宗同族家里拜尊长。要是到庄外的舅舅、表叔家拜年，叫"磕外庄头"，一般都是初二去。每到一家，要先到祖先堂前磕头敬香，否则叫"不懂礼"。在拜年时，平辈相见，年铃小的要主动先抱拳在胸前，恭敬地说道"某某大哥，新年发财"，"某某大嫂，新年好"，做兄长的也要抱拳还礼。"同发、同发"。即使平时有矛盾互相不讲话的人，这一天相见也要开口说好话。一些为鸡毛蒜皮而闹的小别扭，在祝福声中便迎刃而解了。

年龄大的人初一这天是不出门的，一般在家等着亲友晚辈上门来磕头拜年。本族辈分最长的老太爷家里最热闹，一帮说说笑笑的还没走，僖嘻哈哈地又来了一群，真是喜气洋洋。

海州民间拜年时最讲究送"彩头"，家家都要准备一些瓜子、花生、葵花籽、糖果、杂糖、桂片糕等好吃的东西，称为"小元宝"。来人拜年，要每人赠送一点压压手，就算拿到了新年的"彩头"。如果没有"彩头"，手里空空的，便认为会受穷、不吉利，双方都会感觉不好意思。

拜年时喝"年酒"，那是最光彩的彩头，大户人家年初一都准备酒肴，在桌子上摆好，拜年的人来了，磕过头端杯就喝酒，叫"装彩"，也叫"揣元宝酒"。喝一杯就走也不留，喝半天不动也不说你，叫做"常流水"。有钱人家会专门置办酒席，邀请亲戚朋友喝年酒，俗称"聚聚"。

还有一种投帖拜年的形式，在达官显贵、文人雅士之间流行。就是用一种二寸宽、三寸长的梅花笺，写上对方的地址、姓名和贺辞，派人送往代为拜年。估计会收到名帖的人家，都在门上挂一只红纸袋，上写"接福"二字用以接收名帖。实际上这种名帖就是现在贺年卡、贺年片的起源。

盐婆生日

新中国成立前的盐场，有一个独特的民情风俗，每年正月初六要祭祀盐婆婆，给她过生日，烧盐婆纸，祈祷盐婆婆保今年多产盐，保佑盐民老幼平安。

在古代，我们盐民的祖先，渴望能有个好年成多产盐，老幼平安。于是，臆想塑造了一位好心肠的盐婆婆主宰盐，以寄托美好的愿望。并取意于"六六大顺"，确定每年第一个六日，即正月初六，为盐婆婆生日。在这一天，盐民家家户户都要祭祀盐婆婆，烧盐婆纸，形成风俗，一代一代相传沿袭下来。

每年临近春节，盐民们到集市上购买年货时，总少不了要购买香烛纸课和印有龙的图案的红纸、黄纸，当时叫红方、黄方，把黄方和芦柴做成些三角形小黄旗，待正月初六这一天，把小黄旗插在各家各户的滩头上，一边焚化香烛纸课，一边祈祷盐婆婆保佑当年盐民丰收，老幼平安。同时，整理整理盐席子，戽几斗水，象征着一年产盐的开始。

闹元宵

海州民间闹元宵，颇为热闹。正月十五，天刚蒙蒙亮，四乡八镇的耍龙队、舞狮队、高跷队、旱船队、秧歌队等等，便纷纷涌进城里。太阳升到一竿高时，在官府门前举行祭祀天帝大典，祈求福佑。然后，州官将一朵由红绸结成的大红球，系于领头一队的龙首。顿时，锣鼓响起，长龙便舞动起来，一路欢腾，出海州东门。其他各队紧随其后，绕城一周，舞龙队已入得城来，秧歌队还没有完全出城。城上城下，街道两旁，观者如潮，欢呼声、喝彩声此起彼伏。

海州人把耍龙叫做舞龙，样式很多，主要有两种：一种是布龙，一种是火龙。均有龙首、龙身和龙尾组成，可大可小，也就是龙身的节数可多可少，但必须是单数，最长的龙有百余节。布龙不点灯火，在白天表演，动作比较强劲有力。一时腾飞欢跃，一时盘旋起舞，好似波翻浪涌，气势雄伟壮观。火龙也称龙灯，这种龙由竹篾扎成，外面糊上白纸，再用色彩画出各种装饰图案。每一节中都点燃蜡烛，有的用松油或桐油与棉纱做成"油捻"，点燃能长时不灭。舞动起来五彩缤纷，变幻多端，真是栩栩如生。

舞狮子，分大狮和小狮。小狮由一个人舞，大狮由两个人舞。一人举着狮头，一人弯腰扮着狮身和狮尾，看上去形象逼真，惟妙惟肖。表演时一般都有十余只狮子一起舞，由一人扮着引狮人，手握一个可以旋转的绣球，踩着京锣、鼓钹的节奏，逗引狮子表演朝拜、登高、跳跃、抖毛、搔痒、腾翻等动作，精彩时刻是表演踩滚球、钻火环等高难动作。

高跷队都扮演戏曲中的人物，边演边唱，扮相滑稽；旱船也是边歌边舞，都唱些淮海戏小调，逗得观众前俯后仰。

最热闹的要算晚上的灯会，乡里人成群结队，步行几十里进城观灯玩赏。桂花灯、滚龙灯、荷花灯、走马灯、鸳鸯戏莲灯。花色各异，直让你看得眼花缭乱。各家各户的门前也都挂着精制彩灯，大大小小，各式各样，汇成一片灯的海洋。在州府门前的一条街上，每一盏灯上都有一条谜，猜中者可领一小奖品，趣味无穷。各种传统节目此时也竞相献技；跑驴、旱船、大头娃娃戏、八仙过海等等。最引人注目的是"抬阁"，一种流动的舞台，高三丈，演员在上面演出。抬阁框架上挂满彩灯，五彩缤纷，由二十四个人抬着，边走边演。演出的节目有《武松打虎》《大闹天宫》等，演到哪里，观众就跑到哪里。

元宵节还有一个重要活动是吃元宵。海州民间把元宵叫做"元宝"、"汤圆"。是用糯米等有黏性的面粉制成。有包馅的，有不包馅的。包馅又有甜的和咸的。元宵都是早晚吃，吃了元宵，象征一家团团圆圆。

二月二

传说二月二是土地老爷的生日。土地老爷是海州民间对土地神的俗称，又叫"土地佬"。他是古代神话传说中管理一方土地的神，称为"社神"。《公羊传》曰："社者，土地之主也。"清翟灏《通俗编·神鬼》也说："今凡社神，俱呼土地。"土地神的形象是一位身着长袍、手持拐杖、老态龙钟的长者。

海州民间最崇拜土地老爷，也最信赖土地老爷，二月二这一天，家家户户都要到土地庙或在自家的土地神龛前摆放供品，烧香磕头，点燃鞭炮为他祝寿。

每个庄子也要集体搞一个大一点的祭祀活动，由庄头挨家挨户集款，在本庄的土地庙前临时搭一个供台，将三个煮熟了的大猪头，装在大盘子里，摆在供台上。每个猪头的嘴上要抹一点甜面酱，并插上三双红漆皮的筷子，前面放上三支香和三根剥了皮的大葱，用银酒杯斟满三杯酒。由庄上最有威望的人，一般都是族长，先点烛烧香，跪叩三个头。全庄的老老少少便跟在后面，跪成一片，再集体磕三个头。祈求土地老爷把好庄口，不要让恶鬼、虎狼进庄，保佑人人平安，五谷丰登。然后，族长在每一个猪头上割一块肉，掐几根葱须，放到土地庙门前，再把杯中的酒全部浇上，叫做"破酒破菜"。这时，点燃鞭炮，仪式在鞭炮声中结束。

借助土地老爷生日的喜气，这一天人们许的心愿最灵验。早上天一亮，每一个家庭的主妇便将锅底的草木灰扒出来，装在一只小桶里准备好，再把家中所有的五谷杂粮每样都凑一点，放进一个小笸斗里，亲戚、邻里之间也互相交换或赠送一点，以增加品种。男主人在家里土地神龛前烧香磕头之后，便一手拎着小桶，一手拿着小铜勺，用草木灰在地上画圈，一勺画一个，从家前屋后到打谷场上，从路边到田旁，到处都是，叫做"围仓"。一个圆圈象征一个粮囤子，女主人端着小笸斗跟在后面，在每一个圈里撒上一点粮食，叫"填仓"。家里的小孩拿着瓦片，一个一个地盖在"仓囤"上，防止粮食被鸡鸭牲畜吃掉。到了黄昏，再把每个仓囤里的粮食收回来，叫"收仓"。"二月二，龙抬头，大仓满，小仓流"，这首民谣表达的就是这样一个美好的愿望。

晚上，家家户户还要"撂火把"。就是用麦秸、高粱秆、芦苇等、扎成火把，让孩子们拿到田间地头，点燃往天上撂，一个烧完了再点另一个，一般都准备十几个，一边撂一边高声喊："火把火把琉璃灯，一棵秫秫打半升"，"火把火把琉璃灯，土蚕土狗都死清"，"火把火把琉璃灯，大小蝗虫都死清"。传说地里经火把一照，害虫就没有了。老年妇女则在家里"咒鼠"，手里拿着干瓢，用小木棒到处敲，边敲边咒道："二月二，敲瓢碴，十个老鼠十个瞎。"

海州民间还有二月二带闺女的习俗，就是娘家要在这一天把出嫁的闺女带回来，吃顿荠菜饺子。二月二前后，春雷一响，龙就被惊醒了，带闺女回娘家，就是希望闺女在路上，能遇到腾飞之龙，受其感应，生个真龙天子。

带闺女

元宵灯会的欢乐还未来得及给新春佳节画上句号，新安镇的家家户户又忙活起来，准备二月二带闺女。

说起来却是辛酸而有趣的事。

传说，新婚之夜，送房之前，丈夫告诫新娘，这蓊渎沟二月二常有恶龙出没，新媳妇不能到沟边淘米洗菜。可巧那天家里来了客，媳妇忘了丈夫的告诫，带着女儿去沟边，一阵狂风恶浪过来，水漫遍野，浮尸一层，惨不忍睹。

从此，灌南新安镇、蓊渎沟一带地方流传下二月二带闺女的习俗。"二月二龙抬头，消灾避难带娇姐"也成了俗谚。传说还有好几种。有说女婿嫌丈人给的嫁妆少了，图谋在这天下毒害丈人，被女儿告发，丈人遂请女儿的；也有说海西国王无道，大臣要在这天谋杀他，公主得知消息后密奏国王，国王设计诱捕婿臣，遂在这天请女儿；等等。这些说法虽不同，但在这天把出了门的女儿带回娘家则是共同的。那意思，无非是消灾避难，躲过一劫。其实，这种习俗表达了父母对出阁闺女的思念和疼爱，有意让劳碌无间的女儿休息休息，好在春耕大忙到来之前，养精蓄锐，以逸待劳。当然，女儿为了孝敬养育自己的父母，回门之前也必抽时间做几双鞋子和几件衣服什么的给老人高兴高兴。舅爹舅奶少不得也要为外孙孙外孙女打个金锁银链、手镯项圈一类什物，并悄悄在他们的衣服上塞点桃枝或龙须（多为麻片）以避灾星。为了慎重，头天就要派儿子去女儿家请一次，当天则要在村口或门外路头迎接，餐桌上的丰盛那自然不必说了。

243

放船三月三

这个风俗是说在每年的农历三月初三这一天天刚蒙蒙亮时辰，尚未婚配的成年女孩拿着自制的小船（由小木片或小竹枝制成），爬到海边山上的丛林深处，不让任何人看见，把那只小船放到涧沟溪水里，任其随波逐流向下游海里漂去。女孩则悄然回家待字闺中。而求偶的男青年则也同时去每年约定俗成的放船涧沟下游海边守船。男的不许到山上，女的不准到山下，男女不准谋面，男方谁守到了船，凭船上的信物（香囊或烟袋包什么的）请媒娘到女家提亲。人们都相信这种放船守船是老天指定命中注定的，只要女孩及其父母验定信物是真的无疑后，这件婚事也就一锤定音了，非常干脆的。一些两情相悦私下相好多时的男女青年，早已偷偷约定船上的信物和放船时刻，因而大凡以三月三放船守船而成的配偶，多为男女双方的意中人。这样的婚姻坚如磐石，有情人终成眷属，相亲相爱而白头偕老。

放船三月三，历经风风雨雨祖祖辈辈，不知演绎了多少传诵人间的爱情故事，也不知伴随着上演了几出肝肠寸断的爱情悲剧，因为总有不尽如人意的事发生的，也便有不如意而殉情自杀的痴男女出现。这一极有特色的地方民俗，反映了人们追求婚姻自由的朴素思想，鲜明而生动。

新时代新生活新风尚如潮水一般冲击着一切，带有古意的三月三放船求偶也已淡然消失。但还能依稀找到她常留下的影子：现在每年的三月三这天，渔村的孩子们总会成群结队地跑到山上的小溪旁，放飞他们折的小纸船。这是放船三月三的自然延续。

清　明

海州民间十分重视拜祭祖先，一年中四时八节都要祭扫祖坟，俗称"上坟"，清明时节扫墓祭祖尤为隆重。"南北山头多墓田，清明祭扫各纷然。纸灰飞作白蝴蝶，血泪染成红杜鹃"。就是一幅真实的清明祭祖的风俗画卷。

清明上坟可以提前几天，但不推后，一般都在清明当日。头天晚上，家家户户都要把酒菜、纸钱以及用锡箔纸做的金元宝和银锭等供品准备好。与其它时节上坟不同的是，要带上镰刀，铁锹等器具，整修坟墓，叫做"圆坟"。到了墓地，要先清除坟上及周围的杂草，给坟上添一些新土，用铁锹在边上取一块像碗一样的土块，上面大，下面小，并将一张半尺见方的红纸压在坟的顶上，叫"压坟头"。如果坟的边上有树，就在树上挂些白纸条；要是没有树，就找一根竹竿插在坟边，在竹竿上扣几张白纸条。然后，将祭品摆在供台上，举行祭祀仪式。参加祭祀的每一个人，都要亲手给祖先烧一些纸钱，并说出一个愿望，请祖先保佑。晚辈则要将每种菜夹一些放到火里，将酒也倒在火上，请祖先享用。大家依次跪在坟前磕四个头。海州民间娶媳妇一定要上祖坟，称"上花坟"，规定"新坟不过清明，老坟不过立夏"，一般人家都选在清明上花坟。

除了上坟，清明这一天，家家都要在门楣上插上柳枝，女孩子要采摘黄嫩的柳芽插在辫子上，男孩子要折一些细长的柳条，编成一个圈儿，戴在头上，用以辟邪。

海州民间有一条规矩，清明这一天，"少女不上庙，少男不踏青"。所以，平时家规很严，不出闺门的少女，这天也可以三五成群，相约一起到郊外游玩、"踏青"，有的还带着小篮子、小铲子，到溪边田头采野菜，俗称

"斩青"。大户人家的小姐一般爱玩"荡秋千"，事先请人在村头的大树上，或在郊外用竹子架一个临时性的"秋千"。几个女孩子轮流坐到踏板上，由后面的人推着摇荡。胆子大一点的，自己站在踏板上，双手抓住绳子，向前蹲下，往后站起，轻盈矫健，人在空中荡来荡去，翩翩飞舞，宛若仙女一般，很有趣味。清明这天在郊外游玩的都是少女，少爷公子不能混在其中，否则，会被认为没家教、不正经，遭人指责。

五月端

海州人对端午节十分重视。在端午节前一两天就开始打芦苇叶子（称粽叶），初四下午包粽子、晚饭后将粽子煮好，第二天早餐吃粽子。在煮粽子的锅里要放一些鸡、鸭、鹅蛋同煮，据说端午节吃粽锅里煮的鸡蛋不生疮，吃鸭蛋、鹅蛋头不疼不晕。

小时候，听大人们讲，逢五月"端"，孩子们扣点绒线是为了压"邪"，主要是阻挡"邪气"、"恶鬼"的侵袭。如果哪家孩子不扣绒，有可能被"邪神"、"恶鬼"袭击，沾上"邪气"，得上"怪"病什么的。所以，一般人家在过五月端的时候，都上街购买几尺绒，回来待中午吃过饭，在孩子洗完雄黄澡后，把绒扣在孩子的脖子上、两手脖上，对较小的孩子还要扣在两脚脖上。大人们将孩子扣好绒后，心里面好像自感踏实些，能确保孩子的平安，不遇上"邪气"什么的不祥之兆。这就是人们为小孩扣绒的传说。而现在人们看来，扣绒不过是为孩子营造一种欢乐的氛闹。

到了农历六月初六，也就是孩子们扣绒达一个月后，是开始解绒的时候了。传说，给孩子解"绒"，意味着"邪气"、"噩运"已过，那些"不祥之兆"不会再来了。大人们就拿着剪刀，小心翼翼地将孩子们的绒线剪断，解下来。传说有两种作用，一则是将孩子们的绒线放在树枝上，让喜鹊叼去为小喜鹊系扎小尾巴用，表示庆贺小喜鹊开始"成才"，能远走高飞了；二则大人们将孩子们的绒线放在自家的屋顶上，到夜晚，被"好心人"取走，送给牛郎，为他和织女见面搭桥之用。

端午节这天早上，家家门上插艾和蒲剑，室内悬钟馗像；天刚蒙蒙亮时，人们就拿一条干净的毛巾，到野外去采集草稍上的露水，叫"打露水"，又称"百草露"，用百草露洗眼据说可以不生眼疾，可治红眼病；打露水时，人们顺便采集一些带露水的草头、树头，如：香艾、臭椿、益母草、蛤蟆棵子、桃叶、菖蒲等，一起放在锅里煮，称为"百草汤"，让孩子洗澡，说是可以一年不生病，不害疮；给孩子穿上老虎肚兜，肚兜上绣上蛇、蝎子、蜈蚣、蜘蛛、壁虎等五毒，手腕、足踝和脖子上扣五色彩绒，说是可以避邪消灾；还用各色布做成辣椒、茄子、菱角、小布人等，内装香料，挂在孩子胸前，说是也能避邪。

端午节的午饭一般很丰盛，全家人在一起吃水饺，喝雄黄酒，用酒泡的雄黄抹孩子的鼻、耳及肚脐等"七窍"，说是能防虫，家家在正午时晒些蟾酥墨、黄瓜矾和红糖萝卜、备日常祛病之用。

端午风俗在古诗词中有很多的描述，如唐代诗人殷尧藩在《端午日》中写道："少年佳节倍多情，老去谁知感慨生。不效艾符趋习俗，但祈莆酒话升平。"元代周权诗中也写道："人家绿艾端阳节，天气黄梅细雨时。"这些诗词至今仍在人们口中吟诵。

六月六

农历六月初六，海州民间称为"六月六"，是一个老百姓比较重视的传统节日。和端午节的情趣一样，这天家家户户都要杀鸡宰鸭，举行各种庆祝活动。

"六月六"，古时称"天贶节"，"贶"有赠、赐之意，"天贶"即"天赐"，上天赐予的意思。传说这一天阳光非常特殊，晒书不蛀，晒物不腐，是龙宫里晒衣、亮宝的日子。为了沾上龙王的光，这一天家家户户都把被褥、冬衣拿出来，放到院子里晾晒。大户人家平时秘不示人的一些珍宝，如裘皮、绸缎、人参、鹿茸等等，也都拿出来晒一晒，叫做"晒宝"或"亮宝"。据说，这样可以借助龙王的灵气，使家道更旺。

海州有句民谚："六月六，晒龙衣，湿了龙衣四十天不干。"是说如果这一天有雨，就会连续阴雨不晴，也就是进了梅雨季节。海州一带一般是在农历六月初进入梅雨季，梅雨期在四十天左右，由于空气湿度大，日照少，衣物之类极易霉烂、生虫，晒一晒收藏起来，防止霉变虫蛀是很科学的，这是劳动人民在长期的生活实践中智慧的结晶。

过去，"六月六"海州民间的祭祀活动很多，天刚亮，每户人家的男主人就会带着家里大一点的男孩拎着一只公鸡和一些纸马、纸钱及三根香到自己家的田边祭秧苗。先在东边的田埂上，用些松软的土把香插好、点燃，并把纸钱烧掉，父子跪成一排，一起磕三个头，祈求社神保佑今年无灾无害，庄稼丰收。然后叫男孩把纸马插到田边，淋上鸡血，寓意儿子很快学会农事，家中人畜两旺。公鸡要带回家，煮好以后供奉在祖宗堂前。

这一天家家都不下农田干活，祭秧苗之后，庄上的男人都要到本庄的土地庙前集合，参加集体祭祀活动。祭祀仪式由庄头主持，当场杀几头猪，先取三个猪头，用沸水稍稍冲烫一下，盛入三个木盘，放到庙前的供台上，大家一起跪叩三个头，祈求社神保佑人寿年丰。然后，把肉按户分切，每户一份，抽签领取，回家之后煮熟，与鸡肉一起祭供祖宗。

有耕牛的人家，这天要好好地慰劳牛，用艾叶水给牛洗身，牛栏里也要打扫干净。正午时饭菜全部做好之后，要牵着牛绕桌子转一圈，然后将每样菜都夹一点，配上鸡蛋汤等喂给牛吃，让它开开荤。接着，家庭主妇端上一盆用大米、玉米、小米、荞麦和大豆做成的"五谷香"，让牛饱餐一顿，以酬耕作之劳。喂牛的时候，家中的小孩都要围在边上，由大一点的男孩给牛角上系一根红带，大人唱起牛歌，赞颂牛的功劳，教育孩子爱护耕牛。

"六月六"，海州民间还有储水、吃倭瓜饺子和带姑娘吃炒面的习俗。这天，一般人家都把缸，盆和坛坛罐罐倒满水，放在阳光下晒。据说用六月六储存的水制醋、制酱和腌菜等，味道鲜美，常年不腐。吃倭瓜饺子，传说是当年海州老百姓痛恨倭寇，倭瓜又是由日本传来，寓意将其千刀万刮吃进肚里。现在，六月六的习俗大多湮没了，流传至今的只有吃炒面了。

八月半

过去，海州民间"八月半"这天中午，家家户户都要摆"欢喜酒"祭祖。就是在祖先堂前摆一张供桌，放上一些供品，有钱人家，桌上放的供品就多一点，一般为四样或八样水果，四盘素菜，四杯酒，两边点两炷香，不上饭也不烧纸。正午时，一家人跪在桌前一起给祖先磕头，感谢祖先，使其子孙满堂，合家团圆。穷苦人家没有什么供品也没关系，这种仪式还是要搞的，以表达思念祖先之意。出门在外的人，一般在正午前都要赶到家，参加这个仪式。

祭月、拜月、赏月等活动主要是在晚上。家家户户在月亮升起之前，把一切工作都已准备好。一般在自家的庭院或楼台比较宽敞的地方，朝着月亮升起的方向摆一张祭桌，桌上放上供品。海州一带，中秋时节是水果和农产品最丰富的时候，所以，大多数人家祭桌上的供品是应有尽有，如苹果、葡萄、香蕉、花生、芋头、毛豆、藕等。但不管多少，有着特殊含意的几样是必备的：西瓜寓团圆、石榴寓子孙满堂、枣子粟子寓意早立子、柿子象征如意、芋头象征富裕等。另外，祭卓上还要摆放三碗清茶、一盘糖饼、一盘月饼、两根红烛、两炷大香和一只用红丝线扣着的活螃蟹。

月亮慢慢升起来的时候，由家庭主妇主持祭月、拜月仪式。首先将两根红烛点燃，然后烧香、烧月光纸，由家里的大男孩点燃鞭炮，家人依次向月神磕头。家庭主妇将三碗清茶一一撒向空中，并将每样供品都取一点抛向月亮，让月神先吃。月神好像吃了供品特别精神，一会儿便爬上了树梢。这时，全家人高高兴兴围坐在一起开始吃"团圆饼"。"团圆饼"就是供桌上的那盘糖饼。一共十三块。其中十二块小的，代表十二个月，意为月月小团圆，大的一块代表一年大团圆。一般先吃大团圆饼，家里有几口人，就切成几块，每人一块必须吃掉，如有人家在外没有回来，也要分一块留着。吃过"团圆饼"，便将绑着螃蟹的红丝线解开，用一根红纸捻浸上油点燃系在蟹背上，任其爬行，以占财运。向着月亮爬能来财运，反之则否。"螃蟹爬月"不管怎样都不会介意，只是以此烘托一下节日的气氛。接着，全家人便其乐融融地一起吃着瓜果，一边赏月。

海州民间赏月还有三条禁忌：一是"男不拜月"，传说中嫦娥害羞，不好意思出来接受男人献拜，所以祭拜仪式都由家庭主妇承担。二是梨子不能当供品，因"梨、离"谐音，不吉利。三是吃弃下的瓜果皮壳不能当晚倒掉，以免月神看到引起误会。

十月朝

农历十月初一，海州民间称为"十月朝"。这个时节，海州一带天气渐渐地冷了，农活基本结束，粮食进仓，草堆成垛，耕牛进屋，人们也进入了农闲。所以，雇有长工的人家，这一天都要办上一点酒菜，好好地招待伙计们吃一顿，说些客套话，对感觉比较满意的，说好了第二年二月二再来上工。午饭后，伙计们便到账房领取一年的工钱，收拾起铺盖离开主家。这个时候再找工比较难，一般能挣一点工钱，便回家去休息，等到来年再说。有的伙计一年干下来，被东家找理由扣得一干二净，临走时一分钱也拿不到，只好去逃荒要饭。因此，民间有"十月朝，家家把伙计熬"之谣。因为十月朝是伙计下工的日子，在民间已成为一条不成文的规律，故伙计们都把这一天叫做"伙计节"。

海州还有一句民谚："十月朝，裹个红大椒"，是说十月朝是个吉日，这天开始裹脚能把脚裹得像红大椒似的，小巧而又美丽。过去，妇女以裹脚为美，女孩不裹脚，会被别人看不起，认为没有家教，将来找婆家都困难。裹脚前要举行一个仪式，即在十月朝的卯时，由祖母或母亲带着女童到祖先堂烧香磕头，告知祖先，女童听从祖训，不辱门风，今天开始裹脚。女童跪下磕四个头，额头要触到地面，口中要念到感谢祖宗教诲。接着，端来一盆清水，让女童把双脚放在盆里浸泡一个时辰，然后拿出来在阳光下晒干，不得用毛巾或布擦。等脚干了以后，在每个脚丫敷一些明矾粉，以防止发炎糜烂，俗话就是防止害脚丫子。

十月朝，海州民间还有一个习俗，这一天家家户户都要用腊纸或箔纸剪成棉衣、棉被，拿到祖坟上焚烧，如果是亲人逝去的第一个"十月朝"，出嫁的女儿则要用新布做成真的衣服拿去烧掉，俗称"送寒衣"。

冬大如年

虽然有许多习俗在人们的日常生活中慢慢淡漠了，但"冬至大如年"在民间却一直备受重视。这与古代官场把它作为一个隆重的节日很有关系。周代开始，以冬至为岁首，汉朝以冬至为"冬节"，这一天君王不问政事，百姓也放假娱乐，官府还要举行庆祝仪式，谓之"贺冬"。《乾淳岁时记》载：宋朝"冬至三日之内，店肆皆罢市，垂帘饮博，谓之做节。"到明代时，冬至日官方不再搞什么庆典了，但民间的活动一直没有停止，百姓一般都要备酒肴，祭祖先，给前辈行礼拜节，非常热闹。

海州一带称冬至日为"短日节"，也叫"正冬"，俗话一般说"冬"或"过冬"。冬至的前一天称"小冬"，或叫"冬晚上"。节日的活动从冬晚上就开始了，而且这是主要内容，非常讲究。在这天中午，家家都要准备上好的酒菜和香、烛、烧纸等等，祭祀祖宗。一般都要到祖坟上烧纸拜祭，但因天寒地冻，通常都在祖先堂前摆一祭桌，将供品全部放在桌上，然后全家依次烧纸磕头，一边磕头一边祷告，许一个心愿，请求祖先亡灵保佑；也有的人家将祭桌抬到靠家附近的三岔路口拜祭，拜祭时要打围，即在地上画一个圈，向着祖坟方向留一小口，烧纸钱要放在圈内，这样可以防止野鬼抢钱。这种拜祭形式叫"望烧"，也有取谐音叫"旺烧"，意在请老祖宗保佑子孙后代发达兴旺。到了下午，家家都忙着蒸馒头，叫做"争（蒸）冬"。

正冬日，一整天必须吃事先做好的熟食，忌生食下锅，焦煳食物更是不能吃的。海州有一句谚语，叫做"过冬喝瓜汤，一寒不害疮"，所以，这一天家家都要煮番瓜汤吃。吃过瓜汤，家庭主妇就忙着做豆酱，将几天前煮熟已发酵的黄豆，加姜、葱、椒、盐等佐料调制成豆酱，再掺进些冬瓜块，放到一种肚大口小的坛子里，这样，味道鲜美的"冬瓜沤豆酱"便做成了，平时每天舀出一小碟，老少皆宜，一家人够吃一冬的呢。

海州还有一句"冻冻好过冬"的民谚，说的是"捂春凉秋"之习，春季尽量晚脱棉袄，秋季尽量迟穿厚衣，直到冬至"凉秋"结束，才可穿棉衣。这是有一定的科学道理的，时至今日，一些老人都还要小孩这么做。

现在海州一带过冬，也还是比较重视的，拜祭祖先的习俗还没有改变，只是程序简单多了。一般是上午兄弟姐妹相约，一起上坟烧纸，回来后中午一大家团聚。

虽然一些繁琐的习俗没有了，但海州民间关于冬至的民谚却一直流传着。"冬至萝卜夏至姜"、"过了冬至，多走几里"，说的是养身之道；"吃了冬至面，一天长一线"，说的是过了冬至白昼一天比一天长；"若要富，冬至吃块热豆腐"，意谓一种激励，使人的心里热乎乎的，冬耕时干得更有劲；"晴冬烂年"说冬至如果是晴天，那么过年就会下雨或者下雪。这些都是劳动人民在长期的生活实践中总结出来的经验之道。尤其是冬至《九九歌》："一九二九不出手，三九四九冰上走；五九六九河边插柳；七九河开，八九燕来；九九加一九，耕牛满地走。"可谓一幅形象生动的"农村风情画"。

数　九

海州居民有"数九"的习俗，至少可以追溯到汉代，至南北朝时期已经非常流行了。老百姓上无片瓦，衣不遮体，度日如年，寒冬是最难熬的日子。他们一天天地数着、盼着，把九个"九"数完，冬天就过去了。实际上，这里面包含着一种企盼，一种坚定的信念。

数九在全国各地普遍流行，海州民间数九一般采用涂圈，因为涂圈制作起来比较容易，找一张空白纸，拿一个小瓶盖放到纸上，围着瓶盖画圆，一行画九个，一共画九行，九九八十一个。每天拿蜡笔涂一个圈，阴天涂上面，晴天涂下面，刮风涂左面，下雨涂右面，要是下雪就在中间涂一个点，很有趣味。每日观察天气，从中还学了不少气象知识。

有些大户人家喜欢用《梅花消寒图》，集市上有印制现成的出售，买回家挂在墙上，本身也是一种装饰。传说这种图是南宋民族英雄文天祥所创，他被关在元大都的狱中，正值数九寒冬，便在狱中墙上画一枝素梅，有花八十一朵，每日以墨涂染一朵，每涂一朵，便离开寒冬一步，也向春天靠近一步，"但看图中梅黑黑，便是门外草青青"。借此表达心中的一种向往。海州民间很有创意，演变为画梅一枝，连苞带开的共八十一瓣，每日用笔蘸红色涂染一瓣，实际作用也是一样的。

海州的一些文人雅士，偏爱一种《文字消寒图》，冬至时，他们便将自己精心制作的消寒图互相赠送。这种图就是在一张纸上，工整地写上九个字，每个字都是九画，每一画都钩成空心，便于描写，每日描一画。当然，这九个字也不是随意写的，连成句还有一定的含意，如同诗句一般。经常使用的有："亭前垂柳珍重待春风"、"春前庭柏风送香盈室"等等，用的都是繁体字，加起来共八十一画，有的还做成《九九迎春联》、"故城秋荒屏栏树枯荣，庭院春幽挟苍茸重茵"更是妙趣无穷。

打 春

海州民间习惯把立春叫做"打春"。"打春"就是用鞭子抽打春牛。立春这一天，农户都要把家里的耕牛牵出来，象征性地用鞭子抽打几下，一边打一边骂：打一千骂一万，不打不骂田头站。这样便可打掉牛的懒惰，耕田时就会卖力使劲。

从前，倒不是真的打牛，而是用泥塑一个春牛的像，在春牛像的边上捏一个农夫，左手扶着铧犁，右手举着牛鞭。农夫像的位置是极其讲究的。如果这一年立春来得早，在腊月的前半月，叫"短三春"，就把农夫放在春牛的前面。"打春早，收成好"，大地回春，农田里便处处呈现出一片繁忙景象；如果立春来得迟，到正月底，叫"长三春"，就把农夫放在春牛的后面，大家一看，便知农事不必急于安排。民谚道："春打五九尾，使牛冻撅懦。""春打六九头，拿鞭就使牛。"劳动人民在长期的生产实践中，总结出了极其丰富的经验，从不会耽误农时的。

过去，海州每年都要由官府出面做一头春牛，做春牛是有严格现定的：必须选家族较旺的四个能工巧匠，在冬至之后的第一个辰日，取水和土，在腊月的第一天开始做。春牛的骨架是用檀木制作的，大小尺寸与四时八节、一年三百六十五天、一天二十四小时相对应：即身高四尺，身长八尺，中身段三尺六寸五，尾巴二尺四。春牛的颜色也不是随便涂的，必须按照本年的天干地支来，头用天干色，中身淡用地支色，其他部位用纳音色。牛嘴是张是含，牛尾向左向右，都要根据本年的干支阴阳来决定：阳则张嘴尾向左，阴则闭嘴尾朝右。

春牛做好以后，放到城东门外，牛头向着东方。立春之日，由州官率领官府人员和城里的老百姓，敲鼓吹乐，浩浩荡荡地出海州东门，把春牛迎接到州府临时搭建的彩棚里，举行"打春"仪式。首先，州府官员、地方绅士及城里有名望的人，依次在祭坛前烧香，行九叩大礼。然后，由州官举彩鞭抽打春牛，称为"鞭春"，春牛被打得越碎越好，各家都要拾些碎块回家，扔到自家的田里，讨个福，来年庄稼会长得旺。仪式结束后，不管是官府还是民间，均摆"春宴"，喝"春酒"，开怀畅饮，庆祝来年丰收。有时富豪还出银两请戏班子演戏，叫做"演春"，观者如潮，整个场景热闹非凡。

关于"打春"，海州民问还有许多谚语，如"春打灶，粮食没人要；灶打春，粮食贵如金"。是说立春在祭灶之前叫春打灶，立春在祭灶之后叫灶打春。过去老百姓都是靠天吃饭。现在农业实现了现代化，也就不存在这个问题了。还有"打过春，赤脚奔，挑荠菜，拔茅针"、"立春一日回春暖，百草回生栽树忙"、"打过春，送粪起五更"等民谚，都形象地描述了海州人民勤劳耕作的生活场景。

腊八粥

腊八节吃腊八粥的习俗起源于南北朝，盛行于宋代。明清时，从皇宫到民间，从文武百官到平常百姓，对腊八粥更是倾情。"家家腊八煮双弓，楝子桃仁染色红。"描绘的就是这样一幅生动的风俗画。

早年间，海州一带吃腊八粥，又叫"吃佛饭"。腊月初八一大早，各个寺庙里的僧人、尼姑便开始忙开了，除了将寺庙里的大锅都拿出来，有的还到外面借几口锅来，一起架在院中，将玉米、小米、高粱、红枣、花生、核桃仁、瓜子仁、板栗仁等倒进锅里，堆好干柴，便生火熬粥，粥熬成后，第一锅用来敬佛，第二锅僧尼自己吃。然后便开始由小和尚、小尼姑提着竹篮，给一些有权有势的大户人家送粥，叫"送佛饭"。这一天谁吃了佛饭，就是有了福气，还有可能得道成佛。有的穷人上门讨要，也会得到一些施舍的。

海州民间腊八这一天，家家都要煮腊八粥。过去，穷人家不可能什么谷物都有，左邻右舍、亲戚朋友便将家中所有品种的粮食都拿出来，互相赠送。我送你一捧花生，你赠我几个大枣，他又给了一点莲子，哪怕一小袋的高粱，都能分送十几家。这样一凑，品种便齐全了。真正做腊八粥，也没有明确规定哪几样东西，一般是有什么就放什么，十几样东西放一起煮也行，不足八样也可以。但都尽可能多放一些，据说，哪一种粮食放进腊八粥，来年就会增产。有民谚道："吃了腊八粥，明年大丰收。"就寄托了人们企盼五谷丰登的愿望。

扫　尘

海州民间对扫尘是非常重视的。海州人在新年忌讳说灰尘，谁家要是扫不干净，被人看见有灰，便认为会招晦气。因为"灰"与"毁"、"晦"谐音，"尘"与"陈"谐音，扫尘也是"扫陈"，扫除灰尘，扫除一切陈旧之物。

扫尘，一般在农历腊月中下旬开始，有民谚道："要得发，扫十八，要得有，扫十九，要没得，扫二十。"所以，家家都安排在腊月十八或十九这两天扫尘。

大户人家东西多，是要起大早的，大人小孩都有事干，大人搬大的小孩搬小的。把屋里的床、柜、箱子、桌子、凳子等等，全部都搬到外面。用盆端来水，先粗略地擦洗两遍，擦掉浮灰，再细细地从上而下擦要擦上几遍才能干净。有的人家靠近河边、池塘或水井，干脆就搬过去直接用水冲刷。把所有家具都擦洗得干干净净，抬到通风处让它晾干，然后便开始扫墙面和屋笆。

屋里扫完以后，便开始糊墙。过去都是烂泥墙，也没有石灰粉刷，就找一些报纸糊在墙上。有条件的到处都糊上，连屋笆上都糊上一层，没有条件的，就在靠近床边的墙上糊上一圈，以防止墙上的灰块掉到床上。吃过午饭，便把家具搬回屋里，归位摆好，这时候再一看，确实是焕然一新，大有新年到来的气象。

海州民间扫尘不单单是打扫屋子，还包括理发、洗澡、洗衣服等几项内容。理发就是男的要剃头，女的要洗头，这叫从头去掉晦（灰）气；人人都要洗一次澡，没有条件洗澡的也要洗洗脚；穷人家没有新衣服，也要把旧衣服脱下洗洗，去去晦（灰）气。这些活动不一定要在腊月十八、九做，但要在大年三十之前全部做好。

祭 灶

海州民间祭灶，多是天黑之后举行。在灶间放一张桌子，在靠近灶前的两个桌角，放两支蜡烛，叫"祭灶烛"；再摆上一盘牙糖，两盘用面做的糖瓜，三盘祭灶饼，每盘要四块。祭灶饼是用红糖作馅包的一种小圆饼，也有用青菜作馅的，另外还要包一块大的糖饼叫"团圆饼"，放在灶头。然后，再将用竹篾扎的纸马和一些喂牲口用的谷草，堆在灶前，告诉灶王爷为他上天用的坐骑和草料都已准备好。这时，由男主人开始点烛、烧香、烧纸、叩头祷告："今天是腊月二十四，灶王爷上天言好事。有壮马，有草料，一路顺风平安到。牙糖、糖瓜甜又甜，请向玉皇进好言。"然后，将糖涂在灶王爷的嘴边，意为让他老人家甜甜嘴，多说好话。涂完以后，一家人依次跪在灶门口磕三个头。男主人起身将灶头上旧的灶王爷像揭下来，再贴上一张新的灶王爷像，将旧像连同纸马、草料一起放进灶里烧掉，灶王爷便从烟囱里升上天去了。有的人家灶间太小，铺展不开，晚上便在院子里堆上麦秸、树枝等，将灶王爷像请出来，连同纸马、草料一起烧，一家人围成一圈叩头祷告。送走了灶王爷，才能吃"祭灶饼"。有时候，小孩眼馋得要命或是饿极了要吃，大人就会拿一块饼在灶头晃晃说："灶王爷莫见怪，小孩吃的在分外。"请求灶神原谅。

海州民间有"男不拜月，女不祭灶"的说法，祭灶的仪式全由男主人主持，女人是不祭灶的。据说灶王爷是小白脸，怕有男女之嫌；也有的说女人不识字，怕说错话，得罪灶王爷。祭灶的日期也有严格规定，即"官三、民四、王八二十五"，就是当官的人家腊月二十三祭灶，老百姓家腊月二十四祭灶，一些三教九流腊月二十五祭灶，如果自己不摆正位置，随便祭灶，灶王爷也是不领情的。有的乞丐无家无灶，便借此机会，装扮成判官和鬼怪，到别人家门前大叫乱跳，称"跳灶王"，可以驱疫，主人家都会给些食物的。

灶王爷在天上汇报完事情，还要接回来的，叫"接灶"。接灶一般在除夕，仪式比较简单，换上新的灶灯，在灶王龛前烧支香就行了；也有的人家在正月初一五更时，未开门之前，由男主人在灶台上烧支香，磕头放鞭炮接灶。接灶时不能说话，叫"闷声大发财"。

说　媒

过去，海州民间不论是男孩还是女孩，在六岁到十二岁之间，家里大人都要托人"说媒"。如果十五六岁还是没有人来说媒，就会遭到庄邻的议论，家长也非常着急，媒人不行，就要请神灵。就是在祭灶日或除夕的夜深人静之时，父母带着未定亲的孩子，在自家灶王爷的神龛前烧香、磕头。然后，叫小孩跪在灶前，拿着烧火棍在灶膛里捣动，一边捣一边说："烧火棍，捣锅洞，来年婚姻赶快动。给我说个花媳妇，我给灶王多上供。"要连续说上七遍，手中的烧火棍要一直捣不能停。要是女孩子，说的时候把"花媳妇"改成"好女婿"就行了。海州民间说媒有许多讲究，首先是要门当户对。俗话说："笆门对笆门，板门对板门，瓦屋对四檐齐。"只有双方条件差不多，媒人认为很般配，才能牵线搭桥。有的大户人家的千金小姐，一直找不到门当户对的人家，家里就会专门给她造一所房子，称为"老姑堂"，宁愿雇佣丫环侍候到老，也决不下嫁。所以，有民谚道："门不当，户不对，不是淘气就受罪。"

次之，需说媒的男女，年龄要相仿，同年最好，一般都是男大女小，男方比女方大七八岁，甚至十几岁，也算正常的。女方要是比男方大，最多大三岁，绝不能再多，否则会被人笑话大妈带小孩。

实际上，过去媒人也基本上成为一种职业，有的名气很大，前庄后村，甚至方圆几十里，谁家的小子如何，哪家的闺女怎样，他都是一肚子数，可以说比户籍警掌握的还清楚，只要经她一撮合，总是八九不离十。海州民谚也十分形象："媒人像菩萨，一手把两家"、"媒人撒谎精，不谎不成亲"、"媒人不来哄，两头拉不拢"。

说合成一对男女，媒人可以收到一些钱物，称为"谢媒礼"。谢媒礼都是在成亲的头一天，连同鸡、鸭、鞋袜、毛巾、肥皂、布料等一起送到媒人家。第二天，媒人还要去引导接亲，称为"圆媒"，俗话说："新娘进了房，媒人扔出墙"，至此，媒人才算完成"说媒"任务。

媒　人

小时候，我对媒人就很有好感。比邻而居的五婶就是一个专职媒人。他长着一张满月般的脸，整日咪咪笑着一副慈眉善目的样。谁家有女初长成，五婶比做娘老子的还心急，生怕那天下的姻缘让别人抢了先。于是她开始迈着椿叶大的小尖脚，十里八村地去"访"，一旦有合适的人家，便在衣襟里装了葱绿的绸子手帕，俏模俏样地坐在女孩家的八仙桌旁，一桩姻缘就在笑谈间定了下来。还有那长成半大的小子，也是五婶操心的对象，她能掂量出哪家闺女和哪家小子相配最为合适。一旦五婶去了哪个女孩家，村子里很快就知道那女孩已经有了婆家，而女孩子的举手投足之间，也多了一些羞涩和幸福。可以说，怀春的少女是乐意五婶的小脚跨进家门的。五婶那如蝶般飘飞的绸帕，就是爱情招展的旗帜。五婶做媒不是包办的那种，她会让男女双方到街上会面，彼此没有恶感后，男女的交往就进入到自由恋爱状态。五婶的成功率总是很高，经她手促成的婚姻也是幸福美满的居多。

尽管对媒人不存恶感，却绝对没想到自己要当媒人。等发现这一点，那被牵线的人儿已经步入婚礼的殿堂。那是我同学。有一天给我来了一封信，让我把一封折叠成燕子的信转给正在复读的我的一位铁姐妹。后来我就成了他们的专职信使，还在许多场合安排他们见面，在他们出现矛盾时给他们调解。这样，我无意中成就了一桩好姻缘。

如果说我当同学的信使是我做媒人无心插柳的初级阶段，那么后来的一次行为就是我有心栽花的正式媒人生涯了。关键是我喜欢那个女孩儿。她是开理发店的，长得温顺可人，追她的男孩能有一个排。而她总觉得他们肤浅，一个也看不上。她常常同我谈她对爱情的渴望。这时我就想到了我的一个朋友，是很好的一个男孩，因为家庭条件不是太好，就那样一直耽搁着。我把自己的想法先同女孩说，又同男孩说，两人都没意见。居然是很传统地先见了一面，又让女方的父母把男孩好好地相了一下，之后男孩女孩才开始交往。等他们订婚的时候，特意摆了一桌酒请大媒。其实大可不必，恋爱是他们自己谈成的，我不过从中牵了个线，况且在平常的日子里，女孩为了答谢我的媒妁之言，一天一个样地变换着我的发型，把我收拾得光鲜照人，已经尽了礼数。结婚的时候，媒人更是受到隆重款待，敬酒者络绎不绝，觥筹交错大快朵颐之间，做媒人的成就感油然而生，这时才明白，千百年来为什么总有人要扮演媒人的角色，哪怕你再朝她脸上点两个黑痣插三朵花，她依旧乐此不疲。

过嫁妆

过去，海州大户人家陪嫁妆都是"全房管"，即新房中除了床、褥之外，其他的一切生活用品，全部是女方家陪送，多的能有上百样东西。有的人家为了炫耀门庭，过嫁妆时，队伍浩浩荡荡，一路上敲锣打鼓，吹乐放鞭，专门多绕几个圈子，走闹市引人观看。次一点的陪"大八件"，又称"双八件"，即厨、柜、箱、台、桌、椅、几、凳，每一样都是双件。再则，陪"小八件"，一共八样家具，其中有一、两样是双件也可以。一般人家陪"四样头"、"两样头"。"两样头"即一箱一柜，"四样头"就是在两样头的基础上，再配两样，多数配桌子和盆架。再穷的人家，也要用围裙打个包袱拎着。

上个世纪七十年代，时兴"三十六条腿"、"四十八条腿"，是指家具的腿数，腿越多家具越多；到了八十年代初，流行"三转一响一咔嗒"，三转即自行车、缝纫机、手表，一响指收音机，一咔嗒是指照相机。

海州民间过嫁妆除了要有"几样"，还要有"几台"。样，是指上面说的大件；台，是指放在台盒里的一些小件用品。小件用品有四样是必不可少的：即黄包袱、围裙、金桶、义饭碗。黄包袱是用一块二尺八寸见方的黄布做成，在两个对角各订上一根红带子和一枚铜钱，寓意新娘子家富有，包袱带钱来，俗称"包袱钱"。围裙，一定要用蓝布，长二尺六寸，在围裙上方的正中，再缝一个七寸宽、八寸长的小裙，叫做"子孙裙"，俗称"抄手"。裙、群谐音，寓意子孙成群。围裙上先不能钉带子，带子由男方家准备，等新娘子过来之后再钉上，表示从此双方结成了裙带关系。金桶，又称"马桶"、"子孙桶"，里面要放上八双红筷子，和一些枣子、栗子、花生，意为快生贵子、早立贵子等意思。栗子、花生必须是生的，因为熟的不能发芽，很忌讳，所以，把这些东西装好之后，要用红布把金桶包严，过嫁妆时要放在一个非常显眼的位置，由一个女方家信得过的全面人，专门负责看管，防止路上被人"使惹殃"。义饭碗，即一对吃饭用的小碗，附带两双筷子，意为夫妻从此开始一起吃饭，直到永远。

海州有句俗话："陪不尽姑娘，过不尽年。"是说陪嫁妆像过年一样，没个完，做父母的尽心尽力即可。民间还有一句谚语。"好男不争祖产，好女不争嫁妆。"懂事的姑娘出嫁时，知道体贴父母，不会争嫁妆为难老人。

过嫁妆这一天，女方家最热闹。亲戚朋友都要来送贺礼，叫做"填箱礼"，也叫"压箱礼"，除少数亲戚送钱或布料、衣物之外，一般来宾都是送喜果子，俗称"芙蓉果"。喜果子八个包成一包，送四包、八包、十六包不限。中午，女方家要置办喜酒，答谢亲朋好友。

布新房

海州民间布置新房是很讲究的，一定要请全面人帮忙，即上有父母，下有儿女，自身兄弟姊妹齐全的人。以前的新房不像现在都是几室几厅，能有一间房子就很不错了。布置新房先将房子打扫干净，用石灰水把墙壁粉刷一遍，然后吊顶棚，也叫吊"福棚子"。一般用芦柴或竹篾，有条件的人家用木头，沿着檐口做一个整体框架，糊上一层白纸。四个边角贴上用红纸剪成的百鸟朝凤、龙凤呈祥或祥云图。棚子的正中，贴一个圆形寿字，周围饶着五只蝙蝠，叫作"五福捧寿图"。房门上贴喜鹊登梅或喜报三元图，窗户上贴一个红双喜字，四角贴上太子荷叶、榴开百子等吉祥图案。

窗前一定要放一张桌子，叫"长寿桌子"，桌上放一盘一雄一雌的鲤鱼，上面盖着用红纸剪成的鱼，叫"喜鱼"。桌子上还要放一对大红喜烛，叫"长寿烛"，有时用两盏带罩子的煤油灯代替，在罩子上放一束红纸穗条。然后用红纸做一根纸捻，放在一只盛有素油的小碗里，点燃端着，在屋里各个角落照一照，叫"照喜房"。照喜房人要一边照一边说喜话，外边的人同时放鞭炮，照喜房之后，闲人就不准再进新房了。

接着，在房门上挂门帘和门匾，再简单的新房，这两样也是必不可少的。门帘一般用白布，寓意白头到老，长六尺六寸或者五尺八寸六分。再用一块与门帘一样宽，长九寸六或者八寸六的红布，挂与门帘上端，叫"红走水"，上面用丝线绣着鸳鸯戏水或鲤鱼跳龙门等图案。在"红走水"的两边各挂着一双红筷子和两颗大红枣，意为快生贵子、早生贵子。门匾，挂在门楣上方，为一长方形木料框，里面装上一幅"麒麟送子图"。

上面这些事情可以早两天做好，但铺喜床、挂帐子、套喜被等，则必须在喜日子的前一天做。铺喜床是布新房的重头戏，要请"全面爹"来铺，喜床的各边尺寸都要逢六。有钱人家都选用"八步顶子床"。这种床档次最高，为全红木制作，四角有四根柱子支起，上面有顶，前面有一道檐，四周有围，床下还有档面，处处都是精雕细刻的呈祥图案。

喜床的床头要靠东面墙，四个床腿用四块"金砖"垫起，大户人家会在每个包里放一块大洋。床腿要在子时之前垫好。然后挂帐子，并在帐子里挂一个"和气人"。

喜床铺好之后，请全面奶奶揣喜枕、套喜被。揣喜枕很简单，把晒干揉碎的松叶，装入一对绣花的枕套中。喜被要在喜床上套，被子的四个角和喜枕的两头都各放上枣子、花生、桂圆和栗子，每样两个，意为"早生贵子"。边套要边说喜话："八个栗，八个枣，八个小小满床跑。四个去做官，四个去赶考。赶考中状元，当官坐大轿。"喜枕喜被都被套好，至此新房才算布置完毕，喜爹喜奶退出，留下新郎和一个男童压床。

和气人

在市民俗博物馆的文物中，有一个"和气人"，她虽然已经六十多岁，老得褪了颜色，但各种吉祥的背景和慈善的笑容，仍然令人喜欢。在五十多年前，海州地方凡是生活过得去的人家，儿子办喜事（结婚），喜床里边的墙上或红罗帐内，都要挂一个这样的和气人，讨个吉庆。传说这种和气人是从"惊妻"转化而来的。

传说明初，有一位与朱元璋称兄道弟的武将徐达，他能指挥千军万马，智勇双全、用兵如神，可谓天不怕，但就是"怕老婆"。明朝天下平定，一日，朱皇帝在宫中无聊，去徐达兄弟家欲与对弈两盘。一进徐大门，就见到徐达被妻子管得"伏首归降"。大扫皇帝之兴，指责徐妻："我徐达兄弟能指挥千军万马，功高盖世，哪能受此妇人之欺，快快认罪。"但徐妻非但不认罪，反说徐达是皇上的大臣，受万人之尊；在家中徐达是我丈夫，就得听我指挥。朱皇帝吼一声"好大胆"就无可奈何地走了。次日朱皇帝上殿，命殿前放一大油锅，不断釜底加薪，将油烧得翻开。传文武大臣带着妻子上朝。皇上传旨，从今日开始，妻子在家不得欺负丈夫，不改者就扔到油锅烹，还点徐妻之名。徐妻径直向油锅走去，渐近油锅时，马娘娘急呼：弟妹改了就好，可以免罪。但徐妻义无反顾地将身一纵，跳入油锅。此状惊吓了满朝文武，朱皇帝也痛悔玩笑开得大了。但马上决定错照错办。传旨赐给徐达美女三名为妻妾。并将锅中炸酥炸透的徐妻剁成块块，每位大臣拿一块回家，挂在床上作为"惊妻"，并传至全国刮起"惊妻"之风。这种骇人听闻的"惊妻"之风刮到海州不久，就被民间改为在喜房内贴一张"和合"二仙的画，变"惊妻"为"和妻"，又过不久进一步改"和妻"为"和气"。用布绣一个和气人挂在喜床上。在荷花石榴的花簇中，盘坐一个大阿福般的慈容笑貌女子，腹中还有香料，使香气袭人，下边又垂下十个彩色的穗子表示夫妻和气，全家和气，四邻和气，人格人品十全十美。这就是海州和气人的稳定形象。结婚时喜床上挂和气人，稳定四五百年成俗。

迎　亲

过去，港城迎接新娘子一般是用花轿，花轿上披挂红色绸缎，绸缎上用彩色丝线绣着吉祥图案。简单的有两人抬的，中等有四人抬的、八人抬的，有钱人家都用十六人抬的豪华大轿，迎亲的队伍也是浩浩荡荡。媒人走在最前面，引着一帮锣鼓开道，其后是几十位大汉护卫着花轿，新郎骑着马走在轿前，接着是乐队，俗称"六书班子"，一路吹奏，都是"小桃红"、"全家福"等喜庆曲调，再后面是礼盒队，抬着给女方家的礼物。礼物中有四样东西是不能少的，即：一只大公鸡、一对红鲤鱼、一块双刀肉和两盘糕。女方收到礼物后，要将鸡鱼退回，其他的留下，叫做"公鸡两头跑，来年生个小(男孩)"，"鲤鱼再回程，生儿跳龙门"。迎亲的花轿在过桥、过闸或岔路口，都要放鞭炮，意为请妖魔鬼怪避开，不得靠近花轿。有的穷人家，两人抬的花轿也请不起，就用小毛驴接新娘，让新娘骑在毛驴背上，新郎在前面牵着走；有的人家连驴都没有，就用一种小独轮车，请族中兄弟把新娘接回来。新娘在路上不能靠地，如果是驴驮、车推而不是坐在花轿里，一定要打一把伞把头遮住。

新娘子在正日子这天，辰时起便开始梳妆打扮，先由全面奶奶为其"开脸"，即用两根红丝线绞除脸上的汗毛。然后"上头"，上头的第一件事是穿红棉袄、红棉裤，穿好之后，便洗脸、梳头、搽粉、涂胭脂、戴耳环、银钗等，新娘自己照镜子看看，一切都满意了，再穿上"踩堂鞋"，蒙上红盖头，坐在里屋等着新郎来。

当迎亲的队伍快到门口，女方家就鸣放鞭炮迎接，把迎亲的人带到堂屋里吃糕茶。吃过糕茶，新郎入堂拜谢岳父岳母，请新娘上轿。新娘上轿之前，一家人都要哭，叫做"哭嫁"，传说不哭嫁生孩子会是哑巴。母亲一边哭一边交待女儿，要孝敬公婆，听从丈夫，不要想家等等，新娘子哭表示对父母家人的留恋。不过，海州有句俗话："大闺女上轿，脸上哭心里笑。"哭嫁只是图个热闹。

新娘一般是由父亲或者由兄弟背到轿上，穿"踩堂鞋"不能靠地，否则娘家的财气就会被带走。新娘上轿时，要退着入轿，上轿之后，要把上轿时踏脚的状元糕，拿到轿里，垫在脚下。新娘坐到轿里，就不能再动，据说调脸挪屁股就会另嫁人。

海州民间有条规矩，迎亲回去不能走同一条路线，俗称"不走回头路"，如走回头路，新娘就会被休回娘家。在途中如果遇到另一家娶亲的花轿，不管是对面来的，还是同方向的，双方都会拼命争赶，努力抢先通过前面的桥、闸或者岔路口，俗称"抢上风"。抢到上风，就会把对方新娘子的好运抢来，主家高兴，会多给轿夫赏钱的。如果遇见出殡的，娶亲的人都要说："今天吉祥，遇上宝财啦。"

新娘在上轿前要揣一面铜镜或玻璃镜在怀里，俗称"三官镜"。刚出家门时，镜面朝里，意思是照得娘家好；等到半路上要把镜面转向外，叫做"转镜"，意思是照得婆家兴旺。

海州民间接新娘子，男方家除了派出一支迎亲的队伍，另外还有一帮人在家准备迎轿。接新娘的花轿一般要在中午之前到家，有的婆婆带儿媳妇性急，早早地就派人到村头路口等候。迎轿的人远远看见花轿来了，便点燃鞭炮，鼓乐齐鸣，家里人及左邻右舍听到鞭炮声，知道新娘就要到家，也都笑逐颜开地出来相迎。

人们簇拥着花轿到男方家的门前停下，首先，有本族中的两位长嫂，每人拿着一个用芦柴扎成的火把，围着花轿相对各转两圈，叫做"燎轿"，一边转一边高声唱道："大嫂燎花轿，天神都知道，火把照一照，邪气都跑掉。"寓意新媳妇进门干干净净，以后过日子都会顺顺当当的。

燎轿之后，不能让新娘子马上下轿，要让她在轿里多坐一阵子，俗称"捺性子"，就是把新娘的脾气憋顺些，将来能守家规。这时，婆婆坐在大门正中，正对着花轿，手里拿着一个捻线砣，左右各转两下，意思是让新媳妇上门之后"绕手转"，听婆婆的话。婆婆转完线砣起身回屋，花轿就可以抬进大门里面，由全面奶奶和四个搀轿的童女准备请新娘下轿。

先由全面奶奶到新房里把喜床上的米斗端出来，堵到轿门口，叫新娘子把三官经、三官镜和新郎腰巾全放进米斗里，然后送回喜床。这段时间，喜床不能空，要由新郎坐在床上压床。接着，四位搀轿的童女从新房里出来，每人托着一个盘子来到轿前，唱"迎轿歌"。第一位童女上前一步，把手中的酒壶在轿门口晃一晃，唱道"送给贵人一壶酒，留给新郎尝一口"；第二位童女把手中的花在轿门口晃一晃，唱道"送给贵人一朵花，留给新郎帮你插"；第三位依样上前唱道"送给贵人一盒粉，留给新郎擦面人"；第四位唱道"送支银簪头上戴，新娘新郎永相爱"。

新娘子不能一请就下轿，不然会被别人笑话性子急。新娘子可以几请不动，俗称"坐劲"。四位搀轿童女见新娘不下轿，再回到新房，每人拿着一根点燃的红纸捻，到轿门口分两排站好，一起向新娘作揖，唱道："四位童女站两排，手拿纸捻喜开怀，袖笼伸出绣花手，恭请贵人下轿来。"一般请四五次，新娘就下轿了。

新娘由搀轿童女扶着下轿，头上要用红伞遮着，脚下用装粮食的口袋铺路，叫"踩口袋"，也叫"传口袋"。由两个男子负责传口袋，把新娘踩过的口袋不断地拿到前面，寓意代代相传，一边拿一边说喜话，一个说一个要应和：新娘踩口袋，好一代传十代，好百代传千代，好千代传万代，好子孙万万代，好全面奶奶领着新娘进新房，一边走也要一边说喜话：贵人下轿来，迈步荷花开。荷花结莲子，全家喜开怀。一步二步海棠笑，三步四步踏金阶，五步六步成双燕，七步八步彩凤来，九步十步蝶自舞，步步都有喜讯来。

进新房的路上，新娘要跨过一个马鞍，叫做"新娘跨马鞍，养儿做大官"。到新房门前要跨过一个火盆，叫做"新娘跨火盆，来年生小人"。新娘进了新房，和新郎一起到床上，面朝里坐在米斗的两边，称为"坐富贵"。至此，迎亲的仪式才算结束。

拜 堂

拜堂，又叫拜天地，在海州民间的婚礼中是最隆重的一种仪式。

拜堂的场所大多布置在新房外间，后墙放一张长条桌，俗称"香案"，上面摆着祖宗牌位和香炉、烛台。案前正中位置放一张八仙桌，八仙桌两边各放一张红木靠背椅，桌上摆着糕点、瓜果等供品。全面奶奶要亲自将包有元宝串子的天地纸，用两根芦柴架好，放在八仙桌上。一切都准备好之后，全面奶奶便喊一声："拜堂。"即刻外面的迎宾队便奏起鼓乐，鞭炮齐鸣，屋里的人则同时点烛燃香，烧天地纸，新娘由童女搀扶着和新郎一起缓步走进厅堂。

此时气氛最为热烈，所有人的目光全部集中在两位新人身上，待新郎新娘走到香案前站好，全面奶奶便高声宣布：一拜天地。新郎新娘一起面向外跪下，随着全面奶奶的指令：一叩首、再叩首、三叩首，然后站起来互换一下位置，再跪下嗑三个头。二拜祖宗，新郎新娘转身面对祖先堂跪下，按全面奶奶的指令磕四个头，再互换位置磕四个头。后来，许多人家都没有祖宗牌位，便改为"二拜高堂"，即新郎的父母坐到八仙桌两边，接受新人的叩拜。三是夫妻对拜，新郎站左边，新娘站右边，互相鞠三个躬。

有的大户人家厅堂大，便在案前铺上一种用高粱桔皮编成的带有花纹的红席，或铺上红垫布，表示吉利，增加一些喜庆色彩。有的文人家儿子结婚，来宾都是些骚人墨客，拜堂时又多了一些文气。一般请傧相主持，傧相为二人，一个称"引赞"，一个称"通赞"，引赞负责引导新郎新娘到一个位置。通赞则叫他们具体做什么。如引赞：请新郎新娘至香案前；通赞：请新郎新娘向祖宗牌位进香，等等。傧相二人一呼一应，看起来很庄重。文人们还有一绝，当场书赠对联，如："两情鱼水相作伴，百年恩爱花常红。""志同道合海阔天空双比翼，志深情厚月圆花好两知心。"横批也是丰富多彩：永结同心、佳偶天成、琴瑟永好、福禄鸳鸯等等，为现场渲染了热烈的气氛。

海州民间还有一项内容是拜至亲，拜至亲只拜新郎父母这边的长辈。一般先拜父亲这边的伯父母、叔父母、姑父母，再拜母亲这边的舅父母、姨父母。有司仪点报，被点报的长辈就端坐在案前的八仙桌两边受拜，新郎新娘跪磕三个头。受拜的长辈受拜之后，从身上掏出红包，有专人接过报数，记在礼簿上。所有至亲一一拜完之后，将新郎新娘送入洞房，拜堂仪式结束。

闹 房

港城民间把"闹房"也叫做"闹新娘子"，可以说是婚礼中最热闹最有趣的环节。俗话说："三天里头无大小"，闹房不分辈分大小，不分长幼尊卑，大家尽可随便逗笑取乐。"闹房不翻脸"，无论怎么闹，主家是不能生气的。

过去，海州民间闹房还是比较文气的，主要采取说喜话的方式。看新娘的人手里拿着点燃的红纸捻，在新娘的面前摇晃，一边摇一边说喜话："手拿红纸捻，站在贵人前。照照贵人头，福如东海水长流。照照贵人袄，寿比南山松不老。照照贵人裙，富贵荣华万世荣。"

来宾说喜话的时候，新郎新娘要一起并肩站在床前以示恭敬。一个刚说完，又一个接上了："手拿红纸捻，照照贵人面。贵人一枝花，美貌人人夸。昨日在娘家，头戴百草花，今日做贵人，头戴金银花。荣华又富贵，浑身是喜花。一对秋波杏子花，两道弯眉柳叶花，香秀鼻子草郎花，口点胭脂樱桃花，耳戴白果花，脸蛋是桃花，棉袄牡丹花，纽扣钻金花，罗裙海棠花，绣鞋满帮花，生个儿子是探花。"喜话不停，新郎新娘就不能坐下来。闹房的人轮流上阵，小脚新娘一般是站不住的，这时，全面奶奶会出面挡驾解围。

进新房不说喜话是不能进的，但其闹房的形式和节目可以花样百出。有的会说，一人说一句，说一句进去一个。有许多人不会说或不好意思，就推选一个代表说："左手掀门帘，右手撒金钱，金钱撒在踏板上，荣华富贵万万年。"后面的人齐声说"好",便一起拥进新房。新娘见客人进来,主动起身给每人赠送喜果子、喜糖和点烟。客人自找位置坐好,新娘必须先给每个人剥一块喜糖,将糖块送到客人嘴里。多数人用嘴接住就算,有的不好意思,便用手接过来自己放进嘴里。好戏就在个别人身上,新娘将糖送到他嘴边,他假装没看见,转脸和别人说话,或是有意碰掉。新娘要重新剥一块,有时反复几次,直到将糖吃到嘴里为止,最后还要把新娘的手咬一下。

赠过喜糖之后,新娘还要为每人点一支香烟。点烟的火柴必须用两根,把烟点着之后将火柴吹灭,再换两根为下一位客人点,不能用一次火点两个人的烟。会闹房的人,这烟是怎么也点不着的,新娘把火送到面前,他用鼻气将火柴吹灭,或假装让边上人先点,旁边的人也假装客气,互相推让,直到火柴燃尽,新娘只得重点。有时一盒火柴烧完,也点不着一支烟,直到新娘急得掉眼泪,有人出面拉弯子才算作罢。

闹得最起劲的一般都是新郎的兄弟、朋友,一个个极尽所能,想出各种各样的花点子,让新郎新娘共同表演节目。如咬糖、啃苹果、舔筷子、脱绣鞋、开汽车、过独木桥等等,有雅有俗,戏弄得新郎新娘洋相百出。最有趣的是耍大伯头,即新郎的哥哥,海州民间有句俗话:"大伯头,烂冬瓜,见了不理他",就是说弟媳妇不能和大伯头搭话。闹房的人就专门把大伯头抓进新房,出难题让其说喜话。大伯头这喜话是很难说出口的,怎么也不说,几个人便将其按住用锅底灰把他抹成大花脸,一个个捧腹大笑,才让其逃离。这种精彩的情形,很多年后,还有人把它作为话题。

送　房

过去,海州民间的婚礼规矩很多,如闹房,不管怎么闹,必须在一更时结束,接着要举行"送房"仪式。送房有点烛、请烛、请新郎、请新娘、喝交杯酒、送烛、送新人入洞房、撒帐、戳窗等九道程序,一般在五更时全部完成。

首先是点烛,也叫点长寿烛。这个长寿烛象征新郎新娘的寿命,如果不是自然燃尽，而是中途熄灭，那是非常不吉利的。所以，点烛时要特别注意，一般请专司点烛的人来点。点烛有两人，一人拿一支，先将花烛安放在烛台上，然后捧着烛台，借着长命灯的火点燃，长命灯是在新娘下轿进屋的时候点起的。点烛要先点新郎的上首烛，再点新娘的下首烛。一边点一边说喜话："烛台两手拿，烛捻对灯花。灯花点花烛，花烛放光华。光华照新人，新人喜哈哈。哈哈情意合，意合生娃娃。"

点烛的同时，全面奶奶和搀轿童女在新房外间布置八仙桌，桌上摆六盘甜果，在两个大面各摆两双筷子和两个酒杯。四个送房的童男分别坐在八仙桌的两个小面。待两位点烛人退出新房，全面奶奶便高喊一声："请烛。"这时，由两位送房人到新房里，把两支点燃的长命烛请到八仙桌上，边请边说喜话："红烛辉煌，请出洞房。新人对坐，宾客两旁。一边织女，一边牛郎。天宫月老，搭配成双。喝酒交杯，龙凤呈祥。"请烛及后面送烛时，两支花烛的位置不能放颠倒。

两位男童将花烛请到八仙桌上放好之后，另两位童男便进新房请新郎："请新郎，出洞房，洞房花烛喜洋洋。今日喝杯交杯酒，明年必生壮元郎。"新郎一听很高兴，便跟着送房人出来，站到八仙桌的上首。送房人又转身进新房请新娘："请新娘，出洞房，如同织女会牛郎。牛郎已在河边站，织女快去会牛郎。"新娘不是一请就出去的，怕被别人笑话心急。有时请个十多次，送房人和新娘僵持住了，全面奶奶便出面拉个弯子，新娘也就顺着台阶下了。

新娘来到八仙桌前站在新郎的对面，四个童男轮流把新郎和新娘面前的酒杯斟满，并用红线连起来。全面奶奶宣布喝交杯酒，新郎新娘便同时举杯，每人喝半杯，然后交换着喝，喝过之后，再端起另外一杯，与前一杯一样，喝一半后交换。现在的婚礼上也还有喝交杯酒的仪式，但方式是新郎新娘用右手各端一杯酒，手臂相挽，将酒喝掉。

喝过交杯酒，把长寿烛和新郎新娘一起送回新房，"新人花烛入洞房，新郎新娘喜洋洋。花烛照亮红罗帐，二人同入如鸳鸯。"新郎新娘由两位送房人扶入洞房，并肩站在床前，送房人便一起抓枣、栗、花生、桂圆等向床上帐子里和新娘的怀里撒,俗称"撒帐"。一边撒一边说喜话:"一把栗子一把枣,明年生个大胖小。"等等。撒帐说的喜话最多,四个送房人轮流着说,要说大半个时辰。

撒帐结束后,送房人都退出,站到新房的窗外。过去的窗户没有玻璃,都是用一种红纸糊在上面,四个送房人将新娘陪嫁来的八双筷子,每人拿两双,戳穿窗户纸,掷到喜床上,俗称"戳窗"。边戳边说喜话:"手拿红漆筷,站在喜窗外。戳破红棂纸,来年就生子。"戳窗结束,要用筛子堵在喜窗上,下面用扫帚把筛子抵住。据说,筛子是千里眼,扫帚是辟邪棒,能挡住一切邪气。

分 三

海州民间的婚礼,在送房之后婚礼就算全部完成了。但婚礼后还有不少后续礼仪,"分三"即是其中之一。海州有句民谚:"三朝分大小。"是说新娘过门的第三天要分清男方家中、族中的长幼尊卑,明确自己在这个家庭中的辈分、位置以及和他们的关系,并学一点规矩,俗称"分三"。这一天,新娘要由全面奶奶领着搂锅、抓富贵、拜长辈、开脸、藏踩堂鞋、吃团圆饭、跑鱼、掸床等。

分三的早上,吃过糕茶,新娘像迎亲那天一样梳妆打扮,然后和新郎一起跟着全面奶奶到厨房"搂锅",也叫"上锅"。新郎家人提前将锅里的水烧开,锅底的火留着,并准备三把草放在灶门口,把米斗和一个茶盘摆在锅台上,茶盘里放着戳窗的八双筷子。

到了厨房,新娘坐在灶前,随着全面奶奶的喜话:"一把草,生小小;二把草,去赶考;三把草,赶考得中回来了。"将草一把一把送进锅底,俗称:"烧三把火。"新郎在边上用火叉将火拨旺,火烧得越旺,寓意将来的小日子越红火。之后,新娘由新郎扶起来,从米斗中抓三把米撒进锅里,撒一把,全面奶奶道一句喜:"一撒富贵荣华,二撒金玉满堂,三撒福寿安康。"接着,新娘拿勺子在锅里由外向里搂三下,边搂边说:"一搂金,二搂银,三搂儿女一大群。"搂锅之后，新娘从茶盘里随手抓一把筷子交给全面奶奶，如果筷子是单数表示新娘生男孩，如是双数则生女孩。全面奶奶接过筷子，双手放到身后默默地数，有意卖着关子叫新娘着急。实际上只是闹闹趣，除了家中单传，盼望头胎生个男孩，一般人家对头胎生男生女都是无所谓的。海州民谚道："会生的头胎生个带孩的（女孩），不会生的头胎生个打柴的（男孩）。"是说女孩懂事早能给家里当个帮手。

抓富贵之后，回到堂屋，全面奶奶向喜爹喜奶报告抓富贵的情况。无论怎样，主家都很欢喜，新娘的婆婆一边说"托你吉言"，一边将用红纸包着的喜钱塞给全面奶奶。

这时，新郎家族中能来的亲戚都到了，由全面奶奶主持新郎新娘拜长辈。对长辈要跪着磕头，接受磕头的叫"受头"，对平辈兄嫂、姐姐、姐夫行作揖礼，接受作揖的叫"受拜"。先是新娘的公婆坐到堂前正中受头，然后长辈和其他亲戚依次居上座，接受新郎新娘磕头礼拜。全面奶奶在旁边一一介绍受头受拜者，如："请公公婆婆受头"、"向叔叔婶婶磕头"、"大哥大嫂受拜"等。新娘一定要用心记好，往后见了面不能叫错或叫不上来，否则会被认为不懂规矩。新娘给长辈磕头，长辈要给新娘喜钱，叫"受头礼"，这礼钱由新娘收作私房钱，不入家庭公账的。

拜过长辈以后，新娘回房卸妆，然后由全面奶奶为其"开脸"（新娘有的在迎亲上轿前开脸，有的在分三这天开脸）开脸的时辰和朝向都有规定的，开脸时要放鞭，说喜话："门前一挂鞭，观音坐面前，黄道吉日时，新娘开开脸。婆婆看着笑，夫君心里甜，全家都道好，富贵万万年。"开脸后，新娘要换鞋，把在娘家穿来的踩堂鞋扔到床底，让其烂掉，以示今生不会再嫁第二次。

分三的中午，一家人同桌吃团圆饭。把迎亲时的一对喜鱼烧好，在桌子上放一放，然后端进新房，意为"鲤鱼跳龙门"，称"跑鱼"。分三晚上，新娘端着陪嫁来的喜果到公婆床前敬奉，并为公婆理床铺，俗称"掸床"，表示从今以后侍奉孝敬公婆。

瞧 亲

海州民间在婚礼之后第四天或第六天，新娘的父亲和兄弟要到新郎家登门会亲，俗称"瞧亲"。

瞧亲要带上新娘在家穿的一身衣服和葫芦、萱草、鱼及豆腐等四样礼物。父亲把衣服交给女儿，意为让女儿放心，不要担心冷暖，只管好好侍奉公婆。葫芦是一种吉祥植物，它的藤蔓繁茂，果实累累，果子里的籽又多，意为后代绵延。子孙众多。"蔓"和"万"谐音，所以，葫芦又有"千秋万代"的象征意义。萱草，姿容俏丽，气味幽香，看上去能使人忘忧解愁，又叫"忘忧草"，海州民间传说妇女佩带萱草有助于生男孩。鱼作为结婚馈赠的礼品，现在民间还十分流行，"鱼"和"余"谐音，象征金钱、富贵年年有余。瞧亲送鱼也含有新娘到了婆家"如鱼得水"之意，以示爱情幸福，生活美满。豆腐谐音"陡富"，寓意亲家生活富裕、富贵安康。

瞧亲是亲家第一次上门，新郎全家要按上宾设席款待。亲家是本庄的，要迎出门外；如果是外庄的，必须到村口迎接。亲家如赶不上回去，当天可以不摆宴席，只吃个便饭，叫做"未开桌子"；如能赶上回家，是不得在新郎家留宿的。海州民间有条规矩"瞧亲的不带亲，带亲的不瞧亲"，如果新娘的兄弟多，一般是有带亲的，有瞧亲的。多数人家新娘的兄弟都参加带亲，瞧亲的只有父亲一人。

招待瞧亲的宴席是非常讲究的，新郎的父亲或陪客的亲戚，身份不管如何高贵，今天首席一定要让新娘的父亲坐，以表示尊敬。瞧亲的宴席，一般都把媒人请来，就此"谢媒"，也称"酬媒"。俗话说"媒八嘴"，媒人在做媒的过程中要吃八顿饭，这便是最后一"嘴"。"新娘进了房，媒人扔出墙"，以后喜主就不再欠媒人的情了。

宴席的第一道菜新娘要亲自下厨，即是油煎娘家送来的豆腐。新娘一手拿刀，一手托着豆腐，划成一块块一寸见方的薄块放置锅里，全面奶奶跟在边上连声说着喜话："豆腐煎得黄，来年生个状元郎；豆腐煎得跳，新郎坐花轿"等等。最后上饭必须吃面条，也要新娘亲自做。头锅面给公婆和父亲，祝他们健康长寿；二锅面给来宾，愿大家常来常往；接着端给新郎，表示情深意长；最后一碗是新娘自己吃，象征勤俭持家，细水长流。招待新亲的宴席，最忌上藕，民间认为藕不实心，"心眼"多，会亲吃藕会"惹祸殃"，使亲家不和或小两口不诚实。

瞧亲之后，娘家的伯伯、叔叔、姑、姨都要轮流带新娘回家过一天。海州民间有"头一个月不空房"的俗规，早上把新娘带走，天黑之前要送回，俗称"跑短趟"。趟数跑得越多，说明娘家家族兴旺，新娘就越有光彩。

回　门

海州民间新婚满月之后，新娘要回到娘家住些日子，俗称"回门子"。回门是传统婚礼的尾声，回门礼仪全部结束，传统婚礼才算真正意义上的圆满完成。

过去，新媳妇不能主动提出回娘家，哪怕是想娘心切，也不能流露出来，如果被婆婆或丈夫知道，会被看成不懂礼。所以，一定要等到娘家来人带，一般是新娘的兄弟或叔伯兄弟同辈人，用独轮车或着小毛驴把新娘接回娘家。距离近的，晌午前回到家即可；如两家相距较远，一定要起早，保证当天起程当天回，不能在人家住宿。

回门时，要带两盒大寿糕和一些糖块、糕点等礼品，还要带上两棵月季。寿糕是送给父母的，祝福他们长寿、幸福；糖块、糕点分送给左邻右舍、亲戚朋友，让大家都分享一分甜蜜；月季花则由新娘亲自栽在娘家的庭院里，寓意自己像月季一样，月月开花，如同回家，也让父母看花如看人、心中永远欢喜。

回门在古代叫作"归宁"。新婚满月，新郎陪着新娘一起回到娘家，拜见岳父、岳母，行"成婚"礼。到了新娘家，要先到祖先堂前烧香、磕头、拜祖宗；然后再叩见岳父、岳母，感谢他们对新娘的养育之恩；接着新娘引新郎拜见本家的亲友，也称"试大小"。被拜见者，长辈点头即可，平辈要起座相搀，受礼时赏给新郎一个红包；晚辈拜见新姑爷，新郎则要送晚辈一个红包作见面礼。

新姑爷上门是贵客，新娘家隆重地置办"回门酒"。新姑爷要给陪桌的每一个人敬两杯酒，长辈可以端起上上嘴，平辈的兄弟则必须喝干。过后，桌上的人还要分别敬新姑爷两杯酒，长辈只是端杯示意，新姑爷要喝干。接着，内兄、内弟便可以和新姑爷喝酒闹趣。

读书人家的"回门酒"，在酒过三巡之后，老丈人都要考女婿，即翁婿对对子。由老丈人出上联，新姑爷对下联，如："女爱郎才郎爱女"、"花添锦绣锦添花"；"喜期喜事喜中有喜"、"新岁新人新上加新"、"乾八卦，坤八卦，八八六十四卦，卦卦乾坤已定"、"鸾九声，凤九声，九九八十一声，声声鸾凤和鸣"。老丈人要出九道上联，每三道为一关，由易到难，一般新姑爷都事先知底，所以是对答如流，给宴席增添些热闹的气氛。每过一关，众人喝彩，共同举杯，纷纷称赞乘龙快婿，才惊四座，老丈人也是乐得合不垅嘴。

酒后礼毕，新郎回去，只留新娘一人住下，叫"单回门"，双回门的可以在娘家住一个月，称为"过对月"。单回门新娘在娘家住的天数，都是由婆婆在回门之前决定，根据家里情况定八天、十八天或二十八天，"有八就有发"；新娘比新郎大的，单回门住的天数都含"九"字，"回九两家有"。但是，无论怎样住的日子都不能超过一个月。

新娘在回门期间，要亲自为丈夫家每人做一双新鞋，俗称"回门鞋"。回门鞋分为"满堂"和"半堂"；全家每人都有的，叫"满堂鞋"；如果住的时间短，来不及多做，或是娘家穷，只替公公和丈夫各做一双新鞋，称"半堂鞋"。

倒站门

海州婚嫁，一般都是新郎娶新娘，新娘嫁到新郎家，在新郎家生活一辈子。但海州民间还有一种特殊的婚俗，即新娘娶新郎，新郎嫁到新娘家，俗称"倒站门"，也叫"招女婿"、"招养老女婿"等等。"倒站门"婚姻的礼仪与一般的婚姻有很大的不同，娶新郎不用花轿，不用迎亲，也不需要嫁妆，只要定好日子，男子独自到女方家成亲即可。"倒站门"婚俗中有几种情况，即招女婿、就亲和坐山招夫。

招女婿，一般都是孤门独姓或是有钱有势的大户人家，家中无儿，为了继承家业及养老送终，所以招男方到女方入赘。这种情况，新娘都是没有结过婚的姑娘，对新郎要求也要高一点，新郎家里穷没关系，但必须人要聪明或读过书，将来能够支撑起家业。招女婿订立婚约是非常关键的，必须由双方父母和媒人签字画押，还要请族中长者为证，不得反悔。一旦立约入赘，新郎就是女方家的人了，称自家为娘家，要奉行对女方父母的孝道。在婚约中还有一点要特别写明，就是新郎从祖不从祖。从祖分两种情况：一种是生前从祖，一种是生后从祖。生前从祖就是新郎自己不改姓名，子孙要随着女方姓；生后从祖，就是新郎和子孙都不改姓。如果不从祖，新郎入赘后要改换女方姓氏，子孙后代也就永远随着母亲姓。一般穷困潦倒、势单力薄的人家，只有选择不从祖。有的出于某种原因，被逼不从祖。

就亲，即双方一切按常规婚姻程序办理，喜日子已经确定，男方家突然遭到天灾人祸，弄得一贫如洗，没有办法举办婚事了。但双方信守婚约，协商把婚礼改到女方家去办，新郎到女方家成婚，俗称"就亲"，海州民间也叫做"吃裙带饭的"。就亲和招女婿一样，不用花轿，不用迎亲，不过嫁妆。女方原来准备好的嫁妆，在举行婚礼时要搞一个移交仪式。这一仪式很讲究，由全面奶奶主持，将女方的嫁妆一样一样地当众清点送进洞房，边上有人负责记录，列成清单，新郎最后认可按下手印，将清单交给岳父大人保存。据说，这样就不会带走女方家的财运。就亲一般都是男方当时走投无路的选择，以后生活有了好转，可以回到男方原籍重新安家落户。有的自知无力干成大事，也就顺便订立婚约，当个"养老女婿"。

坐山招夫，也叫"坐家招夫"，一般都为寡妇。夫家是大户人家或为独子，家中比较富裕，加之传统的从一而终的封建思想的禁锢，女方不想改嫁离家，但又没有能力操持家业。婆家考虑到扶养幼子支撑门户，专门安排寡妇居家招夫。也有的不愿意做"贞烈女子"，但婆媳关系很好，为了照顾公婆，主动提出"招夫养子"。但必须经过婆家族长的同意，被招的男子要改名换姓，随着妻子的前夫姓，辈分也与前夫在家族中的位置相等，承担起家业，负责抚养女方前夫的子女。被招的丈夫如不愿改姓名，所生的子女可以随父姓，但不能继承母亲的家产。前夫所生的子女对后夫不喊"爸"，而称其为"爷"。这种婚姻形式人们都能接受，在民间不受歧视。

求　子

过去，人们对科学的认知较少，认为同类相生、果必同因。所以，表示求子的愿望都是模仿巫术的特征和功能。用红枣、花生、桂圆、莲子，谐音"早生贵子"；用多籽植物如石榴、葫芦，寓意"多生贵子"等等。后来，慢慢地演变成了一种带有喜庆色彩的祝福，其内在的求子本意已被冲淡。

婚礼中的求子习俗就是这种情况，在聘娶婚礼的全部过程中，每一件器物，每一个细节都表现出求子的愿望。如布置新房，窗户、橱柜上都要贴上用红纸剪成的榴开百子、太子荷叶等吉祥图案。喜帐子的两边各挂两串"果子带"，果子带就是将莲子、桂圆、松子等用带子串起，以谐音取祈子之意。莲子谐"连生贵子"，桂圆谐"贵员"，松子谐"送子"。套喜被揣喜枕，在被子的四角、枕头的两端各装两颗枣子、两颗栗子、两颗桂圆和两颗花生，意为"早立子，花着生"，喜话道："八个栗，八个枣，八个小小满床跑。"喜床布置好，催妆的晚上要选四个男童"压床"，压床的男童若把被褥尿湿了，预示新娘当年就可生贵子。

陪嫁物品中有两样东西不可少：围裙和马桶。围裙又叫"子孙裙"，裙、群谐音，寓意可生一大群孩子。马桶又叫"子孙桶"，桶里放十双筷子意为快生子。出嫁时，新娘的盖头四个角各系两枚铜钱，叫做"子孙钱"。新娘下轿要踩着装粮食的口袋入洞房，"传袋"谐音"传代"，寓意子孙万万代。还有"新娘跨马鞍，一气养十三"、"新娘跨火盆，来年生小人"、"马桶一响，当年就养"、"新郎新娘吃米糖，一年一个状元郎"、"戳得快养得快，一年一个小元帅"等等，都表现了在婚礼的各个环节中，人们对新郎新娘最殷切的希望和最美好的祝福。

在传统的节日活动中，有一些习俗也表达了求子的愿望。如立春日，省亲的妇女要从娘家返回，乘青舆、著青衣、张青伞，正好在立春那个时辰跨入家门，俗传这样将"春"带回家了，很快就可以生子。正月十五给媳妇送灯，意为照得媳妇早早生。二月二带闺女，希望途经野外，能受到蛟龙的感应，生个真龙天子。清明祭祖，要悬小红灯，祭后拿回家，取添丁（灯）的吉利彩头。中秋之夜求子妇女拜月神。除夕在屋里多贴一些带有"胖小子"的年画，象征子嗣绵绵。

还有一些是因为妇女多年不生孩子，而纯粹举行的求子仪式。如口彩、晒被、拴押等。口彩，就是婆婆通过算卦讨一吉日，煮两个外熟里生的"汤心鸡蛋"，端给儿媳吃，在吃的时候婆婆有意问这鸡蛋生不生，儿媳连声说"生、生"。一语双关，好像中了口彩，目的就达到了。

家　谱

家谱，又叫"族谱"、"宗谱"、"家乘"、"谱牒"，是一种专门记载宗族繁衍、世系分布、祖宗家训、族人事迹等内容的书。海州民间有修家谱的习俗，过去，几乎是家家有谱。有的比较简单，薄薄一小册，只记载本族的世系概况，及族人之间的血缘关系；有的大户人家谱牒有二十几册，体系周密而又完整，分序例、渊源、谱图、谱表、家训、移驻、宗祠、墓图、恩荣等诸篇，世统传承，记述详实。真可谓见谱知世次，持谱识宗支。

现代很少有人去新建家谱，从我现在所收集到的资料看，全部都是"续家谱"。即原先有家谱，后人不断按世系补续纳入，少的现有二十多世，多的已达一百九十世。

海州民间修谱的许多规矩，一般是三十年一小修，六十年一大修。如果年久不修，老者作古，祖上难以考查，有谱难续，那么这一族人会被看作不孝，庄邻都瞧不起。每次修谱，尤其是大修之后，族中每户人家都要出资，用于刊刻。早时还并不是每族一份，只按支派数刊印，印好后由各支中有威望的人家保存。如家族中有宗祠，则用精致木盒装好放在宗祠的祖先堂，为全族人的共同财产，视为传家宝。四时八节或是各家遇到红白喜事，宗谱如同祖宗所在，同受香火和祭拜。

祠中宗谱，平时由看祠人精心护管，每天清晨都轻掸一次盒上的灰尘。没有族长同意，什么人都不能轻易翻动，更不能随便拿出大门。如果本庄族人需要查阅，经族长批准，只能由该户人家的家主在祠中请看。事先应洗净双手，点燃祖先堂供桌上的香火，跪叩三个头，说明请看的理由，然后用双手恭敬地捧出，细心翻阅，不得弄脏。外庄同族，在祠中看和同族人规矩一样，如要借回去，则要燃放鞭炮，用花轿迎送。

一般各个家族，每年都要举行盛大的祭祖活动，其中有一项最重要仪式，就是由族长重申家规、家训、家范、家戒、家传等。海州有句俗话：各有各的家规。各姓宗谱的家规等内容不完全相同，但其实质还是一致的，即为一套用封建宗法礼教制定的本家族成员的行为规范，以维护家族的统一和促进家族的繁荣，总的来说，还是有积极意义的。

各姓宗谱都有着本族的宗法原则和统一规范，如入谱年龄，有的定为七岁，有的定为十二岁，还有的定为成年之后。多数规定女孩不入谱，也有的允许女孩入谱，但只记嫁往某（姓）门，不作详述。对于修谱的要求，虽是"八要"、"十要"、"十二要"不等，但是其核心内容基本差不多，如勤修、明本、稽考、辨源、无冒、求实、无谬等。

海州民间宗谱，内容有多有少，形式有繁有简，但有一点却是非常的相似，即"谱禁"中都明确规定："欺宗灭诅，忤逆不孝，大逆不道，刑犯大辟，为贼为盗者不入谱。三姑六婆（尼姑、道姑、卦姑；牙婆、媒婆、巫婆、虔婆、药婆、稳婆）不入谱。甘为下流之人，没志没血者不入谱。即使已径入谱而犯戒的人，也要'剥去排行座号，全族人皆不与来往'。"

祠　堂

"祠堂，是一种同宗族人祭祀祖先、供奉香火和举行各种宗事活动的地方，又叫"宗祠"、"宗庙"。过去，海州五大姓"殷、葛、沈、杨、谢"等大户人家都建有祠堂，尤以著名实业家沈云霈的"沈家祠堂"最为有名，就建在锦屏山桃花涧的上面，现在六七十岁的老人都还亲眼见过。

海州民间初建祠堂，通常是由族中有钱有势并德高望重的人发起，自己首先拿出大头，即使是全部拿得起，同族人也要象征性地出点资，好把名字刻在功德簿上。否则，是没有资格到祖先堂进香火的。

祠堂建筑一般为四方三合院，即坐北朝南为主屋，两边有厢房，南面为正门。主屋为"祖先堂"，东厢房一般为族中孩子读书的地方，西厢房为看祠人居住。祖先堂的厅比较大，能容纳上百人。当厅的后墙上挂满小木板，木板上写着祖宗的名单，俗称"木榜"，按世系排列，如"X世祖XX公"。在木榜的下面设有五层台面，叫做"神主台"，神祖台上供着历代祖宗的木制牌位，也叫"木主、"神主、"亡人牌"。神主台上的牌位从上到下按辈分排列，每一层同辈人按排行次序排列。海州民间俗规家家都设有祖先堂，每一家供奉的是本支系五代以内的木主，超过五代的木主一定要送到祠堂供奉。谁家有木主要送到诅先堂，是一件大事，首先要备好酒席请族长来家中审核，族长认定之后择一吉日，由木门后代用大轿抬着木主，燃放鞭炮，送到祠堂。族长则在厅前跪迎，并请一些僧人做佛事，最后由本门最长者将木主捧放到神主台上应放的位置。生前不管是达官显贵，还是平民百姓；不管是富有，还是贫穷，一旦到了神主台上一律平等，同受供奉，只称为"X世祖XX公"。

祠堂是全族人的祖庙，族中不管谁家结婚、生子、受禄、发财，都要到祖先堂烧香、磕头、还愿。大户人家的祖先堂，可以说是整天香火不断。每年的大年初一早，全族的男人都要到祠堂磕头，"哪家到得早，财神就往哪家跑"，所以新年刚到，祖先堂前就已经跪满了人。每年清明和冬至是最热闹的日子，全族人要集体举行大型的祭祀活动。主祭人由族中有威望的长者轮流担任，在祭日的前三天主祭人即住进祠堂，开始斋戒，每天用山泉水洗浴一次。祭日当天身着崭新族服，负责点烛烧香，给供桌上摆放供品以及整个活动的司仪。中午，全族人在祠堂里一起聚餐。每次活动结束之前，要把下次活动的主祭人选定，以便及早筹划和准备。

起小名

过去，海州民间每个人都有小名的。孩子生下来三朝就要起小名，也叫起"乳名"。海州有句俗话丑孩鬼不要。就是说丑孩子好养活，所以，小名起得越丑越好，越怪越好，如"小秃子"、"大癞子"、"小驴子"等，有的干脆就叫大丑、小丑。

起小名一般根据孩子降生后父母为他做的第一件事，或者父母心中的愿望。如有的人家把孩子的衣胞埋在路口，就起"路生"、"大踩"、"小踩"；有的人家在埋衣胞的罐子里放些黑驴毛和炒熟了的芝麻，意为"衣胞带芝麻，能活九十八"，就起"大驴"、"小驴"、"大芝"、"小芝"；有的人家用一根红线扣在孩子的脖子上，就起"大扣"、"小扣"、"扣住"；有的人家用银锁在孩子的脖子上象征性地套一下，就起"锁成"、"锁住"；有的人家用一口铁锅在孩子的头上罩一下，也叫"咔一下"，就起"咔住"，"铁头"、"铁蛋"。铁锅咔过孩子之后，要从屋顶上扔到家后去，摔得越碎，孩子的运气就越好，叫做"贵人撑破铁，能成大事业"。有的父母望子成龙，希望孩子将来能做官发财，就起"大富"、"大贵"、"大升"、"大发"；有的人家想要男孩，就把上一胎女孩起名叫"招弟"、"迎弟"、"盼弟"、"来弟"；有的人家连生五六个女孩，也没招来一个小弟弟，就给新生的孩子起名"小改子"、"小转子"、"小换子"；过去人不懂计划生育，有的人家孩子多，不想再要了，就给孩子起名为"小停子"、"小满子"、"老搁子"。有的人家按时间起名，如"大冬"、"大春"；有的以属相起名，如"大虎"、"大龙"；有的以出生地起名，如"新浦"、"海州"、"锦屏"等。

刘姓、陈姓、石姓与"留"、"成"、"实"谐音，被认为是"吉姓"。有新生儿的人家，千方百计地去偷这些人家的煨罐，好用来埋衣胞。偷了煨罐之后，希望被偷的人家骂，骂得越凶，孩子就会长得越壮。因此，孩子就起名"大罐"、"罐住"等。

男孩子到七八岁上学，或者十二岁入宗谱时起了大名，小名才不用。有的也一直用下去，或者就当着大名用。女孩子除了名门闺秀能够读书的，会起个芳名，绝大多数一辈子没有大名。

私　塾

从前，没有官办学堂的时候，教书先生都是私人出钱聘请到家里去教书。有钱人家一般都是专门聘一个老师，只教自己的一两个孩子；条件差一点的，就几家合伙共同聘请一个老师。因为教学都是在私宅里，所以，老师教书的地方就叫做"私塾"。只教一家孩子的地方也称做"家馆"，如有几家五六个以上的孩子读书专用的地方，就称做"散馆"。

过去，海州城里私塾比较多，城外的每个庄子上也都有一两处。民间对私塾开学是非常重视的，老师找好之后，要选定一个吉日，登门把老师请来。虽然是"家有三升粮，不当小孩王"的穷教书的，但还是受人尊敬。怎么样把老师接来家，也是炫耀门庭的一次比试。大富人家都是用轿，规格仅次于婚礼；一般人家则用马车，最基本的也要用小毛驴驮来，不能让老师自己步行，否则会被认为不礼貌。把老师接到家，先引进正厅就坐，主家把事先用红纸写好的一份契约交给老师。这种契约也叫"关书"，是以家长的名义写给老师的。开头写上家长和要读书的孩子的姓名，接着写几句"恭请老师教读，听从老师训导"之类的客套话，下面写着老师每年的酬金数额、支付方式以及每天如何用餐等等。"关书"一般要装在一个特制的长方形红漆盒里，由学生双手捧着过头，恭恭敬敬地递给老师。老师接过"关书"契约便正式生效。

有钱人家一般都给老师准备一件新长衫，老师换上新长衫以后，便和主家及学生一起到私塾烧圣人纸、行拜师礼。私塾的正面墙上，都贴着一张用红纸书写的"大成至圣先师孔子之神位"。两边写上"侍奉香火"四字，俗称"圣人帖子"。老师把学生带到圣人帖前烧香烧纸，俗称"烧圣人纸"，再向"圣人帖子"磕三个头，俗称"磕圣人头"。然后老师端坐案前，学生再向老师磕头行拜师礼。如有几个学生，每个学生都要依次烧圣人纸、磕圣人头、行拜师礼。以后每天上学和放学时，学生都要向圣人神位鞠躬，老师讲课前也要向圣人神位作揖。每逢初一和十五还要在圣人神位前烧香磕头，让学生时刻记住自己是孔门弟子。

私塾的老师一般都是住在学堂里。教家馆的，每顿饭都和主家一起吃；教散馆的，就轮流到每个学生家中吃饭，或由学生家送到学堂来。一年中只有在冬至、春节、端午、中秋这民间四大节才可以放假回家一趟，俗称"歇歇"。春节放假的时间最长，一般从腊月二十六开始，直至正月十五，还有的到二月初二。

私塾里的教学大致上分为启蒙、"四书"抱本、"五经"抱本三个阶段。启蒙又叫"刚开本子"，主要是识字，学习《三字经》《千字文》《百家姓》《千家诗》等。这个阶段为一两年，根据学生掌握的情况，由老师自行决定进入下阶段学习的时间。"四书"抱本，就是以"四书"为主，老师逐字逐句地讲解，"抱本"，就是一本书读完后，学生要会背、会默、会讲，并能"回讲"，即能举一反三，灵活运用。这个阶段还穿插学习一些比较实用的"散书"，如《幼学琼林》《尺牍》《酬世大观》等。并学写婚丧柬帖、书信契约等比较实用的文体。读"五经"，是以考秀才、举人为目标的，课程安排很紧，天天起五更睡半夜，老师都得奉陪，随时解答学生的问题。如果学生调皮捣蛋不想学习或者是其他错误，老师可以惩罚，用一根八寸二分七长，一寸二分宽，四分厚的长方形木板打其手心，但不准打头及其他部位，也不能用脏话骂学生。

送 礼

送礼，作为一种民间礼仪古来已久，它是人际间进行感情联络的一种手段。海州民间很讲究礼尚往来，亲戚朋友，左邻右舍，不管谁家遇到重大事情，大家都要前去送礼。如是喜事就表示祝贺，如是丧事就表示关切和慰问。有礼还礼，所以，相互送礼也叫做"出礼"。

亲戚、邻里之间送礼主要分两种：一种是喜礼，一种是丧礼。喜礼的内容比较繁多，包括上梁、乔迁、过寿、婚嫁、生孩子、新生儿十二朝或满月、过周岁等等。过去，送礼只是一个人情往来，不在乎多少，但必须有来有往，"宁叫礼薄，不叫礼缺"，讲究"礼轻情义重"。

礼品没有太多的讲究，选择的范闱也比较宽泛。如是婚礼，送男方的一般是枕头、帐子、脸盆、水壶等，送女方的一般是箱子、匾、工艺品、喜果子等；如是祝寿，一般送《寿星图》《麻姑献寿图》、寿联、寿幛、寿桃、寿酒、寿糕、寿果；生孩子则送鸡蛋、馓子、老母鸡；孩子满月则送小包被、老虎鞋、老虎帽、肚兜兜；过周岁则送衣服、鞋帽、玩具；如是丧事，一般送花圈、被单、挽帐、挽联、烧纸等。丧礼不管多少，一定要收下，不准退回。其他方面的礼可以收，也可以退，收下的礼叫做"受礼"；退回的礼俗称"壁回"。送来的礼都收下，叫"全受礼"，一点不收的叫"不受礼"；收一半退一半的叫"半受礼"，半受礼的一般是收物不收钱。有的人家是"受亲不受邻"。

受礼的主家都要建立一个"礼簿子"或叫"礼单子"，就是用一叠纸订成一个小本子，喜事用红纸，丧事用白纸，在面上写上受礼的事出和时间。如"父亲八十大寿礼簿，某年某月某日"、"乔迁之喜礼簿，某年某月某日"等，里面详细记录亲朋的姓名及所送礼物的名称和数量，以备将来还礼时参照。一般婚礼和丧礼往来是对等和稳固的，不管生活如何困难，只要受过别人的礼，千方百计也是要还的。上辈没有还清的，子孙也要接着还。如有一方受礼不还，遇事的人家便会与其断绝往来，别人也会耻笑。所以，海州有这样的民谚："人情不是债，头顶锅盖卖"、"人情大如债，不还人会怪"。

过 寿

海州民间，把给六十岁以上的老人过生日称之为"过寿"，又叫"做寿"。也就是每到老人六十、七十、八十、九十、一百岁生日，儿孙们都要隆重地举行庆贺活动，祝福其长寿。

海州老人过寿有条俗规：过九不过十。老百姓认为"十"是满数，寿满即到头了，不吉利。所以，做寿时用的都是虚岁，即把五十九岁当六十岁过，六十九岁当七十岁过，以此类推。一般六十岁以下不能叫"过寿"，只能称为"过生日"。如果叫过寿，不仅会遭到人们的指责甚至唾骂，而且还要"折寿"。海州有一句俗话："尊亲在不敢言老，只要父母健在，即使超过六十岁，也不能在家过寿，只能是过生日。

庆寿时，一般人家都要布置寿堂。寿堂要设在堂屋，寿堂前放一张八仙桌，桌旁放两张椅子，桌子的中间放一个铜铸的大"寿"字，两旁点两支寿烛，前面再摆放两盘寿桃和两盘寿面。在寿堂的后墙正中挂一幅中堂画，男寿星一般用《寿星图》或《松柏图》，女寿星则用《麻姑献寿图》。中堂的两边悬挂一副寿联，内容都相当喜庆，如"福与天地共在，寿比日月同辉"、"寿比南山松不老，福如东海水长流"、"福海朗照千秋月，寿域光涵万里天"等等。有的大户人家对寿联特别讲究，根据寿星的身份、岁数、过寿的月份等，专门请人撰写，内容新颖别致，使祝寿的气氛更加浓烈。海州民间过寿有两段高潮：一是前一天晚上暖寿，一是第二天正式贺寿。前一天晚上，女儿要为过寿的父亲或母亲做一身全新的寿衣，包括鞋、帽也要是新的。寿衣一定要肥长一点，如果做短做瘦，与"短寿"谐音，是很不吉利的。寿星穿上女儿做的寿衣，和家人一起吃长寿面，之后，坐到八仙桌的上首，受女儿及子孙的叩拜。

寿桃和寿面也是由女儿送的。一般在前两天就与会做寿桃的人家说好预订，贺寿当天天一亮，就去端回来。寿桃是用面粉做成桃子、石榴、佛手等各种造型，再用红、绿食素描绘，非常形象、逼真。做好后一定要放到一个盘子里，谐音为王母娘娘祝寿的"蟠桃"。一盘寿桃一般为108个，与佛珠数相等，佛、福同音，寓意"福寿无边"。寿面也要放在盘子里，盘成宝塔形，顶上插一朵红花，和寿桃一起摆放在八仙桌上。

正式庆寿这天，儿子要负责置办寿庆的酒宴，招待前来祝贺的亲友。过去，亲友来祝寿一般不送钱，而是送寿幛、寿联、寿酒、寿糕、寿烛等一些物品，祝寿时也要说喜话，一人高声说，大家一起道好，如："抬步进寿堂，好！寿堂喜洋洋，好！寿山并寿海，好！福寿满炉香，好！"

来宾祝寿之后，最精彩的是儿孙们向寿星"献寿"。这个节目在午时举行，午时一到，寿堂前的宾客都自动站到两边，儿孙们则按辈分、长幼排好，依次给老寿星磕头献寿。每个人磕头时要表示愿意拿出几岁自己的寿龄献给老寿星，当场用红笔写在黄纸上，签名画押，然后一起拿到祖先堂或城隍庙烧掉。献岁越多，老寿星越高兴，有的加起来有几百岁，说明老寿星子孙满堂，都非常孝顺。

献寿以后，寿筵开始。首先是吃寿桃，每人都要吃一个，然后，依次给老寿星敬酒。寿筵上一定要吃面条，称为"长寿面"，第一碗要盛给老寿星，别人是不能随便吃的。吃过饭，各人都把自己用的碗筷带走，叫做"讨寿"。据说，用吃过寿面的碗筷吃饭可以长寿。要是九十、一百岁高寿，陌生人知道了都要来讨要碗筷。

坐桌子

过去，海州民间赴宴，叫"上桌子"，也叫"坐桌子"。宴席桌子的摆放，宾客的座位都是非常讲究的。以前，大都是方桌，一边坐两个人，四边坐八个人。如果在普通方桌桌面的四边，加上宽边框，便称"八仙桌"。不管是方桌还是八仙桌，桌面都是由几块长木板做成，有板缝的两边，叫"小面"，也叫"横头"；没有板缝的两边，叫"大面"，也叫"桌面"。俗话说："大面为主不朝外。"摆放桌子以门的方向为准，不论堂屋还是南屋、东屋或西屋，都将小面对着屋门。两个大面为主宾席，左侧为"上首"，右侧为下首，同一桌面分左、右边。上首右边为首席，必须给最年长或最尊贵的客人。小面也一样分左、右侧，同一侧分左、右边。座次分明，必须严格地按辈分、年龄或身份坐位置。如果是亲戚，即使年龄小，但辈分高，也要按辈分坐。如果人多，也可在四个桌角加座，俗称"抱拐的"。圆桌不分上下，人多人少都可以，但一个桌上忌坐十三个人。

宾客入座以后，要从除主宾以外的其他人中，选出两个人当"酒司令"，专门负责给大家斟酒。有的互相推让，也有的毛遂自荐。酒司令选定之后，必须自饮三杯，便可拿掌管酒壶。斟酒时壶嘴不能朝着客人。

开桌前，主人先将酒杯斟满，举杯向大家说明请客的事由，并对亲朋好友的光临表示欢迎和感谢。然后，和大家同饮两杯酒，所有人都得喝干。海州有一句俗话："主不吃，客不饮"。两杯酒干后，主人带头举筷先吃，并示意客人同吃。这表示一种诚意，说明酒菜中无异物，客人尽可放心。

这些仪式过后，便开始找酒，也就是现在所说的敬酒。敬酒要先敬主宾和长辈，站起来，双手举杯，表示敬重。一敬必须两杯，叫做："好事成双。"被敬的主宾或长辈可象征性地举举杯，不一定要喝干。之后还要回找两杯，叫做"要想好，大敬小"。主宾和长辈可以随意喝，被找的小辈必须喝干。平辈之间找与被找，都要喝干。海州有句俗话，叫"站着喝不算"，所以，敬酒的时候要站着敬，坐下喝。

开始的时候，大家都要互相找一找，酒司令只管斟酒。当各人的意思都表达完了，这时便看酒司令派酒的本领了。只要他说出一个理由，叫谁喝酒，谁就要喝掉。如果不喝，众人就会一起劝，三劝两劝，拗不过去还得喝。双方实在僵持不下，首席上的主宾或长辈才会出面，打个圆场。桌上的酒壶，除了酒司令，别人是不能碰的，谁碰谁就得喝一杯。谁要是对酒司令不服气，只要自饮六杯，即可夺得酒司令的权利。你来我往，互相劝酒，叫做"闹喜"。席中如果有人迟到，必须向全桌人致歉，不管任何理由，先干三杯，求得大家的谅解，才能入席。

席间吃菜，每人只吃自己面前的菜，不能将筷子伸到对面的盘子里。过去桌上没有转盘，一般是吃一会，便把盘子调换一下位置。先吃完饭的人，要站起身，把碗筷举在胸前，说一声："诸位慢用"。再坐下来，等候全桌人一起离席。主人要是在桌上，必须等全桌人都吃好，最后一个放下碗筷，俗称"奉陪到底"。

饮　食

春上海口秋上山，冬夏吃住在平川。谈起饮食来，海州集南甜北咸东辣西酸之长的独特风味，远近闻名。

海州人不但会吃，而且有许多讲究。民谚道：上床萝卜下床姜，喝口开水再出房。是说上床睡觉之前，吃块红萝卜有助消化，尤其是老人还可"压咳嗽"；早上起床之后，少吃点生姜，可开胃口，喝几口开水冲洗一下肠道，再出去活动，这是有一定的科学道理的。

海州民间一般一日三餐，早晚吃稀粥加面食，中午吃米饭，俗称："干饭"，不同的季节或不同的活动，饮食上有着不同的习俗。农忙季节，重劳力每天都要吃五顿，甚至六顿，他们的劳动负荷重，时间长，消耗大，不顶上饭食是没有力气干活的。早饭前吃的一顿，叫"早头脑"，早饭与午饭之间吃的一顿，叫"接响"，午饭与晚饭之间吃的一顿，叫"下午"。冬季农闲，有的人家睡得早，起得迟，一天只吃两顿饭，上午一顿叫"东南响"，下午一顿叫"西南响"。

遇到喜事都要吃馒头，叫"喜馒头"，吃糕叫"步步高"，丧事则吃卷子，叫"丧饭卷"。另外，在夏收割麦、秋收割稻开镰的第一天，也要吃馒头，意为收成好，粮食堆起来能漫过头；最后一天要吃卷子，意为草垛像卷子，草多粮食也多。

海州一带饮食以面食为主，面食主要做成饼、馒头、卷子之类，统称"干的"。每一次都做很多，能够吃好几顿。吃的时候"馏馏"就行，就是在锅里放上水，摆上蒸笼，再将"干的"放在蒸笼里，燃火加温，一会儿就热了。

"小鱼不解馋，全靠辣和咸。"海州人口味重，喜欢吃咸的和辣的，尤其在冬季，每顿饭都少不了辣椒酱。海州的辣椒酱是用小磨磨出来的，吃起来辣，闻起来香，特别可口。

一家人围在桌上吃饭，一般是不许乱说话的，尤其要求小孩"吃不言，睡不语"，实际上就是干什么都要专心，吃饭就是吃饭，睡觉就是睡觉，不要乱扯。

海州有句民谚："宁可占盆，不要胀人。"是说吃饭要适量，吃不了剩下占着盆，也不要撑着肚皮，这是很科学的。可来了客人又恰恰相反，喜欢劝饭，总希望客人多吃，即使客人不想再吃了，也要往碗里再加上一勺，不管加了多少，只要装进碗里，就一定要吃光，俗称"硬压"，不能留"嘴根子"，留"嘴根子"是不礼貌的。

吃"头水"

青口人在吃字上特别讲究吃头水，不论是瓜果梨枣还是蔬菜海鲜，总以吃头水为荣。有些青口人吃上头水还好谝，买了一把韭菜芽子，要捧在手上拿回家，唯恐别人看不见；买不起大彤蟹，弄上两个小水蟹子，也得拎在手上拣人多的地方转一转，还逢人便说去晚了，大的没买到，小的也是一样的味。当然吃头水好谝的大多是站街门头子耍手艺的，或是小商小贩做小买卖的。真有钱的吃了不屑谝，吃不起的自然不敢谝。

青口人好吃头水，说起来也算是历史悠久。青口是一个有着近千年历史的滨海城镇，交通方便，商业繁荣，尤其是清初禁海，全国各海口均失渔盐和航运之利，只有青口在乾隆五年（1740）特恩开港，渔船可自由来往南北通畅。其时新浦未开埠，青岛未开港。得此天时地利，青口自然成为苏北、鲁南商品集散地。晋、豫、皖、苏、鲁、浙等地客商纷沓而至，定居经商。商业繁荣、经济发达，自然有钱的人就多，吃客也就多。青口东靠海，西依山，中部是富饶的平原，素享山川之饶，久受渔盐之利，山珍海味，物产丰富，四乡八里，凡刚上市的头水大都拿到青口来卖，不但好卖，价钱也高。久而久之，青口人好吃新鲜头水就形成了传统，养成了习惯，并且吃出了经验，吃出了具有地方特色的美味佳肴。

青口人吃头水，有着鲜明独特的风格。主料是头水，辅料也讲究用头水，所谓吃就要吃出那个鲜味。例如早春海产品最先上市的是虾婆，炒虾婆皮子的配料必须用头刀韭菜芽子，主配料均用头水，自然鲜嫩可口，色香味俱佳；讲究主配头水配头水的地方传统佳肴还有：香椿拌彤蟹、白鳞鱼熬米豆、大乌贼红烧肉、蟹籽豆腐莴苣汤、小公鸡烧栗子、小籽乌子烧白菜等等。夏天特别讲究新麦子煎饼卷鲜虾皮，新大蒜拌嫩黄瓜；冬天，尤其是春节期间，除必备鸡爪、腊肉、鱼籽、海蜇等酒肴外，沙光鱼汤是最受钟爱的，尤其是正月初五吃财神面，只有用沙光鱼汤浇面最上乘，讲究的是"正月沙光赛羊汤"，要的就是那个味。

上　梁

　　海州民间的建筑不管是庙宇还是民居，结构都差不多。前后檐口低，屋顶中间起脊，两个屋面成为一对称的斜坡。从两端看，檐口往上部分是一个等腰三角形，屋两端这个三角形的墙，叫做"屋山"，也叫"山头"。屋山砌好之后，开始架设桁条，叫做"上梁"。上梁是整个房屋建筑的关键，它不仅关系到房子的结构是否牢固，还关系到家主的吉凶祸福。所以，在海州一带是非常重视和讲究的。

　　和结婚选喜日子一样，上梁都要选择吉日，一般都选在初六、初八、十六、十八，或者二十六、二十八。日子一旦选定，千方百计也得把准时间。上梁之前，先要照梁，这要在卯时进行。将所有的梁都抬到新盖的房子里，把正梁系上红绫，立在后檐墙正中，其他梁根据架在屋顶上的位置编上号，分两边排好。然后在梁前搭一香案，烧三支红香。由男主人拿着点燃的火把，俗称"财神把子"，在每根梁上照一照。一边照一边说喜话："一照金梁玉柱二照金玉满堂，三照三元喜报，四照四面如意，五照五路财神，六照六六大顺，七照天仙七巧，八照八仙做客，九照九天同，十照十全十美。"男主人照梁的同时，全家人一起跪在梁前磕头拜梁。

　　照梁、拜梁结束以后，便用红布条把梁一根一根地系着，提上屋顶。盖房的工匠，要一边提一边说："天上叫金鸡，地下凤凰啼，今是黄道日，正是上梁时。"一般是把梁都上好，只等午时上正梁。这时候，由男主人亲手将"福、禄、寿、喜、财"五个红字贴到正梁上。午时一刻，便扶着正梁往上送，同时高声说着喜话："脚踏云梯步步高，金梁玉柱架金桥；架好金桥八仙过，千秋万代吉星照。"

　　正梁一登位，站在屋上的工匠便点燃鞭炮，沿着沿口转一圈。工头则负责撒馒头、糖果和硬币等，叫做"滚梁"。第一把一定要撒在梁上滚下去，由家主拿着围裙兜着，叫"等富贵"。"梁"和"粮"谐音，"馒"和"满"谐音，寓意满屋富贵，粮食满了。

滚梁之后，工头将馒头、糖果等一把一把地撒向围观的人。只要知道有人家要上梁，左邻右舍，甚至过路的人都早早地在那里等着，小孩子尤其高兴，抢喜馒头的场面非常热闹，一般都有上百人。

上梁如遇到下雨，主人会更高兴。海州有句俗话，叫"有钱难买雨浇梁"。认为这是洪福冲天，老天爷来报喜的。天水可冲去各种瘴气，主家的人会更加平安。

游 戏

过去，只要你看到几个孩子在一起，那肯定是在玩游戏。那时候，虽然人们的文化比较贫乏单调，但海州民间孩子们玩的游戏，却是非常的丰富多彩。有智力型的、有竞技型的，更多的则属于趣味型的。一年四季，每个季节都有不同的内容和不同的玩法，一般在冬季和早春玩的花样最多，孩子们不仅仅是娱乐，同时也在游戏中达到取暖的目的。

海州民间的儿童游戏，玩法非常灵活，少则一个人的自娱自乐，如跳绳、踢毽子、滚铁环等，多则几十人的集体游戏，如捉迷藏、丢手绢、诸葛亮挑兵等。不管人多人少，随时随地都可以玩，没有什么约束，也不要什么准备，有的就地取材，在地上简单画几道线或折一根树枝就行，有的什么都不要，几个人徒手就可以玩起来。其中也有一些不成文的规定，有的游戏只能男孩子玩，有的游戏只是女孩子玩，如果男孩子随意玩女孩子的游戏，会遭到别的孩子笑话，当然，更多的是男女可以混合玩的游戏。

男孩子的游戏多为摔跤、捣拐、打梭、克碑等。摔跤，也叫"掼跤"，需要体能和力气，一般是两个人比赛，谁先摔倒对方就算赢，三打两胜。如果参加的人多，可以通过"将军保"分成两组。"将军保"本身也是一种游戏，大家围成一圈，各人将右手藏在身后，嘴里喊着"将军保"或"哈彩"，一起将手伸出。出手只许三种情况，一是拳头，叫锤；二是五指张开，叫布；三是食指与中指张开，叫剪子。锤砸剪，剪铰布，布包锤。一般分组游戏开始都采用这种方法，公平合理，大家没有意见。

捣拐，即把一条腿弯起，一手搬脚，一手搬膝扳至另一条腿的膝盖上，俗称"拐"，左右均可。一条腿蹦跳，以"拐"相互捣、掀、压，谁支持不住脚先落地为输，分成两组，每组出一人，一对一，也可一对多，还可一起上进行群捣，一方全输了为一盘，事先协商好几盘定输赢。

打梭，取一段直径为一寸、长为三四寸的圆木，两头削尖如梭状；再找一块一尺长二寸宽的小木板当"梭板"。玩时，在地上以一点为圆心画三道圈，称作"城"，一方在"城"用梭板打梭的一头，梭即蹦起来，接着用梭板将梭使劲打出，打得越远越好，另一方在远处拿帽子接梭。这个游戏规矩很多，趣味很浓，也最受男孩子喜欢。

克碑，也叫"打瓦"。在一个固定的点上，放一块手掌大的砖头或石块，叫"瓦桩"，玩的人多，也可以并排同时放几块，"瓦桩"不宜太大或太小，太大容易击中，太小不易击中，都没有情趣了。打瓦人拿一块大小也要适宜的瓦片，在远处击瓦桩。这个游戏规则和形式变换比较多，需要体力和智力，所以，玩起来生动有趣。

女孩子最常玩的游戏是抓弹子、摸瓜、跳皮筋等。抓弹子可以自练自玩，也可以比赛，谁先抓满一盘为赢。弹子主要是有手指头大小的小圆球，如有比较光滑的鹅卵石为最好，用砖头或石子磨制加工的也可以，也有的用布片缝制成小沙包，五个为一副。玩的时候有配套的歌谣以协调动作，每唱一句做一个动作，每抓一层唱一段，一盘下来三十层，歌词不重复，情趣非常浓厚。玩弹歌的曲调各处差不多，但歌词的内容差别很大，许多都是根据不同的场合、不同的事物、景物等顺口编成，有的互相比喻、开玩笑。抓弹子最能训练心灵手巧和大脑反应速度，因此最受女孩子欢迎。

摸瓜，又叫"瞎子逮跛子"。一般有十多人玩比较有趣，大家坐成一圈，选出两人站在圈内，一人蒙住眼睛扮瞎子，一人将一只手绑在脚脖子上扮跛子。以"瞎子"摸到"跛子"为一轮，再换两人上场，重新开始，依次循环。

跳皮筋，用一根带有弹性的橡皮筋，打一个结，由两个人相隔五六米撑起来，最初放在脚脖上，每过一关，高度提升一节，直至放到头上，越高难度越大，跳时踩着歌谣的节拍，可一人跳，也可两人同时跳。

还有许多游戏，如下棋、放风筝、老王抱小鸡、办小家家、打溜溜球、编花篮等等，都是妙趣无穷。仅下棋，就有六路洲、四路洲、六路顶、四路顶、大炮轰小兵、憋死猫等几十种。

291

玩　鸟

海州民间把养鸟叫作"玩鸟"，且"玩"得很精妙：或逗趣，或闲逸，或比试，或赌斗，各显其态。

过去，海州民间玩鸟之风盛行，主要有一个得天独厚的自然条件，城南的锦屏山森林密布，环境优美，是天然的鸟类王国，喜欢玩鸟的人一般都是自己上山捕捉，最常用的方法是下网或下笼子。

下网就是选择一块有利地形，将网架好，在网中间撒一些鸟最爱吃的食物，有的还扣两只小鸟作引诱，捕者在不远处隐蔽起来，等待鸟儿自投罗网。只要有鸟儿飞进去觅食，捕鸟人将手中的绳索一拉，鸟儿便被罩在网中。下笼子不必等待，一般清早把笼子挂在鸟儿经常集聚的地方，到晌午或是傍晚再去收。一种叫"翻笼"，笼的上面是可以翻转的，绑着两只小盘，盘中放些食物，鸟儿只要落到上面，由于自身重量，就翻进笼里去了；还有一种叫"钻笼"，食物放在笼子里面，鸟儿钻进去觅食，就会踩翻机关，将笼门关上。

捕鸟的人有种规矩，凡是捕到雌鸟或是老的鸟，当场就放掉；只有捕到雄鸟和雏鸟，才拿回家玩养。除了称为一害的麻雀，其他鸟是不准吃的。不想玩的鸟要择选吉日放飞，或者送给别人。如果不慎喂养死了，也要挖一个坑埋掉，不能随便乱扔。

海州民间玩的鸟主要有画眉、百灵、腊嘴、黄雀、芙蓉、鹦鹉等，玩鸟首先要具备"遛功"，俗话叫作"遛鸟"，就是每天早晨把鸟拿到外面去见见世面，打打露水。只有遛得勤，鸟儿才能叫得快，叫得亮。民谚"画眉不叫，遛功未到"说的就是这个道理，鸟儿生性胆小，怕见生人，出门前要用黑布把鸟笼全部遮盖起来，俗称"挂幕子"。

出门遛鸟也有许多规矩，不管是手提着鸟笼，还是用小扁担挑着鸟笼，都要把鸟笼的挂钩向着自己，不能够朝外；要是一只鸟笼，一定要提在右手。路上遇到提鸟笼的人，如果不是熟人，要慢慢地跟在后边，直到前面的人发现了你，主动站住让路，才能从其右侧超过。如果是从对面走来，快到近前时，年纪小的要站住，让年纪大的人过去，否则，便是不礼貌。

遛鸟时，到郊外一般都把鸟笼挂在树上。在一棵树上如果先挂了鸟笼，后来者一定要把自己的鸟笼挂低一些。挂高了，就是压了别人的鸟，也是对鸟的主人的欺负。被欺负的人一般不会相让，如估计压不过对方，便会提着鸟笼走开。

玩鸟人也经常聚到一起比试、赌斗。比试就是比鸟叫，谁的鸟叫的好听、时间长，谁就能获得胜利。但忌讳拿小龄鸟和大龄鸟在一起比。小龄鸟体力一般比不过大龄鸟，一旦比败，多数从此不会再叫。赌斗，就是鸟的主人互相打赌，谁赢了，就可以把输者的鸟笼拿走。

留胡子

从前，海州民间对胡子非常讲究，什么人，在什么年龄，留什么样的胡子，都有一定的规矩，决不可以乱来。一般青年人是不能留胡子的，中年以后可以决定留与不留，但是，有了孙子做了爷爷，则必须留胡子。该留胡子的不留，便会遭到非议，被人认为"老来俏"、"老不正经"；不该留胡子的留了，则会被看成"二溜子"，没有家教。

传统的胡子有"一字胡"、"八字胡"、"子孙胡"、"全胡"等几种样式。"一字胡"，即在上唇留成"一"字形的短胡，俗称"少胡子"，一般留这种胡子的人，按理还没有留胡子的资格，但他们在社会上有一定的权威，特意留有一字胡，整天昂着头，摆出一种尊严和傲气，所以，一字胡也成了地位和权力的象征。"八字胡"，是将胡子沿上唇口剪齐，两边下垂成"八"

字形，留八字胡的一般为中年人。"子孙胡"是紧挨下唇的一小绺胡子，有了孙子的人，才可以留。留子孙胡的人一般也同时留八字胡，一旦留了子孙胡就不可以去掉，除非子孙夭折，或者成为鳏夫。"全胡"，是指八字胡、子孙胡和山羊胡子都留，山羊胡是下巴长须的俗称。留有全胡的人，年龄一般都在花甲以上，读书人或大户人家的老爷，留全胡的同时也留两腮旁的"髯"。尤其到了古稀、耄耋之年，雪白的五绺长须及满头银发，看上去慈祥端庄，温文尔雅，更显长者风范。民谚道："老爱胡须少爱发。"这个时候的老人对胡子更加珍爱，早晚都要梳洗，睡觉时还要装在胸前一个特别缝制的曩袋里，防止翻身时被揉压。平时手中会拿着一只木梳，时而轻轻地梳理一下。老太爷的胡子只有自己的孙子可以撒娇抓拽，别人是不能随便触动的。

海州有一句民谚："嘴上没毛，办事不牢。"能有资格留胡子是一件好事，一般都要举行一个庆祝仪式。简单一点的到祖先堂烧支香，磕个头，然后请剃头匠将胡子精心地修剪，之后给亲友报个喜。

按常规第一次留胡子，一般是在四十一岁或四十六岁，据说在"一、六留胡须"可有吉兆。因为两个鼻孔和嘴组成一个倒"品"字，"倒"和"到"又是同音，逢一开始留胡子，意为"倒一品"，即能当到"一品官"；"六"为海州方言与"禄"谐音，逢六开始留胡子，寓意"口上有禄"，能当吃俸禄的大官。

决定了留胡子的年龄，还要选择吉利的日期，一般都选在立春和二月二这两天。立春之日阳气开始上升，草木萌生，万物复苏，到处是一片生机勃勃，在这一天留胡子，寓意新的生活像春天一样充满希望；二月二是龙抬头的日子，传说这一天开始留胡子，受到真龙感应，胡子能成为"龙须"，将来能生"龙威"。

崇　拜

过去，人们由于对自然和科学缺乏认知，在遇到困难、挫折和不幸时，总希望有神灵来保佑，想象着借助他们超人的力量去解脱痛苦，以得到心理上的安慰，从而形成了信仰崇拜。

海州民间崇拜物非常广泛，有人、有神、有动物、有植物，还有的是一些自然的物体。四时八节，衣食住行，时时事事都有崇拜。但不同的时节，不同的事，崇拜的对象不同，崇拜的形式也不一样。有的是定期的，有的是随时的；有的是独立的，有的是相关联的；有的唯心、迷信，也有的含有唯物和科学的成分。

海州有一句民谚："要想旺，敬祖上。"对祖先的崇拜形式多样，内容丰富，频繁而又隆重。从前，大家族都建有祖庙，定期举行大型集体祭祀活动。一般人家均设祖先堂，堂内供桌上摆着祖先的神主牌，也叫"神龛子"。每天早晚饭前，由家中的祖母或是长房媳妇净手焚香，叩拜神主。"无物可酬先祖德，全凭早晚一炉香。"每逢初一、十五，早晚全家人都要在神主牌前烧香、磕头。在清明、七月半、冬至、年三十等民间节日，家家都要到祖坟上烧纸磕头。平时，家中如有娶亲等大事都要祭告祖先，请祖宗保佑。

崇拜关公。关公原为蜀汉大将，后被民间奉为神仙。从前，海州有多处关帝庙，香火非常旺盛，因为具备"仁、义、礼、智、信"五德的关公，正是百姓祈盼的善神形象。长期受压迫的人民，幻想有关公那样仗义救危的保护神，现在，海州关庙巷就因此处有一座关庙而得名。

崇拜"三官"。"三官"即三元大帝：上元为一品九气赐福天官，中元为二品七气赦罪地官，下元为三品五气解厄水官，他们得道于云台山，法力无边，济民解厄。因其出生于海州，海州人最引以为豪，民谚道："亲为亲，邻为邻，三官还为海州人。"所以过去在海州城内东、西、北门就有三座三官庙。

崇拜城隍、土地、灶君、碧霞等。城隍老爷是兼管阴阳的一方保护神，大到天灾人祸，它保佑风调雨顺，为万民送瘟神，有求必应，很受百姓崇敬；土地老爷为管理一方土地的神，"保一方宁静，佑五谷丰登"，充满人情味，和老百姓的关系非常密切；灶君，老百姓尊称"灶老爷"，它是玉皇大帝派到人间监督人们善恶、保护人们平安的神，"得罪了灶王爷，没有好谷吃"，人们都把它当作一家之主；碧霞女神体察人间善恶，她送子、赐福、保护儿童，最受妇女们的尊敬，所以海州白虎山碧霞宫也是香火最旺的地方。

　　崇拜虎、牛、鹅、公鸡等。海州人在动物中最崇拜虎，认为虎为兽中之王，能镇妖避邪。护城有座白虎山，护家都有中堂虎画，尤其孩子从出生到六、七岁，老虎一直护佑其身，有老虎帽、老虎鞋、老虎袖、老虎肚兜等，有的甚至就取名大虎、小虎；海州人认为牛是地龙，最通人性，和牛在一起心里踏实，不怕闹鬼，民间专设二月初二为"牛节"；鹅能镇宅、看门，生人近前，它会边叫边扭，院中有鹅，鬼怪也不敢靠近；公鸡血能挡恶气，迎亲时必带一只公鸡，途中用以避邪。

　　崇拜桃树。海州民宅旁都喜欢种桃树，过去，家中有病人要在门上插一根桃树枝，如有新生儿，要在窗户上插一根桃树枝，走夜路要折一根桃树枝拿在手里，许多人家都有桃木雕成小饰物挂在孩子的脖子上。

　　另外，"泰山石敢当"镇百鬼压灾殃，姜太公降妖伏怪，玉皇大帝主持人间正义，阎王老爷惩恶扬善，观音菩萨大慈大悲。还有财神、福神、门神、雨师、龙王等等，海州民间都有各种礼仪加以供奉祭祀。

盐　俗

　　盐是"百味之祖"、"食肴之将"，更是数千年来统治者的可靠的税源。久负盛名的淮北盐场的盐民又称"灶民"、"盐丁"，世代生产"胸臠之盐"（西汉桓宽《盐铁论》），主要分布在莞渎、板浦、临洪、徐渎、中兴盐场（现在的青口、台北、台南、徐圩、灌西盐场等地），从汉唐直至明清，盐民们都被"盐的专卖"制度剥削得负荷沉重、生活贫困，加上对气象的依赖性强等原因，形成了并长期沿袭着与附近农民、渔民不同的盐民习俗。

　　古时淮北盐场"烟火三百里，灶煎满天星"，以煮海水为盐的格局到清代中后期改煮盐为晒盐，盐灶便逐步被淘汰，敬神习俗则仍被生活枯燥、精神空虚的淮北盐民保留。

　　淮北盐民对盐婆婆的生日十分看重，宁可少吃几顿，也要在年前就备好香烛纸马，到正月初六的清晨带领全家人到滩头或风车头放鞭炮、烧纸磕头并祷告：请盐婆显灵开恩，保佑全年的天气好，产盐多，盐粒大、盐花白。然后手持锹锨等工具到滩上转转风车戽几斗水，或挖几锹泥动一下盐席，对盐婆婆表示忠心。

淮北盐民对盐神管仲爷爷十分敬重，正月十六日放鞭炮表示对战国时齐相管仲的"民得其七君得其三"分割利润政策的向往，希望官府能降低盐税。然后在盐垛上插画管仲像的小旗测风向、观天象，预测原盐收成年景。风和日丽刮西南风预兆原盐丰收，阴天、刮东北风是欠年的兆头。无论是什么结果，男人们总是会与乡邻相聚豪饮，家家户户都会包饺子祈求顺利。

每年二月二"龙抬头"的早上，盐民在住宅前后用草木灰各画一个大圆，宅前的圆里放一把花盐祈求丰收，宅后的圆里浇一瓢水祈求全年不缺淡水（夏天能接到足够的"天水"、冬季能爽到更多的"冻"）。

淮北盐民特别重视"三月初三"第一次晒盐，坚信"一年捆两季"之说。第一季是从农历三月三到夏至，有"小满膘头足，六月晒火谷（品质较差得像炒后的谷子的盐），夏至水门开，水斗挂起来"的谚语。第二季晒盐从七月半开始，到十月初一结束。有"七月半定水头，八月半定太平"和"八月卤水贵，九月菊花盐，十月盐归土"的俗语。

淮北盐场"小屋数椽，脱粟粝饭"（嘉靖《两淮盐法志》）的盐民们对海龙王很尊崇，认为潮涨潮落以及海水的含盐量都是龙王爷所决定的。因此，每年六月六家家都要到龙王庙磕头烧香。没有龙王庙的地方，盐民们就在海边面向大海磕头"烧龙王纸"，求龙王多送好水，多晒好盐。这天晒的盐被称之为"龙盐"，腌腥不臭、腌菜不苦、做汤味鲜。一般盐民都要保留一些"龙盐"，珍藏起来，除自用外还作为礼品馈赠亲友。

因为"盐课是棵摇钱树，盐场是只聚宝盆"，导致淮北盐民祖辈过着类似奴隶生活。季寅在《盐丁苦》中说："盐丁苦，盐丁苦，终日熬波煎淋卤。催征不让险天阻，公差迫捉如狼虎。"盐民饮食制作较粗，杂鱼杂虾与草菜共煮于一锅，喝的只有浓度较高的劣质酒。独特的淮北盐民习俗，支撑了数千年历史的淮盐文化，造就了古雅清幽国宝"海州五大宫调"等弥足珍贵的民族文化珍品，随着盐业生产结构的变化和机械化程度不断提高，现在许多旧俗已经消亡或正在消亡。

让人欣慰的是，2009 年 11 首座《旋转的盐铁》雕塑在海连路华北桥景观节点建成后，我市在寸土寸金的徐圩新区专门辟出 80 公顷的土地，高标准规划、设计、建设淮盐生态博览园，在市未成年人素质教育基地设立总面积 400 多平方米的淮盐展览馆，连云区板桥街道开展了一系列盐文化进机关、进校园活动，让更多人有机会在"白头灶户低草房、六月煎盐烈火旁"熬盐艰辛的场景中，在"东楚有海盐之饶"（《后汉书》）的意境里了解独特的淮北盐民习俗。

结 婚

老海州老婚俗延续时间较长，虽然有一些与当今的社会进步发展相违背，但其独具风采的特色，给人们的印象很深。

祈婚求偶

无论男女，一般都在六至十二岁定亲，如果定不下来，就要在腊月二十四晚上拿烧灶用的火叉说七遍："戳锅腔，捣锅洞，明年婚姻动。说个花媳妇，灶老爷前来上供。"女孩祈婚把"花媳妇"改成"好女婿"。还有人每年三月初三用梭子蟹的盖壳或大乌贼鱼的脊骨做船，放在涧沟溪水里。男的不准到山上，女的不准到山下，男女不见面，谁守到了船，请媒人到女家提亲。一些男青年一连几年守不到船，有些女青年虽然船放了也没有人来提媒，也都认为是"命定"、"天定"的。

聘媒合婚

托人"提媒"，又叫"提亲事"或聘媒。被聘的人叫媒人，一是庄邻中有的人擅长做媒人，二是一方事先相好了对方，托与其相近的人去"穿针引线"。提媒定亲，讲究笆门对笆门，板门对板门，瓦屋要对四"簷青"，就是门当户对。还讲究"年纪相仿，一对双帮"。

合婚是将男女双方十二生肖相配，再以两个人出生的年、月、日、时的千支共八个字推算能否成婚，故合婚又叫"掐八字"。合婚分上中下三等。上婚：青龙黑猪上等婚，男女相合亲如宾，中婚：红蛇白猴满堂红，合婚相配乐融融，下婚：青兔黄狗古来有，合婚相配能长久。

传柬开庚

"掐八字"合适后，要正式定亲，俗叫"传柬"。在双方基本同意成亲之后，恐口说无凭，中途变化，要用文字形式肯定下来，就要写一启柬，俗叫"捏死口"和"赘结"。按"仁义孝顺忠信"的六礼写成的婚书，不能有丝毫差错，不可悔改。传柬时，男方多少都要有些礼品随柬送给女方。没有压柬礼的叫"滑头柬"，相传滑头柬对将来不吉利，婚前或婚后，会遭天灾人祸而致使婚姻有变。俗谚："女儿到大不可留，留来留去娘焦愁。"定亲后，男方到了十八岁应结婚。双方根据各自出生的月日时，推算结婚的日期，男方请媒人把女方的出生年月日时写在红纸上拿来，这叫"开庚"。每次去女家开庚，男方均要买四包或八包果子。如果一连三次媒人开不来庚，男方按俗规自提八包生庚果、一挂鞭炮登女方门，一进庄就放一挂鞭炮以示庄人。把当事男女二人的"八字"写在同一张红纸上，强行开庚。

过礼合命

在开生庚的同时，双方要商量过礼的数量和时间。富人家花费无度，极尽豪侈。中户人家是四件衣料和四样银首饰表示"头上脚下，拾半拾当"。穷人家开生庚以后向女方过两样礼：红棉袄，红棉裤。

推算出的喜事各个程序的时间、做法及应注意的事项写在红柬上，注明正日子、喜房的方位、脸面的朝向、"三朝开脸"时间和新人犯忌的属相。

喜宴喜坟

第一天"催妆"，第二天拜堂成婚，第三天开始正常家庭生活，三天都有摆喜宴。办喜事的排场，悬殊很大，视经济状况而定。催妆这一天，俗规男方家祭祖，又称"上喜坟"或"烧喜纸"、"烧红包袱"。俗谚："要得旺，敬祖上。"催妆当日中午，新郎肃装正容，行祭祖之事。

压床回礼

喜被套好放在床中间，枕头放在床两头，从此就不能空床。"全面奶奶"用五升斗，下层装麸皮，上层装大米，再放些糕果、枣栗、花生，斗中插一杆小秤，表示"秤锤不离秤杆，老头不离老嫚"，夫妻到老不分离。五升斗喻指五子登科。催妆的晚上，新郎一定要睡在喜床上，但喜床上又不能只睡一个人；按婚俗要四个男童一起睡在喜床上，俗称"压床"，又叫"滚床"。催妆之日早饭后，男方除按习俗备礼品装入拜盒由轿夫携带外，要另备礼品用抬盒送给女方，这叫"来回礼"，又叫"交换礼"。来回礼六样八样不限，但有四件必备：两包糕，一只公鸡，一对鲤鱼，一块双刀肉。女方接到来回礼后，把糕和双刀肉留下，俗说"收下双刀肉，冷肉换热肉"。把公鸡和鲤鱼退回，这叫"公鸡两头跑，来年生男孩"，"鲤鱼再回头，生儿跳龙门"。

上轿哭嫁

新娘上轿，"踩堂鞋"不能沾地，否则会把娘家的财气带走，使娘家受穷。通常穿着父兄的鞋子，或由兄弟背着上轿。新娘冠笄后不能调头转脸，要退着入轿。入轿后一坐下便不可再动。俗说新娘若调脸挪座，就要死丈夫另嫁人。新娘一上轿，上头时踏脚的状元糕就要搬到轿内，新娘在轿内双脚始终踏在糕上。新娘上轿后离家之前，母亲、姊妹、嫂子等要向着新娘子哭，这叫"哭嫁"。一般是母亲主哭，其余人陪场做做样子，图个热闹、好看。母亲哭时，嘴里要不停地念叨，除心疼难舍之类的话外，主要是交代女儿应注意的事，诸如孝顺公婆，敬重女婿，早晚注意什么，做饭做菜注意什么等。俗说女儿出嫁时没有哭嫁会生哑巴孩子，妈妈哭嫁越是念叨得多，女儿将来的孩子越伶俐。

拜堂观房

拜堂又叫"拜天地"，新房外当门房间，正中摆八仙桌，桌上摆香炉、烛台、糕果供品。全面奶奶一声"拜堂"，外面放鞭炮，里面点烛、焚香、烧天地纸，拜堂正式开始。拜堂共三道程序：一拜天地，二拜祖宗，新郎新娘互拜。拜堂结束，新人回到新房，新郎用陪嫁来的两双红筷，把新娘的盖头挑下放在米斗上；新郎若戴耳坠鼻拘等，新娘要替其取下：至此新郎新娘才第一次见面。新人回到新房，门帘垂下。由一位不犯忌又"全面"的男人手拿燃着的红纸捻，将新郎新娘从上到下照一遍；新房各处及所有物件也须一一照到。这叫"观房"。观房后，房内一切"百无禁忌"，看新娘的人才能进入。观房时要说喜话，如："门帘高挂起，八仙来道喜。上头逢黄道，拜堂遇吉时。一步跨进房，新房喜洋洋。天工红罗帐，金钩挂两旁。一对鸳鸯枕，八步顶子床。绣花红绫被，米斗压当央。脚踏金坐桶，皮匾描金箱。梳头桌，靠南墙。灯台共油柱，锡器亮堂堂。喜房样样好，件件呈吉祥。转过脸，看新娘，新娘如花玉，仙女下天堂，胎胎生贵子，个个状元郎。夫妻白头老，福寿共天长。恭喜新郎，贺喜新娘，子孙成群，富贵满堂。"当然，也可以少说一点。

闹房送房

闹喜又叫"闹房"或"闹新娘子"。新郎的同辈小兄弟，伙同来贺喜的表兄弟及姐夫妹婿等，往往事先结伙订约，设法闹新娘子。闹新娘也叫看新娘，每个看新娘的人，都要手拿点燃的红纸捻，一面照新娘，一面说喜话，最后要恭敬地向新贵人作揖告辞，边作揖边说："恭喜新郎，贺喜新娘，一年一个状元郎。"凡有人来看新娘说喜话时，新郎新娘都要并肩站在床前以示恭敬，任看新娘的人照脸闹趣。闹房一般在一更时结束。接下来由四名年龄小于新郎的同辈男青年"送房"。送房包括点烛、请烛、请新郎、请新娘、喝交杯酒、送烛、送新郎新娘入房、撒帐、戳窗等九道程式，循序进行，不能颠倒。送房是闹房的延续，但要文雅些，一般在半夜鸡鸣前结束。

戳窗听窗

撒帐结束，一名送房人站在新房窗外，将女方陪嫁来的十双（亦有八双）

红漆筷子，成双掷穿蒙窗的红棂纸 (红色棉纸)，隔窗掷入的筷子一定要落在喜床上，俗称"戳窗"，寓意"快生子"。边戳边说喜话："手拿红漆筷，站在喜窗外，戳破红棂纸，来年就见子。一戳一拖，养儿一窝；一戳一捣，养儿赶考；一戳一顺，养儿拔贡，一戳一拉，养儿探花。戳得快养得快，一年一个小元帅。"戳窗毕，用筛子堵上窗户，再将扫帚头朝上把筛子抵住。旧说筛子是千里眼，扫帚是万根辟邪棒；窗上有此二物，鬼邪不敢靠近。至此送房结束，房内除新人外，不能有任何他人。戳窗之后，一些平辈兄弟躲在窗外，偷听新房里的动静，作为次日的笑料，俗称"听窗"。俗规必须有人听窗，且须听到房内二人说话，方准离开，否则新人会生哑巴孩子。有时三九隆冬听窗人在外边冻急了，便高声相央，房内新人也只好敷衍几句了事。

新婚满月后，娘家要把女儿接回家住些日子，俗称"回门子"，又叫"单回门"。若夫妻二人同去，就叫"双回门"；双回门的可在女方家住一个月，所谓"过对月"。单回门新娘在娘家住的天数，由婆婆决定。新娘"回门"期间，要为丈夫家每人做一双新鞋。回门以后，新婚期就结束了。

淘井与除旱魃

东海黄川民间，每当春节已过，春耕在即之时，当地居民通过淘洗水井中的污泥，以祈求风调雨顺，五谷丰登。据说，这一古老的习俗已延续了千年。

在黄川镇临洪村，笔者采访了多位当地颇有声望的族长。据说村北头的那口宋代老井，早年间曾是当地的公井，每天各家生火做饭、浆洗衣物用的都是这口井里的水。每逢大旱年景，草木枯萎，周边村镇的其他水井早已见底，而这口古井却涌水不断，任凭多少人取用，都从未枯竭。

因此，为了确保古井的清洁，村里几乎每年都会组织人淘井，并且在淘井的过程中还会有一些简单祭祀的仪式，当地人称之为除旱魃。听村里老人讲，每次淘井过后不出四五日，便会降雨，很是灵验。

在临洪村，人们通常会选择在夏秋季节淘井除旱魃，淘井所需费用则由村中富户轮流出资。据村民王维翠说，旧时凡下井之人，除了有丰厚的报酬外，井底捞出的财物也全归淘井人所有。如果在清理中并未发现财物，主持者通常会扔一个洋钱到井里，既有抛砖引玉之意，也算是对淘井人辛苦工作的奖赏，如此一来，自然是皆大欢喜。

说到淘井的祭祀仪式，村中不少老人仍记忆犹新。据说在早年间，淘井人在下井前，会先往井眼中倒一桶清水。为什么要这么做？因为相传旱魃怕水。民俗专家介绍，这一习俗最早可追溯到东汉时期。据《后汉书·礼仪志中》注引张衡《东京赋》句："因耕父于清泠，溺女魃于神潢。""耕父、女魃皆旱鬼。恶水，故囚溺于水中，使不能为害。"

此外淘井人还有一招，用稻草扎成人形，在下井前将草人丢入井中。当清淤完毕后，淘井人将草人一并带出。村民或泼水、或泼粪，抑或点火焚烧，据说此举能彻底驱除旱魃。

据西汉东方朔撰《神异经》中记载："南方有人，长二三尺，袒身，而目在顶上，走行如风，名曰魃……投溷中乃死，旱灾消也。"所谓"溷"即浑浊、污秽之物，旱魃遇溷，即除。

地藏王信仰

在老海州，有许多寺庙，甚至有些住家户也信奉并且供祀地藏王。比如海州的园林寺，连岛的镇海寺，就我的记忆，海州城隍庙看家的王道士屋里都并排摆着文殊、普贤、地藏三位菩萨像。

老海州何以对地藏王如此推崇？"地藏"是从国外传到我们中国的一位尊神，音译"地藏"，意为"安忍不动犹如大地，静虑深密犹如地藏"。在佛经里，他的主要职责是普度众生，拯救人间各种苦难，他主张孝顺父母，满足众生要求，令世间花果草木生长，还能消灾祛病，所以很受老百姓的拥戴，尤其是尊敬长辈，救助落难之人就很带有中国的传统伦理道德气息。地藏王菩萨具备的世俗品德实为佛教传入中国被汉化的一个反映。地藏王还有民间大使这样的特殊身份，他从国外传到中国，又从中国降迹朝鲜，成了新罗国王子，取名叫"金乔觉"，一听就知是朝鲜人。在古代，新罗、百济、高丽并称为朝鲜三国。有意思的是这新罗国王想念故里，在唐高宗时又渡海来到中国，经过现在的山东、江苏到了安徽省九华山（今青阳县境内），据说曾歇脚于连岛。（查连岛镇海寺建于清初康熙年间，距唐代相去甚远，估计镇海寺里的地藏王像是后来补上去的，这可能与清初"海禁"放开以后沿海航运兴起有关。）

地藏王的标准形象是身材雄伟，顶耸骨奇，右手持锡杖，表示爱护众生，也示意戒律精严；左手拿如意宝藏，意为让众生的意愿都能得到满足，颇具"心想事成、万事如意"的神韵，因此，"地藏王"的人缘特好，他和观世音"是最受群众欢迎的两位菩萨。应该说明的是"地藏王"和"观世音"在地域上有所分工，观世音分管南海，故称"南海观世音"，地藏王分管北海，故称"北海地藏王"，连岛镇海寺供地藏王可能在古代海域划分上地属北海。无论是南海还是北海，渔民常年在水上作业，风里来浪里行，辛苦劳作不用说，较之农民、盐民、渔民又多一层风险，海上保护神是必不可缺的，这跟新浦天后宫里的天后娘娘、福建沿海的妈祖一样都是海洋民俗文化的反映。有趣的是观音、妈祖、天后，还有太仓浏河的天妃与台湾、港、澳以及东南亚一带联系密切；而地藏王菩萨与朝鲜、日本这些东亚国家和地区联系密切，这在历史文化地理上也是社情民意的一种反映。据称"地藏王"和"观世音"一直是菩萨身份，而未升成"佛"，是因为他们自认为做得还不够，海上还常有自然灾害和人为的兵戎相见，与其做不到满足众生心愿、保证海上平安无事，宁可不成佛。

渔民号子

海州湾是我国八大渔场之一，《南齐书·州郡志》记载："郁洲在海中，周围数百里，岛出白鹿，土有田畴鱼盐之利。"在北起赣榆县柘汪乡绣针河口、南至灌南县灌河口的沿海一带 170 多公里长的海岸线上，渔民祖祖辈辈在"无风三尺浪，有风浪滔天"的大海上作业，风险很大，抵御自然灾害的能力也很低。在长期海上作业的实践中，自古形成了无时不有、无事不在、较为稳定的渔民号子。《淮南子》记载："今夫举大木者，前呼'邪许'后亦应之，此举重劝力之歌也。"这是关于号子最早的文字记录。在木帆船时代，船上一切工序全靠手工操作，集体劳动异常繁重。各种工序都要喊号子以统一行动，调节情绪，为此形成了丰富的号子，以渔民、船工为主要传唱者。

扯起篷那么喂呀来，
喂呀喂呀，
扬起帆那么喂呀来，
喂呀喂呀……

俗话说"船是三块板，行动就要喊"，船上许多劳动，无论是起篷、起锚、拔缆、点水和收网等，都要唱号子。号子多为一唱众和，激发情绪，自娱自乐，形成渔民海上作业的一道独特的文化风俗。一队健壮的渔民，扯起了船上的绳子，在船老大的带领下，唱起了浑厚、激越的号子在大海边回荡，经久不息……

海州湾渔民号子按作业时用力的部位，可分为手拔类号子、手摇类号子、手扳类号子、测量类号子、牵拉类号子、抬物类号子、敲打类号子、肩挑类号子、吊货类号子、抛甩类号子等二十多种，按作业的工序又可分为拔篷号子、起锚号子、拔网号子、拔船号子、摇橹号子、打绳索号子、打水篙号子、打桩号子、起舱号子、涤网号子等。

起锚号子：四句一回陇
领说：三月春光好呀，合和唱：哎咳咳呀
鱼儿从来到呀哎咳咳呀
对虾和大蟹呀哎咳咳呀

海面奔奔跳呀哎咳咳呀

勒鱼和马交呀哎咳咳呀

大乌配令刀呀哎咳咳呀

领说：闭目狗腿鱼呀哎咳咳呀

它们都来到呀哎咳咳呀

出海赶潮水呀哎咳咳呀

鱼乌不失文呀哎咳咳呀

大家再使劲呀哎咳咳呀

这就来了锚呀哎咳咳呀

各类号子按工序操作所付出的力度大小又派生为小号和大号，同时各类号子之间相互灵活兼用。

拨篷起帆号子：

领说：扯起帆来喂呀喂，合和唱：喂呀喂的呀

剩东风呀喂呀喂，喂呀喂的呀

穿海浪呀喂呀喂喂呀喂的呀

抢时间那喂呀喂喂呀喂的呀

上北海那喂呀喂喂呀喂的呀

转南洋那喂呀喂喂呀喂的呀

勒打网那喂呀喂喂呀喂的呀

鱼满仓那喂呀喂喂呀喂的呀

海州湾渔民号子与其他地区渔民号子相比，有其短小精悍、品种多样、方言浓重、即兴自由、一唱众和、风格粗犷、海洋气息浓郁等特点，充满了海州湾渔民船工朴实、豪迈、奔放的个性。

打桩号子

领说：斗和泥呀合和唱：咳呀咳呀

张虾皮呀

打得好呀咳呀咳呀

张扁宝呀咳呀咳呀

斗和桩呀咳呀咳呀

满船装呀咳呀咳呀

流水肥呀咳呀咳呀

鱼虾旺呀咳呀咳呀

占天时呀咳呀咳呀

选地理呀咳呀咳呀

风调顺呀咳呀咳呀

夺高产呀咳呀咳呀

这块摊呀咳呀咳呀

真吉利呀咳呀咳呀

首网金呀咳呀咳呀

网网银呀咳呀咳呀

船在航行途中，船老大对航道内水的深浅必须心中有数。聪明的先辈们就用定制的竹竿或水砣来测量海水的深度。点水号子节奏缓慢，较为自由，同时声音必须洪亮，因为这点水号子是唱给舱内的船老大听的："四十五节哟——四十七节哟——四十九节哟……"船老大从点水号子中知道船到了什么洋面，水深多少，从而确定下一步前进方向。

在捕捞作业中，最关键、最艰苦也最让人兴奋的莫过于起网，丰收在即，快乐在即，所有的情感都融化在那激动人心的起网号子里：（领）"喔，喂喂衣哟——"（和）"喂喂衣哟！"（领）"喂喂上喂——"（和）"哟喂上喂衣呀……"还有网绷号子，一人领唱，众口响应，雄壮有力，气势宏伟，穿透力极强，在夜深人静之时，站在十余里外的渔村都能听得很真切。网起出海面，渔民们从船上把事先扎好的竹排放到海里，这个作业非常危险，动作稍有不协调便会排毁人亡，他们把排推到船头，上好排：（领）"小头朝前接接拢咯！"（合）"嗨嗨！"（领）"要到头拦户哎！"（合）"哼，吭！"（领）"一同朝前一步咯！"（合）"嗨嗨！"（领）"众兄弟们那得点力咯！"（合）"嗨，吭！"说时迟，那时快，船老大看准风势浪头，舵一扳，把船头对准浪尖，船头冲上去，海浪立时把渔船推向半空，当渔船顺势落下来时，便将竹排一颠，连人带排扑向大海，稳稳地站在海面上。上排号子短促、壮胆、生力，气势十分壮观。

号子的实质是劳动过程中指挥与被指挥、命令与服从的关系的体现，是统一步调、统一意志的手段。渔民号子不是有副好嗓子就可以领唱的，它是由经验丰富，富有权威性的船老大或者负责此项劳作 (如拉网) 的领头人领唱的。领唱就是指挥，就是命令，这来不得半点马虎。于是体现了海洋渔家号子的首要功能—实用功能。

方言俗语

一、连云港方言俗语历史悠久

连云港地处苏北和鲁南的接壤处，历史上几次大的人口变迁，既有来自苏州阊门外的"红蝇赶散"，又有来自山西洪洞的"大榆树老鹳窝"的大批北方移民，经过长期交汇、融溶和演化，形成了内容丰富而又独具特色的海州方言文化。连云港方言成了江淮方言和北方方言的交汇区，一类是属于中原官话没有入声的郑曹片中青泉 (青口、温泉) 小片，另一类是属于江淮官话入声自成体系的洪巢片中海伊 (海州、伊山) 小片。

连云港人民历代以海洋捕捞、植物种植和动物养殖为生，需要长期关注气候的变化，所以，方言俗语中会大量出现诸如"雨、雾、风、霜、阴、晴"等气象词以及"夏至、三月三、九天"等节气词。如：打春你别欢，还有三十大冷天。九尽花开寒不来。三月三，路上行人把衣单。早上浮云走，晌午晒死狗。东南雨不上来，上来漫沟崖。云台山搭桥，大雨像瓢浇。有云盘山腰，下雨在今朝。连云港方言俗语中有大量和渔业生产有关的俗语，表现出浓郁的海洋文化气息。"大棒糊冻绿豆打，老咸菜就蟹渣"最能体现人曾经的饮食习惯。大量方言俗语也表达了当地人眷恋故土，热爱家乡的情感，如："金筐银筐不如自家粪筐，金窝银窝不如自家的狗窝。"

但是由于历史原因，连云港方言有很大的差异性，如"玩耍"连云港方言大部分地区多用"玩"，而赣榆方言则只用"耍"；表达"哄骗"方言主要用"哄"，而部分地区用"骗"。"怎么"，赣榆方言中只用"怎"，如"他哭得厉害，你怎他了？"东海县方言中只用"么"，意为"对付"，如"谁又么你了？天天哭"。

二、名著印证方言俗语

板浦，西汉初年名"北浦"，三国时名"朐蒲"，隋末唐初建镇时定名"板浦"。十八世纪末的《李氏音鉴》兼列当时海州语音与北京语音相异的部分，所列的南音只选与北音有直接对应关系的几类表明海州板浦音中仍分立，这样一来，南人自可据自己的方音把这两类读为两韵，北人自可据自己的方音读为一韵。因此在《音鉴》音系中，北音系统本身并未被破坏。这就是《音鉴》南北廉列的实质。历史的方言材料可以证明《音鉴》音系兼列之南音为海州板浦音。可见李汝珍的撰述志趣与清代大多数学者并不相同。他的音系只对自己的乡音负责。距今已有二百多年的《音鉴》勾勒出一个完整的以海州为中心的南北话语音系统。

清代文学家李汝珍花了30余年心血完成的《镜花缘》以它独特的韵律美被世人所称赞，采用明清白话，运用了较多的江淮方言，具有很浓的方言色彩。非常接近口语，能够较真实地反映出其所处时期语言使用的特点和面貌。石化在《镜花缘序》中称"是书无一字拾他人牙慧，子秀集华，意境天开"。当时与李汝珍交往甚密的海州文人学士还有孙吉昌、萧荣修、许祥龄等。《受子谱》记载"乾隆乙卯岁，同人偶于朐阳对局"（朐阳是海州古称），根据许乔林于道光十一年编定的《朐海诗存》推测他还曾计划写一部《广方言》，可惜未能完成。

三、小说应运方言俗语

神魔小说《西游记》的 100 回里，几乎每回或多或少地运用了海属方言俗语，而这些方言绝大多数是在人物对话里出现的，特别是在孙悟空和猪八戒两个人物对话中出现比较多。如：大仙叫架起干柴，发起烈火，教把清油拗上一锅，烧得滚了，将孙行者下油锅扎他一扎，与我人参树报仇 (第 25 回)。两人通腿睡觉，互相以体温使脚暖和叫做务脚 (第 37 回)。大圣道：我儿子，你不知事，老孙保唐僧取经，从广里过，带了个折迭锅来，进来煮杂碎吃 (第 75 回)。形容人贪坐不动叫烂板凳，如：行者道：老孙比在前不同，不烂板凳，高座阔论了。可以看出，《西游记》里运用了许多海属地区的方言俚语，这些方言土语十分贴切、精当，使得作品更加通俗、生动，富有表现力。至今这些方言仍然具有生命力，在海属地区沿用。

四、连云港方言俗语渐行渐远

除了在老年人的口语中还经常出现"太阴"、"凉月"这些老的发音，很多年轻人已经只说普通话了，很多孩子不但不会说，有时还听不懂连云港古老的方言俗语。语言具有文化属性，在文化的交流中，语言有互相借鉴、补充、丰富的功能，保护方言俗语也就是保护连云港地域文化。

保护海州方言不会阻碍推广普通话，对于大部分人来说，平、翘舌音不分，前鼻音韵母和后鼻音韵母不分是极为普遍的现象，要舍得下工夫来辨记平、翘舌音的字。赣榆方言对平、翘舌音分辨得比较清楚，但是在发音上有将平舌音扩大化的现象，这样的尖音无疑是一种语音错误，是与将平舌音读成翘舌音一样性质的错误。尖音程度轻的虽对区别意义没有多大影响，但尖音成系列，会给人一种不庄重不朴实的感觉。

无论是江淮话区还是北方话区，有丢失韵头、没有儿化韵的现象。灌云、灌南、东海 (东南区) 以及四区方言均不分鼻音和边音，如把/恼怒读成老路，把男女读成褴褛。因此只要记住数量少的鼻音字，鼻边音不分的问题就可以解决了。要严格地按照普通话的标准声调认真反复练读，直至读准记牢。

海州湾渔俗

连云港市位于中国沿海脐部、江苏省东北部，依山傍海，有中国著名的八大渔场之一的海州湾渔场。这里的渔民世世代代以出海捕鱼为生，在长期的生产实践中，形成了一系列的、具有鲜明地域特色的渔民风俗。

海州湾北起连云港市赣榆区柘汪乡绣针河口，南到灌河口的沿海一带，全长170多公里海岸线上，自古形成了无时不有、无事不在、较为稳定的系列传统习俗。海州湾渔民风俗大致可分为生产习俗、社会习俗、生活习俗和信仰习俗等。这些风俗顺从性强，实用性强，避区忌讳多，吉利彩话多，信仰崇拜多。渔民认为不吉祥的话和事，绝对不说不做。开口讲究"彩字"，如取鱼叫"取彩"，馈赠叫"彩头"，船上作业都唱号子，新年出海要祭拜龙王、娘娘等等。

上古至今，独特的海州湾渔民风俗随着江苏海岸线的东移而东迁，代代传承，传留至今。随着城市化的发展、生活方式的变化，以及生产方式的改进，原有海州湾渔俗中部分依然在民间广泛流布，传承保留下来；也有部分习俗呈弱化趋势。2007年海州湾渔俗入选连云港市非物质文化遗产保护名录，2009年又入选江苏省非遗名录。

新安灯会

元宵节又称"上元节"，是中国的传统节日，早在2000多年前的西汉就有了。汉文帝时，将正月十五定为元宵节。按民间传统，在元宵这天明月高悬的夜晚，人们要点起彩灯万盏，以示庆贺，出门赏月，燃放焰火，喜猜谜语，共吃元宵。

新安镇元宵灯会已有400多年历史。据灌南县地方史料记载，安徽商人程鹏于明万历年间建新安镇，有五庄八排、九庵十八庙，道路宽敞，交通便利，规模之大，周边少有。建镇后，逐渐商贾云集，经济繁荣，百姓安居乐业。某一年庆祝建镇，适逢元宵节，于是家家扎灯，挂于门前，引四面八方的百姓来镇上观看花灯，以示欢腾。这一习俗四百多年来被一直传承下来，逐渐演变成为如今的新安镇元宵灯会。

据当地老人回忆，每当新安镇元宵灯会时，八佛庵三声炮响过后，全镇八牌灯火便依次游龙般环城而行，走在前面的是锣鼓蓬、旋花伞，接着是亭阁灯、花挑，在一串灯辉映下，花鸟鱼虫、人物、五谷应有尽有，让人目不暇接，非常热闹。

新安镇元宵灯会属于民众自娱自乐的民俗活动，自然由大家一起来捧场。一般由镇上有头面的人物出面，筹集资金，每家每户都要出钱，所以有"新安镇灯会牌牌贴钱"的说法。灯会按照街道、牌坊划分，家家户户都要扎花灯，群众性特别强。灯的花样也是千奇百怪，绚丽多彩，各有特色，并伴有美食、戏剧、书场、锣鼓、龙狮表演等。

新安镇元宵灯会有验灯、试灯、玩灯三个环节，即第一晚验灯，第二晚试灯，第三晚玩灯，连续三晚，从验灯和试灯中找出不足，不断改进，完善后在第三晚上玩灯。

时至今日，每逢元宵佳节，新安镇万人空巷，热闹非凡。灯区人山人海，以数十万计。灯会规模遍布全城，东西10里，南北5里，伴有焰火和孔明灯，整个城区灯火通明，映着圆月，难辨人间天上，吸引了众多周边市县群众，前来观赏。新华日报、光明网等众多主流媒体都曾关注报导。

淮北盐民习俗

淮北盐场是我国四大海盐场之一，地跨连云港市和盐城市下辖的赣榆、连云、灌云、响水、滨海、射阳六县区，延绵数百公里，滩涂面积约400万亩，生活着数十万盐民，形成了独特的民间风俗习惯。

淮北盐民习俗主要有生产风俗、社会风俗、生活风俗和信仰风俗。盐民的生产方式由古代的煮海为盐到明代以后的日光晒盐，掌握了独特的生产工艺，形成了"八卦滩"、"结晶池"及早观风向、午观晴雨、一年捆两季、六月晒龙盐等生产习俗。盐工被称为"灶民",吃的是"灶粮";大盐商被称之为"垣商";生产基地称"圩子";管理者称"帮瘿",有着自己一套完整的社会习俗。盐民生活缺少淡水,形成了夏"接天水"、冬"储爽冻"等诸多生活习俗。盐民有祭龙王、拜盐婆婆及三月三祭典娘娘庙等信仰习俗。

淮北盐民习俗亦有自己特点。如盐民喜欢久旱不雨的"长晴天";渔民不喜刮大风,盐民喜风,可以提高海水蒸发量;盐政官吏和盐商尊管仲为祖师;而盐民只敬龙王、盐婆婆和于公。

淮盐生产影响深远,多年以来,淮北盐民习俗基本保持完整。但随着城镇化进程不断加快,盐业用地不断萎缩,盐工群体人数减少,习俗不断逸出,地方特特色淡化,传承后继乏人,传承保护工作迫在眉睫。

海　祭

海祭历史悠久,是连云港市沿海地区祈安康、庆丰收的一种古老而又盛大的民俗和民间文化活动。

海祭是一种集祭典仪式和戏剧表演为一体的传统礼仪活动,大致分为三种类型:一是春季海祭;二是各种庙会和节日中的祭祀;三是渔业生产过程中的祭祀。其中,春季海祭活动最为盛大。海祭的主要内容为选三牲、蒸面馒、写太平文疏、写对联、装饰龙王庙、扎松柏门、搭戏台、列船、摆供、祭奠、唱戏、聚餐。祭海所用的相关器具包括猪头、鸡、鱼为三牲,并供蒸制的面塑工艺品、蛋糕、水果、烟、酒、糖果、点心、茶叶、花束等,以及太平文疏、贴对联、大红灯笼、搭制舞台、港内渔船插彩旗整装待发。祭奠时,鸣放鞭炮、焚烧香纸、念诵祭词,另请戏班唱戏。

海祭自产生以来,其内容和形式不断发展变化,从原来的简单祭拜发展到加入多种艺术形式。从在家中进行,直至在海滩船头、庙宇祠堂等地进行,并借地方音乐、舞蹈、戏曲表演、宗教艺术为一体,具有较高的艺术性,是我市民间文化中的宝贵遗产。

白虎山庙会

白虎山庙会是以连云港市海州区白虎山及山下碧霞宫为中心的传统庙会，清代以来，一直是江苏东北部规模最大的庙会，参加庙会的民众及佛教信徒辐射苏、鲁、皖等地。

白虎山庙会源于传统的浴佛节，每年农历四月初八，周边的民众纷至沓来，举办各类隆重的佛事活动。后规模和范围不断扩大，庙会由单纯的祛灾祈福而演变为大型的民间戏曲、曲艺、舞蹈等娱乐活动和农业生产用品及其他商品交易活动。地点也不限于碧霞宫周边，而蔓延至海州城区的一些主要干道。庙会参与人数多达十多万人。庙会逐步形成四大区域：一是以碧霞宫、百子庵为中心的佛事活动区；二是以朐阳门、钟鼓楼广场为中心的文艺民俗表演区；三是以关庙巷为中心的美食小吃区；四是以新建路为中心的特色商品区。

白虎山庙会不仅是宗教佛事活动，而且成为连云港市及周边地区民间艺术和民间风俗进行相互竞艺的大舞台，成为民间群众生活中的一件盛事。

石祖崇拜

连云港地区的石祖崇拜源远流长。经考证，"石祖"或"始祖石"，是原始社会生殖崇拜、性崇拜的产物遗存，距今已有近 6000 的历史。石祖原为石柱状，后来经过历代改进，完全仿照男性生殖器制成，有时单个，有时成双。连云港当地人又称之为"石干大"和"石干妈"。

石祖崇拜是一种民俗习惯，表达了当地乡民的期盼和愿望，一是保佑小孩平安成长，道出了爱子传统美德、望子成龙的希望。二是保佑怀孕生子，刻画了人世间代代相传的人生美好愿望。

祭拜石祖没有固定程式。旧时，一般小孩祭拜都要将他们抱到石干妈面前拜一拜，认石为母，或焚烧香烛，以求平安。而不孕妇女祭拜则比较讲究，一般在正月初七或其他逢单的日子，早晨天刚蒙蒙亮时，趁路上没人从家中不掉头地跑到石祖面前，用手摸石祖的头，或用内衣罩一罩石祖后，再不掉头地跑回家中。

多年来，连云港市民流行着石祖崇拜的习俗。他们时常利用节日，到石祖前焚香叩头，祈求安康。

海州湾渔俗

海州湾是我国八大渔场之一，这里的渔民世世代代以出海捕鱼为生，在长期的生产实践中，形成了一系列的、具有鲜明地域特色的渔民风俗。

海州湾位于江苏省东北部，苏、鲁两省交界处，海洋渔业生产历史久远。在北起连云港市赣榆县柘汪乡绣针河口，南到灌河口的沿海一带全长170多公里海岸线上，自古形成了无时不有、无事不在、较为稳定的系列传统习俗。贯穿这些风俗的主线，是顺从性强、实用性强、避区忌讳多、吉利彩话多、信仰崇拜多。渔民认为不吉祥的话和事，绝对不说不做。开口讲究"彩字"，如取鱼叫"取彩"，馈赠叫"彩头"，船上作业都唱号子等等。海州湾渔民风俗大致可分为生产习俗、社会习俗、生活习俗和信仰习俗四大分类。

上古至今，独特的海州湾渔民风俗随着海岸线的东移而东迁，代代传承，传留至今。

东海水晶消费习俗

水晶是一种珍贵而稀少的天然矿物。东海水晶制品消费习俗是历史上在东海地区关于水晶消费，以及相关生活习惯和习性的统称。勘探发现东海县水晶石英石储量约3亿吨，每年的开采量占中国的一半以上。由此，东海被人们称为"中国水晶之都"。

连云港东海县历史上多次出现水晶。东海曲阳乡花厅新石器时代遗址中，发现了我国最早的水晶串饰。近年来，东海县建成了中国最大的水晶交易市场——中国水晶工艺品城和中国东海国际珠宝城，成为了国际一流的水晶集散中心，年交易总额约为 20 亿元左右，水晶和硅的开采、加工、制作、销售、收藏成为当地的支柱产业。"东海三件宝，水晶、花生、温泉澡"就是东海当地民俗的具体写照。同时，人们对于水晶的认识也发生了根本的变化，产生了许多水晶消费习俗。这些习俗来源于水晶的品种和特征，主要分为紫晶洞相关消费习俗、佩带水晶消费习俗和各种水晶制品消费相关习俗。

东海丧葬习俗

东海丧葬习俗主要分布在东海县牛山镇及其周边地区，祖辈应用沿袭，城镇居民在有些习俗逐渐从简淡化。

主要内容："开吊"丧事的正日子，接待亲友吊唁，叫开吊，也叫"人情"。吹鼓手是一支有组织、有规模的文艺团队，请吹鼓手目的是让逝去的灵魂走得不感觉孤单。送汤：也叫"泼汤"。人死之后，一般三日而葬，葬前，每日早、午、晚三次送汤。喜碗：前来吊孝的人在坐完席后，会拿碗，这叫喜碗，是讨寿的意思。送盘程：是"送盘缠"和"送程"两句话的简语，意思是人死了要上阴曹地府，路上要花用很多的路费（盘缠），这些路费必须有后人准备足才好启程。出殡：开吊第二天早晨抬灵柩到墓地叫出殡，也叫出棺。

相关禁忌：丧事家庭，春节第一年贴白色对联；第二年贴蓝色对联，第三年才能贴红对联；三年内逢年过节不燃放鞭炮、烟花。

东海温泉洗浴习俗

早在明清时期，东海温泉就声名远扬。明代隆庆年间有文述其"冬夏如汤"。东海温泉为氟硅复合型医疗热矿水，无污染、无异味，既可浴疗，又可饮疗，健身祛病，效果神奇，被誉为"华东第一温泉"，又称之为"羽山温泉"。

温泉泉水常年自流，日涌量达 5000 立方米，温泉地下水温高达 94℃，井口水温达 82℃，水质透明滑润，富含钙、钠、钾、锌、氟、氡等 32 种对人体有益的矿物质和微量元素，对治疗皮肤病有显著疗效，对防治心脑血管疾病有较好效果，对改善血液循环，促进新陈代谢，改善体质，加速关节机能恢复以及解酒醒神等功能，实属医疗名泉之上品。

温泉度假区被评为"全国温泉开发利用示范区"、"2008中国十大休闲基地"。

海头年俗

海头年俗是流布于海州湾沿海地区的传统节日习俗和渔民习俗。其主要内容是民间新年习俗，渔民祭祀习俗和春节期间的生产生活习俗等。

年俗的时间跨度为年前的腊月二十四辞灶开始，一直到正月十五。渔民通过各种形式祈祷幸福，保佑家人平安。海州湾地区的年俗大体有以下一些方面：辞灶、购年货、上坟、祭海、贴对联等。年三十这天的习俗有做年饭，吃年饭、守岁、发五更纸等。正月期间，初一祭祖，初二贵客回门，初三、初六或初九三天渔船上货出海，正月初七是渔民的接灶日以及活网和上网习俗。此外，连云港渔民还有春节插桃树枝及新年期间不打井水的习俗等。

海州湾渔民习俗已经在渔民中成为约定俗成，有助于地方精神文明建设和文化生态传续。

农业生产习俗

连云港农耕文化历史悠久。从出土的文化遗址和文物来看，具有6000年左右的历史。锦屏山二涧、桃花涧新石器时代遗址中，曾出土石锛、石斧、石镰等农耕器具。藤花落遗址中出土了碳化稻粒，可以确定在氏族社会时期，先人就开始在连云港从事农业生产。

赣榆县沙河镇第二中心小学设立了农家故院，设有"一露二铺五室八房"，这个农家院子基本可以还原连云港市农耕文化的历史原貌。"一露"指露天农家小院，设有油碾、石碾、牛槽、马槽等设施；"二铺"是铁匠铺和木匠铺，收有以前打铁和制作木器家具的全套设施；"五室"为内室、农具室、储藏室、生活用品室、农艺室，并收有雕花床、花生脱粒机、镰刀、锄头、扁担、铁锹、犁铧、耢、耙、耖、磨、纺车、独轮车、铲、耧车、箬笠、蓑衣、耩子等几百件农具和日常生活用品；"八房"集油坊、豆腐房、磨房、厨房、煎饼房、编织房、碓房、茅房于一体。

连云港一直是我国农业、渔业富饶之地，云雾茶、稻米等都是历史上贡品，受到世人青睐。

传统民俗婚庆

连云港地区的婚姻礼俗与全国大体一致，统称"六礼"，即纳采、问名、纳吉、纳征、请期、迎亲。

连云港地方的传统婚庆礼俗主要有：

婚前程序：订婚、过柬子、铺喜床、滚床、催妆。

迎娶正日程序：花轿起程、新娘入轿、颠花轿、新娘下花轿、请高堂、请新郎、跨火盆、射红箭、跨马鞍、牵红球、拜堂、挑喜帕、敬茶、高堂致敬、传递香火点喜烛、吃子孙长寿面、合卺酒（交杯酒）、新人拥入洞房。

个别地方在这些基本程序的基础上，还可以依据家庭的需要做调整。

传统婚庆使用的器具比较复杂，需要大红花轿、盖头、挑盖头挑杆、红手绢、红球、喜烛、火盆、花等。

港城遗贤

孔子的两次苍梧圣迹

被国人尊称"至圣先师、万世师表"孔子，曾两次踏上苍梧（古海州）大地。

第一次在鲁昭公十七年（公元前 525 年）秋，孔子认为周王朝和鲁国的官僚机构臃肿而渎职，孔子带着他的两个最得意的弟子子路、颜回"乘槎浮于海"来到郯国的龙兴山 (孔望山)，虔诚地向郯子请教其祖先"少昊之国"的官制建置，这就是我国历史上著名的"孔子问官于郯"的典故，孔望山至今还留存一个"问官台"摩崖石刻。

作为对郯子国的回报，孔子准备向苍梧人传播"礼乐"，在龙兴山上眺望东流的"潺潺朐海"，看到山下海里有无数虾蟹在不停地挥动大螯向他致敬，深受感动。下山时师徒们口渴了，但海水又咸又腥、又涩又苦无法解渴，这时一个背着鱼篓的老渔民，解下腰系的葫芦，说："这里面是玉带河的淡水"，双手将盛水的葫芦递给孔夫子。

孔夫子和徒弟依次捧起葫芦喝了几口，顿时觉得心里凉爽痛快，正要向老渔民道谢，天空中忽然电闪雷鸣，狂风暴雨陡地扑了过来。子路观赏雨中的海景，诗兴大发吟道："风吹无垠朐海千层浪，雨打苍梧沙滩万点坑。"老渔民忙说："'千层浪'、'万点坑'，皆不妥当。先生你数过吗？"颜回以为老渔民是在故意抬扛，反问道："你说，怎样才合适呢？"老渔民说："我生在海边，长在海上，时常唱些渔歌。歌也罢，诗也罢，虽说不必真鱼真虾、字字实在，可也得合情合理、句句传神。"孔夫子没想到渔民也懂诗理便问道："老兄弟，你看怎么改呢？"老渔民说："最好改成这样：风吹无垠朐海层层浪，雨打苍梧沙滩点点坑。"

孔夫子一听，心服口服：浪层层，坑点点，数也数不清，这才合乎情理。于是把门生招拢在一起，严肃说道："这里连虾蟹都知道礼貌，不同于南、北、西'三方'，有'仁贵之化'，我们应该向他们学习。为师以前对你们讲过'生而知之'，这话错啦！大家要记住：知之为知之，不知为不知。"

老渔民听罢，顺口吟出小诗一首："登山望沧海，茅塞豁然开。圣贤若有错，即改莫徘徊!"苍梧人为了纪念克己复礼的孔子，将龙兴山改名为孔望山，一直叫了两千多年。

第二次在定公十年（前 500 年）夏，专家认为赣榆县夹谷山南面半坡坳就是春秋时代孔子所主持的齐鲁夹谷之会的上演地，因为那儿耸立着一座二米高的石碑，上面刻着"孔子相鲁会齐侯处"八个盂口大挥洒飘逸的大字后来，齐鲁会盟时所筑的礼坛和那以后陆陆续续兴建起来的圣人殿、圣化亭、魁星阁、夹谷书院等建筑，现在遗址都在。《春秋》《左传》对夹谷之会有此记载：十年春，王三月，及齐平。夏，公会齐侯于夹谷。公至自夹谷。齐人来归郓、欢、龟阴田。这是春秋末期齐鲁两国国君在夹谷山的一次重要会盟，当时鲁国用孔丘为大司寇，司刑法与外交之责。夹谷会上，孔子面对心怀杀机的齐侯及其张牙舞爪的部下，以《周礼》为武器，喝退群凶，慷慨陈词，果敢应对，及时地保护了鲁公的安全，维护了鲁国的尊严和正当利益，表现出孔子的大智大勇，完全打破了齐人"孔丘知礼而无勇"的错误认识，彰显了孔子"仁者必有勇"的浩然气概。

康熙五十四年，知县单畴书《夹谷啼莺》："光山漠漠水流清，齐鲁曾传书载胜。云暗峰头迷雁宇，风从洞底度莺声。当年玉帛留残碣，此日樵渔失旧楹。圣化亭前频徙倚，登临不尽古今情。"这首纪念夹谷会盟的诗使我市夹谷山名闻遐迩、千年不绝。

为了证实孔子圣迹的真实性，笔者曾经到曲阜请教过孔子第75代直系子孙、孔学研究家孔祥林，他说："孔子崇拜舜帝，坚信'鸣条有苍梧之山，帝崩，遂葬焉'（徐文靖《竹书纪年统笺·帝舜有虞氏》），与苍梧结下了不解之缘，到苍梧（古海州）去是他的一件乐事。据《左传》记载和明代海州刺史张峰考证，曾至海州城东五里处登上朐阳山观望大海，但与渔夫的故事就无法考证了。夹谷会盟，除了《春秋》《史记》里有记载和地方志记载之外，流传于江苏和山东境内的传说大同小异。"

令人欣慰的是，连云港外国语学校今年与澳大利亚威尔士州签署了双方共同开设"孔子·课堂"意向书，将沿着孔子的圣迹将孔子文化传播得更远。

徐 福

徐福传说在赣榆民间流传由来已久，影响最大的为《徐福东渡的传说》。据民间讲述：秦始皇统一中国后，梦想得到长生不老之术，并抓来许多方士，因他们无法保证从三神山得到仙药，结果一个个都被杀了。徐福听说后，便主动上书要求出海寻找仙药。秦始皇非常高兴，便命徐福入海。不久，徐福回来说，他见到了神仙，神仙嫌礼太轻，需要漂亮的童男童女和各种工具与粮食种子作为献礼，才能得到仙药。秦始皇遂派 500 童男童女随徐福再次出海。第二年，秦始皇二次东巡，没能找到徐福；他第三次东巡时，已是十年之后，终于见到了徐福，徐福说本来就要拿到仙药了，但是海上有大鱼护卫仙山。于是，秦始皇亲自率领弓箭手到海上与大鱼搏斗，杀了一条大鱼，就回去了。徐福带着求仙船队漂洋过海，从此，再未回到中原。早在汉代赣榆县金山镇就建有徐福庙，庙边还有徐福村，一些关于徐福的系列传说如《徐福河的传说》、《留福村的由来》、《秦始皇与绣针女》等就在这儿世代相传。

相传徐福船队在日本岛登陆后，向当地传播了农耕知识和捕鱼、锻冶、制盐等技术，促进了社会发展，深受历代日本人民敬重。日本尊徐福为"司农耕神"和"医药神"，每年都要举行声势浩大的祭祀活动。韩国至今也举办纪念徐福的活动，徐福东渡已被认定为中、日、韩友好交往的开端，徐福也成为三国人民友好的化身。1984 年，赣榆徐福研究会成立，后改为连云港徐福研究会，已经连续举办了九届"中国·赣榆徐福节"，徐福文化已成为赣榆与国际文化交流的重要载体。

自 1982 年在中国地名普查中发现江苏省赣榆县金山乡 (今徐福镇) 徐阜村 (原徐福村)，研究确定为秦代方士徐福家乡后，引起中日韩许多专家学者的兴趣，从此徐福成了中日韩三国共有的话题，研究人员认为徐福的伟大业绩比哥伦布、麦哲伦早 170 多年，在世界航海史上占有重要地位，他将秦代先进文化传给日本先民，对日本经济文化发展作出了巨大贡献，徐福是中日经济文化交流之先驱。以徐福研为平台，弘扬和传承徐福精神，传播了友好合作的声音，为构建东亚地区内相互和谐的友好关系作出了贡献。

《三国志》载："亶洲在海中，长老传言秦始皇遣方士徐福将童男童女数千人入海，求蓬莱神山及仙药，止此洲不还，世相承有数万家。"唐代《括地志》载："亶洲在东海中，秦始皇使徐福将童男女入海求仙人，止此洲。"五代后周的《义楚六帖》中也有记载："旧本亦名楼国，在东海中。"秦时，徐福将五百童男，五百童女止此国。学者有人认为亶洲即济洲岛，有的认为是九州之南的种子岛 (原田淑人《从魏志俊人传看古代日中贸易》，载 1973 年《东亚古文化说苑》)。《后汉书》在其《倭传》中还增补了一些情况——徐福滞留亶洲后，"世世相承，有数万家"；亶洲与会稽、东冶有往来，亶洲徐福的后代时常到浙江会稽来，会稽、东冶的人也时常有入海遭风流移到亶洲去的。据《姓氏录》载："时秦氏流徙，见在者十不存一……帝遣小子部雷率大隅阿多华人等，搜索鸿集，得九十二部，一万八千六百七十人。"《日本书纪》说，这批秦人的祖先首先由中国移居朝鲜半岛，然后又从朝鲜半岛移居日本。徐福一行是当时迁居日本的秦人中的一支。

日本人给予徐福高度评价。八世纪成书的日本史书《古事记》和《日本书纪》，记载了早期秦民东渡日本和移民的一些情况，却没有记载徐福的传说。一般认为，日本最早记载徐福传说的文献，就是上文提到的著于 1339 年的北畠亲房的《神皇正统记》。公元前 30 至 100 年间，是日本新石器时代绳纹文化晚期和弥生文化初期时期，正处在氏族社会向阶级社会迅速过渡的阶段。在残留着以血缘关系为纽带的氏族关系的基础上，地域联系日渐发展，部落小国已经出现。"夫乐浪海中有侨人，分为百余国。"(《汉书·地理志》)就是当时日本社会的绝好写照。

在佐贺县的金立山顶，也有一处"金立神社"，据说始建于二千二百年前，每隔五十年要举行一次大规模的祭典。徐福，被作为农耕、蚕桑与医药之神，享受着祭祀。一九八〇年是"金立神社"建立二千二百年，又逢祭典，因此盛况空前。人们抬着放有徐福神仙牌位的轿子，从金立山玩沿着传说中徐福走过的道路，直到诸富叮俘杯处为止。在熊野地区的和歌山县新宫市，也建有祭祀徐福的拜殿。在《熊野年代记》中，记载着三百多年前，这里修缮徐福拜殿的情况。

东海孝妇

东海孝妇传说讲的是汉代东海孝妇窦娥的故事，在连云港地区以口头方式世代相传。汉代连云港市称东海郡，孝妇故事最早见于文字记载的为《汉书·于定国传》："东海有孝妇，少寡，亡子……太守竟论杀孝妇，郡中枯旱三年。"晋代干宝《搜神记》中有东海孝妇临刑场景的详细记载："青将死，车载十丈竹竿，以悬五幡，立誓于众曰：'青若有罪，愿杀，血当顺下；青若枉死，血当逆流。'"让东海孝妇感动苍生、震撼九州的是元代大戏剧家关汉卿根据民间传说为素材而创作的不朽名剧《感天动地窦娥冤》，使这位原本默默无闻的乡间少妇，成为一位惊天地、泣鬼神的艺术典型。不仅国内有近百个剧种移植演出，还被编入中学语文课本，剧本被国外 16 种文字翻译，使窦娥的故事走向全国，走向世界，成为全人类的文化精神财富。

东海孝妇传说所彰显的孝文化，蕴含着中华民族崇尚慈孝思想的传统道德，反映了在封建社会压抑下的民意的诉求。东海孝妇的故事在历代传述中，窦娥也逐渐成为人们崇拜和祭祀的一位神灵。北宋年间当地就建有"汉东海孝妇祠"，人称"娘娘庙"，每年农历三月初三都要举行隆重的祭典活动，此俗沿习至今。

窦娥孝敬婆母，成为两千年来孝妇的代表人物。近年连云港市成立"孝文化研究会"，让《东海孝妇传说》在构建和谐社会的进程中，体现其现代的价值。

秦始皇与秦山岛

在浩瀚的海州湾中部，有一座高只有 55.4 米的小山，蓦然一瞥，也许你会以为它是万顷沧波中的一只绿凫或是一片树叶。它实在是山的家族中极不起眼的小弟弟！然而它却有"琴山"、"神山"、"奶奶山"、"秦山"这么多的名字；有着许多神奇的与秦始皇联系在一起的传说。

公元 210 年，秦始皇第四次出巡，回程中从江乘（今江苏句容北）渡过长江，沿海岸北上去琅琊，经朐山（今连云港市海州），至赣榆。东望沧海，见海中有一青山时隐时现，便问："这是什么山？"随从答道："这是神山"。并讲述春夏之际山上出现的蜃景，与蓬莱海市一样。这使他想起第二次出巡过琅琊时，有齐国方士上书，说海中有蓬莱、方丈和瀛洲三座神山，山上有黄金银造的宫阙，里面住着专炼长生不老丹的仙人。始皇深信不疑，派徐福带领童男童女数千人入海寻求仙药，费时近十年，仙药没求到，徐福也不见踪影。

南朝梁任昉《述异记》中是这样述说的："秦始皇作石桥于海上，欲过海观日出处。有神人能躯石下海，石去不速则鞭之，皆流血。"瘦信的《哀江南赋》中也说："南极铸铜为柱，东门鞭石成桥。"桥造成了，秦始皇从此桥上过海，登上了神山，据说还会见了海神。此山也因之叫"秦山"。千年之后，还有不少文人墨客在追述此事：

> ……
> 秦帝昔经此，登临异飞翻。
> 扬旗百神会，望日群山奔。
> 徐福竟何成，羡门徒空言。
> 惟见石桥是，千年潮水痕。

唐李商隐《海上》诗：

> 石桥东望海连天，
> 徐福空来不得仙。
> 直遣麻姑与搔背，
> 可能留命待桑田。

唐刘长卿《登东海龙兴寺高顶望海简演公》诗：

> 蓬岛如在眼，
> 羽人那可逢。

又传，海神对秦始皇的到来、造访表示谢意，遣龙女向始皇献上了一颗大珠。始皇在山顶受珠台接受了馈赠。清陈文述《东海古迹》诗中有一首写此事："蓬莱采药几人回，辛苦求仙海上来。龙女如花捧明月，此间曾有受珠台。"

《江南通志》《隆庆海州志》均载，秦山东面有李斯碑，传为秦始皇登神山时命李斯所书。此碑潮落时则露碑首三尺，潮涨则没。关于碑的内容有二说：一为李斯所撰，十二字（一说十三字），被好古者用船装至江南；一说是秦始皇立在"东海上，朐界中"的立石，上刻"秦东门"三字。笔法苍古，后被好事者运走。

吴敬梓与赣榆

清康熙四十年（1701）夏，中国文学史上第一部长篇讽刺小说《儒林外史》的作者吴敬梓，诞生于安徽省全椒县科举世家探花巷，他的生父是吴雯延，嗣父是吴霖起。

吴敬梓十四岁随嗣父吴霖起到了赣榆，直到二十二岁，又随吴霖起离开赣榆，在赣榆生活了九年，也就是说，吴敬梓从少年进入到青年，大部分岁月是在赣榆度过的。

全椒到赣榆，相距千里。吴敬梓后来回忆这段生活经历时，有诗曰："十四从父游，海上一千里。"赣榆地处海滨，北邻山东，山清水秀，历史悠久，境内颇有山川美景，名胜古迹。县西四十里有夹谷山，山上有圣殿、圣化亭、奎屋洞、夹谷书院、孔子相鲁会齐侯处等名胜古迹，还有子贡山的端木书台。县城东十里是一望无边的黄海，海边不远是海上神山秦山岛。海上还经常出现海市蜃楼幻景。

吴霖起对吴敬梓管教甚严，平时，吴敬梓就在县学中读书，学习四书五经，习作八股文章。但一有空闲时间，也免不了出去走走，游览赣榆的名胜古迹。从内地小城全椒来到海滨之地，看到碧波万顷、浩荡无垠的大海，吴敬梓心胸豁然开朗，耳目一新，触景生情，意气风发，《观海》一诗，可见一斑：

浩荡天无极，潮声动地来。鹏溟流陇城，蜃市作楼台。

齐鲁金泥没，乾坤玉阙开。少年多意气，高阁坐衔杯。

赣榆的九年生活，赣榆的山川胜景，赣榆的风土人情，赣榆的方言俚语，无不给吴敬梓留下了不可磨灭的记忆，这给他后来创作《儒林外史》打下了基础。也可以这样说，如果没有这段经历，也不会有中国文学史上第一部讽刺小说《儒林外史》的问世。

文学的第一要素是语言，《儒林外史》突出特点就是语言个性化、口语化和生活化，在人物的对话中，在叙述描写中，吴敬梓广泛使用口头语言，达到了炉火纯青的地步，为历代评论家所推崇。其中口语有一大部分是赣榆的方言土语、谚语和歇后语，几乎每一章节都有。

吴敬梓青少年时代在赣榆的九年生活，积累了大量的生活素材，直接影响他以后创作五十五回长篇小说《儒林外史》。如果没有这一段生活经历，很难想象，吴敬梓能够创作出这样一部讽刺杰作。

名士许鼎霖王诵诗

清末光绪年间，赣榆出了一位名人许鼎霖。许鼎霖字久香，祖籍海州，清咸丰七年（1857）出生于赣榆县青口镇。其父许恩普是青口镇的大户，在青口镇南15里的二沟村，许家有庄园。许鼎霖从小是在二沟村长大的。至今，在二沟村还有许鼎霖的一些遗迹和传说。

清光绪八年（1882）秋，许鼎霖赴宁参加乡试，名列第二名亚元，考中举人。此时，其父许恩普遭当地官吏陷害，身陷囹圄，押在江宁大牢。许鼎霖约集同科举子，联名上书两江总督左宗棠，替父伸冤，终于使其父从江宁大牢获释。

许鼎霖曾任清政府驻秘鲁领事、安徽庐州、凤阳等县知事、浙江洋务局总办、江苏教育总会副会长、北京资政院议员、本溪湖煤铁公司督办、奉天交涉使等职。1912年，清宣统帝溥仪下诏退位，许鼎霖也只好另谋出路。1913年初加入国民党，2月被选为江苏省议会议长，不久即被迫辞去议长职务。

作为封建官吏,许鼎霖兴办实业、倡导教育、垦农治水、赈灾救民,皆有成效,但最为突出的是二十世纪初的十多年间,和清末状元南通人张謇兴办企业,实业救国。他和张謇携手合作,互相扶持,多方筹措资金,先后创办耀徐玻璃公司、海丰面粉厂、赣丰机器油饼厂、海赣垦牧公司、镇江开成铅笔罐厂、上海同利机器纺织洋线麻袋公司、上海大达外江轮船公司等十多家企业。在这些企业中,耀徐玻璃公司最具有代表性。1904 年,许鼎霖和张謇筹资 80 万两白银,在宿迁兴办耀徐玻璃公司,1908 年投产,1909 年开始大规模生产,日产玻璃七千多块,有 50 多个品种。产品曾在南洋劝业会和巴拿马博览会上获奖。

许鼎霖兴办企业,实业救国,成为当时颇为影响的封建官僚资本家。与张謇、沈云霈并称为清末民初的“江北三名士”。1908 年 1 月,清政府为奖其兴办企业,赏给他正二品封典。

1915 年夏,苏北等地发生水灾,许鼎霖时任农商部会办并主持导淮及账务。他日夜操劳,视察灾情,救灾济民,疲于奔命,脖后染上对口恶疮,到上海就医,终究不治,10 月 15 日病逝。遗体运回赣榆,葬于二沟村许家祖坟地。江南通志总纂冯煦和张謇为其作墓志铭。“文革”中的 1966 年冬,许鼎霖坟墓被附近村庄造反派挖掘毁坏,掠去随葬物品。后其坟墓又被村民圆成原状。现在,许鼎霖的大坟还坐落在城南乡二沟村的许家老坟地。

海属名山说子贡

“山不在高,有仙则名”。赣榆县塔山水库大坝西端,有座不起眼的小山——子贡山,高仅 47. 7 米,是赣榆诸山中最矮小的一个。但是,它却声名远播,堪称海属地区名山。翻开《嘉庆海州直隶州志海州合署全图》,你会发现,多少可圈可点的高山图中无名,甚至连赣榆最高峰大吴山都没有明确标识,而子贡(图作子赣)山却赫然其上,且山形绘得又高又大,极尽夸张之能事,简直可以与云台山相比高。那么,人们为什么要对子贡山情有独钟呢?

历史要回溯到春秋时期。周室衰落,诸侯争霸。鲁哀公 15 年(前 480

年），齐国欲兴兵伐鲁。时齐强鲁弱，鲁国危在旦夕，孔子十分担忧，急忙召集门下弟子，商讨派谁到齐国去议和。子路请求出使，孔子不许；子张请求出使，孔子亦不许。子贡请求出使，孔子欣然同意。孔子认为，只有子贡可以担当救鲁的重任。

子贡，重姓端木，名赐，字子贡，卫国人。他口齿伶俐，能言善辩，极负外交才干。虽然子贡出身寒微，但他不甘于贫穷，不听信命运安排，敢于就市经商，且善于预测行情，捕捉商机，屡试屡中。孔子称赞他"赐不受命而货殖焉，亿则屡中"，说明他极负经济头脑和才能。子贡品质高尚，"喜扬人之美，不能匿人之过"。孔子对子贡有极高评价，将他比喻为"瑚琏"，即庙堂之器，国家栋梁之材。子贡没有辜负孔子的嘉许和勉励，后来在鲁国和卫国都官至相门。

子贡首先到齐国，说服了齐国权臣田常，停止攻打鲁国，而去攻打强大的吴国；再到吴国说服吴王夫差，停止伐越而北上伐齐；又到晋国游说晋定公，劝晋强兵以自固，为战胜吴国做好准备。然后，子贡返回了鲁国。这时，齐军已为吴军所破，而鲁国安然无恙。子贡凭借成功的外交活动，不但挽救了鲁国，而且达到了存鲁、乱齐、破吴、强晋而霸越一箭数雕的目的。

子贡在返回鲁国的途中，路过万松山（即今子贡山）。万松山山不高而林木丰茂，风景秀美。当时齐军已为吴所破，战争已经结束，子贡心情特别惬意，便停车万松山，一边休息，一边读书，山上至今留有"端木书台"遗迹，那便是当年子贡读书的地方。后人为纪念子贡，将万松山改名子贡山，并建有端木祠堂，还有几十亩庙田。据地方史乘记载，拥山而居的端木氏人家，是清朝康熙年间从河南省迁来的子贡后裔。

邑人曰："先有子贡山，后有赣榆县"。信然。秦汉以前赣榆县境，西至现在赣榆县中西部，东至苍梧即今云台山。赣榆县因山得名，西取子赣山之"赣"（子贡本名子赣。子贡山本作"子赣山"，东取弇榆山之"榆"（弇榆山亦苍梧名山），如祝其县之有祝其山，朐县之有朐山，怀仁县之有怀仁山，别无他解。

张謇留给选青书院的楹联

张謇,字季直(1853—1926),南通人,光绪状元,民初临时政府实业部长,是我国民族工业的开拓者之一,著民的实业家和教育家。

光绪 13 年(1887),张謇在开封府为幕宾,许鼎霖之父许恩普等人代表赣榆乡绅前去礼聘,张謇应诺,于次年来到赣榆,在青口"选青书院"任山长,执教 5 年,以其道德文章很受青口文人敬重,多有求其书画者。光绪 20 年(1894),张謇在赴京应试之前,曾自撰自书一联留给选青书院作纪念,联曰:

> 地临齐鲁大区,愿诸生绍述儒林,广为上都培杞梓;
> 客走江淮男子,笑十载驰驱幕府,又来东海看涛山。

此联张謇通过自己客走江淮、十年幕僚、以致到赣榆来执教的漂泊生涯,抒发了郁郁不得志的散淡情怀,同时着意勉励地处人文荟萃之地的赣榆后学诸生奋发读书以求上进。据说此联书法遒劲苍洋,风高意古,为难得的一幅珍品。但因张謇时未显贵,此联未为时人重视。及至张謇中了状元,魁元天下,其墨迹自然身价百倍。那些乡绅才把弃之纸篓的碎片小心翼翼地拣起来,请能工巧匠精心装裱,然后缕金于青口"会文堂"抱住上。会文堂因此大增光彩。赣榆也因张謇的一联文而在乡梓文化史上大书一笔。

魏源两登云台

魏源(1794—1857)字默深,湖南邵阳隆回人,出生于一个中小地主家庭,是中国近代著名的爱国主义者,进步思想家,资产阶级改良主义的先驱,十五岁中秀才,道光二年(1822)魏源二十九岁中举人,后屡次参加会试皆未中,而父亲魏拜鲁当时则为官江苏,特别在他中举人后的第二年,父亲在我们连云港(当时叫海州)的惠泽司任巡检(惠泽盐场名),魏源即多年钉在江苏两江督抚衙门作幕僚，参与陶澍的盐政改革，与林则徐、陶澍多有来往。

道光十四年（1834）秋，陶澍倡捐选匠重建花果山寺宇竣工，魏源又应两淮都转盐运使司海州分司运判谢元淮之邀请，登云台，观山景，看云台多老松，作《海州云台老松歌》。歌颂云台三元宫附近山上"蟠龙丈人"等古松，后收《古微堂诗集》。道光十六年，魏源已四十三岁，又应谢元淮之邀，再次游云台山，作《赠谢默卿明府》之二首。感谢谢元淮的盛情。

魏源在随陶澍作幕僚时，除两次登云台外，对云台前后的盐业生产多留意，帮陶澍筹办盐务，建议陶澍在淮北试行票盐法，裁浮费，除中饱，剔积弊，减盐价以轻商本，使官盐价低于私贩，增加了朝廷收入，保护了商民利益，大大地促进了当时商业经济的发展，他的《筹鹾篇》就是盐政改革的重要作品。

李白苍梧行

海州地方志、海州人顾乾在《云台山志》中谓李白"曾游海上"并有"赠东海道士诗"之后，海州的各种地方志书都载有"俗传李白曾游海上"、"醉卧太白石上"，有的还载录李白的诗，市博物馆还在 1983 年为其"太白石"立了文物标志，确定为市级文物。但李白何时游云台却是一个谜。

唐天宝十二年（753）李白听信了误传，为友人晁衡东渡日本遇难，写下了"哭晁卿衡"著名诗篇。今人对此诗中"白云愁色满苍梧"考证，注明"苍梧"为今日连云港之云台山。此时是李白三入长安未果而返湖北、安徽之时，据此可以断定，诗人"醉卧太白石上"领略"白云愁色满苍梧"的意境时，当在唐天宝十二年（753）前。

诗人于开元十七年（729）秋一入长安（唐朝首都），希望得到明主以聘壮怀。但在游历了六年之久、历抵了卿相等亲朋好友后，都未取得什么结果。为了继续谋取政治上出路，李白决心寻师访友，增长才干以实现自己报国宿愿，唐开元二十四年（736）来到了东鲁。唐开元二十五年（737）李白父出任任城县尉，因此李白寓家任城（今山东济宁）。

据《旧唐书·文艺传（下）·李白》载："父为任城尉，因家焉。少与鲁中诸生孔巢父、韩准、裴政、张叔明、陶沔隐居于徂徕山，酣歌纵酒，时号竹溪六逸。"《嘉庆海州直隶州志·职官表》载：开元年间李邕任海州刺史，孔如珪为司户参军。"竹溪六逸"酣歌纵酒之余谈古论今之时不会不论海州的古今，因为孔巢父的父亲孔如珪就在海州当差（见新唐书·宰相世系表）；李白也不会忘记在渝州（今重庆）因刺史李邕嘲笑自己说大话，瞧不起年青人的傲慢态度而以"上李邕"诗回敬之事（据安徽文艺出版社出版的《李白诗四百首》中载）。海州苍梧自古就有海上仙山之美誉，且与任城、徂徕之距近在咫尺，"竹溪六逸"岂能放过拜访一游的机会。李白再次拜访李邕以表自己豪迈、洒脱的风貌和寻师以举荐之意。笔者认为：李白来海州畅游苍梧当在其时，即唐开元二十五年（737）秋冬之间。

在东海苍梧山麓，李白面对"太阳石"仰望太阳的日出日落，有感而写出了"日出入行"的诗篇（即清顺治十七年海州知州刘兆龙续修的《海州志》收录的"东海望日楼"）。同时，还乘兴写出了"短歌行"。诗人通过奇妙的神话揭示了生命有限、宇宙无穷的规律，指出太阳的运行、草木的荣枯、四季的变化都是自然现象，不是由神来主宰的，体现了诗人不受儒家传统思想束缚的因时而变的可贵思想。在"海榴世所稀"的海边山村漫游时，面对海石榴，诗人触景生情而作"咏邻女东窗海石榴"诗，借咏海石榴实咏鲁女，抒发了爱而不见的情怀，也借此表达离家三年多的诗人，思念其妻许夫人的深情。

傅山海州行

著名老中医周子芳先生讲过：1947 年，有人告诉他，曾见过傅山亲手开的药方。近读山西大学教授魏宗禹先生著《傅山评传》，也说傅山曾于明亡后到过海州。

傅山，明清之际思想家、大书法家，字青主，别字公它，山西阳曲人。傅山精通经史诸子和佛道之学，兼工诗文、书画、金石，又精医学。著作有《霜红龛集》《荀子评著》等。医学上传有《傅青主女科》《傅青主男科》等书，流传颇广。

关于傅山海州之行，魏宗禹先生在书中只公布了罗振玉《傅山年谱》中考证。罗振玉在《年谱》中说：傅山在己亥年（1659）"南游浮淮渡江，南至金陵，复过江向北，至海州。"这则记载是根据傅山《朝沐》诗赋中"浮淮"、"渡江"、"临郁州"等句来推断确定的。郁洲即海州境内云台山的古称，从"临郁州"的诗句来看，傅山确曾登海州云台山。

魏先生在书中说："傅山到江南长江下游时，郑（成功）、张（苍水）联军已经失败，他以悲壮的心情写出'怆臣心兮飞向田客'的字句，表示怀念抗秦到底的田横等五百壮士，怀念郑、张反清复明的抗清将士。他在《倒坐崖》一诗中还有'望望田横岛'的诗句，含有寄希望于海上抗清力量成长的寓意。"其实，倒座崖、田横岛都是云台山中的地名，是傅山登临海州云台山的又一明证。

据《嘉庆海州直隶州志》载："小匡山，《元和郡县图志》：'在东海县北六十里，田横避汉所居之山也。其山三面绝壁，皆百余仞，惟东南一道路容行人。'《方舆纪要》：'其上累石为城，亦谓之田横固。'《顾志》：'即田横冈，大岛之北折而西，一名隔峰山。'《陈志》：'田横冈高七百二十丈，周围十里，在隔峰山之上。'"

傅山江南之行，明显是其反清复明活动的一部分。据罗振玉考证，己亥年即清顺治十六年，当时江浙沿海一带再次掀起抗清高潮，据守福建、浙江沿海的郑成功、张煌言在是年五月联合发兵，一举攻至南京城下。傅山"先生南游，适在此数年间。"傅山在南京见郑、张联军失败，便渡江而北，到达海州。魏宗禹先生在书中说近年看到傅山《苏州诗》，说明傅山是从金陵道经苏州到达海州的。窃以为傅山在江南的时间不长，而在海州的时间则相对较长。雄浑秀丽的云台山成为他反清复明理想的寄托。在海州，傅山以行医为生，周子芳先生提到的那张药方，应是他在海州行医时所开，被海州人民一直保存到1947年。如果这张药方尚存于天地之间，藏者能公之于众，该是多么珍贵的史料！

陈鉴波

青少年时代的陈鉴波就具有远大抱负。1925年他在私立南京中学读书时，经吴云汉等革命者介绍，加入了当时与中共紧密合作的国民党。"五卅"运动中，他与吴云汉等人积极组织、宣传和领导南京中学生举行罢课运动。他还领导学生走上街头、深入工厂，组织商人罢市、工人罢工，成为南京共产党运动的总指挥萧楚女的得力助手。

从南京回乡后，陈鉴波在信息闭塞的家乡开辟新邮路，使各种反映时代的书籍、报刊送到了乡亲们的手中。陈鉴波不但卖报，还为买报人讲评报纸，借此宣讲革命道理，分析革命发展形势。这引起国民党当局的密切注意。就在他结婚二十天之后的一天早上，一张《通缉令》贴上了他家的大门。

陈鉴波于是约几位同学好友来到东海名郡海州城，在市桥向南的李家门面创办了东海书店，任经理。陈鉴波以卖商务、中华书局的一般书籍为幌子，秘密出售进步与革命书籍，吸引了大批革命青年和革命党人，如陈秀夫等。这里逐渐成为革命者秘密聚会的地点，成为革命党人的地下机关。不久，白宝山注意上了陈鉴波，幸亏一个常来看书的副官告知，陈鉴波才得以逃脱。

陈鉴波又回到赣榆，秘密组织县党部。1928年初他和共产党员张竟同带领十多个革命党人召开"反王"大会，斗争反动县长王佐良，逮捕朱大等贪官劣绅。由于陈鉴波的支持和帮助，县共产党组织利用其成员在国民党县党部的公开身份，先后组建了县总工会、农民协会、妇女协会、商民协会以及平民教育促进会等群众团体。一大批革命同志到处串联活动，鼓动广大农民、学生在县城、乡村进行拆庙宇、砸泥神、斗土豪劣绅等活动。他们一方面积极引导民众、兴办医院及学校、修筑公路、开辟海港，另一方面大力倡导妇女放足……

1928年夏，陈鉴波拒绝国民党党员重新登记，毅然脱离了反动的蒋介石国民党，同时被共产党内的同志安排进救济院任院长。任院长期间，陈鉴波拿出自己的资金，为老人办了一件又一件好事、实事。县长王兰卿妄图独吞救济院资金，终于以手中的权力罢免了陈鉴波。

1929年春节，大年初一晚上，有朋友告诉陈鉴波，国民党当局正全力追捕他。初二一大早，陈鉴波便告别家人，冒着风雪，踏上了更艰难的革命征程。陈鉴波离家仅两小时，县警备大队骑兵队的一队人马就围住了他的家.查找后，骑兵队向墩尚方向追去.陈鉴波在墩尚友人家中吃过饭，与马夫冒着风雪向海州走去……当骑兵队追到洪门大河边上时，陈鉴波已到达东海书店。第二天，骑兵队及警察局的人将东海书店围了个水泄不通，陈鉴波早已跳上去南京的火车，侥幸逃脱。

1929年初春，由中共党员引荐，陈鉴波进入上海大陆大学社会学系学习，有幸结识了一大批革命教授如许德珩、邓初民、李达等。1930年春，陈鉴波参加"左联"成立大会，聆听了鲁迅先生的著名演说。后陈鉴波进入上海文艺暑期补习学校学习。是年9月，他由石英同志和上海法南区委书记老王介绍，加入了中国共产党。不久，他出任上海反帝大同盟宣传总队长兼军事工作，"128"淞沪抗战前夕，他深入上海各区、各大学校、各基层组织，进行宣传鼓动，极大凝聚起全市人民的斗志，紧紧团结各界人士力量，在淞沪抗战中作出重要贡献。

1931年，陈鉴波在中央军委兵营科和周恩来领导下的中央特科工作，从事着复杂而隐蔽的地下工作。那些日子是陈鉴波一生中最艰难的时期，他常常身无分文，时常挨饿，睡马路。他曾两次被捕，两次与党组织失掉联系……然而，他却以坚强的革命意志，默默无闻地为党工作，甚至在狱中还不忘教育青年人如何去做一个对革命有用的人。

1935年冬至1937年6月，陈鉴波被党组织派往太原、北平和西安做秘密的统战策反工作。离开太原时，他曾写信给阎锡山，劝其回头是岸；在北平，他曾在宋哲元身旁秘密地建立起我党情报站；在西安杨虎城的一支土匪部队里，他极高明地组织起"抗日先锋队"，杨虎城将军下令全军推广……

1937年7月底，陈鉴波来到延安。李维汉校长亲自为他改名，说："《易经》曰'天行健，君子当自强不息'，就在你名字的中间加个'行'字，叫陈行健，如何？"当时陈鉴波所用名陈健。在中央党校学习的日子里，他三生有幸，曾听过毛主席的《矛盾论》《实践论》等许多著名演讲。次年2月，陈鉴波被党代表叶剑英、主任林伯渠看中，留任八路军西安办事处秘书。是年秋，陈鉴波回到延安，进中央组织部中国问题研究室学习。后得到中央组织部进一步重用；先后任中央组织部行政人员训练班主任、行政学院秘书长兼工部处处长、中央管理局秘书长和检察委员会主任。

1946 年 9 月，陈鉴波离延安赴鲁南解放区工作。1947 年 1 月 27 日华中民主联军司令郝鹏举率部叛变革命。东海县青湖住着郝部一个团。为粉碎郝的梦想，陈鉴波奉命深入虎穴，对其策反。陈鉴波带着 1 名勤务兵、10 名警卫直奔青湖。一到村口，他就被敌人缴了枪，并捆在马背后的横棍上。敌人以为陈大胡子是个老头子，就没捆他。陈鉴波向敌人要水、要煎饼，再一个一个地喂给战士们吃。深夜，敌人挖好坑，准备活埋他们。陈鉴波理直气壮地大喊道："我要见你们最高长官！我有重要的话对他讲！"敌人听后，不敢乱来。第二天，陈鉴波义正辞严地警告敌团长："我是从延安来的共产党人，是奉命前来救你们的！你们跟着郝鹏举是没有任何出路的！昨天晚上，我们差点被你们活埋了！自古以来是不斩来使，我们是共产党中央派来的特使，你们能把我们杀掉吗？你们如放我们回去，说不定我们还能后会有期！你们也许会给自己留下一条后路！"一席话说得敌团长目瞪口呆，立即将他们全放了。一星期后，歼郝战役打响了，郝鹏举被生俘。

早在 1942 年延安整风时，康生一伙便制造出陈鉴波冤案，让他去劳教。1951 年陈鉴波在山东临沂地区工作期间，受康生一伙的指使，该地委与专署对陈鉴波在工作中一些枝节问题，无限上纲，并开除其党籍和给予行政撤职处分。陈鉴波百折不挠，常常写信给中央和各部门，然而都石沉大海，反而加重他的"罪行"！1952 年、1959 年，陈鉴波两次被关押、劳教。

1961 年，陈云同志亲自为陈鉴波保释，并说：不让行健同志出来，不是党的政策。1961 年 9 月陈鉴波出狱后，被安排在天津市历史博物馆任历史部副主任，最后于天津市历史博物馆离休。

1978 年底，在胡耀邦同志的主持下，在陈云、李瑞环同志的关怀下，中央组织部成立"陈行健专案组"、"陈行健问题复查小组"，终于还了陈鉴波同志一生的清白。

如今，陈鉴波静静地躺在家乡抗日山烈士陵园公仆区的树木丛中……正是他，用自己辉煌的足迹写下一个完满的"人"字；也是他，用自己崇高的共产主义理想与品格，为后来人树起了一座巍巍丰碑！

海州藏书

明嘉靖二十三年（1544），王同以举人身份出任海州知州，其在任期间，"疏通河道，振兴学校，以蠲税粮，折马价，并里分，力请于朝，具蒙俞允"，被海州百姓誉为"河南王父母"。

嘉靖二十六年（1547），即将离任的王知州见海州学宫几近荒废，宫中的图书亦大多散失殆尽。于是他自捐俸禄，购进"自六经、性理、训传及历代全史子集，凡三十部，计七十套，共七百六十册"，并在每册书上加盖"海州儒学官书"的钤记。并购置新书柜，放置在明伦堂里。将印信与总目交予掌学者，并叮嘱其注意看管，如有遗失，即可誊抄补之。

顾乾，明万历年十四年（1586）岁贡生，任繁昌训导，后迁山东乐陵王府教授。世居云台，自号苍梧野叟，晚年读书著述以终。据崔应阶《云台山志》记载，顾乾、顾坤兄弟曾广为搜集海州旧志，著有《云台山志》《东海志》《云台山三十六景诗》等。

海州人赵昌祚，明崇祯二年（1629）岁贡生，字太六，号两无，曾任明怀远训导、蒲台教谕等职，藏书甚富。入清后，他倾心山水，淡泊仕途。顺治年间，曾参与编纂《顺治海州志》。

凌廷堪，原籍安徽歙县，清乾隆二十二年（1757）生于海州板浦场，字次仲、仲子。乾隆五十四年（1789）中举，次年中进士，但始终不愿做官。他精通经史、诗文、乐律、天文、算学、训诂，校勘诸学，尤精礼学，被誉为"一代礼宗"，是乾、嘉时期的著名的经学大家。嘉庆九年（1804），凌廷堪回板浦，为李汝珍编辑《李氏音鉴》。凌仲子一生藏书颇丰，可惜天妒英才，嘉庆十四年（1809），年仅五十二岁的凌廷堪逝于板浦，葬于泊洋河南岸墩琅庄（今灌云龙苴）许氏祖茔。凌氏藏书则大多被板浦许乔林、许桂林兄弟继承。

许乔林，字贞仲，号石华，海州板浦人。曾于嘉庆十年（1805）应州宰唐仲冕之邀，参与编纂《嘉庆海州直隶州志》。在资料整理过程中，许乔林等人"乃遐搜旧闻，博采舆论"，征集到众多奇书旧志，为嘉庆海州志的编修提供了重要的参考依据。清同治元年（1862），许氏藏书在捻军过境时惨遭损毁。据《朐阳纪略》载："同治元年……疑陈玉标复仇……及失板浦，人财他遁……许氏珍藏卷帙，雨淋马踏，简断编残。"

清朝中晚期，经过康乾盛世近百年的积淀，政治稳定，经济发达，文化学术繁荣，这使得民间藏书有了一个较为稳定的社会环境，私家藏书群体逐渐形成。

民国初年，新成立的灌云县对图书馆建设尤为重视，各类公共图书馆如雨后春笋般纷纷成立。1914年，由灌云县教育局成立的通俗扩充教育馆在板浦成立，1928年，该馆筹建公共图书馆，馆长由仇需生担任。该馆虽然是灌云历史上第一家由地方政府开办的公共图书馆，但由于开办时间短，因此鲜为人知。1929年，灌云县教育局接到国立中央大学校长的训令，要求将通俗教育馆改为民众教育馆，公共图书馆也一同并入。

1923年，刚成立仅九年的江苏省立第八师范在校长江问渔的带领下，不仅扩充了图书馆的规模，还将本校图书对外借阅，获得较好的社会声誉。据民国十二年第九期《通俗旬刊》报道："苏省第八师范学校，旧时校友会，虽有图书组之设，无如藏书极少，不敷同学借阅之用。自今秋江恒源校长接事以来，即以扩充图书馆为言，现师生方面，已捐有购书成款六百余元，购置中西书籍多种，并由江校长聘北大卒业生刘登高君维该馆主任，司理一切事物。明春开学，拟辟校舍之一部，作图书馆浏览室之用。又江拟取开放主义，每日规定两小时，为外人阅书时间，无论何人，皆得前往浏览，将实行学校与社会联络云。"因此，咱大港城最早的面向公众开放的图书馆，也正是在江恒源开明的办学理念下形成的。

文武双杰

晚明时代全国涌现出很多杰出人才，海州也不例外。当时海州产生的比较优秀的人才恰好一文一武，文的叫张朝瑞，武的叫王鸣鹤。他们不但文治武功卓著，而且著述甚丰，堪称大才，兹述于下。

张朝瑞，字子祯，生于明嘉靖十五年（1536），明海州人。隆庆二年（1568）进士。知安丘、鹿邑二县，擢金华知府。岁饥，设法赈济，全活甚众。市腴田二千亩，葺书院以赡师儒。考核为天下清官第一，晋济宁宪副，迁杭嘉湖参政，转南京府丞，掌大鸿胪，后摄应天府尹。以疾卒，谥清恪。

张朝瑞的著作有：《禹贡本末》1卷。《孔门信道录》16卷，明万历二十六年（1598）姚履施，顾端祥刻本，北京图书馆藏。《忠节录》6卷，北京图书馆藏。《南国贤书》前3卷正6卷，明刻本，南京图书馆藏。《表忠汇录》《宋登科录》《明历科殿试录》70卷。《明历科会试录》70卷。《明贡举考》9卷。《凤梧疏稿》《两邑节爱录》《登封县志》7卷，北京图书馆藏。《鹿邑县括地志》《金华荒政志》《邹鲁水利纪》《常平仓纪》《崇正书院志》《子贞文集》《凤梧集》。

王鸣鹤，字羽卿，明海州人，武进士，原任海州西海所掌印千户，迁指挥，守备郧襄。以抚定军变功，万历十四年（1586）入都试为天下将才第一，迁甘肃参将，又以军功迁副总兵。二十五年（1597）驻通州狼山备倭。晋都督金事，征广西、广东，染瘴得疾而卒。在伐边30余年，大小数十战，未尝挫失。喜吟咏，气韵纯净。王鸣鹤的著作有：《平黎纪事》《东粤私忧》《惟间问答》《登坛必究》40卷，明万历刻本，南京图书馆藏。《教操说》《训兵说》《行兵图》《火攻卷》咸丰三年（1853）刻本，收于《兵鉴全书》。《路鸢集》4卷，《西征集》2卷，《百粤草》《缓带吟》。

从上述张朝瑞、王鸣鹤的著作来看，他们一个称"天下清官第一"，一个称"天下将才第一"，实属名实相符。

青天卫哲治

卫哲治，海州民间称为卫青天，是个敢为民做主的清官。河南济源县人，生于康熙四十年，卒于乾隆二十一年，终年五十五岁。《济源县志》说其字我愚，号鉴泉；《海州志》说其字灼三。《清史稿》说，雍正七年卫哲治以拔贡生廷试优等发江南省委用，初放赣榆县令。不久调盐城县令，正值蝗灾漫发，他提出六条安抚政策，政绩显著。乾隆八年任海州知州，正逢灾年，他全力办理赈济，惠及州民20多万人，连山东流民都奔来海州就食。他平冤狱，兴义学，疏河道，建水闸，招贫户垦植淤田，深得民心。后升任淮安知府，又遇淮河决口。卫哲治亲自带人乘船往来于风波间，奋力抢救难民。他带头捐出俸银，还劝说富豪赞助山东南下的流民，从清江浦往北沿运河堤搭盖200多里草棚，用来收容栖流难民。发给粥饭、柴薪、衣物，为民治病。后升山东布政使，又两抚广西、两抚安徽。因治水有方，多次主持治理黄河淮河，官至工部尚书。

卫哲治因为官清廉、爱护黎民，得皇帝重用。《嘉庆海州志》载乾隆十五年，乾隆曾赠"安民为本"四字褒扬。

海州民间传说，卫哲治的母亲是乾隆的奶妈，他与乾隆称兄道弟，曾为伴读。到任海州，见乾隆的表兄弟洪发云和尚在洪门寺奸淫妇女无恶不作，暗下决心为民除害。机智大胆地与皇帝周旋，利用皇帝说："罢了"的谐音，果断地将和尚用铁耙"耙了"，令皇帝也无法可使。乾隆十五年，皇帝召见时，曾指责他说，你办的事有些令我不太称心，只因一时没有合适人选替换，才留你继续干着，望能奋勉改过。这是因他功高遭奸臣谗害，还是因耙和尚之事引起皇帝不满呢？史书是因为忌讳还是其他什么原因，没有交待清楚。

卫哲治是一个清正廉明、兴利除弊的好官，大伊山、响水口、新安镇等地还为他建立生祠。老百姓心里有杆秤，对清官贪官都一心数，口碑相传，流芳百世，自有它的道理。

抗金名将魏胜

在海州的抗金史上，有一个可圈可点的人物。他就是南宋名将魏胜。魏胜，字彦威，江苏宿迁人。生于北宋宣和二年（1120），卒于南宋乾道元年（1165）。绍兴三十一年，金世宗大定元年（1161），金兵大举南侵，魏胜在乡聚集三百义士，渡淮抗金，收复涟水，乘胜攻克海州，活捉海州郡守高文富，并联合李宝水师于海州城北新桥设伏大败金军主帅蒙恬镇国及金兵水师，名声大振，保全了重镇海州城。魏胜因此被封为阁门祗侯，知海州事兼山东路忠义军都统。此后又相继在楚州（淮安）清河口及淮阳等地与侵犯宋界的金军展开激战。因孤立无援身中数箭坠马身亡，年仅45岁。

魏胜"多智勇，善骑射"，令金人闻风丧胆。"胜为旗十数，书其姓名，密付诸将，遇鏖战即揭之，金兵悉避走"。每至危急时刻，总是身先士卒，在"身被数十创"的情况下，"冒刃出围"，在"马中矢踣"后，他"步而入寨"，甚至在"矢中鼻贯齿，不能食"时，仍亲自督战，"激励士卒竭力捍御"。在"金兵环城围数重"的危急关头，与统制郭蔚"分兵备御，偃旗息鼓，寂若无人"，使"金兵惊疑，数日不敢攻"。这个计谋与诸葛亮所设的"空城计"颇有几份类似。对于弃金投宋的人员，极近安抚之能事，常"与之同卧起，共饮食，示以不疑"，并从中摸清了金军情况。采用"经画市易，课酒榷盐，劝粜豪右"的办法，筹集了不少粮秣。针对容易受敌攻击的部位，"筑城浚隍，塞关隘"，表现了一个军事家的大智大勇。

魏胜不仅是一名出色的军事家，而且还是一位杰出的发明家。他在与金兵作战的间隙，研制成功了进可攻、退可守的如意战车，在战争中发挥了重要作用。这在当时是一个了不起的贡献。《嘉庆海州直隶州志》花费270多字的篇幅进行记述。

据该书载，魏胜发明"如意战车数百辆，炮车数十辆"，并对战车的构造、外观、性能特点、使用方法等作了介绍。使用时在车上竖上兽面木牌，并携大枪数十枝，四周垂挂毡幕作软牌。每车用两人推行，可掩护兵士五十名，行可装载辎重器甲，止可扎营帐挂为营垒，遇敌可挡箭簇，近阵时战车在后，弩车发射，射程可达二百步，使敌"人马不能近"。列阵时，"如意车在外，以旗蔽障，弩车当阵门"，其上配置弩矢，"矢大如凿，一矢能射数人，发三矢可数百步"。炮车在阵中，施火石炮可达二百步之远，两阵相近，则可于阵间发射弓弩箭炮，近阵时，阵门处可由刀斧手突击，交阵时，则可出骑兵两向掩击，得胜时，也可拔阵追袭。战事间歇时兵士可进车休息，伺便出击。使用起来可谓"进退俱利"。为充分发挥如意战车的巨大作用，南宋朝廷曾诏令各路军队进行推广，并严令须在夜间进行操练以防泄密，如意战车因而声名远播。

341

魏胜死后被赠保宁军节度使，赐号"忠壮"，其战殁处也立祠纪念，其后人也获南宋朝廷的厚待。

李邕、李白与海州

《嘉庆海州直隶州志》中载：李邕在唐开元年间任海州刺史，并收《李邕大云寺禅院碑铭并序》。文中有"邕来守是邦"之说，连云港地方史稿》亦称：李邕任刺史期间，日本国使曾率五百人，十条船至海州停泊，船上"载国信"及"珍货百万"李邕看到这些货物……半夜时将船载货物全部取走，并凿沉了十条船。天亮以后，谎告……船尽飘失，不知何在。日本国使将此奏闻朝庭，皇帝敕命李邕造十艘船并派水手送日本人返回.地方史志均未明"邕来守是邦"为何年。

唐开元盛世期间，海州已经是与海东各国通商和文化交流的重要口岸，有能停靠数十条船的港口和能接待数百人的驿馆，还有造船基地，经济十分繁荣，由丁李邕"纵求财物，驰猎自咨"再加上海州良好的地利，李邕才做出了取宝凿船惊动朝野之事，而对海州政事却无建树，只留下了一块文章和书艺著称于世的《海州大云寺禅院碑铭并序》碑刻。

李白与李邕早在白游巴蜀时相识。开元八年左右，白献诗赋於渝州刺史李邕而遭嘲笑（据安徽文艺出版的"李白诗四百首"载：邕於开元六年十一月被任为渝州刺史)，白作"上李邕"诗，责邕"宣父犹能畏后生，丈夫未可轻年少"。此后，白"杖剑去国，辞亲远游"于开元十七年一入长安，希冀明主以骋壮怀，但经六年努力仍为布衣，为谋求政治上出路，实现报国宿愿，于开元二十四年"学剑"来山东，次年寓家任城，与鲁中诸生隐於徂徕山，酣歌纵酒.时闻李邕出任海州刺史，就于开元二十五年秋冬间来到海州，此时屡遭贬谪的李邕与白相见已无"文高气方直"之豪气，却与白叙起了家谱。李白其后所作的两首诗中所述，就表明了李白已认祖归宗了：作于天宝五年十月的"陪从祖济南太守泛鹊山湖"诗中之太守就是李邕，因为天宝五年十月改临淄郡为济南郡，天宝五年李邕"奸赃事发"将邕调往济南郡以便查处，实属正常.但李白误认为邕为调任太守乃作此诗。不久，邕於次年正月被"就郡杀之"。而在白流放夜郎途中于江夏所作"题江夏修静寺"曰:"我家北海宅,作诗南江滨"直称北海与我一家,北海乃我从祖也(宋代以来其诗题下均注:此寺是李北海旧宅)。李白与李邕相见两次,只能是此次"认祖归宗"。

祖孙相认,共游苍梧,在上古传说中的"羲和之国"的祭祀处——太阳石旁高歌"日出入行"呐喊"逆道违天,矫诬实多,吾将囊括大块,浩然与溟涬 [xlng] 同科";在州衙,祖孙对酒当歌,寄兴吟唱"短歌行",言人寿不可得长,应思与知友及时为乐,安抚李邕之颓废之心。"吾欲揽六龙,回车挂扶桑",既显示作者珍惜年华的奋发有为的精神,又给李邕之鼓励。在离海州前夕,在孔子望海处,今之孔望山借景寓情作"登高望四海",寄情李邕"荣华东流水,万事皆波澜,白日掩徂辉,浮云无定端"。

"且复归来去,剑歌行路难",李白初游苍梧后,带着无奈走了,虽没有给我们留下吟唱苍梧山水之作,却留下了不朽佳作。

吉 呆

吉呆,是海州地区民间传说中一位"阿凡提"式的人物,其故事至今在民间广为流传。

据民间口头相传,吉呆大致是清末年间海州衙门里一名衙役,专司缉奸捕盗一类的事。但其有文字根据的"姓名"却无从考证,只风闻海州吉性某某是吉呆的后裔。"文革"前我在海州干户籍警时对吉呆的故事很感兴趣,在坊间听到和有意搜集不少有关吉呆的轶闻趣事,并因常讲给人听,后来竟被人戏呼为"吉呆",其实以我的愚钝何敢望其项背。

在脍炙人口的吉呆故事中,不乏其鲜点子、妙点子,充分表现出其机智、幽默、才思敏捷、"怀中取宝"的聪明才智,凸现出其同情百姓、藐视权贵、伸张正义、扶正祛邪的性格品质。例如有许多捉弄"老爷"(州官)的故事中,有一则甚至将老爷推到"吃屎"的尴尬境地,真是令人叫绝。但其也有一些"坏"点子、"促寿"(海州方言,意与促狭略同)点子,甚至恶作剧。其中有些是针对富豪的,使人感到畅快,不禁开怀大笑;有些却是捉弄常人的，反映出其性格的复杂性和时代的局限性。

吉杲的故事也如同阿凡提的故事，在众口流传中，老百姓出于对他的敬佩、喜爱，把许多本不属于他的故事也安在了他的头上，使其故事更加丰富，性格更加突出，形象更加完美，已成为文学意义上的"典型形象"。不过据考证，海州历史上倒有一位叫苗坦之的幽默人物，据说他就是吉杲的原型之一。吉杲的故事在海州民间相传已有上百年，而且越说越有趣，不断被赋予新的内涵。尤其文化人对其更是情有独钟，常常撰文予以介绍。据说民国期间海州出版的一些报纸就载有吉杲的故事。近日又闻有人已将其编为电视连续剧本。有趣的是，外地也有人把吉杲作为自己的"家乡人"而感到荣耀并加以渲染。多年前我看过一本乡土文学刊物，就把吉杲写成苏中某地的历史人物。这也从侧面反映出异乡人对我们这位"老乡"的认同。

大　禹

俗话说，忠孝不能双全，但中华民族的人义先祖大禹是例外的。史载帝尧时期，中国发生了一场特大洪水，尧听从四岳的建议命崇伯鲧治水。鲧在羽山治水时，生产力水平低下，因此鲧治水九年，没有太大的建树。后因鲧所筑的堤坝垮塌，引起了更大的洪灾，而被诛杀。《山海经·海内经》载："鲧窃帝之息壤以堙洪水，不待帝命，帝令祝融杀于羽郊。"与此说相近的还有《尚书·洪范》，箕子说："我闻在昔，鲧堙洪水，汨陈其五行。帝乃震怒，不畀其洪范九畴，彝伦攸斁。鲧则殛死，禹乃嗣兴。"鲧不仅被殛于羽山，而且还与欢兜、三苗、共工等并称"四罪"。"四岳举鲧治鸿水，尧以为不可，岳强请试之，试之而无功，故百姓不便。三苗在江淮、荆州数为乱，于是舜归而言于帝，请流共工于幽陵，以变北狄；放欢兜于崇山，以变南蛮；迁三苗于三卫，以变西戎；殛鲧于羽山，以变东夷：四罪而天下咸服。"仅仅"试之而无功，故百姓不便"，就被列为"四罪"之一，却被"殛于羽山"，还要做反面教材，来教化东夷。其罪不至死，用现在的话说，鲧没有功劳也有苦劳，最多是应负领导责任被撤职查办。因此，鲧之死是悲壮的。

鲧被殛后，洪水继续泛滥，还要觅寻治水良才，舜征求大臣们的意见，大臣们都推荐禹，他们说："禹虽然是鲧的儿子，但是比他的父亲德行能力都强多了，这个人为人谦逊，待人有礼，做事认认真真，生活也非常简朴。"舜于是就命大禹治水。而大禹并不因舜处罚了他的父亲就嫉恨在心，而是欣然接受了这一任务。"舜谓四岳曰：'有能奋庸美尧之事者，使居官相事？'皆曰：'伯禹为司空，可美帝功。'舜曰：'嗟，然，禹，汝平水土，维是勉哉。'禹拜稽首。"河南登封流传的《舜帝访贤》《玉溪荐才》《负黍厅对》等民间传说诠释了这一段史实。

大禹领受治水重任后，从鲧治水的失败中汲取教训，采取堵疏结合的办法，乘四载，履四时，随山刊木，左规矩，右准绳，冠挂不顾，履遗不拾，七年闻乐不听，三年过门不入，终致"九州攸同，四奥既居，九山甄旅，九川涤原，九泽既陂，四海会同"，胜利完成了治水的大业。"乃遂与益、后稷奉帝命，命诸侯百姓兴人徒以傅土，行山表木，定高山大川……陆行乘车，水行乘船，泥行乘橇，山行乘楯。左准绳，右规矩，载四时，以开九州，通九道，陂九泽，度九山。""尧遭鸿水，黎人阻饥。禹勤沟洫，手足胼胝。言乘四载，动履四时。娶妻有日，过门不私。九土既理，玄圭锡兹。"大禹治水十三年，在治水过程中，依靠艰苦奋斗、因势利导、科学治水、以人为本的理念，克服重重困难，终于取得了治水的成功。

大禹在其父鲧被舜殛后，不计恩怨，不以私害公，而是秉持大义，以忠为孝，以天下苍生为重，毅然肩负治水重任，"禹伤先人父鲧功之不成受诛，乃劳身焦思，居外十三年，过家门不敢入。"大禹对于父亲鲧被诛心内是十分悲伤的，所以才三过家门而不入，全副身心地投入治水。大禹移孝为忠的作为，在当时感动、激励了治水队伍，大家同心协力，最终治服了洪水。

大禹以忠为孝，治水成功，并继任天子。这不仅一定程度上洗刷了父亲的"四罪"的罪名，而且还客观上还达到了显亲扬名的目的。"夫圣王之制祀也，法施于民则祀之，以死勤事则祀之，以劳定国则祀之，能御大灾则祀之，能捍大患则祀之。非是族也，不在祀典……鲧障供水而殛死，禹能以德修鲧之功……夏后氏禘黄帝而祖颛顼，郊鲧而宗禹……杼，能帅禹者也，夏后氏报焉……凡禘、郊、祖、宗、报，此五者，国之典祀也。"鲧"以死勤事"，"以御大灾"，故夏后氏郊祭之，并被圣王列为"国之典祀"。子曰："禹，吾无间然矣。菲饮食而致孝乎鬼神，恶衣服而致美乎黻冕；卑宫室而尽力乎沟洫。禹，吾无间然矣。"大禹饮食简单却尽力孝敬鬼神，衣服简朴而祭祀时却尽量穿得华美。这里的鬼神应指去世的父母和祖先，夏后氏"禘黄帝而祖颛顼，郊鲧而宗禹"说明夏代已有祭祀的礼制。《周易集注》记载："尽志以致其孝，尽物以致其享。"这是说讲祭祀时，毕恭毕敬地行礼就是"孝"，向祖先尽其所有奉献祭品就是"享"。史载周代才出现"孝"与"享"、"祀"联用的情况，大禹是否奉献了丰盛的祭品不得而知。但大禹"菲饮食"而"致孝乎鬼神"的做法，却得到了孔子的极力赞美，说明大禹之"孝"对孔子的影响是深远的，认为大禹没有可挑剔的地方。大禹"致孝乎鬼神"这种对祖先感恩的情怀，就是最初的孝。这些都足以说明，大禹以忠为孝是中国孝文化的重要源头。

大禹故里在东海羽山，君子曰："颍考叔纯孝也，爱其母，施及庄公。《诗》曰：'孝子不匮，永锡尔类。'其是之谓乎！"颍考叔后世被称为纯孝伯。《孝经》把孝当作天经地义的最高准则："夫孝，天之经也，地之义也，民之行也。天地之经，而民是则之。""夫孝，始于事亲，中于事君，终于立身。"这就是说一个人首先要从孝敬父母做起，把对父母之孝推广开来，便是对君王和国家的忠。北宋的张载作《西铭》，在《孝经》的基础上，融忠孝为一体，从哲学的高度，把伦理学、政治学、心性论、本体论组成一个完整的孝的体系。忠孝一体体现了伦理孝道与王权政治的结合。在大禹身上，忠孝合为一体，在家能孝顺父母，在朝就能忠君，因此历代皆认为"忠臣求于孝子家"。

大禹时期尚无国家的概念，但其以忠为孝的作为孕育了后世的家国情怀和爱国主义思想。《孝经》云："资于事父以事君，而敬同……故以孝事君则忠。"《孝经·广扬名章》亦云："君子之事亲孝，故忠可以移于君。"《大学》云："古之欲明明德于天下者，先治其国；欲治其国者，先齐其家；欲齐其家者，先修其身。"这段话将国家、社会、家庭和个人串连成一个密不可分的整体，是中国人"家国情怀"的源头，奠定了中国人修身、齐家、治国、平天下的道德理想和行为准则。正是在这种精神的激励下，历代涌现出了多少英勇抗击外侵的慷慨悲歌之士，在强烈的爱国主义信念的鼓舞下视死如归，勇赴国难的，他们也正是大禹以忠为孝精神的实践者。"忠孝传家久，诗书继世长。"儒家的忠孝思想对佛道两家都有一定的影响，佛教、道教吸引了儒家的忠孝思想。

大禹以忠为孝，移孝为忠，完成了父亲未竟的事业，最大程度上维护父亲的尊严。其以忠为孝思想应是中国忠孝文化的重要源头，对中国历史和传统文化产生了极大的影响，忠孝一体，家国情怀已内化为我们中华民族的精神基因。习近平总书记在文艺工作座谈会上发表的重要讲话指出："中华优秀传统文化是中华民族的精神命脉，是涵养社会主义核心价值观的重要源泉，也是我们在世界文化激荡中站稳脚跟的坚实根基。"因此，我们要以大禹以忠为孝为楷模，从传统忠孝文化中汲取精神营养，以国家富强、民族振兴、人民幸福为理想，以铁肩担道义的担当精神，为中国梦的实现而努力奋斗并做出自己应有的贡献。

清道人

花果山上有多处摩崖石刻群，不乏名人遗墨，其中有民初清道人之魏书"环瀛仰镜"，镌于娲遗石南侧海天洞东壁，堪称书坛瑰宝、千古不朽之作。

清道人，名李瑞清，江西临州人。生于清同治六年，逝于民国九年，享年53岁。"环瀛仰镜"为其44岁时所书。

光绪十九年，清道人中举，二十一年成进士，兼任两江师范学堂监督。武昌起义爆发，革命军入城，大清吏僚逃尽，只有清道人依然督学授业，正襟危坐。两江总督张人骏电奏清廷要李瑞清代理布政使，清道人将锁着27万两黄金的钥匙交给城中士绅，揣着两袖清风，移居上海，卖字为生。清道人在上海，写了一篇《售字价目表》，以晚清遗老自居，昭示于人。清道人的字，源出周、秦、汉、魏，自幼研习金篆，花果山上的"环瀛仰镜"四字，正是他书艺成熟之际的代表作。

清道人在上海书名大震，求字者不绝于门庭，其收入之高，为上海书坛之冠。然而，树大招风，有人指责他的字少功底，非颜非柳，朝张暮李，简直是

"百衲体"。加之清道人倜傥不羁，喜用破草鞋为人作匾额榜书，时时遭人非议。

自称没有力气的清道人，饭量却大得惊人，他一次可以吃一百只螃蟹，因此而得了个"李百蟹"的诨号……

陆凌霄

在清康熙年间，板浦镇东郊小浦村出了位远近有名的奇侠陆凌霄，这是一位颇具传奇色彩的武术名家，他十五岁时即出外学艺，四年后回家，学得一身精绝武功，上阵不用兵器，拳法奇特，而鸳鸯连环腿出神入化，每战必胜，又善于空手夺白刃，击败许多武林豪杰，威名远扬，世称"海州陆大侠"，江湖上还流传"打败天下无敌手，不敌小浦陆凌霄"之说。

陆凌霄以武功保护地方，匪盗不敢来小浦一带骚扰；而且他乐善好施，济困扶贫，深得民心。至今在板浦暨中正、小浦一带，还流传着关于他的一些神奇传说。提起陆凌宵的名字，在当地可以说是家喻户晓，妇孺皆知。

关于陆凌霄的身世，历代志书从无记载，因此有人说是地方神话或民间传说中的虚构人物。但据笔者采访考证，板浦镇小浦村历史上确有此人。按现小浦陆氏家谱的垶字"龙、凌、克、月、开、有、占、映、永、长"排辈，陆凌霄系"凌"字辈，当为清康熙至雍正年间人，今天的小浦陆氏也将他敬为先祖。

吕洞宾

吕洞宾是民间传说"八仙"中的一员，在花果山有寺庙。看崔应阶《云台山志》、许乔林的《云台新志》都记载在金牛顶原"海曙楼"西，原有"吕祖庵"，亦称"纯阳院"，明万历年间谢淳重修，改名"纯阳庵"。

吕洞宾传说为仙，其实确有其人。他的祖父叫吕渭，是唐朝礼部尚书，他的父亲叫吕让，唐昭宗时在海州任刺史。《嘉庆海州直隶州志》职官表中记"吕阙名"。僧无可《送吕郎中赴海州》诗中提到这位刺史，可未言名。笔者最近看《河南府志》言："吕岩，字洞宾，河中（今山西永济）人，海州刺史吕让之子也。"这"吕让"自然就是那个"吕阙名"了。

吕洞宾，名岩，号纯阳子。少聪明，日记万言，出口成章。唐末三举进士不第，因而游于江湖山海间。父任官海州，海州山海自是他足下之地。吕洞宾后崇信道教，在道教中地位极高，全真道奉他为纯阳祖师，亦号吕祖。所以后人于花果山上建纯阳庵以奉，自在理中。元、明时朝廷封他为纯阳帝君，他庙中的香火自然是很盛了。

吕洞宾在"八仙"中是人情味最浓的一个。在地方传说中，他不仅游行人间，为百姓排忧解难、除害灭妖，而且外貌潇洒、性格幽默，还沾染一些"酒色财气"的小市民习气。这个形象很受人喜爱。元明统治者，在唐以后提倡道教，吕洞宾进而为统治者所推崇，成为道教诸仙中最活跃的人物。可有谁知他就是海州唐末刺史的儿子。

孝女高姑

在连云港，谈到孝可能知道东海孝妇的人很多，不仅因为关汉卿的《窦娥冤》名扬四海，还有东海孝妇传说已经是国家级非遗项目的因素。传说中生活在连云区高公岛上的高姑，确实称得上是一位不可复制的孝女。

如果你从远处看高公岛，它很像一个人蹲在海边弯腰舀着海水的美丽女子。听当地的老人讲，很久很久以前岛上住着父女二人，父亲叫高大海，闺女叫高姑，父女二人相依为命，靠捕鱼为生。父女俩虽过着清苦的日子，高大海每天摇着船儿出海捕鱼，高姑在家织渔网、种菜园，倒也愉快。

有一天，太阳还没有出来，高大海就把网具拿上船准备出海捕鱼。高姑也像往常一样，特意为父亲做好了鸡蛋咸饼，又把父亲那支长烟管和烟袋送上船。烟袋上的绣花烟荷包，每天高大海吃烟时，看看那晃动的烟荷包，就跟看见自己的闺女一样。每天高大海摇着船儿下海去后，高姑总是站在崖头上望着小船，向父亲招手，直到看不见父亲的影子，才转身回家。

这一天，高大海捕的鱼特别多，那些又肥又大的鱼在船舱里活蹦乱跳。高大海看着满舱的鱼，想到闺女看到这些鱼，该地多高兴啊！他驾起渔船，一边划，一边盘算：卖了鱼，给闺女作件像样的衣服，再给他买个可以照着梳妆的小镜子，扯上几尺好看的头绳。想着，想着，不料海里突然掀起山头一船的恶浪，小船猛烈地颠簸起来。高大海心里很纳闷，根据平日的经验，这样的天气不该起恶浪啊？他拿出浑身的看家本领和恶浪搏斗，但难敌海浪越来越猛，这恶浪从何而来呢？原来是老龙王路过这里外出游玩，带领成群结队的虾兵蟹将，耀武扬威，前呼后拥，弄得大海恶浪滔天。高大海虽然奋力搏斗，怎奈船小力薄但浪头越来越凶，小船被恶浪吞没了，高大海也被海浪打晕而沉下海。

高姑还跟往常一样，一手拿着虾眼馅饼，一手提着一罐山泉水，等待着父亲回来。等到太阳落山了，不见父亲的小船回来；等到月亮升到头顶，还不见父亲的小船返航。高姑心里慌了，她跑到山崖上，大声喊呀，叫呀，直喊得太阳又从东边升起，仍不见父亲回来。这时，一群群海燕扇动着疲倦的翅膀，高叫着刺耳的声音，朝着高姑飞来，在高姑头上转了九圈，忽然，一个海水打湿的烟荷包从家中落了下来。高慌忙拣起来，仔细一看，不由得心中一抖，手打颤，这正是她亲手绣给父亲的烟袋荷包吗！

高姑手拿烟袋荷包，心里像扎了一把尖刀，痛苦难忍。她对大海哭诉道："苦命的父亲啊，你快点回家，闺女要永远和你在一块呀！狠心的大海呀，你快把父亲送来呀！你你你，你为什么不说话呀！我，我要和你拼，我要和你斗，舀干海水，也要把父亲找回来！"于是，高姑揩去满脸的泪水，寻找父亲。就这样，高姑蹲在海边，一瓢一瓢地舀啊舀啊……

高姑等心切，强忍悲痛决心要舀干海水找到父亲。冬去春来舀了一年，舀的龙宫里的玉柱左右摇摆，海龙王坐不安稳，派人一打听，原来是自己作恶将高姑之父身落大海而亡，高姑舀海是为了要回父亲，自觉理亏，立即命人将高大海遗体送到岸边。高姑便将父亲安葬于高山之上，面朝大海给出海渔民指引方向，企盼他们出入平安。

为纪念高姑父亲，村民讲该地取名高公岛。高公岛乡于 1985 年塑立高姑雕塑以怀念高姑。孝女高姑的传说在当地人民的口头中地流传至今数百年。

吴朝栋

吴朝栋，嘉庆时一名解元，家住老海州灌河口，据说，他出生时家庭很穷，济公好义，能言善辩，誉满梓里。后人评价他：前心有将相之才，后心有帝王之位，可惜聪明反被聪明误。

351

离奇的身世

他的父亲吴大，年轻时是个单身汉，以卖豆腐为生。有一年的冬天，天很晚了，才把一挑豆腐卖掉。在回家的路上，看到一位青年大姐坐在路边哭。恻隐之心，人皆有之，吴大便道："这位大姐为何在此伤心痛哭?"这位青年女子听有人问话，便道："我是外地人，从山东来此寻亲没有寻到。现在前不见村，没有去路，故而伤心。"回到家，吴大看这大姐不仅长得眉清目秀，一切家务活也干得十分勤快、利落，心中十分喜爱，这才开始问她的来龙去脉。这位大姐道："我是海州北人，因水灾大荒，没有地方去了。吴大哥，我今天在路上遇到你这个好人，你要不嫌弃我，我情愿跟你过日子。"吴大听她这么一说，真求之不得呢。当晚两个人便情投意合地成了亲。端午节，吴大过了盐河到张店河西去卖豆腐，天未晌两作豆腐就卖完了，见到一位老和尚对他说："你满脸气色不好，家中一定有事。今天过节，各家都喝雄黄酒，你让你媳妇多喝两杯，看有没有变化。"吴大听了老和尚的话，有点恍惚，半信半疑地走到街上买菜回家做饭。吴大让妻子多饮了两杯雄黄酒，妻子略有醉意地对吴大说："我多喝了点酒，想睡一睡，饭你自己吃吧!"吴大说："好呢。"吴大到房间来看看老婆，见她蒙头被紧地在床上睡了。揭开被子一只狐狸圈在被子里。狐狸说："吴大呀，但我和你的缘分已经尽了。一切你都看见了，但我已怀了你的孩子，你今年八月十五的傍晚，你一定要到灌河口的海边，在月出之前，我会从开山那边过来和你相会，把孩子交给于你。"说完就不见了。八月半吴大早早地来到灌河口的海边，正当吴大沉思的时刻，开山脚下，突然出现一个小小的光亮之物，向灌河口的海边浮动而来。越来越近，原来是一朵含苞待放的荷花巨蕾。当这荷蕾浮近海岸时，突然绽开一朵硕大的荷花，花中出现一位少女，怀抱一个婴儿，吴大定睛一看，正是他心中久盼的妻儿。吴大从妻子手中接过孩子，正当悲喜交加之际。只听妻子道："今日团聚，时不能久，儿子交托给你，你要好好抚养，他的名字叫朝栋，朝廷栋梁之义，若教育无方，必一名解元终了此身。"说完又不见了。

叛逆的童年

吴朝栋在父亲的抚养下，不觉已有七岁了。吴大便把他送入一位四书老学究的私塾馆去读书。入学后，显得很聪敏，不管一次教多少，只需念三五遍，便能背诵。两本书没用一个月，便能倒背如流。一天，老师外出，他叫同学把课桌搭起来，叫别人在下边排成队做大臣，自己爬到最高处做皇帝。正在这时老师回来了，老师出了一副对联："吴朝栋，两条腿，爬上滑下。"吴朝栋见老师坐在窗口向外张望，便随口答道："李老师，一个头，缩里伸外。"初夏的一天，李老师把一班学生带到学堂前的柳荫下，诗兴大发道："荷叶鱼儿伞。"吴朝栋看看老师，随口应道："棉花虱子窝。"李先生听了斥责道："这叫什么对子，你这样作对，论工稳平仄，当然无可非议，但论思想内容，实在令人不堪入耳啊！"吴朝栋道："先生既知，何以为之，不是更令人不堪入目吗？"李先生受吴朝栋如此一场羞辱，实无言以对。吴朝栋从此便也告别了这位李先生，到张店街另投一个经书学堂就读。

帮乡亲修船

清嘉庆年间，海州乡试科考，吴朝栋考中头名，成了海州的一名解元。地方上的一些阔老阔少，一时都成了他的座上客。这中间张店街的孙一贯、孙一宁兄弟和三口街西大港的马飞雄等人，则成了他的知交好友。这年夏天，他们四个人在张店街孙一贯家相聚，午饭后便一齐来到盐河边上玩玩，上了一只小船，可是小船晃晃荡荡，已年久失修。吴朝栋对船家道："你的小船怎么这样破损不修？"船家道："没钱怎么修。"这时盐河上突然出现一只两条桅的大船，拉满篷帆自南而北马跑似地驶来。吴朝栋灵机一动道："船家你想不想修船?"船家道："怎么不想!"吴朝栋道："那好，你只要听我的话，我包你有钱修船。"船家有点害怕道；"能吗?"吴朝栋几个人齐声道："你莫怕，只管撞，一切由我们负责。"说时迟，那时快，吴朝栋几个人都在河中游起泳来，船家看大船快要接近时，便撑着小船从河心向大船航线岸边驶去，大船见前有小船游弋不定，正转篷欲避开小船，忽小船一掉头，正撞上了大船，小船翻了漂在水上。大船见出了事，马上收篷下锚。吴朝栋等几个人都游向小船，察看了一番，随后也都上了大船。船主道："小船怎样?"吴朝栋道；"你们是什么船？小船受大船猛撞，我们刚才察看，小船已板板伤痕，缝缝漏水，不装修是不行了。"大船主道："我们是田赋官船，有话慢慢说。"在一番争论之后，由大船赔偿小船一百两白银，作为小船修补费用了事。

帮少妇告状

一年春天。吴朝栋在家乡路边，见一青年少妇在路边哭，旁边还站着一个家仆一样的人，在唉声叹气。便上前问明事情缘由。男仆道："十天前我伴主人王公子从苏州来，去北京会试，路过此地，一位姓孙的少爷，叫佃户挖路沟的泥工，把一锨淤泥，突然飞降到主人的马屁上，马惊脱缰狂奔，主人不幸脚扣马蹬，坠马而亡，腰庄孙家族大势大欺我外乡人，说与他无关，不予理睬，因此无处伸冤，主仆落难在此。"吴朝栋听了，心中不平，上诉海州知府。孙家以重礼、金银珠宝先封住知府的嘴。随后，吴朝栋也来到海州，交上呈文，知府把吴朝栋请人客厅道："先生与孙家皆张店乡里人，有事当以和为贵。不管如何解决，都可商量，不知先生意下如何?"吴朝栋道："公为朝廷执法命官，当为民做主，岂能冤沉海底? 不白了事!"知府见吴朝栋语不投机便下逐客令，赶走了吴朝栋。三天后，忽一公差奉函至，说明日上午海州知府知府过访。吴朝栋闻讯，叫家人在门前预备一堆土，用水泡透，散上碎麦草。第二天早饭后，他把顶戴花翎朝服穿好，坐在门前，着人在路边望候。忽来报说："知府大人来了。"吴朝栋不慌不忙，撩起朝服袍袖，穿着朝靴，若无其事地便和起泥来。知府来到吴朝栋门口，见此情景，哈哈大笑道："吴先生，这本是下人的事，怎么自己动手?"吴朝栋道；"知府大人，要吃龙肉，就得亲身下海吗？"知府再向下一看，见吴朝栋是穿着朝靴和泥的，随口便道："先生怎么穿靴和泥？"吴朝栋道："这大人就不知了，淤泥里还会有硬刺呢？"知府听了这句带刺的话，明知是冲着他来的，便道："今天不巧，先生正忙，明天你来海州，有话再议吧。"吴朝栋第二天来到海州府衙，里面出来一位师爷，热情地把吴朝栋接到一个十分清静的下处说："吴先生，知府大人有要事外出，说要有几天才能回来。"知府就这样不见吴朝栋的面，这样一纠缠，就几个月过去了。

查知府的老底

吴朝栋在海州被软禁几个月从海州回到家中。决心要把这场官司打到底。他得知知府与海盗有牵连，千方百计查出在嘉庆二十一年夏，鹰游山海防捕获一只海盗船，船上共有二十三人。身为海州知府知府，带着亲信，亲临海盗船，海盗以金银珠宝，重礼相赠，求其保护。知府收赠财物后，便扬言说不是海盗，是琉球国的官船，在海上遇风漂流至此，船上为首的毛朝玉，是八品大员巡监官，金一瓣香是三品大员，因而命以日给廪饩，优厚供应，并请海防大府，保驾护航，送到福建，出海而去。事后，知府从海盗赠送的厚礼中，挑出一座古式铜鼎炉镌刻一篇铭文在上面。回到张店街，又得孙一贯、孙一宁和大港马飞雄的支持，决心赴京告御状，他列举知府身为朝廷命官，却斗胆包天，勾结地方豪强，收受贿赂，草菅人命。其二他瞒天过海，诓骗朝廷，收受海盗贿赂，把海盗说成是琉球国的使者。

御状告倒知府

吴朝栋写好上到嘉庆帝手中，上御览状词，龙颜大怒，立派御史帅士银赴江苏海州查办知府的罪行。帅士银来到海州，会同知府知府，一同来张店腰庄审理孙家的王举子命案，开棺验尸后帅士银道："知府呀知府，皇恩浩荡，让你知海州，你却为官不清、不仁，置朝廷王法于不顾。本官来此，看你的表演也够了，你的问题本官已查清，马上将你的不法行为，上奏朝廷，静候御旨。"万民听众一片哗然。嘉庆帝看了帅士银的奏章，随即御批下旨：端掉知府的顶戴花翎，撤销一切官务，查抄全部财产，罚赴乌鲁木齐充军。孙家起事，致使会试举子丧命，定罪判刑二十年，以观后效。罚白银一千两于王举子家，处理一切有关事宜。知府仰天长叹道："我知府到海州才几天，锅墙还未热……"吴朝栋道："锅墙未热，黎民已炕死大半了。"帅士银对吴朝栋道："前日说吴朝栋，昨日说吴朝栋，今天才见吴朝栋。"吴朝栋听帅士银的话里有话，马上跪下道："前日盼青天，昨日盼青天，今日才盼到青天。"

海州人听说吴朝栋终于告倒了知府，无不欢欣鼓舞。有一位文士送给吴朝栋一副赞联云："削去师头方是帅，能翻吞字才为吴。"

响应辛亥革命

清朝末年，"东海名郡"、"淮口巨镇"的海州，统辖有五十四镇，北至赣榆，南至涟水，西至马陵山，东至海滨。在清王朝的统治之下，苛捐杂税，敲诈勒索，搞得民不聊生。1908年，海州一带水灾奇重，饥民遍地，封建官府、地主豪绅照旧催逼租税。

1911年10月10日武昌起义爆发后，海州境南有个叫李砚斋的随即召集民众，起兵响应。当时海州所属新安镇农民聚有三千多人，出面维持地方治安，向地方富户借款借粮，海州所属灌云县大伊山镇民众聚集起义；甚至连秀才任鹭洲、吴荣圃等也举起义旗，他们以陈胜、吴广自居，宣布跟清王朝决裂。人民的反抗斗争，使得清朝封建统治者胆颤心惊，清廷资政院议员王佐良在致袁世凯的禀报中惊呼："时海州土匪蜂起，千百为群，警报频来，乞援促。"可是清封建统治者的危亡之势已无法挽救。

武昌起义一个多月后，海州州官陈宗雍迫于形势，便在海州城内关帝庙召集地方士绅和教育界人士开会，陈宗雍和老贡生杨节庵以及到会的海州士绅激于"兄弟也是汉人"的民族自尊感，便宣布海州独立，脱离清政府，成立海州自治会，推拥陈宗雍出面负责维持地方治安。会后，陈宗雍即与地方绿营子弟兵联络，同时招募新兵加强城防和自卫。

1911年11月21日（农历十月初二）下午4时，驻扎在海州城南白虎山下碧霞宫内的海州盐防营的士兵接受了革命的宣传，毅然举起了向腐朽的清王朝政权宣战的大旗，举行了暴动。十多名士兵武装进城，鸣枪射击，冲进海州衙门，并砸开牢门，带着镣铐的囚犯涌入了海州的大街小巷。州官陈宗雍的护兵也纷纷响应，加入了造反队伍，并放火焚烧州官住宅，陈宗雍携带家属仓皇出逃。一时市街秩序大乱，市民纷传："革命军来了。"

1911 年 11 月 21 日（农历十月初二）这一天成了海州地方史上的"光复日"。

11 月 23 日，已经与革命军取得联系的江北新军何锋钰带领一营军队进驻海州，海州各界人士到东门外列队欢迎。这一营新军驻扎在海州城内的石室书院。不久，何锋钰任海州民政长。

是时海州人民欢欣鼓舞，青年剪去辫子，戴上招檐帽，老年人也开始蓄了发。海州光复后，拥护新政的地方土绅组织了"筹防局"，目的在于维护地方治安，兴办福利事业，保障士绅的利益，这是新政的参谋咨洵机构。当地名流吴振勃的孙子吴修五被推为筹防局总办，他曾用以工代赈的办法，兴修龙尾河、善后河、车轴河以及拓宽板浦的外围河道。

兵部尚书王廷相

王廷相，明代文学家、哲学家。字子衡，号浚川，河南仪封（今兰考）人，终其一生官至正二品兵部尚书。他博学多才，一生经历了成化、弘治、正德、嘉靖等时代，是弘治十五年进士，正德"前七才子"之一。精通经术、星历、地理、乐律、河图等，毕生作诗二十七首，五言绝句颇有一番风致。自年中进士入仕途到逝去四十年里，六次上书，五次晋升，四次被诬陷，三次丢官，一次被罚薪资和入监狱。仕途坎坷跌宕，度尽劫波。

弘治十五年，王廷相以进士授兵科给事中，可谓少年春风得意，好景不长，4 年后返故里服丧逾期赴京后，被当时刘瑾诬陷有罪，贬为亳州判官，后经考察转为高淳知县，不久应召为御史。因谏"百姓造反，军务人员袖手旁观……"字字珠玑，句句铮铮，皇帝一应采纳并严肃批评总管军务大臣，不久陕西境内民反如云，皇帝当即遣王廷相按察陕西，他到陕西后立即惩办镇守官员廖堂，遭诬告，入监狱，桎梏数月，被贬为赣榆县丞，此为正德九年时年 40 岁，当时，海属新坝为云台山海域的一个航道口，是槽运的要塞，独特的地理位置，良好的枢纽环境，商贾云集，舟楫其布，但他心境极为凄楚，巡至新坝，朝发港口，一路所见暮秋霜至，北雁南飞，联想仕途逶迤，耿遭屡冤，尤加激起惆怅落魄之感，于是叹然吟哦，但诗二首情感婉转，自强不息，再振雄风的豪言壮气可见一斑。

王廷相的《早发新坝》（浚川集二首），是彻头彻尾以昔日新坝为背景而撰，他是海属为官传奇式的人物之一。

吴振勃

吴振勃，生于清乾隆三十五年（1770），字兴孟，一字容如，号筠斋，祖居安徽歙县丰溪之南，故他又自称"丰南居士"。

吴氏祖先于明末时迁居江宁，清初迁山阳（今淮安），自吴振勃起始迁海州居板浦空心街。

吴振勃资秉聪慧，嗜学出于天性，弱冠时即工诗善书，甚为当时居板浦的著名经学大师凌廷堪所赏识；道光十三年（1833）以岁贡生候选儒学训导；道光二十七年（1847）三月二十日卒于板浦家中，享年七十七岁。

吴振勃与其弟吴振襄并称为"板浦名士二吴"，但名气尤以吴振勃为盛，当地人普称他"吴大先生"。许乔林撰的《吴大先生传》开头即写道："今江淮南北间，无不知海州吴大先生者。"著名思想家、史学家魏源在《皇清海州岁贡生吴君墓志铭》中称吴振勃是"亚于二许"的"夙以经学文章闻于世"的名士，并为之作铭曰："海上吟诗到白头，吴东淘外君其俦，魂魄千秋来郁州。"宿儒张熊熙在《筠斋诗录·张跋》中亦称许乔林、陶柳村、吴振勃为海州"淡泊明志的三君子"。

吴振勃才华横溢，著作丰富，作品有《经学考源》《春秋分类记事》《音学考源》《先正言行录》《古诗课蒙》《金诗约选》《筠斋文稿》《筠斋诗录》《筠斋客话》九种。魏源称其"皆自抒所见，决择精审，为实事求是之学。" 可惜的是，今惟有《筠斋诗录》尚存世，其余八部均失传。

1949 年，吴氏后代十三人流寓海外，后众之志搜寻其先高祖振勃公的著作。一九八一年春方获悉南京图书馆中藏有道光戊申春 "挹韵轩藏版" 的《筠斋诗录》善本，只是不外借，虽诸子弟多方努力，亦仅抄录部分。一九八五年，吴振勃玄孙吴寿唐在其女婿即现在美国航空太空总署工作的程平帮助下始克如愿，获全部复印本，即 "影印数十部，分赠族人戚友，珍藏共仰。"

笔者有幸阅读了此影印本《筠斋诗录》，书中收诗 612 首，多为言志述事之作。许乔林在《序》中写道："筠斋之诗称心而言，脱手即妙。或婉约流丽，托兴深微；或兀傲自喜，绝去町溪；或博辩闳肆，烂翻不竭；或领异标新，气韵生动。未尝有意求工，亦未尝不有意于诗；而其发滤性情之作，直追古人，是筠斋之诗，即筠斋之性情也。" "俾世之闻吴大先生名而未识面者，可于恬吟密咏中如见其人。" 其褒誉似觉过甚。张熊熙之《跋》中称："读之琳琅满目，不名一家，其中惨淡经营有关名教之作，尤令人百读不厌。" 此评论倒较中肯。

吾观之《筠斋诗录》中 "拟古"、"述怀"、"秋花十二咏"、"题梅溪篱间十友图"、"游东庐山六首"、"和千野汤圆诗" 等，的确是清新流畅，深有意境；另外，如 "答友人论诗"、"论书二十首" 等对古诗、书法之评论亦甚有其独创见解。

江上青在海州

江上青同志，1911 年生于扬州。他早年接触革命思想，北伐战争后加入中国共产党。1929 年在上海工人和学生中进行革命宣传活动，期间曾两次被捕。1938 年受党组织的委派到皖东北，担任特支书记，为开辟抗日根据地作出重要贡献。1939 年 8 月 29 日，江上青在外出工作的路上，惨遭反动势力的武装袭击，壮烈牺牲，年仅 28 岁。江上青同志对党忠诚，爱憎分明，为党和人民做了大量艰苦的工作，因而受到当地人民的衷心拥护和党组织的高度评价。江上青同志牺牲后，被安葬在安徽省泗县。新中国成立后泗县部分地区划归江苏省，烈士墓所在地崔集划在泗洪县境内。1982 年冬，中共泗洪县委、县政府将江上青烈士墓迁至泗洪县城南郊的烈士陵园内。

江上青同志在短暂的一生中也有在海州工作的经历。那是在 1934 年 4 日，江上青同志收到了暨南大学同学葛任远先生的来信，热情地邀请江上青到东海民众教育馆工作。

东海民众教育馆是江苏省教育厅，于 1934 年在东海县城海州创建的，馆址设在海州文庙 (现中大街小学)。当时的国民党政府要求各县都要设立这样的机构。说是为了提高民众素养、普及教育，改良社会风气。但许多地方的"民教馆"形同虚设，只是为反动政府装装门面而已，不过也有一些地方的民众教育馆掌握在我地下党或进步人士手中，他们利用这块合法阵地宣传群众、组织群众，民众教育搞得有声有色，主持东海民众教育馆工作的葛任远先生与江上青有同窗之谊，且江上青为人正直，学识渊博，便邀请他来东海任职。

1934 年 8 月，江上青启程到海州赴任。此时东海民众教育馆条件简陋，人员也少，但上青同志积极开展民众宣传工作，同时经常到农村进行社会调查，实地考察苏北农村的社会现状。他常常是肩背小包，独自登程，一路步行，从海州洪门到灌云大伊山、赣榆沙河一直走到沭阳吴集。沿途访问民情，讲解时事，进行民众教育，常常是风餐露宿，十分艰苦。一次在沭阳的一个乡间集市进行社会调查被一群土匪盯上，竟被绑架勒索数日。

1934 年 9 月，江上青曾回扬州与王者兰喜结连理。1935 年春节过后，江上青还曾将老母亲接到海州。1935 年 7 月江上青辞去了东海教育馆的工作，与老母亲同返故里。

江上青同志在海州的时间近一年，期间除了进行民众宣传和广泛的社会调查之外，非常注重学习，还写下了许多新旧体诗词。他曾填写过《浪淘沙》词，藉以抒发满腔的忧国忧民之情："心事到眉梢，扶枕风萧，而今只会梦中邀，一夜借诗都是泪，便做愁浇。隔雨听芭蕉，孤馆牢骚，破书囊里恨无刀。关外蹄惊塞野，鼙鼓频敲！"《五律·言志》："浊世才收敛，浮沉类转蓬。将军猜骨肉，阁老媚夷戎。畏见强邻犬，惊闻破寺钟。雕虫惟觅句，学剑吐长虹。"诗作把批判的锋芒直指国民党反动派那些手足相残的"将军"，媚敌畏死的"阁老"，抨击反动政府卖国求荣的政策，同时抒发了自己救国救民、气贯如虹的远大抱负。在海州期间，江上青同志还写下了《渔家傲》《言志》《望海潮》《望海楼》等词作。

江上青同志在海州期间虽只有一年时间，但为本地的民众教育作出了积极贡献，他的为人学识及诸多诗作值得海属地区人民永久纪念。

许鼎霖

许鼎霖，清咸丰七年（1857）出生于赣榆。二十五岁时于南京乡试中举。后曾出任清政府驻秘鲁的外交官。回国后，授翰林院编修，获安徽候补道，后任浙江洋务局总办。在提倡实业的影响下，从1904年开始投资建厂，先同南通张謇等投资合办耀徐玻璃公司，日产玻璃7000块，品类达50多种，许鼎霖自任总经理，并聘英国人福斯德为工程师。1905年又集资20万两白银（一说30万元），在新浦创办了海丰面粉公司，次年又开办了赣丰油饼公司，拥有铁榨200台，固定工人100名，日产油饼1800片（每片25公斤），产品以饼为主，不久即倒闭。后又创办上海同利机器纺织麻袋公司、上海大达外江轮船公司等，并对北京的溥利呢革厂、景德镇江西瓷业公司等进行投资。1908年清王朝为奖励他的实业开发业绩，赐正二品封典。许鼎霖还致力于家乡的实业开发，1905年与沈云霈联手创办海赣垦牧公司，约聘地方水利专家和法国工程师测量港口水文，推动海州港（连云港）的建设。后来，许鼎霖在经营导淮水利账务期间病逝于上海。

童 濂

童濂，湖北江夏人（现湖北武昌）。清道光十二年（1832）任两淮盐运使海州分司运判，道光二十二年（1842）升任淮北监制同知。后又因复委总办，实心整饬，又于道光二十五年（1845）赏加知府衔。童濂任海州盐官十年，对淮北盐业生产的恢复与发展和复建板浦盐义仓，储谷备荒养灶起了积极作用。

分司驻地板浦盐义仓系雍正五年（1727）建造。储谷34,200石，金商经营，由于淮北纲盐疲乏，储谷渐空，而致板浦储谷之廒尽圮。

在盐义仓的管属上，童濂首先本着"断不可令衙门胥吏经手，致滋将来流弊"之原则，慎选"公正殷实董事经手"，令董事"每于年终缮俱四柱清册，一分送分司查核，造册通报，一留董事存查"。如遇荒歉发赈"与地方赈务各为一事，不相牵混"。这就把盐义仓完全置于分司的绝对管理之下，避免了衙门胥吏的支挪侵占，确保了灶丁之赈给。

板浦盐义仓向来南下采买存储稻谷，童濂打破旧规，而根据灶民信食习，"一半储谷，一半储杂粮"，就地采购，以节糜费。为了使仓廒储谷不断推成储新，童濂拒一般所行"出陈易新与借贷收息"两法，而精心推行其对灶户之平粜法。即"如连岁收成并无小荒，则于第三年（指入仓两年之粮谷）青黄不接之时出粜一次，酌量存五、粜五"。"每当平粜之年，各场灶丁，按岫给单粜买"，"平粜价值分别灾熟，每漕角一石，量减一、二、三钱不等"，"钱文缴库存，一俟秋收成熟，立即买补还仓"。

在钱粮收支之手续上，童濂规定："仓储捐款由分司按引征收，年终核数具报"，所有捐款银两由董事随时请领。

对赈济对象，明确规定"盐义仓专为恤灶而设遇灾荒之年其赈给，亦止能及灶户而不能及穷人"，并"令三场按照门牌灶户，查明大小口，分别上户、中户、下户切实造册，以凭岁遇歉收按册发放"。至于赈济谷粮数量标准及方法，规定视仓储量"通计户口若干，以定多寡"，如若仓粮充足后"即应依照旧每大口月给漕斛谷三斗"，荒歉之年，按册查明各灶户口，分次贫、极贫给予小票，"轮期给领"。"小荒平粜中荒赈粜各半，大荒全行发赈"。

陶　澍

在今花果山水帘洞洞门外的石崖上，镌刻着清道光帝手书"印心石屋"四个大字。其中包蕴着当时的两江总督陶澍与古海州的一段情缘。

"印心石屋"是道光帝御赐陶澍的匾额。陶澍（1779—1839），字子霖，号云汀，湖南安化人。清嘉庆七年进士。道光年间官至太子太保、两江总督。

陶澍勤于吏务，善于决狱断案，大力整顿盐法，一生颇多建树。道光十五年，陶澍因政绩卓著，被召入京觐见。道光帝详细询问了陶澍家世。陶澍向道光帝描述了其家位于"洞庭西南，资水之滨……潭心有石方正若印，名曰印心石。"幼年时随其父"结屋读书其上"等情形。道光帝听了很感兴趣，随即书大小两方"印心石屋"匾额以赐。该匾正中有"道光之宝"玺印，右边落款"道光乙未秋日"。据陶澍上道光帝谢恩奏折，匾额是当年十二月初四军机大臣传旨赐给他的。陶澍视为"宠及林泉，光生蓬荜"，是他"难逢之异数"，因而倍极宝爱。回到两江总督署即择吉日刻石立碑，并建碑亭宝藏之。

连云港的这处"印心石屋"勒石，是道光十六年夏，海洲民众公请敬摹于云台山第一峰的。在此前的三四年间，陶澍因推行票法改革盐政，两次来到海州。第一次在道光十二年，他在视察了淮北盐运现状后，提出改纲法为草票法，并酌定票盐章程。道光十五年陶澍重登云台旧地，"喜偕词客证初盟"，看到三年的票盐改革已初具成效，欣慰之余，陶澍寄情于海州的山水，上高山、下海岛，足迹遍布云台山，为"南天门"等名胜书写匾额及对联，并在各名崖勒石。至今我们仍能从他留在山岩上的文字遥想他在海州的履痕。他在淮北推行的票盐改革，也使"海上盐筴益丰，四方民大和"，受到海州士绅和盐民的爱戴。道光十六年夏，淮北海州分司运判童濂等发起，公请将道光帝御赐陶澍的"印心石屋"摹刻于花果山水帘洞旁石壁上。水帘洞是陶澍钟爱的云台胜景。他写水帘洞"百丈水帘，自古无人能手卷。一轮月镜，迄今何匠敢行磨"，绘形绘色，极写水帘洞的奇特景色。今天如能与"印心石屋"刻于一处，也是花果山的一大掌故了。据许乔林编《海州文献录》，道光十八年，童濂等还在板浦陶公祠内建御书楼，镌刻"印心石屋"石匾，并附刻陶澍谢恩折子全文，今已不存。据说，存世的"印心石屋"石匾共有六块：一在湖南陶澍原籍；一在湖南长沙岳麓山、除了两江总督署和连云港的两块，陶澍仕官生涯流连较多的江苏扬州、无锡等地也立有此碑。陶澍和他的诗友词客的吟咏唱和，后来都收入了他的《印心石屋诗荟》。

南城俊逸鲍参军

鲍照（414—466）字明远，是南北朝时代最杰出的诗人，与谢灵运、颜延之同时而稍后，皆以诗名于世，合称"元嘉三大家"。

《南史》称鲍照为"东海人"，据杨石青先生考证，当时东海郡县旧址在现连云港市云台区南城镇（现为新浦区南城镇——编者著），古凤凰城俗称南城。他在《拟行路难》十八首中第九首也曾夫子自道："忽见过客问何我，宁知我家在南城"。鲍照实实在在可以说是从我们南城走出的大诗人，是凤凰城飞出的金凤凰。

鲍照生于贫贱的寒士家庭，由于"身世孤贱"，青少年时，在家乡南城从事农耕，过着"负锸下农，执羁未皁"的生活。这可从他的《拟古诗》中窥见一斑：

> 束薪幽篁里，刈黍寒涧阴。
>
> 朔风伤我肌，号鸟惊思心。
>
> 岁幕井赋讫，程课相追寻。
>
> 田租送函谷，兽藁输上林。
>
> 河清冰未开，关陇雪正深。
>
> 笞击官有罚，呵辱吏见侵。
>
> 不谓乘轩意，伏枥还自今。

鲍照是个有雄心大志的人，他不愿过着"垦畛剿荮，牧鸡圈豕，以给征赋"的生活，而是"释担受书，废耕学文"，他自称"十五讽诗书，篇翰靡不通"。有一天，他的同伴在一起感叹自身的贫贱，在这"富贵不由人"的社会中只好听天由命了。而鲍照却很自信地说："丈夫四十强而仕，余当二十弱冠辰。莫言草木委冬雪，会应苏息遇阳春。"意思是说，大丈夫到四十多岁，相信终有一天会"太阳打我门前过"的。大概就在这之后不久，他辞别亲人，离开家乡，去参谒临川王刘义庆，起初并没有得到赏识，他于是想"贡诗言志"，有人劝阻说"郎位尚卑，不可轻忤大王"。他生气地说："千载上有英才异士沉而不闻者，安可数哉？大丈夫岂可遂蕴智能使兰艾不辨，终日碌碌，与燕雀相随乎？"于是奏诗。刘义庆认为他是奇才，赏赐给他帛二十匹，不久就被任命为国侍郎。对此，也曾不无得意地流露于诗："弱冠参多士，飞步游秦官。"

虽然他在做了二十年国侍郎之后，还做过秣陵令、永嘉令、临海王子顼参军（故世称鲍参军）等小官，但是，在南朝那种"上品无寒门，下品无世族"的社会里，他一生并不得意。《宋书》说"世祖（《南史》谓文帝）以照为中书舍人。上好文章，自谓物莫能及。照悟其旨，为文多鄙言累句；岁当时咸谓照才尽，实不然也。鲍照从"贡诗言志"，要求施展"智能"，到故意为"鄙言累句"受"才尽"之讥而"遂蕴智能"，是那种封建贵族社会制度下，"后门""末姓"知识分子入仕的必然过程。

鲍照虽然长年独在异乡为异客，但是始终热爱着家乡南城，惦念着亲人。《梦还乡》一诗结尾感叹道："此土非吾土，慷慨当告谁。"《登大雷岸与妹书》中也说"去亲为客，如何如何"。

宋明帝泰始二年（466），临海王子顼因谋反赐死，鲍照也死于乱军之中，时年五十余岁。

吴继兰

吴继兰单名洁，约 1910 年生于灌云板浦镇孙家桥。继兰童年生活在板浦，因家庭没落，十岁时因有姨母居沪上，遂和母弟来沪依之。先居淡水路，后又迁至太和坊定居，并在上海南方中学就读。吴继兰嗜歌，每以母观剧而私习，略能上口，后延名师"江南第一旦"的冯子和为师，并经常得到艺术大师荀慧生的指导。梅兰芳、程砚秋等来沪无不潜心往听，细心揣摩。数年成艺，在上海舞台崭露头角，上海、大舞台等几家颇有名气的剧院都争相聘请。因其扮相、嗓子、身段无一不美，唱腔学梅而近似梅，一时名声大振。其间演出的拿手剧目有《冯小青》《鸿鸾禧》《生死恨》《凤还巢》等。1931 年参加了上海的"天一"影片公司拍摄的一部大型有声戏曲电影《四郎探母》，扮演影片中的杨四郎夫人，与四大须生谭富英和"女梅兰芳"之称的雪艳琴合作，受到观众的推崇。接着又应百代唱片公司之约，灌制了《打渔杀家》《四郎探母》《御碑亭》三剧的唱片，宗梅派唱法，标准的"正宫调"，嗓音高亢，韵味十足。

1933年宜菊时候，吴继兰回到阔别多年的故里板浦。随同前来的还有梅雪芳（花旦）、贾少堂（老生）、韦永茂（花脸）等。他们演出的炮戏是梅派的《宇宙锋》，演出的消息不胫而走，《醒民舞台》门前灯光辉煌，人声鼎沸，四乡八里来看戏的人把千把座位挤得满满的，继《宇宙锋》之后，吴继兰还为家乡的戏迷献演了她的拿手好戏《棒打薄情郎》《贵妃醉酒》《凤还巢》《春香闹学》和全本《玉堂春》等剧目。使家乡的观众大饱眼福。吴继兰中等身材，酷喜男装，形象虽无沉鱼落雁之美，闭目羞花之貌，也可堪称品貌出众，清新秀丽，风采动人。吴继兰在家乡共唱了近二十天戏，场场爆满，座无虚席。家乡人民对吴继兰的演出，给予极高品价，当时的知名人士孙永兴就曾馈赠吴继兰一块长120厘米、宽50厘米的木框镶玻璃砖并配有金字的大匾，匾的右边书烫金大字"有声有色"，左为落款"孙永兴敬贺"。还有一块与其相同的大匾上书"声容并茂"四字（已失落）。这是吴继兰离家乡后的第一次返乡演出，也是最后一次，遗憾万分。

1936年秋，一场莫明的灾难降落在吴继兰身上，纤弱的女艺人，她无处诉说，她更无能力抗争上海滩上的恶势力，她只能以死来抗争，毅然跳进了滔滔的黄浦江。然而她没有死成，被一善良的渔民救起。在友人的帮助下，重新燃起"开始新的粉墨生活"的希望。在杭州重新登台演出使沪杭剧坛为之哗然。后又应邀取道香港于翌年元旦抵达昆明，在云南作了为期两年的公演。

在昆明和吴继兰同时演出的有李鑫培（老生）、袁汉云（小生）、袁湘云（花彩）、张国威（花脸）等被报界誉为"五大台柱"。而新角中挂头牌的正是"南北驰名、青衣花彩"的吴继兰。当年云南的《民国日报》头版跃入眼帘的便是吴继兰等在昆明上演新戏的海报。1937年1月8日，新角们终于和昆明观众见了面。吴继兰主演《鸿鸾禧》（代《棒打薄情郎》）、《宇宙锋》和《骂殿》。她台风优美，仪态万方，从小家碧玉到大家闺秀、宫廷贵妇，演的惟妙惟肖，尽管嗓音微微发"哑"但却韵味十足，成为别具一格的名角。吴继兰戏路很宽，多才多艺，许多剧目都是云南从来未演过的"新戏"，赢得观众的普遍赞赏。一些"梅派"剧目如《凤还巢》《生死恨》《霸王别姬》等都由她执排和主演。在《三气周瑜》《黄鹤楼》中还反串小生。她还自编自演过新戏《同命鸟》，改编、主演过张恨水原著的《满江红》。尽管她的行腔乃博采众长，但因首次把一些梅派剧目带进云南，以致观众认为她是属于"梅派"，一直到她主持排演《南天门》，戏院公告"此剧乃吴艺员业师王瑶卿亲传"，大家才获知她跟随名家学艺属于早期京剧界的"名门弟子"。二月初，吴继兰主持排练了连台本戏《董小宛》及此后标榜"新奇机关布景"的《新斗牛官》《武则天》《刁南楼》等相继上演，因而有人又认为她属于"海派"。她也有戏德，无论演配角或小角色从不摆名角架子。吴继兰日常衣着朴素，深居简出，平时很少社交活动，但到昆明四个月，便以自己的才艺而成为遐迩皆知的名人。1937 年 5 月 5 日，原云南省主席龙云为欢送国民党"京滇周览团"而举行"音樽晚会"，特邀吴继兰演唱大轴戏《四进士》。吴继兰在昆明最后演出的日期和剧目是 1938 年 10 月 30 日的《金榜乐》。吴继兰在昆明献艺虽不足两年，但她把云南以前所未曾公演过的多种剧目带到昆明，扩大了京剧爱好者的视野并获得了艺术享受。在昆明期间，抗日战争爆发，她多次参加义演，为前方抗战将士捐寒衣款，她发挥自己书法上的造诣，在戏中当场作画写诗，当场拍卖，售价 100 多元，观众争相抢购，她分文不收，连同演出收入全部献出，支援前方抗战。表现出她高尚的爱国主义热情。昆明的两年是吴继兰艺术才华得以充分发挥的两年，对云南京剧演出的发展，起到了一定的积极作用。

从昆明回到上海后，吴继兰便息声舞台，致力于戏曲教育事业，直至新中国成立后，她仍在上海京剧协会授剧组义务教戏，把自己技艺传授给年青一代，教学认真，待人诚恳，哺育了一批优秀演员。他早年弟子小吴继兰（原名顾正秋）在台湾省有"台湾梅兰芳"之誉。吴继兰到了晚年，深居简出，很少交际，戏曲界也很少有她的影踪。二十世纪六十年代中期，不到六十岁的吴继兰过早地离开人世。她虽然去世了，但她的名字却写在了《中国大百科全书》上，肯定了吴继兰毕生为京剧艺术事业所创造的业绩和贡献。

为家乡添光增彩，家乡民众将永远怀念她。

鲍令晖

提起鲍令晖，不要说外地人，就是我们连云港人，也多感到生疏。她的名字，少见经传；她的事迹，少见史册。可一提起她的哥，鲍照（鲍明远），恐怕就没有人不知道了，我们的报纸曾有专文介绍过他。大家都知道鲍照是南北朝时云台地区（即今连云港地区）的一位名诗人。实际这位诗人，也是一位爱国将领，是他曾任临海王刘子顼参军，世称鲍参军。

鲍照有这么一个才思超人的妹妹，只在唐朝陆龟蒙写的《小名录》上见到一句记载，说她有才，只亚于她的哥鲍明远，著《香茗赋集》行于世，至于其他就无从考证了。1996 年 8 月，北京燕山出版社出版的《连云港人物志》的"人物传略"，把鲍照收入。"鲍令晖"只在"鲍照"传略后，附了短短四行 104 字，说她是文学家，说她的诗歌"崭绝清巧、拟古尤胜"。别的就叫人想知而无法知了。

鲍令晖，比鲍照小，可去世比鲍照早，鲍照在世五十二年，鲍令晖生卒时无确载，从已有史料推知她在世至多四十年。因而一些史书上很少提到她。可她的诗，确实了不起。比她只晚半个世纪的南朝大文学批评家钟嵘，在他的《诗品》里，就对她的诗大赞特赞，"舞绝清巧"、"拟古犹胜"，就是他对她的评价。鲍令晖的《香茗赋集》尽管陆龟蒙的"小名录"提到，可书是什么样，现今无人见过，可见早已散失。据《辞海》"鲍令晖"条看，《玉台新咏》上保存她的诗七首，这七首诗，清朝钱振伦注《鲍参军集》时，也曾给加注。诗虽不多，可情意缠绵，别开生面，完全可以看出女诗人的才华，其中一首叫《寄行人》："桂叶两三枝，兰开四五叶。是时君不归，春风徒笑妾。"

这首小诗，仅二十字，看来很简单，可清代思想家王夫之专门提到它，说是"小诗本色，不嫌通促"。这一评价可非同小可。

鲍令晖，是一位由古体到近体诗过渡时代的女诗人，和她的哥哥鲍照一样，善于从民间汲取营养，其诗作都很清新，不同流俗，她是当时诗坛的新秀，更是连云港地区的诗坛一枝奇葩，至今还闪烁着灼灼光华。

骠骑将军曹杰

在新浦临洪村有这样一段传说：几百年前，临洪滩曹氏家族中出了个了不起的武将，戍守边关。

尽管这只是个传说，但在明代，古海州临洪滩（今临洪村）出过一位叫曹杰的参将，皇帝赐给厚葬，却是志书有载的。明代《隆庆海州志》载："曹杰，海州临洪场人，以金吾卫指挥征南有功，升辽东广宁参将，谋勇兼资，为夷所服。凡所属城堡人畜有失，率百骑追击，驱其人畜而还。卒，赐葬祭"。清嘉庆年间的《古朐考略》、《嘉庆海州直隶州志》对此也有记载。《嘉庆海州直隶州志》还特别记述其"累著战功。卒，赐葬祭，赠骠骑将军左军都督府金事"。由此可见，在明代，从海州临洪滩出去的这位武将，的确有过了不起的经历。当他血洒疆场，为国尽忠后，又享受了皇帝赐给的高规格葬仪。

而在今天的新浦区临洪村，过去也确实有过一座与志书记述极为扣合的曹杰墓葬。墓地坐落于现在新浦解放西路紧靠老铁道口处。长、宽都在四五十米。前有神道门（当地人称之为"石门"），南北方向，门宽 3 米多，高 3 米多。两根石柱为六边形，有小笆斗粗。上端横额高约 80 公分。额题为"骠骑将军曹公神道"八个大字。

到了清朝末年，曹公墓地里石碑已不存在，石柱、横额、石人、石马、石羊也东零西散，整个墓地长满了酸枣树和野草，一片凄凉。倒是石龟、石人被后人尊为石干大，石干妈，每年正月初十这天，附近老百姓，就连刚刚兴起的新浦街上的人，都带着自己的娇生儿女，来此叩拜，祈求平安，此俗一直沿袭至解放初。曹公的后世子孙们，便抓住这一机遇，来此放张小桌子或小方凳，供人敬香，并事先准备一批红线串上三个铜钱做成的"锁"，往前来祈拜的孩子们的脖上套，谓之"上锁"，意味"保险"了。而后收下人家带来的馒头、面条之类的供品。

新中国成立后，修筑解放路时，"曹公神道"正在路心。清理路基发现一个约3米长、2米宽，上面盖着大条石的石砌墓穴。从穴的清水中捞出一块约0.6米长、宽0.3米宽的砖碑。砖碑出水后，在场的周卯生刚看到上边有"建文四年"几个字，就被曹姓人家一个人抱跑了，至今下落不明。

开明商贾李味辛

李味辛，名道心，中正人，清光绪间秀才。是淮北盐区大名鼎鼎的富商，虽未在盐务机关和军政界任过职，但他关心教育事业，培养人才和致力于盐业振兴，备受人们的崇敬。

清光绪已亥年（1899）海州正堂鲍毓东、淮北盐运使彭家骐和中正场大使陈汝芬联袂创建了一所书院，取意业精于勤，故名"精勤书院"。清代书法家汪晓农（字哲父）为书院题"精勤书院"四个篆体的尺方大字石刻，仍镶嵌在今东辛乡精勤小学校的墙壁上，至今还清晰可辨。书院建成后受西欧文化的影响，清光绪辛丑年（1901）朝廷下令将全国所有书院改为学堂。该书院遂改为精勤学堂，而后于光绪丙午年（1906）又相继将学堂改为学校。

辛亥革命后，李味辛先生为维持学校的生存，亲自出任校长，并毅然捐献出四份盐滩给学校作为校产，承担教聘员工的薪俸与办学经费。同时，又以每月五十元银洋的优厚待遇，从板浦聘请一位清光绪年间秀才、日本留学生章伦清先生来学校执教，扭转了学校一蹶不振的局面，使学校焕发了勃勃生机。

学校在李氏主事亲任校长期间，有三名品学兼优的学生朱友瑟（号仲琴）、陈世德、邱鹤年毕业后考取省立第八师范学校，因家境贫寒，无力外出继续求学，濒临于辍学的危险。李味辛先生认为这三名高才生很有培养前途，从此辍学太可惜，又慷慨解囊，大力资助，才使得这三名穷学生得以继续求学，直至在第八师范学校毕业，服务社会，成绩斐然。特别是朱仲琴在八师毕业后，毕生从事教育事业，培养出了众多人才，其建树有口皆碑，是海州地区的文化名人，能文善诗，著作颇丰，是中正的三大才子之一。

李味辛先生，不仅关心教育事业，且致力于龤务振兴，成绩卓著。其时，由于军阀割据，连年混战，鹾务萧条，税产俱绌。李味辛先生出于振兴盐业的心切，慷慨解囊，出巨资聘请工程技术人员进行勘测设计，建造了徐圩坨地码头，使徐圩坨地功能得以充分发挥。圩子口频频进出轮船运盐，推动了当时中正场盐务的振兴，也促进了徐圩市镇的繁荣。

中正场盐业同仁及劳工界全体，为纪念李氏为振兴鹾务所作出的无私奉献精神，于民国二十四年（1935）公立纪念碑一座，著名的职业教育家江恒源（号向渔）撰写碑文。碑文镌刻在白色大理石上，文字涂成深蓝色。"李味辛先生纪念碑"八个鎏金大字系用篆书镌刻在黑色长条大理石上。两片石刻镶嵌在一堵醒目的墙壁上。

晚清才女刘清韵

刘清韵号古香，1842年秋出生在海州（板浦中正——编者注）的一个富庶的家庭。父亲刘蕴堂为二品封鹾商，鹾者，盐也。她自幼聪明，六岁即从师受学，很快才情显露，遐迩闻名。1930年的沭阳志上说她"喜读书，终年咏诵不绝，诗书画皆擅长，生平著作脍炙人口"。刘清韵十八岁那年，嫁给了沭阳县秀才钱梅坡为妻。关于她婚后的生活，史料中少有记载。但我想至少已是从富庶跌入温饱，五十五岁那年的一场大水，洪泽湖水四溢，冲毁了她们的家园，淹没了她的大部分著作，她怀中带着从泥淖瓦砾之中幸存的十部剧稿，和丈夫颠沛流离，漂落到杭州。

杭州三年的流落生涯，是刘清韵人生中最大的转折。一方面从安定的小康人家，坠入了流浪的困境；另一方面毕竟杭州是人文荟萃的繁华之地，使她能有缘结识俞樾，她的文采被俞樾所赏识，热情帮她出版剧作，向社会推荐这位身世坎坷的一代才女的十部剧作，结集为《小蓬莱仙馆传奇十种》刊行。俞樾在序言中写道："刘清韵的剧作时出新意，关目节拍皆极为灵动，至于词则不以涂泽为工，而以自然为美，颇得元人三味。"

大约在1900年，刘清韵和丈夫靠印行文稿集了点钱，得以返回沭阳。但家乡等待她们的仍是贫困。流传此时的作品中，有"不独米无柴少，更屋敧墙倒瓶浆涸竭，炊烟寂寥"的词句，凄惨景象跃然纸上。1915年春，73岁的刘清韵贫病交加，在愁叹哀怨中告别了人生。

刘清韵的一生，多在贫困中度过。但却以顽强的毅力，从事艺术创作。她的剧作抨击社会时弊，抒发个人感慨，可谓海州一巾帼奇女。她的剧作有的写民间传说，如"黄碧签"；有的写文人间的真挚友情，如"千秋泪"；有的抨击科举制度的虚伪，如"炎凉卷"等。她一生才华过人，除了戏剧作品外，还为后世留下了《小蓬莱仙馆曲稿》一卷，《小蓬莱仙馆诗抄》一卷和《瓣香阁词》二卷等。

武状元卞赓

武状元卞赓的状元第现在江苏灌云县一个乡政府的院子里（即东辛乡中正村，现划入板浦镇——编者注）。130多年前，卞赓就出生在这儿。当时的地名叫海州中正大街。

卞赓，字虞卿，兄弟中排行老三。幼时即不爱文墨，乐意武行，耍刀舞棒，父母也顺其所好。有一年从山东来一班卖艺人，卞赓看到人家头碎石碑，刀枪不入的功夫，心中好生惊羡。人家易地卖艺，他竟紧随百里要求学艺，终于打动了武功高强的班主王学通，从此拜王为师，冬练三九夏练三伏，从不停辍，加之资质聪颖，武功突飞猛进，射箭、耍刀、拉大力弓不同凡人。18岁时，乡试中举。此后，特地赶赴江西，求教于光绪二十年甲午科武状元张鸿翥，受益匪浅。光绪三十年赴京会试途中，先得一高僧点化，又巧遇庆亲王奕劻并得到赏识。初试时名列第九名进士。十八点元之期，作为主考的庆亲王启奏道："皇上，这位进士的名字不同凡响。为了国运早隆，主上吉祥如意，是否将第九名进士破格点元，以显示天长地久，日月同赓。"光绪听了，龙颜大悦，提起御笔在卞赓的名字上点下朱红。中国历史上最后一个武状元诞生了。

中了状元后的卞赓荣归故里，离家半里就下马步行，口碑颇好。后进京看守紫禁城神武门。八国联军攻陷北京，卞赓因护驾有功，官封两广参将，统率20营水师驻防虎门一带。不久孙中山先生在广州发动武装起义，卞赓自感未能"平乱"恐朝廷怪罪，遂吞金而亡。也有说他在民国推翻满清时抱着一臣不保二主的旧观念坠金身亡。广东大都督胡汉民念及他生前未曾加害同盟会员和革命军，对他予以优葬。也有说他为人敦厚为官清廉，死后竟身无一文余资，是乡绅为其买棺收殓，得以扶柩回原籍入土安葬。

卞赓的原墓地是一个奇大的土坟，坟前有一石碑，据传碑文是中国最后一个文壮元张謇亲书。文革第一年，说是出于"旱改水"的需要，卞赓的棺柩被强令迁走，草草掩埋于乱坟岗中，如今也被平为耕地。卞赓的尸骸再也无从寻觅了。

马联甲

马联甲，江苏东海县人，清光绪年间武进士及第，民国初年曾任安徽省督军兼省长，五省联军头目之一，是红极一时的风云人物。

在东海县安峰镇驻地东南12华里，是以马姓为主的村庄——马圩。马氏的祖籍是本县桃林镇南芹口人，迁居马圩已有500余年。马家对读书办教育十分重视，数百年来开办私塾、讲武堂从未间断，不仅学文，而且习武，所以，在马圩的历史上曾出现一些著名人物，马联甲青少年时学习很用功，也有毅力，每天学文习武到深更半夜，从不间断，立志要考取功名，光宗耀祖，将来成为国家栋梁之才。他还督促、勉励兄弟四人共同学文练武，从不懈怠。

马联甲28岁赴南京参加武举考试，中武举后，次年春又参加在京城礼部、殿试举行的考试，一举武进士及第，并考取为"大眼花翎"。其余兄弟三人，也先后武进士及第。因此，当地流传："一门四进士，父子五登科"。光绪年间，马联甲虽然进士及第并未被封官，只好在京花贿赂攀龙附凤，疏通关节，弄个候补头衔。不久，做御前侍卫，守卫后宰门，他忠于职守。八国联军进攻北京时，慈禧太后和光绪皇帝逃往西安，马联甲没有随逃，留在北京。朝廷从西安回京后，有人告发马联甲在光绪西逃期间犯有"乱宫"之罪，为此，遭到朝廷通缉。京城内搜查甚严，马联甲娶金氏为妻，双双乔装打扮成商人模样，雇一辆骡车逃出京城，回到马圩老家避难，闭门不出。

民国四年一月一日，袁世凯为了登基做皇帝，笼络军界人心，发布策令，特封马联甲、白宝山等二十一人为"一等男"。在军阀混战中风云变幻，当时的总统曹锟便任命马联甲为安徽省督军兼省长，并授予五星指挥刀一把。马联甲登上这个宝座之后，参加了五省联军，成为显赫一时的军政要员之一。此时海州、东海籍人、马氏宗族及其亲友、乡邻纷纷投奔马督军手下从军，以求谋取一官半职。但马联甲六亲不认，军政要职全部任用安徽籍人。马联甲为了达到省内安定，加紧镇压革命党人的活动。因杀人过多，学生起来游行示威，他不顾学生的意愿，命令开枪屠杀，民愤极大。著名的学生领袖许继慎就是在这个时期遭到马联甲的通缉搜查而离开安徽去广州的（许继慎在第二次国内革命战争时期，在鄂豫皖苏区做了红四军军长）。马联甲在军队内三年没发军饷，造成军心混乱，上层军官反对他的人也日渐增多，叛乱不断。此时，马联甲方知用人的一大失误。幸得部属亲信全力保护，才得以乘轮船逃往南京。

马联甲在盟兄弟、江苏督军陈调元处避难，后看大势已去，就到上海别墅居住。有一次，一伙土匪预谋绑票马联甲，因他是武进士出身，不但武艺精湛，且有过人臂力，蹲在地上，三五个人拉他不动，十多个土匪轮番拳打脚踢，惹得他一时性起，一路黑虎掏心拳和鸳鸯腿，把十多个土匪一个个打翻在地，鬼哭狼嚎。从此，名声大振，上海地痞流氓、青红帮和土匪不敢再来骚扰马联甲。直到1926年他才回马圩居住，从此深居简出，很少与别人谈起自己过去的经历。

马联甲在马圩老家除了盖有几百间瓦屋楼房外，还在沭阳、灌云、响水和本县等地置买土地几千亩，在本县大放、阿湖、城头等地开办了酒坊和油坊，在上海有一条顺兴号大渔船，在南京、上海还买有房屋，建造别墅，在国外银行也有不少存款，还有许多金银财宝。这些财产，随着时间的变迁，一部分被国民党新军阀所没收，一部分被土匪、日寇抢走，一部分被其后辈挥霍掉了。到了1946年第一次土地改革时，他家除了土地外，浮财已经极少，连瓦屋楼房也成了一片废墟。

武秀才张大森

坐落在灌云县同兴镇东北角的张宝山是比较出名的小山，附近二百多里内年纪大的人都知道它的来历与名气。原来居户都姓张，无他姓杂居，张姓原为苏州其阊门人，后来，张宝公带着妻子周氏及其儿女来到幽芦山（今张宝山）安家落户，以垦荒种地兼打猎为生；自从张宝公占据了这方宝地，子孙繁衍，丁财两旺，渐成旺族，是其他村庄所不及的；更因张氏族中多出力大之士，异村他姓遇事更让其三分。

张大森名开林，字竹轩，也叫大森，是族中力大者之一，也是张氏定居后按宗谱排列的第七世孙。兄弟三人中他排行第二，生于清同治十年（1871）辛未年三月初三日，因他天生力大，族中以重金从临沭聘请武术名师严成龙来家教习他武艺。张大森白天习武晚学文，因他天赋聪颖过人，严师出高徒，经过十年苦练，十八般兵器件件精通，练就文武全才。功夫不负苦心人，清光绪21年（1895）乙未年秋天，25岁的张大森参加海州府武秀才考试，来自四面八方近千名考生，以武较量技艺，以文三篇论赋，考后只录取48名。张大森以一把108斤重的大刀（力敌68人）和三篇优异论赋榜列六名武秀才，海州府赐给他"兰衫"、"鹤顶"及黄骠马，披红戴花鞭炮连天风光一阵。

中了武秀才的张大森回家后仍练武，另外办私塾教族中青少年习文学武，用以保家护院。他常教导晚辈习武要有武德，不能以武力欺人，他自己更是以身作则，从不盛气凌人傲慢他人，他为人处事清廉正直，颇受族中老少敬重。

成家立业后，张秀才更是克勤克俭，坚守祖业已非平生之愿，他立下弘扬家族发达之志，农忙时带领家人收割栽种不误农时，农闲时外出经商运布匹及日用品，积累微利以充实囊钵，买田置产。

可是好景不长，民国七年（1918）秋，张大森家中失了两次大火，家产烧了一干二净，辛苦挣了半辈子的家产付之东流。张秀才郁闷在心，加之当时流行霍乱，不幸染疾，医药无灵，回天乏术，于民国九年（1920）庚申年腊月初八日与世长辞，终年50岁。

他的一把大刀于1957年被生产队改为两把铡刀用以铡草，一张弓（46斤）于民国28年（1939）被南四队孙某偷去，下落不明。

段海洲与新浦大陆公司

段海洲（1903—1994）退休前是江苏省盐业公司制盐研究所副所长、高级工程师，是连云港市最早享受国务院颁发特殊津贴的工程技术人员。

1930 年 7 月，段海洲在天津北洋大学土木科毕业后，应邀参加了呼海铁路局工作。次年，日本鬼子入侵哈尔滨，段海洲忍受不了亡国奴的滋味，弃职来到天津，找到大陆实业公司主管生产的靳范隅，想请他介绍工作。靳范隅当即想到大陆总公司在新浦还有分支机构，经营淮盐生产和运销，希望段海洲到那里看看，如果愿意的话，就留在那里工作。

1932 年秋，段海洲随靳范隅夫妇一起来到了新浦，经过几天的参观、考察、访问活动，对大陆新浦分公司的概貌有了初步的了解。大陆实业股份有限公司新浦分公司，对外挂牌是公益盐运公司，经营淮盐的产、运、销和堆栈出租业务，在大浦建有公益盐坨码头，还铺建了专用铁路岔道，除自用外，还代商人堆存盐斤，收取坨租。在板浦、中正两场（今台北、台南、徐圩三场）购有盐田，经营食盐生产。此外，还先后购进 3000—5000 吨级货轮五艘，代客装运进出货物。由此可见，大陆公司的经营趋向，是朝着淮盐自产、自运、自销的方向发展。段海洲认为这里大有发展前途，于是向靳范隅表示愿意留在这里工作。

在此之前，缪秋杰于 1930 年调淮北盐务稽核所任经锂，后兼任两淮盐运使。1932 年靳范隅来到新浦后，对公圩盐田（在今徐圩盐场方南工区境内）技术改造提出了设想，得到大陆总公司批准，并拨出专款作为技改工程费用。总公司还任命靳范隅为新浦大陆公司主任工程师，负责公圩盐田的技术改造和生产管理。缪秋杰也非常了解靳范隅其人精干，治盐有方，遂委任他为中正盐场场长兼放盐官，并催促他立即走马上任。大陆总公司决定段海洲接替靳范隅帜务，全权负责公圩盐田技术改造和生产经营管理。

段海洲接任主任工程师后，立即到公圩滩场视察，并向灌云县政府建设科借来两名测工，到公圩详细测量。至 1933 年春节前完成了盐田技改设计方案，春节后全面开发，修堤建闸，引潮蓄水，增建了大风车阵地，解决了历史上依靠自然纳潮、经常缺水少卤的矛盾。此外，还添置一些简单的仪器设备，在房顶上布置了一个小型气象观测站，对风速、风向、蒸发量、降水量以及温度、湿度等气象要素，指定专人负责观测记录。公圩盐田经过技术改造，1934 年春产期间，实产原盐 16 万担，比往年不到 7 万担的全年产量，增长 130%，盐的质量也大有提高，全部是一、二等盐，偶尔产出三等盐就立即化卤重制。